国家社会科学基金教育学一般课题：
地方应用型本科高校实践教学体系研究（BIA140106）

地方应用型本科高校实践教学体系研究

DIFANG YINGYONGXING BENKE GAOXIAO
SHIJIAN JIAOXUE TIXI YANJIU

董晓红　等著

中国财经出版传媒集团
经济科学出版社
Economic Science Press

图书在版编目（CIP）数据

地方应用型本科高校实践教学体系研究/董晓红等著．—北京：经济科学出版社，2020.10
ISBN 978－7－5218－1873－4

Ⅰ．①地…　Ⅱ．①董…　Ⅲ．①地方高校－人才培养－研究－中国　Ⅳ．①G649.2

中国版本图书馆CIP数据核字（2020）第172214号

责任编辑：申先菊　赵　悦
责任校对：齐　杰
责任印制：邱　天

地方应用型本科高校实践教学体系研究
董晓红　等著
经济科学出版社出版、发行　新华书店经销
社址：北京市海淀区阜成路甲28号　邮编：100142
总编部电话：010－88191217　发行部电话：010－88191522
网址：www.esp.com.cn
电子邮箱：esp@esp.com.cn
天猫网店：经济科学出版社旗舰店
网址：http://jjkxcbs.tmall.com
北京季蜂印刷有限公司印装
710×1000　16开　19.5印张　370000字
2020年10月第1版　2020年10月第1次印刷
ISBN 978－7－5218－1873－4　定价：88.00元

前　言

地方应用型本科高校的办学定位是以学科为依托，以应用型教育为特色，以社会人才需求为导向，面向地方经济社会，培养高层次应用型人才的新型院校。实践教学是地方应用型本科高校教学中的一个重要组成部分，在应用型人才培养过程中起着举足轻重的作用。实践教学作为理论联系实际的重要教学方法，能够充分调动学生学习的积极性，对学生能力培养、社会实践、人格磨砺、素质养成以及专业技能的提升都有着重要意义。本书以新建地方本科高校向应用型高校转型发展的内含、动因以及特征为切入点，综合运用文献研究法、调查研究法、比较研究法、案例分析法和行动研究法等方法，深刻剖析了实践教学在地方应用型本科高校转型及人才培养中的重要作用及其现存问题，通过借鉴国内外应用型高校发展的相关经验，遵循以学生为本，学校与企业、社会相结合，教学与生产、科研相结合，理论与实践相结合，能力与知识、素质相结合的基本原则，探索了由实践教学目标体系、实践教学内容体系、实践教学管理体系和实践教学支撑保障体系构成的实践教学运行模式，构建了适合我国地方应用型本科高校转型的实践教学体系，以期为我国地方应用型本科高校的发展与应用型人才培养质量的提高提供决策参考。

目　录

第1章

绪　　论

1.1　研究背景与研究意义

1.1.1　研究背景

当前中国已经建成了世界上规模最大的高等教育体系，但在其从大众化向普及化迈进的过程中产生了一系列的矛盾和问题。① 一些地方本科院校的办学定位与经济、社会的发展严重相悖，在专业设置上脱离自身实际，盲目追求大而全，在此情况下培养出来的人才难以满足社会的需求，随之引发招生难、就业难等一系列衍生问题。针对这种问题并经过充分调研论证后，在党的十八届三中全会明确要求加快现代职业教育体系建设、培养高素质劳动者和技能型人才的宏观背景下，2015 年 10 月 21 日由教育部、国家发展改革委和财政部联合印发了《关于引导部分地方普通本科高校向应用型转变的指导意见》的战略部署。至此，地方本科院校的转型问题逐渐浮出水面，并成为一个教育界和理论界讨论、研究的热点。随后，《国务院关于加快发展现代职业教育的决定》以及《现代职业教育体系建设规划（2014—2020年）》两个职业教育顶层设计的文件被视为职业教育的春风，开启了建设中国特色、世界水准现代职业教育体系的步伐。

新建地方本科院校是经教育部批准，将一批高职高专或成人高校通过转制、合并及直接新建等方式成立的具有高等学历教育资格的普通高等本科院校。新建地方本科院校首先是本科院校，这是它的本质类别，其次是它的地方性，体现在其所处的地域及所属单位的特性。它们体制上属于受省（区

① 朱清时．大学同质化与中国高等教育发展趋势［J］．长江大学学报（社会科学版），2009，32（4）：5－8.

市）地方政府部门管辖的普通高校，主要为地方经济发展培养所需人才。新建的含义主要是从这些院校升本时间的角度来说，与老牌本科院校相比，它们是办学历史相对较短的新兴本科院校。1998 年以来，随着我国经济、社会的发展以及高等教育大众化时代的到来，人们接受高等教育的需求日益高涨。国家选择在地市级城市建立起具有本科办学层次而且服务于地方区域经济发展的高等院校。纵观新建地方本科院校的成长之路，其成立的途径可归纳为以下三种：一是其前身是专科层次的院校，在此基础上升格为本科院校；二是将多所开设不同专业的专科性质的院校进行合并重组，进而升格为本科院校；三是直接新建本科院校，这一类型的比例相对较少。同时，这些院校主要处在省会或者地级市，主管单位一般是省级部门或者省市共建，以市管理为主，生存在地方、发展在地方、依托于地方。因此，地方性是其重要的特性。经过 20 多年建设与探索，占全国高校半壁江山并承担高等教育大众化的新建本科院校如何在前“堵”（老本科）、后“顶”（骨干高职院校）、中间“挤”（同类院校）的夹缝中生存，探索一条具有自我特色的办学路径，是新建本科院校发展的战略问题。当下毕业生“就业难”和企业“用工荒”之间的矛盾折射出地方高校尤其是新建本科院校人才培养规格与社会需求脱节的问题，也迫使新建本科院校反思其办学实践的经验教训，主动对接社会需求。因此，转型应用型高校既是新建本科院校加强内涵建设的内生动力，也是社会发展、产业转型、教育结构调整等外驱力的必然结果。

新建地方本科院校向应用型高校转型并不是一个水到渠成的自然过程，相反，要实现“专业设置对接产业需求，课程内容对接职业标准以及教学过程对接生产过程”，必须经过一场长周期、规模化的“院校革命”，才能建立与转型教育模式相匹配的运行机制，与转型互为表里，相互支撑。就内部建设而言，新建本科院校向应用型高校转型还面临着专业、师资、课程、科研和制度管理等诸多方面的挑战，需要新建地方本科院校在转型过程中，掌握好方向，从重点着手，找到转型的基础和支柱，切实保障转型升级的顺利开展。

1. 国家推动部分新建本科院校向应用型高校转型的动因

（1）政策导向与国际示范经验的引领

从发达国家教育发展轨迹看，调整高等教育宏观结构以保证教育发展与社会经济发展相匹配，是有效激活教育对经济和社会的服务与支撑功能的主要手段。为推进职业教育的改革发展，更好地服务国家经济发展方式转变，2013 年 9 月，国家教育体制改革领导小组审议并原则通过《国务院关于加快发展现代职业教育的决定》和《现代职业教育体系建设规划》，2014 年 6 月，国务院正式印发《关于加快发展现代职业教育的决定》，这标志着我国“促进高等教育结构调整和高校分类管理”“引导普通高等学校转型发展”

战略部署已进入实施阶段。

目前，在欧洲有一个值得关注的社会现象：经济发展较好，社会相对稳定、青年失业率低于 15% 的德国、瑞士、荷兰、奥地利、丹麦、芬兰等国家，其应用技术大学的比例都在 30% 以上；相反经济发展低迷、青年失业率高于 25% 的希腊、西班牙、葡萄牙、意大利等国家，其应用技术大学的比例均不超过 6%；在德国，应用技术大学有 247 所，比普通大学还多出 97 所。[①] 这无疑说明了教育结构配比对社会经济稳定与发展的重要性。而我国目前除了为数不多的技术师范学院，大部分地区的职业教育基本上培养的是大、中专层次的人才，职业教育“断头路”的特征比较鲜明。虽然近年来国家在本科院校推动“卓越工程师”等项目，但其中部分院校整体上仍在追求学术型目标，这与职业教育要求相左，“卓越工程师”等项目在这些大学多少具有“兼业式”的特征，所以，单靠“卓越工程师”等项目无法构建起我国的现代职教体系。因此，新建地方本科院校借鉴国际经验，顺应政策导向，适时转型发展，既是有效实现其服务国民经济升级发展职能的关键，也是谋求自身发展的理性选择。

（2）人口红利和人才供需矛盾引发转型需要

改革开放 40 多年来，我国在社会发展和经济增长等方面取得了举世瞩目的成绩。但在新的时代背景和工业发展模式下，原有的外延式增长，即依靠人口数量产生“人口红利”的模式优势逐渐消减。我国人才供给与需求呈现非均衡状态，加之高等教育机构对人才市场需求转换及发展趋势反应的滞后性，极大地造成了资源的浪费。对新建地方本科院校来说，其自身存在的文化沉淀、办学条件和师资力量等方面的缺陷，使之无法与诸名校在学术或科技领域进行竞争，相应的，培养的学生在同类市场上也不具备竞争优势。

我国经济社会要持续健康发展，必须实现从原有发展模式向内涵式模式的转变，即依靠科技进步和人口质量来产生新的“人口红利”。为此，必须提高现有劳动者的素质和技能，真正把我国从人口大国发展成人力资源强国。从我国职业院校发展的现状来看，目前中、高职院校人才培养的范围限定在高级技工和技能型劳动者，而对于工程师级别的高级技术人员的培养则需要本科层次的院校担负起这一职责。因此，顺应时代发展要求和市场规律，适时转型发展是新建地方本科院校的必由之路和明智之举。

（3）新建本科院校生存危机和自身转型的需要

随着经济社会的转型发展和高等教育改革的推进，我国高等教育逐渐从精英教育向大众化方向转变，在这一过程中，大量新建地方本科院校应运而

① 李剑平．地方高校改革要“接地气”［N］．中国青年报，2015.

生。但绝大多数新建地方本科院校在转型过程中，并没有把握好内涵式发展的关键，甚至在新型社会经济条件下，其生存都变得日益艰难。从招生情况看，受海外留学市场和大城市高校吸引力的冲击，新建地方本科院校的生源危机已经初见端倪。从竞争环境看，除了与同类院校之间的竞争外，新建地方本科院校同时还面临着传统名校和职业院校的双重竞争压力，如，办学历史、学科建设以及社会认可度等方面的挑战。从社会支持角度看，地方政府迫切需要的服务地方经济发展的高科技人才和地方企业极度渴求的应用技术型人才，新建地方本科院校都无法很好地满足和供应，这就使新建地方本科高校处于教育系统的尴尬位置，其发展模式和人才培养受到了社会的质疑，也就难以获得地方社会力量的支持。从教育投入来看，与发达国家投入占主导地位的现状不同，我国教育投入地方政府承担的比例要更高。而绝大多数新建地方本科院校都处于经济基础薄弱的地市，限于地方政府的财力，无法保证财政投入和地方院校发展的同步。总之，新建地方本科院校内外都面临着较为艰难的生存环境，转型发展已经形成了倒逼之势。

2. 新建本科院校向应用型高校转型面临的现实困境

（1）思想认识层面的困境

正确的认识是厘清方向、少走弯路的前提。经过几十年的发展，德国职业教育体系已经较为成熟，其应用科技大学已经建成本科和硕士多层面的完善系统，甚至部分院校还可与大学联合培养博士研究生，且应用科技大学的注册学生数占到了德国高校在校生总数的1/3，是德国工业实力强劲的有力保障。[①] 德国应用科技大学的教学和人才培养质量也得到了社会各界的高度肯定，其毕业生就业情况也十分理想稳定。但在我国，长期存在着重学轻术的思想，且应用科技大学作为一个新生事物，各方对它的了解相对匮乏，这些对新建地方本科院校的转型发展无疑都会造成一定的阻碍。从学校层面来看，由于缺乏正确的认识和考虑，学校对转型难免存在迟疑，担心转型为应用技术型高校后会被理解为院校的降格，从而影响其学校的声誉和招生。从教师层面来说，在社会对应用技术高校认识不到位的情况下，对自身作为该类院校教师的身份认同感也会随之降低，并且转型后“双师制”的要求对教师提出了不小的挑战，这些都给教师带来了危机感，进而产生抵触情绪。从家长和学生层面来说，在读的学生和家长会认为自己的学校在“降格”或贬值，担心自己学历和院校的“含金量”以及未来职业的社会地位层次受影响。对于有意愿报考该类院校的学生和家长则会处于观望状态，不敢轻易进行选择。

---

① 秦琳．德国应用科技大学——显著的应用型特色和职业导向［J］．世界职业技术教育，2015（1）：8.

以上这些问题都是由于对新建地方本科院校及其转型升级之路缺乏了解，没有认识到应用型大学也是高校的一种类型，而不是“档次”问题，没有认识到办好应用型大学对国家和社会的贡献。这种思想认识上的偏差，恰恰是新建地方本科院校转型升级过程中最大的问题。

（2）企业参与层面的困境

校企合作是职业教育发展的必要条件。职业教育体系较为完备的德国，校企合作是其最鲜明的特点，企业普遍将这种合作看成是自身发展的重要部分，因而能积极主动地接收应用技术大学派送的实习生，并严格按照相关法律规定对其进行培训和教育。除了实践实习上的合作外，校企双方还会在课程设计和内容选择以及应用技术研发等方面开展广泛的交流和合作，部分企业也会为应用科技大学的发展提供人力、财力和物力的支持。相较于德国，我国大部分地方本科院校与企业之间的沟通都较为有限，双方的联系多限于学生的就业实习和相关的科研项目开展上，企业很少参与学生培养的过程。造成这种现象的原因主要有以下几点内容：第一，企业对与学校合作带来的好处认识不到位，将这种合作看成是一种浪费时间和资源的行为。绝大多数企业仍习惯于采用传统的方式来吸纳毕业生，看似节约了短时成本，但企业也难以获得自己需要的定向人才，对校企双方都是一种损失和消耗。第二，很多企业，尤其是大型、高端的企业出于传统思维的判断，只愿意与高层次的学校进行合作，轻视地方本科院校，双方因此都会出现技能与岗位匹配上的错位。第三，由于缺乏政府的资金支持，一些中小企业无力进行校企合作。第四，校企双方沟通不通畅，合作机制不完善，无法实现双方利益的最大化。

想要实现地方本科院校向应用型高校的顺利转型，校企合作是必经之路。教师和学生的实践能力的培养和训练需要企业的配合，企业专业技能人才的供给也需要学校的支持。尽管许多高校也陆续启动了“卓越工程师”等项目来推动校企之间的合作，但相较于社会经济的发展和人才供给的失衡状况，我国地方本科院校向应用型转型之路，仍有较大的障碍需要跨越。

（3）专业设置方面的困境

专业是高等职业院校内涵建设的支柱和灵魂。在职业教育体系完备的发达工业化国家，其应用科技大学非常重视专业的针对性，强调专业与产业之间的有效对接，学校所设置的专业必须与区域经济或行业经济的发展需要紧密结合。近年来，随着工业化的推进和科学技术的迅猛发展，行业对专业的要求也在不断提升，综合性、交叉性学科更能适合经济、社会发展的要求。学生的学习也逐渐打破专业的限制，向多模块、宽领域方向发展。地方本科院校向应用型高校转型有助于促进地方经济的发展。但目前我国地方本科院校的专业设置与区域经济的匹配度较差，一部分院校的专业设置具有一定的盲目性，并没有参照区域经济结构和需要理性开设。这种情况下培养出来的人才缺乏市场针对性，无法很好地服务于区域经济发展，进而极易造成毕业生就业难的状况。此外，许多地方本科院校在向应用型大学转型的过程中，仍然贯彻了原有的以学科为基础的专业体系，这就导致学生的学习仍以理论知识为主，缺乏对实际工作应用能力的培养，故而无法满足职业岗位的需求。

目前，大部分地方院校，特别是由师范类院校升格的本科院校，没有厘清地方高校服务地区经济发展的重任，仍挣扎在原有学科体系建设的模式中，在专业设置方面继续以通识性教育为主，无法保证人才培养的多样性，导致学生在专业能力、社会能力和技术技能等方面都不能适应社会和岗位的要求，造成人才的浪费，整个社会劳动力的供需矛盾日益突出。

（4）课程教学层面的困境

课程是学校提供给学生的直接的、核心的产品或服务。职业教育发达国家的课程安排采用形式多样的教学方式，如，项目设置、任务安排、实践案例、现场教学、角色扮演以及团队合作等；相应的，对学生的评价方式也更为多元和全面，会结合笔试、口试、答辩以及技能鉴定等多方面进行。其突出的特点就是无论在理论授课还是实践教学中都深刻地体现了学生的主体地位，在课程选择和实施中强调对学生自主学习和独立完成任务的能力培养，在评价方式上注重对学生能力考核的全面性。在我国地方本科院校的课程设置方面，缺乏本专业的特色，各专业课程内容的趋同性较强，内容的选择过于宽泛，缺乏专业针对性，并且实践性课程所占的比例较小，甚至仅仅作为专业学习的辅助性课程。同时，专业理论课程与实践课程之间的互补互助性较弱，学生缺乏将理论应用于实践和将实践经验归纳为理论的能力。

在教学模式上，虽然我国高职院校对发达职业教育模式进行了一定的借鉴和推广，但在很多地方本科院校，以教师为中心的传统教育模式仍然较为普遍，尤其对于那些已经习惯了学术型教育体系之下教学模式的老教师来说，进行课程教学改革更为艰难。在课改推行不畅或缓慢的情况下，学生仍处于被动接受知识的状态，其自主学习和独立完成工作任务的能力也就得不到有效加强。

（5）师资队伍层面的困境

教师的水平决定着学校的办学水平。德国应用技术大学成功的原因很大一部分取决于其所拥有的高水平的师资力量。在德国高等教育体系中，应用技术大学的教授的聘任条件是相当严格的，学历上一般都会要求达到博士学位，此外还有相应的工作经验的要求。也就是说，德国高校博士在培养阶段，需要跟随教授进行多个项目的研究，经过较长周期的严格培训和考核才能获得学位。在博士毕业后还要经过 5 ~7 年的工作历练才有资格竞聘学校的教授职位。因而，德国教授在研究、从业和社会经历等方面都有比较丰富的经验。①

为了适应地方本科院校转型的需要，应用型高校对师资提出了“双师制”的要求。而我国地方本科院校在聘任教师时主要考虑教师的学术能力，主要以考察科研项目和论文的数量为依据。这种以学科体系为主导的本科院校招聘体制，师资队伍重学历、轻能力的倾向严重。如，许多高校纷纷展开了人才争夺战，大部分高校在聘任教师时只考虑应聘者是否拥有博士学历，而对其专业背景和工作经历的考察则不是很重视。同时因为学历的限制，还将许多有丰富一线生产经验的老师拒之门外。除了招聘环节外，大部分本科院校在对教师进行培训时也是只重视对理论知识的培训，很少或从来不会让教师在企业工作一线进行学习。学校更是缺乏有效引导教师进行实践培训的管理机制。因此，我国高校的教师比较擅长于培养学术型人才，但由于缺乏相关行业实际工作经验，在培养应用型人才时就显得有些力不从心。

（6）实践教学层面的困境

实践是职业教育的根基，没有实践就没有职业教育。众所周知，德国应用技术大学的实验实训设备非常优越和完善，无论是硬件设施还是项目开发实训能力都非常到位。除了在硬性条件上进行弥补外，更值得我们学习借鉴的是其对实训项目的开发和实践教学的开展。在安排专门、集中的实习学期之外，要增加实验、实训和实习教学占总教学的比重，在每学期穿插相应的实验、实训项目，将实践教学贯穿高等教育的始终。

在我国大部分地方本科院校中存在严重的重理论轻实践的现象，虽然在一些国家级、省级重点实验室的硬件设施配备齐全，科研项目的开发也有很大的成就。但占全国高等院校一半以上的地方本科院校，在转型成应用型高校后在先进实践教学设施的配备能力上十分薄弱，甚至有些实力较弱的本科院校还比不上一些示范性的高职院校。这些劣势无疑都会大大地限制了地方本科院校实践教学工作的开展。

（7）管理与评估体制层面的困境

新建地方本科院校一个突出的特点就是它的地方属性，因而大部分院校都是遵循“省市共建，以省为主”的管理体制。这种管理体制模式通常有两个主要问题：第一，行政化倾向严重。政府在地方本科院校的招生、专业设置、财政拨款以及人事编制等方面都起着决定性作用，这就造成了地方本科院校对政府的绝对依赖性，极大地限制了院校的办学自主权。第二，学校的内部创新动力不足。这其实是地方本科院校管理行政化的并发问题，学校在办学方面自主权较弱，很容易引发消极接受、办事效率低的现象，抑制了

① 崔岩. 德国应用科技大学运行机制的分析研究［J］. 机械职业教育，2013（2）：3-6.

院校开拓创新，积极主动的工作热情，从而影响转型的最终效果。

在对地方本科院校的评价层面上主要存在以下几个问题：第一，在评价标准的设定上，并没有给出更加合理适切的评价标准，地方本科院校采用的还是普通高校的评价标准，重点仍是在学术方面，而应用型高校的评价应将重点放在应用性上。对转型后的本科院校的评价，在学术性和应用性上的比重分配并未给出统一的标准。第二，在评价主体方面，教育部门仍然是地方本科院校的评价主体，这与普通高校没有任何区别，也没有充分考虑到应用型大学的特性，对应用型大学的评价缺乏企业、行业以及第三方的评价。

3. 地方本科院校向应用型高校转型的探索

经济社会的发展越来越需要大学在智力和技术方面的支撑。地方经济社会发展需要地方本科院校为其培养用得上、留得住的人才，并直接服务于地方行业、产业。地方经济社会的进一步发展需要高校为其提供应用型、技术技能型人才，要求高校成为支撑地方经济社会发展的技术技能智力源。这是任何地方都必须面对和解决的问题，也是现今地方本科院校存在的基础、发展的基点以及前进的起点，否则其存在就缺乏厚重、扎实的根基。

英国著名思想家约翰·密尔（John Mill）对大学的功能曾指出："大学不是职业教育的场所，它不是为了教给人们一些谋生的知识……人们在成为律师、医生、商人和制造商之前必须先成人，如果你使他们成为有能力和明智的人，他们也将会成为有能力和明智的律师和医生。"① 其实，其思想的落脚点恰恰是人的职业能力提升。只不过，这种职业能力的提升，不应是即时性的知识，而应是基石性的品格。因此，无论高校的类型是否明确定位于应用型，人才的应用价值都是其中的应有之意，即使是具有自由教育传统、崇尚大学精英文化的英国也是如此。地方本科院校应用型转型的意义是，在促进人的自我实现和服务社会发展的同时，重视人才培养的应用性，重视办学的应用型转型。

对于应用型道路的探索，黄达人将其分为三种类型：第一类是原来是行业学校，一直坚持应用型道路的。第二类是原来没有行业背景，主动探索应用型道路的。第三类是在 2013 年"应用技术大学（学院）联盟"成立以后，积极进行应用型转型的。② 黄达人三种类型的观点是符合现今地方高校转型发展实际的。本书在此基础上着重对师范类院校的转型之路进行了分析，以上三种类型的学校以及师范类院校向应用型转型的具体路径与经验有以下 3 点内容。

① 易红郡．英国近现代大学精神的创新［J］．清华大学教育研究，2015（5）：7.
② 黄达人．大学的转型［M］．北京：商务印书馆，2015.

（1）原来的行业学校升格后继续坚持应用型道路

1952 年，我国学习苏联将高等教育的重心放在学院建设上，旨在培养各类专业人才，[①] 教育部就此对全国高等学校的院系和专业进行了调整。到 1952 年底，经过院系和专业调整的高校占到了全国高等学校总数的 3/4。其中，着重调整的是钢铁、地质、水利等工业学校的专业，基本上符合了国家当时的建设需要。[②] 1952 年的院系专业调整是学习苏联和满足国家建设需要的双重结果，这一时期的工业学院培养了大批针对性的应用型人才。

中国的高等教育大众化战略提出与实施后，"大学升格与大学合并成为该时期高等教育结构调整的重要内容，研究型大学与综合性大学成为众多高校尤其是地方新建高校的办学目标"。[③] 我国行业学院分别走上了合并之路或选择了升格，同时，很多地方本科院校也加快向"研究型、综合性"大学靠近的步伐。新型工业化和经济社会的发展带来了行业产业结构的调整，势必也会对人才的层次结构提出新的要求。相应的，为适应我国经济社会发展对不同层次人才的需要，高校的建设必须分不同的层次和类型，以便为社会提供相应的对口型人才。处于经济社会发展新常态的背景下，全社会都在进行适应转型，作为社会有机组成部分的各类型高校，更是不能忽略转型的问题，而应抓住这一契机，提高自身服务经济和社会发展的能力[④]。现在的转型和 1952 年的院系调整具有同样的意义，都是为了满足国家对应用型人才的需求。

原来的行业学校，比如，武汉纺织大学、重庆科技学院、南京工程学院、上海立信会计金融学院、金陵科技学院都走出了一条成功之路。在发展过程中，他们坚持走应用型的道路，在办学定位方面展示出自信：通过研究自身基础与特点，结合经济社会发展、地方产业发展来定位自身的发展道路；准确定位，首先是对自身学校的自信，其次表现出对学校如何发展进行判断的一种能力。行业院校自身的基础本身就是一种优势，那么，如何发扬优势，如何做出特色，则需要分析、判断和智慧。如，武汉纺织大学在判定了自身的纺织特色后，在此基础上确定了优势方向，并找到了实现发展突破的道路，纺织特色也有了用武之地。武汉纺织大学虽然是一所应用型大学，但其在科研上依然取得了显著的成就，而这同样得益于学校对纺织特色的准确定位，即学校瞄准纺织行业特色，借助相关行业协会和行业领军人才，大力发展纺织行业关键技术，将此作为学校科研和工作的重点，做其他高校不

① 吴惠凡，刘向兵．苏联专家与中国人民大学学科地位的形成［J］．中国人民大学学报，2013，27（6）：127－128.

② 黄启兵．中国高校设置变迁的制度分析［M］．福州：福建教育出版社，2007.

③④ 姚荣．应用逻辑的制度化：国家工业化与高等教育结构调整［J］．清华大学教育研究，2015（5）：47－52.

能做的事，如，纺织机械、纺织数字化等[①]。武汉纺织大学关于纺织的定位使其在建设纺织产业链的目标下，不断调整专业结构和专业方向，以保证院校的纺织特色，包括一是开设交叉学科专业，建立“纺织产业链”。二是深化关联学科的专业性，以贯通“纺织产业链”。三是取消无关学科专业，突出“纺织产业链”[②]。在当今复杂的社会环境下，高校管理者都明白，取消或关停高校专业是一种目标明确、思路清晰的重大战略决策。武汉纺织大学在取消无关学科专业方面表现出了非凡的治理能力和果敢的判断力。当然关于撤销专业的行为并不是没有发生过，结合以往的经验，国外在办学过程中也出现过类似的情况，英国的多科大学在经过了 10 多年的发展之后也开始撤销一些不符合社会发展需要的专业，出现了高等教育市场化下的大学学系关闭潮[③]；与英国类似，在美国的大学也多次出现根据现实社会需求停办学系的情况。[④]

对于有行业背景的高校来说，要想在应用型转型道路上占据优势，必须回归行业产业，坚持特色行业产业链，用科研为行业产业服务，探索科研新出路，鼓励学生创新创业，稳扎稳打走应用型道路。

（2）一些没有行业背景的院校主动探索应用型之路

在市场经济运作中，商品需要通过购买才得以体现价值。把大学比作商品有违大学的使命，但若大学没有生源、专业没有生源，大学、专业又如何存续？一个专业的长盛不衰靠的就是源源不断的生源。从世界范围来看，院系是大学最为稳定的构成单元，这是大学历史传承所赋予的结构特征。当大学处于一个急速变革的时期时，他们需要对现有组织结构的合理性和适应性进行考量，看其是否能够实现时代要求的变革。大量证据表明，虽然传统的学术组织结构单元能够实现一般的变革要求，但究其本质，他们极为排斥甚至惧怕那些复杂的机构变革。经济社会发展新常态下，要求进行全面的转型升级。地方高校也难以独立在外，为此必须审时度势，做出正确的选择，勇于改革，通过满足社会对人才的需求以及学生对自身成才的追求，来获取学校长远发展的环境和动力。

我国经济社会发展迅速，整个社会都处于转型发展的过程中。地方高校处于这一大环境下，必须以改革、创新等方式完成转型对接，以适应地方经济社会发展的要求。然而包括新建院校在内的地方本科院校，都是依照研究型、综合性大学的组织结构和学科设置原则组织建立起来的。“这种院系结

① 姚荣．应用逻辑的制度化：国家工业化与高等教育结构调整［J］．清华大学教育研究，2015（5）：47－52．

② 黄达人．大学的转型［M］．北京：商务印书馆，2015．

③④ 王占军．决策是如何做出的？——关于英国米德尔塞斯大学关闭哲学系的案例研究［J］．清华大学教育研究，2015（1）：104－110．

构有效地满足了大学的日常工作需要，并维持了一定的社会认可度，但它同时也成为阻碍学院创新变化的主要因素。”① 当院系专业成为阻碍变化的因素时，我们必须做出调整，即需要改革创新。常熟理工学院在这方面给面临同样处境的院校做出了示范。面对新的发展环境，常熟理工学院紧紧围绕地方经济社会发展实施创新举措，提出“三贴近”，即“专业建设贴近地方经济发展，人才培养贴近地方经济发展，教师科研贴近地方经济发展”②。与此同时，常熟理工学院对原有院系专业的组织结构也进行了创新性改革。为了实现应用型的转变，常熟理工学院依据地区经济发展实际，将原有的院系、专业和学科进行了大刀阔斧的改革，找到了自己的改革发展模式，首先实现了从师范到理工的转型。在此基础上，学校进一步进行改革调整，主动将专业设置向地方产业靠拢，调整专业布局，突显地方产业特色，即围绕苏州、无锡两大光伏基地创办光伏科技专业，围绕苏州的电梯生产创办电梯专业，围绕常熟服装城成立服装工程学院，汽车工程学院的设置也是如此，力求使专业设置做到唯一、做到第一。

常熟理工学院始终将转型发展贯彻到应用型人才培养的各个环节中，紧扣地方需求的主线，理清了各种教育模式之间的联系，将各种模式统一到“行业学院”的新型发展模式中，逐渐找到了适合自身的发展道路。学校在整体上缺少行业背景的情况下，依据区域内产业结构特点，创新探索人才培养模式；通过行业学院的建设，扩展了学校的发展范围，有效促进了学校与地方行业产业的协同发展。

地方性是我国地方本科院校最大的特色，有一定的限制，却也是其最大的优势。但一些地方本科院校在转型发展时，无法准确找到自己的定位，存在好高骛远的心态，去追求那些不适合自身的发展道路，这无疑是在削足适履。而这种“大学化”的办学心态，导致一些地方本科院校对待高校转型政策出现漠视乃至抵制的情况。③ 总体而言，地方高校的转型之路，是其在综合内外因素进行理智分析的基础上做出的智慧性判断，再具体落实到院系、学科和专业等各方面的创新建设中。正如帕翠西亚·冈伯特（Patricia Johns Cumport）教授所言，对任何一所高校而言，无论学科逻辑和应用逻辑哪一种在组织建设和结构改革中占据优势，都是依据学术传统、历史秉承以及对资源的掌控来共同形成的。④

（3）一些地方性院校响应号召积极进行应用型转型

我国高校的设置从一开始就是一种政治导向，在认识导向不足的情况

①②③ 王占军．美国大学停办学系的决策过程——以康涅狄格大学关闭地质与地球物理系为例［J］．清华大学教育研究，2011，32（2）：16.

④ Gumport，P. J. Academic restructuring：organizational change and institutional imperatives［J］. Higher Education，2000，39（1），67－91.

下，长久以来“政府设置高校”已经发展成为一种潜意识。中华人民共和国成立后，由于当时特定的政治经济环境，我国高等教育的发展和大学的运行长期处于计划经济的环境中，无论是高校的设置还是学校的管理都存在着较强的外部依赖性。所以在面对新常态的转型时，也难以摆脱这种意识惯性。很多地方高校对转型之路存在疑虑，无法准确定位学校的发展，因而多处于观望的状态。

2013 年“应用技术大学（学院）联盟”的成立，无疑打破了这种不确定状态，起到了很好的号召与引导作用。一些地方高校也看准了形势，迅速转变观念，果断行动，加入应用型转型的行列，如，武汉东湖学院的投资方计划 3 年投入 1 亿元进行应用型转型。与此同时，各省份也在推行各种举措，积极推进地方本科高校转型工作的开展。如，全国已有多省份启动了改革试点计划，确定了当地大批高校作为试点学校。[①] 2015 年 10 月 21 日，教育部、国家发展改革委、财政部印发《关于引导部分地方普通本科高校应用型转变的指导意见》也进一步指明了地方本科院校转型的方向，对持观望态度的高校进行了进一步的鞭策和鼓励。

地方师范院校在地方高校中有其自身的特殊性，其转型发展之路也跟随国家的教育政策进行了多次的调整。截至 20 世纪末，我国师范院校主要由中等师范专科学校（中专）、高等师范专科学校（大专）和高等师范本科学校（大本）三级结构组成，分别担负着培养地方幼儿、初等、中等和高等教育的各类师资人才的任务。21 世纪初，在我国高等教育急速变革发展的浪潮中，师范院校也经历了撤销、改制、合并或升格等一系列的调整。[②] 中等师范专科学校和高等师范专科学校在这一形势中通过合并等方式得以升格为本科院校。原来的师范院校也在原等级的基础上实现了进阶或跨越，向高级格局过渡，如，有的地区经过对师范院校的改制，由高等师范本科院校承担起培养各类初、中、高等教育师资的责任。在此过程中，各级师范院校也经历了办学定位的转变。办学实力雄厚、师资力量充沛、学科建设完备的部属或省属师范院校基本都实现了向综合性大学的转变，这些院校依托得天独厚的条件，无论是师范类专业还是非师范类专业都有较高的发展水平，因而这类院校向综合性大学的转变之路要更容易些。当然，这些高校转型之后并没有摒弃原有师范教育的特色和根基，仍然保留着师范大学的名称。相反，一批地方师范院校则是通过“去师范化”实现的综合性转变，如，重庆文理学院、临沂大学等。这类学校的前身多为师范专科学校，经过升格变为普通本科院校以后又走上了向综合性大学转变的道路。这些学校在转型的过程

---

① 黄达人．大学的转型［M］．北京：商务印书馆，2015.

② 张乐天．我国师范院校布局结构调整相关问题的探讨［J］．教师教育研究，2001，13（6）：27－32.

中不仅取消了师范院校的名称，而且在办学特色上也已经脱离了师范教育的色彩，多将发展重点转到了服务地方经济和社会发展的综合应用型功能上来。可以说，这类地方师范院校早已经完成了由师范院校向综合性、应用型大学的转变。那么，尚保留师范院校名称和教师教育特色的地方师范院校该如何面对此次转型发展的要求呢？是要同样转变成综合性、应用型大学吗？

综合我国目前的教育形势来看，地方基础教育的师资仍存在较大的缺口，这一问题在农村地区尤为突出，甚至有些师资短缺严重的农村中小学需要通过长期雇用代课教师来缓解这一压力。① 如果所有的地方师范院校都向综合性大学的方向转变，那么势必会给基础教育师资的储备带来更大的压力和隐患，必然是不利于基础教育的长远发展。当然，面对数量和规模庞大的地方师范院校，如果全部同质化发展的话也会造成基础教育人才的浪费。因此，地方师范院校的应用型转型势在必行，只是在转型的过程中，需要教育主管部门审时度势，根据不同地区的实际情况，做好师范院校转型的分类引导，实现地方社会经济和院校的最优化发展。比如，位于综合实力强劲的地市师范院校，尤其是有多所类似院校存在的地区，应鼓励这部分院校积极探索转变之路，引导其向综合性大学的方向迈进。而位于师范教育欠发达地区或就业面向基础教育薄弱地区的师范院校，则应该继续保持师范教育的特色，以保证基础教育的需求。对于那些具有良好教师教育基础，同时又有鲜明行业特色的师范院校，应在保留其师范教育传统的基础上，充分挖掘其行业专业特色，不断强化其应用型人才培养的能力和贡献。教育事关一个国家和民族的未来，良好的师资是教育发展的根基，只有保障优秀的人才源源不断地加入教师队伍中来，才能为我国基础教育的健康发展注入持久性的活力。

总之，地方本科师范院校应该抓住高等教育改革转型的契机，在准确定位的基础上，发挥教师教育办学特色，瞄准地方社会服务导向，紧紧围绕地方经济社会发展强化学科专业建设，努力探索出适合自身的应用转型发展之路。

目前，在我国许多高校，通过与企业密切合作来开展实践教学、培养学生实践能力已逐渐被重视，很多以培养应用型人才为主的院校都在积极探索有效的校企合作育人实践模式，但与国外高校实践教学模式相比，在体制上，我们给予的政府支持力度不够；在理念上，我们的企业缺乏参与培养的责任感，认识严重不足；学校对实践教学的关注、投入不足，这些都制约了校企深层合作育人的有效开展，都值得我们去深入探讨。

---

① 孟凡维．关于农村基础教育问题及建议［J］．吉林人大，2014（12）：19.

1.1.2 研究意义

随着我国经济发展进入新常态，国内生产总值（gross domestic product，GDP）增速放缓，在新常态一下如何打造中国经济升级版，继续保持稳中有进的发展态势，关键是靠技术进步提升产业技术创新能力，加快先进技术的转移应用。技术进步导致的经济结构调整和产业转型升级，对人才培养结构提出了新要求，这个要求可以总结为“两个80%”，即人才队伍中应用型人才数量占到80%，复合型人才又占到应用型人才数量的80%。地方本科高校向应用型大学转变是国家赋予地方本科高校的社会责任和历史使命，是地方经济社会发展的客观需要，地方本科院校有责任从服务创新驱动发展的大局出发，培养大批应用型、复合型和创新型人才，以便为经济社会的发展提供强有力的人才支撑。因此，正确认识地方本科高校转型，并深入探讨地方本科院校应用型人才培养模式，加强实践教学，既促进地方本科高校自身建设，也推动地方经济社会发展，对高校和社会都具有重要意义。

1. 理论意义

社会生产力和经济社会的发展促使高等教育由精英化向大众化发展，而高等教育的大众化又引起了办学多样化的现象，地方应用型大学正是这一现象重要而具体的表现。关于地方本科院校向应用型大学的转型，从国家的酝酿转型到引导试点，再到全面推广，一直得到了众多的关注，对于转型的意义也是众说纷纭。支持者认为这次转型对于地方本科院校来说无疑是一次绝佳的发展机会，解决了当下发展存在的众多问题，为地方高校的发展谋取了出路。而反对者则认为这是将地方本科院校又从本科层次打回了原形，国家政策的调整让地方院校的发展前景模糊不清，对转型抱有严重的怀疑态度。无论大众的态度如何，地方本科院校的转型发展已是大势所趋，自然有其存在的价值。从理论意义上看，本次转型的院校占到了所有本科院校的一半以上，是高等教育改革的一次重大行动，这一转型不论是对我国社会经济发展方面还是高等教育本身都是具有重大的战略意义。高校转型发展不仅可以为建设现代高等职业教育体系提供理论依据，为解决高等教育人才培养与市场需求结构性平衡提供理论依据，同时还能为提升新建地方本科院校的竞争力及其可持续发展提供理论依据。更重要的是，新建本科院校转型过程中涉及的人才培养模式的改革与创新，而改革培养模式，建设高水平应用型大学，实践教学改革是最根本的突破口。因此，对地方本科院校人才培养模式、实践教学体系、专业调整、课程设置、教师队伍建设等一系列相关具体问题的研究，为现代大学发展模式提供理论价值，具有重要的理论意义。

2. **现实意义**

新建地方本科院校向应用型大学的转型不仅是适应经济发展方式转变的需要，也是解决新增劳动力就业结构性矛盾的紧迫要求，同时还是贯彻落实国务院关于加快发展现代职业教育的部署，加快教育综合改革、建设现代教育体系的重大举措。我国为主动适应现代经济与社会发展对人才结构的需求，对高等教育结构布局进行了调整，凸显了应用型本科高校的地位，重视了应用型人才培养，充分认识到实践教学在应用型人才培养中的重要地位，认识到加强实践教学是应用型本科高校提高应用型人才培养质量的必然要求，是应用型本科高校为社会服务的重要途径。因此，改革实践教学模式，构建实践教学体系，对科学定位应用型本科高校的人才培养目标，充分发挥应用型本科高校的职能，提升应用型本科高校的内涵和人才培养的针对性，具有重要的实践价值和现实意义。

对高校进行转型发展的呼声由来已久，部分院校也在不同程度上进行了尝试，因此当这个问题上升到国家战略的高度时，便引起了全社会的关注，这次转型的热潮已经促进了全国各个地市大范围的实施。在全国，上海电机学院、厦门理工学院、常熟理工学院、重庆科技学院、合肥学院等地方本科院校在应用技术院校实践探索方面走在了前列，成为应用技术型院校实践改革的先行者，在湖南，除了政策试点的湖南文理学院和湘南学院以外，衡阳师范学院、湖南城市学院、长沙学院、邵阳学院、怀化学院等一批地方本科高校，也较早地进行转型的部署和实践，从办学目标、任务和实施给出了一系列具体措施。当然改革必然会遇到各种各样的问题，成功和失败并存。纵观这批转型院校，绝大部分隶属于地方，其转型发展之路有很多相似的经验。长沙学院作为湖南省较早探索转型之路的地方院校，其转型的实践经验对接下来的大范围转型推广，具有极大的参考价值和借鉴意义，同时也为国家更好地建立横向贯通、纵向衔接的现代职业教育体系提供重要的实践意义。

从现实状况上看，新建地方本科院校向应用型大学的转型不仅是适应经济发展方式转变的需要，也是解决新增劳动力就业结构性矛盾的紧迫要求，同时还是贯彻落实国务院关于加快发展现代职业教育的部署，加快教育综合改革、建设现代教育体系的重大举措。

具体来说，首先，在适应区域经济社会发展和满足就业市场需求的导向下，转型院校要对原有的专业体系和课程设置进行适当的调整，并根据外部环境的变动及时开发研究应时专业和创新课程，这些举措都有利于增加学生学习的选择性和人才供给的多元性，有利于推动高校的内涵式发展，强化高等教育的社会服务功能，并与社会协调发展。其次，通过针对性地指导，引导地方本科院校树立自觉适应区域行业产业结构调整和经济社会发展要求的思维，准确定位、办出特色，提高我国高等教育办学的水平和层次以及布局结构的合理性，优化高等教育资源配置，从而提升地方本科院校的综合实力。最后，指导地方本科院校及时跟进市场经济发展规律和区域经济发展要求，优化学科专业结构，更新人才培养模式，改革高校内部管理体制，提高资源利用效率和办学水平，提高对区域经济发展的服务能力和水平。

社会生产力和经济社会的发展促使高等教育由精英化向大众化发展，而高等教育的大众化又引起了办学多样化的现象，应用型大学正是这一现象重要而具体的表现。应用型本科院校办学定位为以培养高级应用型人才为主，服务于地方经济建设和社会进步。要实现应用型大学的办学定位，必须将科学定位落实到各项措施上，如，教学科研、人才培养、服务社会、管理工作、质量保障等；其中，最关键的是人才培养模式的改革与创新，而改革培养模式，建设“应用型”高校，实践教学就是最根本的突破口。因此，应用型本科高校的发展，会将目光更多地转向社会、行业甚至岗位，以岗位需求为导向确定应用型本科高校的人才培养目标，而不同于传统的学科型人才培养模式。应用型本科高校的人才培养，将改革人才培养模式包括实践教学模式，以未来就业岗位的需求为导向，侧重职业能力的认知和职业能力的培养，其中心是培养职业能力，特征是技能应用，核心是关注知识的转化应用。因此，应用型本科高校，要进行相应的市场调查，探讨与行业、与本专业相应岗位的能力需求状况，同时了解相应工作岗位的特点、对从业人员的能力要求等，根据市场上岗位的需求状况制定人才培养模式包括实践教学模式。

我国为主动适应现代经济与社会发展对人才结构的需求，对高等教育结构布局进行了调整，凸显了应用型本科高校的地位，重视了应用型人才培养，充分认识到实践教学在应用型人才培养中的重要地位，认识到加强实践教学是应用型本科高校提高应用型人才培养质量的必然要求，是应用型本科高校为社会服务的重要途径。而实践教学模式的改革，不仅仅从学科发展和校内专业教学需求的纬度进行，更要增加开放意识、增加职业意识，从社会需求、行业对专业人才的需求和岗位对能力的要求角度进行，对科学定位应用型本科高校的人才培养目标，充分发挥应用型本科高校的职能，提升应用型本科高校的内涵和人才培养的针对性，具有重要的理论意义和实践价值。

1.2 研究内容与研究思路

1.2.1 研究内容

地方应用型本科高校是应我国高等教育由精英化教育向大众化教育转变而催生的一种教育类型，以学科为依托、以应用型教育为特色、以社会人才需求为导向，面向地方经济社会，培养高层次应用型人才的新型院校。实践教学是地方应用型本科高校教学中的一个重要组成部分，在应用型人才培养过程中起着举足轻重的作用。但目前很多地方应用型本科高校的实践教学体系尚未发展成熟，其体系发展还远远落后于内涵建设的要求。由于固守传统教学机制，地方应用型本科高校在实践教学体系建设和运行中还存在一些问题。因此，本书的主要研究内容是地方应用型本科高校要重视实践教学，密切关注地方经济发展及对人才的需要，注重学生的实践能力、动手操作能力和解决实际问题的能力培养，真正实现从传统教育模式向创新教育、素质教育的转变，在高校人才培养的过程中，重视学生将理论知识转化为实践的能力的培养，将实践教学贯穿到专业人才培养的各个环节，系统构建基于岗位需求的实践教学体系。

本书主要深入探讨了地方应用型本科高校以培养高级应用型人才为主，服务于地方经济建设和社会进步的办学定位、实践教学在应用型本科高校人才培养中的作用、实践教学的理论基础、当前实践教学存在的主要问题及其原因，借鉴国内外应用型高校实践教学的先进经验，提出了应用型本科高校的实践教学模式，应以未来就业岗位的需求为导向，侧重职业能力的认知和职业能力的培养，其中心是培养职业能力，特征是技能应用，核心是关注知识的转化应用；要进行相应的市场调查，探讨与行业、与本专业相应岗位的能力需求状况，同时了解相应工作岗位的特点、对从业人员的能力要求等，根据市场上岗位的需求状况制定实践教学模式；根据应用型本科高校实践教学体系的原则，系统构建基于岗位需求的地方应用型本科高校实践教学的体系，完善了实践教学体系的保障措施，提出了多元参与共同实施的实践教学质量评价体系和监控体系。

1.2.2 研究思路

首先，分析应用型本科高校实践教学在人才培养中的意义以及国内外研究现状；其次，进行市场调查，探讨应用型本科高校人才培养与行业、与本专业相应岗位的能力需求状况，了解相应工作岗位的特点、对从业人员的能力要求，以此确定实践教学培养定位；再次，对应用型本科高校实践教学的现状进行调查研究，重点分析应用型本科高校实践教学的发展演变和实践教学现存主要问题，特别是与岗位需求之间的供需矛盾和不匹配问题；最后，对应用型本科高校的实践教学改革进行探索，主要研究构建和完善应用型本科高校实践教学体系的原则，从应用型本科高校实践教学课程内容改革、双师的培养模式和实践教学质量评价等不同的角度具体构建与完善应用型本科高校实践教学体系。

1.3 国内外研究综述

1.3.1 国内研究综述

纵观以往对“应用型本科”的研究，对这一主题的研究集中出现是自2014年伊始。关于“应用型”和“本科院校建设”的讨论一开始是分开进行的，由于高等教育大众化的推进，许多新建地方本科院校应运而生，由此才有了关于应用型本科的研究。“本科应用型”的首次提出，是在1998年龚震伟撰写的《本科应用型应重视创新性培养》一文中出现的。自此，一系列关于应用型本科的专业设置、课程安排以及人才培养等方面的研究大量涌现，与此同时，也伴随着许多问题的衍生，如发展趋同化，人才培养规格单一，就业压力增大等。为解决各种矛盾，2014年2月，国务院总理李克强在常务会议中指出要加快发展现代职业教育，“引导一批普通本科高校向应用技术型高校转型”。这一指示在高等教育和职业教育领域都引起了广泛的重视，一时间关于应用型高校的研究充斥于各类学术成果。通过对已有相关研究成果的分析，发现研究视角包含多个层面，既有对普通本科向应用型转型必然性和定位等问题的宏观分析，也有对高校应用型专业设置或实践学习的探讨，既有全面的转型研究，也有具体的部分讨论。

关于地方本科院校向应用型转型发展动因的研究，相关文章主要是从社会经济发展和高等教育结构与职业教育体系建设的角度来进行阐述的。如，张兄武等人在《关于地方本科院校转型发展的思考》一文中指出，“推进地方本科院校转型，既是经济发展方式转变和产业结构升级的客观要求，也是科技进步的时代要求”[①] 知识经济和信息时代给人们的生活带来翻天覆地的变化，高新技术的应用也已经渗透到了生产、生活的方方面面，相应的，对技术技能型人才的要求也不断提高。“而过去的中等职业技术教育或高等职业教育已经不能承担培养这类高层次技术人才的责任，继而转移给本科层次职业教育，也就是应用型本科教育”。[②] 经济结构已然发生转变，劳动密集型产业必将被经济转型所淘汰，在培养应用技术型人才的压力下，迫使一批新建地方本科院校要向应用型方向转变。

除了以上阐述的原因之外，完善高等教育结构和建设职业教育体系则是另外一个重要原因。庄西真在《普通本科院校转型：为何转？转什么？怎么转?》中提出：“现代社会的教育为了适应职业的变化，逐渐形成了学术和职业两种不同类型的教育。学术型教育的目标是培养在科学研究和知识创新方面有所成就的人才，而职业型教育则将人才培养的目标定位为承担各类职业的劳动者”[③] 但我国现有的职业教育体系还不完善，“还存在断裂带，现有的中等职业教育、高等专科层次职业教育与近年来着重发展的专业硕士和专业博士之间还存在很大的差距，而本科层次的应用技术人才的培养还无法有效填补这一块的空白。因而只有建立起完整的技术技能型人才培养体系，才能打破这一尴尬局面，真正打通技术技能型人才的培养通道。”[④] 从世界范围来看，许多国家和地区的职业教育都已具备完备的职教体系。如，德国的应用技术大学、芬兰的多科技术学院以及中国台湾地区的科技大学等，都是具有学士学位甚至硕士学位授予权的高等教育机构。应用型人才的培养应该形成一个从高职高专、应用型本科到专业硕士、专业博士的相对庞大且完善的组织体系。

除了以上两个主要原因，高校转型还受一些其他因素的影响。陈锋认为传统人才培养模式已经无法跟上飞速发展的科学技术的步伐，互联网的发展更是动摇了传统高校知识中心的地位。[⑤] 甚至有学者认为“大学的危机”已经出现，当“大学”和“大学生”遍地开花时，大学原有的价值也就大打折扣。为此，需要通过向社会提供各职业所需的应用技术型人才来重新获取社会对大学的认可。[⑥] 还有学者将转型的原因归结为国际环境的影响，而用人单位对人才的新要求也是不容忽视的因素。

关于地方应用型本科高校发展内涵的研究，顾永安在《新建本科院校

---

①② 张兄武，许庆豫．关于地方本科院校转型发展的思考［J］．中国高教研究，2014（10）：93－97.

③④ 庄西真．普通本科院校转型：为何转 转什么 怎么转［J］．中国职业技术教育，2014（21）：84－89.

⑤ 陈峰．关于部分普通本科高校转型发展的若干问题思考［J］．国内高等教育教学研究动态，2015（5）：4.

⑥ 袁礼．地方本科院校转型中的几大问题及其危险［J］．西南交通大学学报（社会科学版），2014（5）：7－12.

转型发展的核心要义、目标趋向与根本指向》中提道："转型"在社会科学研究中是指用来描述结构形态的变化。"转型发展"是指从一种既定结构状态向未来结构状态的整体性位移与变革。[①] 高等教育从精英化时期向大众化过渡的过程中，新建本科必然会产生两种转型：一是从纵向上看，新建院校直接从专科层次升格为本科层次办学，这是在人才培养层次上的提升，可以看成是新建本科的第一次转型。二是从学校的横向发展上看，新建本科高校的发展困境迫使其不得不向新的办学形态转变，即新建本科的应用转型，这是新建本科的第二次转型，新建本科高校应用转型。无论是纵向还是横向，都是新建本科院校必须面临的问题。如果不进行纵向层次的提升，则新建本科院校就无法进入"本科"的行列；而不进行横向改革的话，新建本科院校就会在于老牌本科院校竞争的过程中丧失优势，面临种种发展困境，甚至难以为继。这纵向与横向两方面的转型，构成了新建本科高校发展的平面网络，覆盖新建本科从形式到内涵、从结构到形态、从宏观到微观、从显性到隐性的各个层面。

周茂东在《地方本科高校转型发展刍议》中也讲到了转型的内涵，分别从办学定位、专业设置、人才培养以及师资队伍建设 4 个方面做了具体阐述。[②] 此外，庄西真在谈到转什么的问题时，巧妙地将问题转变为转型后应用型高校的特点进行探讨。[③]

关于转型发展问题的研究，第一，观念问题。在提到转型的问题时，"重学轻术"是大多学者都会提及的固有思维。在孙长远看来，在这种传统思想文化的影响下，学生和家长对高学历追求的热情依然不减；而长期以来，职业教育的生源质量良莠不齐，文化成绩不佳的学生在其中占据了较大的比例，职业教育的发展受不到重视，甚至被看成是"劣等"教育[④]。由于很多家长和学生对转型高校的认识不足，常常把应用型院校看成是培养技术工人的学校，这一看法已经将转型高校与其他大学区分开来。而在这种认识偏见的误导下，大部分人对待转型难免都会产生抵触心理。[⑤] 观念是行动的先导，传统观念势必会成为阻碍转型的一大要素。

第二，专业设置问题。新升格院校在普通本科高校中占据相当大的比

① 顾永安．新建本科院校转型发展的核心要义、目标趋向与根本指向［J］．河北民族师范学院学报，2014，34（4）：1－5.

② 周茂东，张福堂．地方本科高校转型发展刍议［J］．高等职业教育（天津职业大学学报），2014，23（3）：3－6.

③ 庄西真．普通本科院校转型：为何转　转什么　怎么转［J］．中国职业技术教育，2014（21）：90－91.

④ 孙长远，齐珍．应用型本科发展的历史脉络、困厄与出路［J］．河北师范大学学报（教育科学版），2014（5）：68－72.

⑤ 蒋月定．普通本科高校转型应用技术型高校面临的困难与挑战［J］．中小企业管理与科技（上旬刊），2014（8）：258－259.

重，其专业的设置仍以学术为主。普通本科高校的专业设置以学科体系为基础，涉及门类庞杂、灵活度不高，对地方经济社会发展的应变能力不足，甚至有些已经与地方经济产业结构脱节的专业依然存在，专业匹配度不高。[①]课程内容的设置受制于专业的方向，在专业设置上强调与地方经济的适应性，那么在课程内容的选择上，也要进行与之相配套的改革。传统本科院校课程的理论性太强，理论课程与实践课程的比例不协调，重理论轻实践的现象严重，要想实现向应用型院校的转变，必须在课程内容和形式上都向适合应用技术型人才培养的方向转变。

第三，人才培养问题。在每年的就业季，我们都会发现一个奇怪的现象，即专科生的就业率普遍比普通本科院校的就业率高很多，甚至会超过“211”类高校。不难发现在顶尖技术方面的创新和突破也多与国外相差甚远。其中一个重要的原因是作为我国人才金字塔塔基的高素质技术技能型人才严重不足。另外，如果我们只是将应用型人才狭隘地理解为某个行业或职业的特定人才，而忽视教育层次的特性，就很容易将本科层次应用型人才与中等或专科层次的技能型人才混为一谈，难免会陷入“应用型人才”低水平化的误区。具体到课程教学方面，如果不能清晰地分辨应用本科和高职专科的概念，就很难合理安排理论教学和实践教学的比例，在相关课程的设置和删减方面难免会带有随意性和盲目性。[②] 最典型的误区是将技能操作的单一重复性训练当作是专业核心能力的培养与实践。

第四，师资队伍的问题。从整体上看，我国师资队伍的问题主要集中在力量薄弱和结构不合理两方面。魏会茹将新建本科高校“双师型”教师队伍建设中出现的问题归结为 3 个方面，即“双师型”教师认定的标准不具体；“双师型”教师队伍结构来源单一；“双师型”教师培训考核制度不够完善。[③] 此外，教师观念滞后也是师资队伍建设的一项重要问题，新建本科院校经过多年的努力终于成为研究型的本科院校，而现在又要向职业教育转型，相当一部分教师无法转变自己的观念，在本科应用型转型这一问题上是不支持的，因此，教师的观念问题也亟待解决。

第五，教育资源分配问题。此次转型的本科院校大多处于地级城市，相较于一些老牌本科院校，其区位优势较弱，资源分配有限。李化树教授认为，新建本科院校的品牌形象尚未形成，专业特色、教学质量和就业状况还

---

① 李婉，邓泽民．本科高校转型需要解决的八大问题［J］．中国职业技术教育，2014（27）：5－8.

② 王冰，陈兆金．地方本科院校向应用技术大学转型基本问题探讨［J］．天中学刊，2014，29（6）：117－122.

③ 魏会茹．新建本科院校“双师型”教师队伍的现状分析与建设途径［J］．科技风，2014（6）：204.

未得到社会的认可，公众知名度和信誉度较低，因此还不具备市场竞争力。① 此外，新建地方本科院校往往办学主体较为单一，行业企业的支持有限；资源条件有限，资源利用率低，教育投资较为分散；办学基本条件不理想，加之专业设置的盲目性和招生数量的急剧扩大，师生配比、生均教学设备和教学用房等都达不到标准。而长期的经费紧张，导致实验基础设施配备不完善，优秀人才难以引进，直接影响院校的长远发展。

除了以上可能面临的问题，还有学者将关注点放在了地方应用型本科高校的办学特色问题和管理问题上，这些都是与教育观念和办学理念相关的转型问题。如陈小虎在《新型应用型本科院校发展的 14 个基本问题》中认为，应树立经营大学的理念，充分关注人才培养、科学研究、社会服务、文化传承与创新的整体或单项功能投入产出，摸索适合转型高校的具备经营理念的管理方式、绩效评价体系，从而促进高校实现对社会、政府和学生等负责的社会责任。②

关于地方应用型本科高校发展路径的研究，第一，在办学定位方面，首先应在明确应用型高校内涵的基础上，彻底转变“重学轻术”的观念，改变转型就是回到高职高专的错误认知。张君诚认为，新建地方本科院校要厘清办学内涵与定位的关系，避免产生转型就是回到升本前的心理。学校的规章管理体系也应对转型后的技术型特色有所体现，树立职业教育人才质量观，改变以往以学术论人才的评价模式。本着总量控制、增量提质、存量优化的原则，调整专业结构布局，根据地方产业需求主动调整专业结构。③ 只有明确了学校的办学定位并紧扣转型发展内涵，才能保证技能型转型的正确方向，才能更好地落实现代职业教育体系对转型高校的要求。

第二，在专业设置方面，传统的专业设置存在以岗定专业的现象，对社会需求的考虑较少，这样必然会削弱毕业生对就业市场的适应性，造成就业压力。转型过程中要注意对这一问题的解决，主动向社会靠拢，根据社会需求设置相应专业。顾永安在《关于新建本科院校转型发展的思考》中指出，学校应该成立包括政府、企业、学校和社会各界人士在内的专业指导委员会，通过听取各方的意见，深刻剖析地方市场和产业发展的需求，将专业建设和地方经济结构、市场发展有机结合起来，逐步满足地方政府和行业企业对应用型人才的需求。④ 高校转型要通过选择适合自身的课程内容，建立独

---

① 李化树，黄媛媛．地方新建本科院校发展战略转型的路径选择［J］．高校教育管理，2011，05（1）：10－17.

② 陈小虎，杨祥．新型应用型本科院校发展的 14 个基本问题［J］．中国大学教学，2013（1）：11.

③ 张君诚，许明春．地方本科院校向应用技术大学转型“三落实”研究［J］．三明学院学报，2014，31（3）：5－8.

④ 顾永安．关于新建本科院校转型发展的思考［J］．教育发展研究，2010（3）：79－83.

特的课程体系，才能为地方行业企业提供适合岗位的专业人才。这样既可以解决大学生就业难和人才过剩之间的矛盾，又能缓解高位空缺和招不到应用型人才之间的冲突。

第三，在人才培养方面，应正确理解应用型高校的类型内涵及其人才培养的层次特征，即应用型高校在类型上应与普通本科高校或高等工程教育有所区别，在层次上应该高于专科层次的职业教育。按照孙长远的说法，应用型本科院校将隐藏的人力资源转化为现实的生产力，属于培养高级专门人才的社会活动。① 因此，应用型本科院校在人才培养方面不仅要让学生具备高级专业技术能力和实际操作能力，还要让学生达到本科层次学生学业的标准，将应用型本科的学生培养成具有较强文化素养的高水平应用技术型人才。所以应用型高校对人才培养的定位既要具备较强的理论素养，还应该能够满足学生继续追求更高层次的教育、再就业的要求。

第四，在师资队伍建设方面，地方本科院校向应用型高校的转变，其对教师的要求也在发生变化。师资队伍的建设要从追求学术成就的单一目标转向学术和技术操作能力兼备的方向，即我们所说的“双师型”教师。魏会茹在如何完善“双师型”师资队伍建设中提出：正确认识“双师型”内涵，明确认定标准；多渠道引进专业师资，优化结构体系；不断完善“双师型”教育制度。② 张泳针对转型院校师资队伍建设方面指出要着重建立合理的人才培养工程；构建应用型本科院校质量评估制度；引进和培养“双师型”队伍多措并举，打造高层次的教师队伍。③

第五，在教育资源方面，前文已述，转型的大部分高校身处地级市，资源的跟进不到位，“马太效应”明显。为了扭转这一局面，加大投入是最直接快速的解决之道。孟兆怀针对这些教育资源配置不公的问题给出了自己的建议，首先，经费是支撑学校正常运转和发展的基础，因此要加大对新建本科院校的经费投入，在保障其正常运转的同时，还要对其进行补偿性投入，为其发展免除后顾之忧；其次，在政策上适度向新建本科院校倾斜，鼓励重点高校对新建地方高校进行一对一的帮扶，在学科建设和人才培养等方面对其进行引导，不断提升新建本科院校的教学科研水平；最后，要制定合理的评价标准，通过分层分类引导新建本科高校准确定位，深化改革，提高质量。④

---

① 孙长远，齐珍．应用型本科发展的历史脉络、困厄与出路［J］．河北师范大学学报（教育科学版），2014（5）：68－72.

② 魏会茹．新建本科院校“双师型”教师队伍的现状分析与建设途径［J］．科技风，2014（6）：204.

③ 张泳．应用型本科院校师资队伍建设的回溯、反思与展望［J］．黑龙江高教研究，2014（2）：75－78.

④ 孟兆怀．新建本科院校转型发展中存在的问题探究［J］．教育探索，2012（6）：93－95.

综上所述，我国地方应用型本科高校的发展受到了前所未有的关注，各高校也根据自身的情况开展了诸多实践，理论和实践界形成的共识是地方应用型本科高校要定位于培养地方经济建设需要的应用型人才。

高教界著名专家潘懋元教授认为："为地方服务的应用型本科人才培养，在应用型本科高校的建设过程中，实践教学在人才培养中不可替代的作用已经越来越受到重视"；袁照平教授则提出了"应用型本科的实践教学体系应该是一个课内外结合，校内外结合，实验、实训、实习相结合，分散与集中相结合，从基本技能训练到专业技能训练再到综合技术运用和创新能力训练的递进式、开放式的实践教学体系"。通过中国知网（China National Knowledge Infrastructure，CNKI）数据库和维普中文科技期刊数据库等网络资源，按关键字"应用型本科"和"实践教学"搜索，共可以查找到近百条相关文献，如《论工程应用型本科实践教学改革与创新》《应用型本科院校实践教学的思考和探索》《应用型本科院校实践教学体系研究》等，这些文献资料中都对应用型本科实践教学进行了较为深入的研究，但在研究内容和观点方面还存在一些缺陷，主要集中于：①缺乏对实践教学体系的系统构建，特别是对实践教学运行模式缺乏系统研究。②忽视对实践教学课程的内涵建设，对实践教学师资队伍特别是"双师"建设重视不够。③对实践教学基地的科学建设和管理重视不够。④实践教学评价体系研究不够，更为重要的是，对实践教学的研究仅限于从学科和学校内部教学规律展开，缺乏应用型本科面向地方行业和岗位的需求研究，对地方人才供给与需求方面研究不够，少有"基于地方岗位需求的实践教学模式研究"。

1.3.2 国外研究综述

美国本科水平的应用技术教育创办于20世纪60年代，主要包括工程教育和大学、技术学院两大类，在本科应用技术教育之前，社区学院的存在已经为本科人才的培养打下了基础。美国大学、技术学院以培养技师（technologist）为主，要求他们具有较强的实践操作能力和高效的程序规划力，以便更好地协助工程师实现设计向实际产品的转化。[①] 而美国的工程教育则更加注重与工业和经济的结合。至20世纪80年代，美国应用技术教育迅速发展，实用学科在此背景下也得到了快速的发展，相比较而言，纯理论学科则有些滞后，相关学科的发展也受到了影响。有基于此，学者将智力看成是未来生产的投资方向。美国先后发布了名为《国家处于危险之中——教育改革势在必行》的报告，《从学校到工作机会法》《2000年目标法案》等方

① 袁兴国．美国应用型本科教育的实践探析［J］．江苏高教，2009（3）：9.

案，试图通过一系列措施来提高应用技术教育的质量。整个20世纪美国应用性本科教育的核心都是围绕工作实际需要展开，在这种理念的引导下，极大地提高了学生满足工作需要的能力。①

从20世纪90年代开始，为了适应社会发展对高等工程教育所提出的要求，不断调整和改革工程人才培养目标，美国国家研究委员会1993年对工程教育目标进行了概括，即培养学生进行工程实践的能力，提供足够全面的教育以至能让学生追求其他方面的职业，将工程与社会的需要联系起来；美国工程与技术鉴定委员会也提出了11条工程人才的评估标准，为实现上述培养目标，美国高等工程教育进行了一系列改革和探索，改革主要包括3个方面内容，一是工程教育教学改革，包括了大力推进以学生为中心的教学模式改革，建立健全教师培训与激励制度，发挥工程技术评审委员会（Accreditation Board for Engineering and Technology，ABET）对教学改革的促进作用，倡导信息技术（information technology，IT）的教学和基于问题或主题的学习模式等内容。二是创新工程教育制度，建立社区学院与四年制大学的衔接机制，建立了工程教育联盟。三是探索工程实践教学改革，推进工业—大学合作研究中心计划和合作教育，支持"产学研"合作，而且不仅将知识有效地转换到产业界，为产业界进一步进行应用研发提供了可能，也促使加州大学管理研究所在研究上不断追求卓越，通过这种合作教育，学生可以获得具体的第一手经验知识，适应雇佣关系，同时也能提早了解自己的职业倾向，合作教育还可提升商业界与大学的关系，为工商企业提供技术转化的方式。

德国高等教育改革的成功在其世界经济强国的崛起过程中发挥了不可磨灭的作用，即在扩大高等教育规模的同时也加强对应用型技术教育的发展。众所周知，德国的传统高等教育向来以学术自由著称，长期坚持"教学和科研相统一"的办学原则，而面对20世纪60年代工业化和信息化社会的迅速发展以及高等教育大众化的趋势，德国将高等教育改革的方向转向重视技术教育和职业教育，应用技术大学（fachhochschulen，FH）的任务是培养大量应用型大学生。德国教育的一个特色是不以文凭和学校来评价学生，其多元化的教育体系为整个社会的协调发展提供了丰富的人才供给。② FH的成功创办给德国社会带来了利益，德国联邦教育与科研部十分重视FH的发展且支持其扩建发展，从而提升FH的招生能力。

英国作为传统国家的代表，始终将人文科学作为大学建设的重点，其教育体系属于典型的单一结构。直到1966年教育与科学部颁布了《关于多科

① Hyslopmargison，E. J. An assessment of the historical arguments in vocational education reform [J]. Journal of Career & Technical Education，2000，17（1）：14.

② 摩根. FH还是UNI，事先早掂量 [J]. 留学生，2004（7）：20-21.

技术学院与其他学院的计划》(A Plan for Polytechnics and Other Colleges，以下简称《计划》)，技术学院才作为非大学部分的高等教育机构与传统大学“平起平坐”，英国自此才正式实施“二元制”结构。然而“二元制”的实施并未给技术学院的发展带来利好性支撑，为了获得“合法性”地位，逐渐效仿传统大学的管理组织结构，形成“学术漂移”现象。首次提出“学术漂移”是美国的教育学家伯顿·克拉克，他在《探究的场所——现代大学的科学研究和研究生教育》一书中提出英国技术学院正在走传统大学的道路，最终形成了“学术漂移”的典型案例。[①] 保罗·罗曼斯坦认为高等教育系统的“地位优势”在形成“学术漂移”中起到根本性作用。[②] 哈曼认为，“教师是推动学院学术漂移的重要力量，学术漂移反过来又会影响教师的构成、态度和取向”[③]。

综上所述，西方发达国家在高等教育大众化和普及化的发展过程中，一般会在培养理论性、研究型人才的同时，积极探索应用型人才的培养模式。其中无一例外都强调了实践教学体系的构建，可以看出国外非常重视“产学研”，重视实践教学模式的改革，融合理论与实践于一体，并有效将社会需求、行业对人才的需求和岗位对人才技能的要求引入实践教学过程。

高校是高等教育大众化和普及化的践行者和推动者，新建地方本科院校的责任尤其重大，强调通过职业教育提高人的技术素养和职业能力，才能使人力资源的优势充分发挥。我国已经进入了知识经济时代，并且今后的一段时期会继续面临高等教育大众化带来的挑战，这些丰富的经验可为我国探索适合国情的地方应用型本科高校提供借鉴。

1.4 研究目的与方法

1.4.1 研究目的

地方应用型本科院校作为我国高等教育由精英教育向大众化教育转变而催生出的一种教育类型，以培养高级应用型人才为主，服务于地方经济建设，实践教学是地方应用型本科高校教学中的一个重要组成部分，在应用型

---

① 伯顿·克拉克，等. 探究的场所：现代大学的科研和研究生教育［M］. 杭州：浙江教育出版社，2001.

② Ramsden, P. Predicting institutional research performance from published indicators: a test of a classification of australian university types［J］. Higher Education, 1999, 37 (4): 341-358.

③ Harman, G. Academic staff and academic drift in australian colleges of advanced education［J］. Higher Education, 1977, 6 (3): 313-335.

人才培养过程中起着举足轻重的作用。实践教学环节作为理论联系实际的重要教学方法，在教育教学改革中具有鲜明的实践性、直观性和启发性。在实践教学环节中，实践操作能够充分调动学生学习的积极性，对学生能力培养、社会实践、人格磨砺、素质养成以及专业技能的提升都有着关键意义。因此，构建一个符合高校办学规律的实践教学体系在地方应用型本科高校的人才培养过程中起着至关重要的作用。本书以新建地方本科高校向应用型高校转型发展的内涵、动因以及特征为切入点，综合运用文献研究法、比较研究法、案例分析法等方法，深刻剖析实践教学在地方应用型本科高校转型及人才培养中的重要作用及其现存问题，并借鉴国内外应用型高校发展的相关经验，遵循以学生为本，学校与企业、社会相结合，教学与生产、科研相结合，理论与实践相结合，能力与知识、素质相结合的基本原则，构建一个由实践教学目标体系、实践教学内容体系、实践教学管理体系和实践教学支撑保障体系所构成的合理、完善的实践教学运行模式，探索了一条适合我国地方应用型本科高校转型的实践教学体系，以期为我国地方应用型本科高校的发展与应用型人才培养质量的提高提供决策参考。

1.4.2　研究方法

本书采取的研究方法主要有文献研究法、问卷调查法、比较研究法、案例分析法、行动研究等方法。

1. 文献研究法

文献研究法是一种通过查阅、分析和整理文献，从而找到事物本质属性的研究方法。为了收集更加全面的有关地方本科高校转型发展和其中出现的问题等资料和信息，了解本研究发展的最新进展，笔者通过网络数字资源、图书馆藏书目、公开发表的学术著作、期刊以及政府部门的政策法规文件等多种信息渠道，收集研究素材，为研究获取重要的背景知识和有价值的参考资料。本书主要通过对国内外有关应用型本科高校实践教学的文献资料查阅、梳理和分析，初步形成应用型本科高校实践教学体系的基本框架。

2. 问卷调查法

通过问卷调查及访谈调查，了解地方应用型本科高校的实践教学现状及现存问题，掌握第一手资料，为本书的研究提供充足的事实依据。

3. 比较研究法

地方本科高校的转型是我国经济转型时期的一项教育改革尝试，而很多西方国家已经早我国几年就对高等职业教育进行改革，现在国外应用型高校发展已相对成熟。通过与德国、加拿大、英国和中国香港等国家和地区对比，借鉴境外注重在学科设置上与实践结合、在培养定位上为社会服务、学位授予多层次划分等方面先进经验，对所调查、搜集的资料进行参证、比较，判断其类似、差异及变化轨迹。通过对国内外应用型本科高校实践教学模式开展情况进行研究，探寻其规律性和特殊性，从而构建我国地方应用型本科高校实践教学体系。

4. **案例分析法**

案例分析法是针对应用型高校的案例做细致探析，是一种理论与实践相结合的方法。本书对应用型本科高校实践教学模式的典型案例进行实证研究，对国内外一些典型应用型本科高校实践教学开展情况进行信息搜集，掌握第一手资料，了解应用型本科高校实践教学模式的实际状况。对德国应用技术大学、加拿大“能力中心的课程开发型”英国“资格证书体系推动型”以及香港地区“工业训练中心型”等个案进行分析，为研究提供辅证，使我国地方应用型高校发展策略实施得以具体化。德国、加拿大和英国在应用技术教育发展历史悠久，都拥有丰富的研究素材，在本科职业教育上具有突出贡献，对我国地方应用型本科高校的实践教学改革提供非常有价值的借鉴。

5. **行动研究法**

边研究边行动，在研究中行动，在行动中研究。本书研究结合齐鲁师范学院的实践教学改革，在行动研究中不断地探索实践教学现存问题及原因，解决教育实际问题，在实践中验证理论，找出差距与原因，再进一步完善理论，提出加强应用型本科高校实践教学的建议和对策。

第 2 章

地方应用型本科高校实践教学的理论基础

2.1 相关概念界定

2.1.1 地方应用型本科高校

“应用型本科”在国内第一次见诸文字是由龚震伟在《应用型本科应重视创造性培养》一文中提出的。“应用型本科教育”在我国提出的时间较短，2002 年以后关于该领域的相关研究才集中出现。对“应用型本科教育”的内涵，学者们都有各自不同的见解。“应用型本科教育是‘专才’教育，是一种‘培养实操层面专业技术型人才的教育’，是‘工程师’的摇篮。应用型本科不是三年制高职高专的加强版，更在应用性上区别于普通本科。与专科层次的教育相比，它强调在基础教育基础上的后续发展；与普通本科相比，应用性和技能性是其最鲜明的特色。”① 也有学者将应用型本科教育简单地概括为“培养高层次应用型人才的本科教育”。② 新建本科院校自身的发展规律决定着其向应用型转型的必然性。随着社会服务职能在高等教育职能中的日益强化，社会对高等教育类型的需求日益多样化，新建应用型本科院校正是这种社会历史背景下的产物。

对于“应用型本科院校”的界定，我国学者孙广勇对其进行了广义和狭义的区分。广义的应用型大学则包括一切以应用技术、理论和学科为主要

① 何成辉，苏群．应用型本科院校学生能力培养途径的探讨［J］．中国高教研究，2002（3）：71－72.

② 马树杉．应用型本科教育：地方本科院校在 21 世纪的新任务［J］．常州工学院学报，2001，14（1）：85－88.

研究对象，主要培养各层次应用技术类人才的高校。狭义的应用型大学特指满足毕业生成才和就业需要，专门为地区经济服务的高校。该类高校定位于"应用型"，是一个由地方本科院校、新建本科院校、民办本科院校以及独立二级学院组成的高校群。[①] 值得注意的是我国高等教育学科奠基人、厦门大学潘懋元教授在2008年的相关研究中将此类院校称为"新建应用型本科院校"，而次年则直接以"应用型本科院校"为题进行撰文，这也反映出学界对"应用型本科院校"认识上的明显改变。

综上所述，本书将应用型本科院校界定为以学科为依托，面向区域经济社会，以本科教育为主，以应用型专业教育为基础，以社会人才需求为导向的培养高层次应用型人才的院校。

新建的应用型本科院校按照其原有办学层次来划分，大致可分为三类，一是由原来的师范专科院校升格而来；二是由财经、工科类高等专科学校升格而来；三是由少数成人高校合并或改制而来。这三种类型无论哪一种都是我国高等教育大众化的产物，本书将1998年之后批准设置的全日制普通本科院校统称为"新建"。因此，本书所涉及的"新建应用型本科院校"是由"应用型本科院校"和"新建"两个核心概念共同构成的，可理解为：自1998年开始，应我国高等教育大众化设置的，以本科教育为主，以学科为依托，以应用型教育为特色，以社会人才需求为导向，面向地方经济社会，培养高层次应用型人才的新型院校。

本书因为新建应用型本科院校以全新的人才培养模式区别于传统精英教育的大学，培养的是面向区域的应用型人才，故称为地方应用型本科高校。

2.1.2 实践教学

1. 实践教学的概念

实践是相对于理论而言的。实践是人们能动的改造客观世界的活动，是"主观见之于客观的活动"。高等学校的教学活动作为人类实践活动的一种特殊形式，按其自身具有的特点又包括理论教学和实践教学两种类型。理论教学侧重于对理论知识的传授，内容涉及前人概括总结的概念、理论和相关规律等，组织传授形式以课堂教学为主，教学方法主要是讲授。"大学实践教学则是依据高等学校的培养目标和要求，通过组织实践环节来引导学生从中接受教育，以便提升综合素质的一类教学活动。"[②] 虽然并非所有实践教学都是在课堂外进行的，但即使是实验课程也要区别于传统的课堂教学，实

① 孙广勇．追问"应用型大学"［J］．职教通讯，2007（7）：11－14.

② 李剑萍．大学教学论［M］．济南：山东大学出版社，2008.

践性、动手做和实际干是实践教学的主要特征。

综上所述，本书将实践教学定义为一种在特定教学环境下，教师有计划、有组织、有目的的指导学生进行与专业相关的实践性、应用性学习，以便传承实践知识、形成技能，发展学生实践能力、创新能力，提高综合素质的教学活动。

2. 实践教学的构成要素

实践教学是通过实践环节来提高学生素质的教学活动。这种活动由主体、客体、目的、手段和结果 5 个要素构成。

（1）实践教学的主体

是指实践教学活动的组织者、承担者和实施者，主要就是从事实践教学的教师。由于教学活动的特殊性和复杂性，一方面，教师是实践教学活动的组织者和实施者，教师的教学意识和目的贯穿于整个教学过程中，学生则处于“被动”的地位，因此，从这个角度来说，教师是实践教学的主体；另一方面，学生作为认知的对象和被改造的对象，又是实践教学活动的实际参与者，从这个意义上，学生是实践教学的主体。因此，实践教学是提升学生在教学过程中主体地位的有效途径。

（2）实践教学的客体

从整体上来讲，学生是实践教学过程中的客体，是实践教学活动培养的对象，是实践教学主体作用的对象。如前所述，由于实践教学活动的特殊性，实践教学的客体同样也具有双重性。一方面，学生作为受教育者，是教学活动作用的对象，相较于教师而言，是实践教学的客体；另一方面，学生又是实践教学活动的认知者，相较于被认知和改造的对象而言，是实践教学的主体。

（3）实践教学的目的

实践教学的目的也就是实践教学的培养目标。教师作为实践教学目标的实际贯彻者和实施者，要把对培养目标的理解融入自己的实际教学中，在具体教学环节中将培养目标进一步细化，借助特定的教学手段，使学生在知识和应用技能等方面符合教学目的，即培养目标的变化。虽然学习目标和培养目标之间并非完全匹配的，但从总体上来讲，实践教学的培养目标和学习目标应该一致，且只有二者的这种一致性才能实现教学效能的最大化。

（4）实践教学的手段

它是主体和客体之间的中介，主体将自身的意图通过教学中介作用于客体，促使客体发生符合主体目的的变化。在实践教学过程中，手段包含的范围较为宽泛，既可以指实验仪器设备等教学工具，还可以指实践教学的方法，甚至还包括实验室、车间等实践教学场所等。实践教学手段很大程度上影响着实践教学的效果。

(5) 实践教学的结果

就是实践教学目标的客观体现。它最直接的表现，就是实践教学的质量，最终落脚到人才培养的质量上。

大学实践教学的基本形式主要有实验、实习实训、毕业论文（设计）、实践技能训练、社会实践活动、课外实践活动、科技创新活动等，随着经济社会发展和教育改革的深化，大学实践教学的形式也必将变得越来越丰富。

3. 实践教学的内涵

根据实践教学的定义，其内涵包含以下5个方面的内容。

(1) 实践教学是一种教学活动

实践教学同其他类型的教学活动一样，必须在教师、学生和教学环境（教学主体、客体和教学中介）三要素具备的条件下才能顺利完成。

(2) 实践教学具有清晰的教学理念

即培养学生分析问题、解决问题的能力，适应不断变化的环境的能力，以及学生的批判性、创造性思维能力。

(3) 实践教学有明确的目的性

实践教学的目的在于培养学生的综合能力。例如，学生的实践能力、创新能力和创业能力等。

(4) 实践教学的内容要与学科实务相结合

不能脱离专业理论而空谈实践教学，要在夯实学生专业理论的基础上兼顾学生的理论应用能力，即对学生分析问题、解决问题等综合应用能力的培养。

(5) 实践教学要明确主体与客体

实践教学的主体是教师和学生，客体是教学内容和对象，包括自然对象、社会对象和精神对象。

4. 实践教学的特点

(1) 教学性和实践性

实践教学具有的教学性是其区别于其他一般性教育活动的基础属性。实践教学是教学活动的特殊形式，具备教学活动的所有特征，是以实践操作为主，获得基本认识和技能，以便提高综合素质的一系列教学活动的组合。实践教学所具有的实践性又是其有别于课堂理论教学等教学活动的基本属性。实践教学的特殊性还表现在其是以生产、科研、社会实践等一般性实践活动为依托的教学活动，并具有所有依托对象的本质特征。

(2) 动态性

相比于学科教学，实践教学在形式上具有更多的变动性、不确定性和偶然性，大量的信息隐藏在实际的教学环境中，学生处于这些不稳定条件下，知识的概念、属性都会被反复估量或重新定义，对知识的认知会经历从量变到质变的深刻变化。学生对知识认识的变化实际上就是经过实践活动重新审视知识、检验知识后，对知识的重组和再生产，这一过程反映的是学生在实践中对课堂知识体系的反省，在这个开放的动态的过程中，学生的创造力得以逐渐生成。同时学生的思维活力和学习情感也不断得到强化，实现了课堂从“静”到“活”的转化。

（3）多效性、隐效性和迟效性

实践教学的多效性是与实践教学目标和任务的多样性和综合性相对应的，体现在技能、能力和综合素质等方面的实践教学效益上。实践教学的隐效性是指相较于课堂理论教学，实践教学的教学效益很难直观、全面和准确地进行测量。实践教学的迟效性是指实践教学的生效周期一般都较长，有些甚至需要在学生毕业参加工作后才能慢慢显现出来。

（4）开放性

实践教学具有较强的环境依赖性，其必须在教学系统方面保持开放性，以便与理论教学系统、生产实践系统、科研实践系统、社会实践系统保持密切的联系。实践教学的顺利开展需要依托于一定的现实基础，需要与社会生产相结合。因此，需要争取社会各界的参与和支持，以便为学校开展实践教学提供有利的实践条件，最终实现人才培养的目标。

（5）多样性

社会实践活动包含的内容极为多元，大到指导学生参与一项工程，开发一个系统，小到帮助学生自己设计制作一个模型或进行一个社会调查，都属于实践教学活动的范畴。社会生活的丰富多彩要求对学生开展的实践教学活动也应是多种多样的。

应用型本科教育中实践教学是系统的、综合的培养大学生实践能力特别是创新能力的过程。还具有以下 3 个特点。

①系统性。大学生实践能力的培养不是几个内容的简单相加，而是一个系统的过程。实践教学的各个环节紧密联系，形成一个相互作用、相互制约的体系。教学的内容不仅要符合基本的科学教学的要求，还要满足学生能力发展的需要和社会对人才的要求。

②长期性。大学生的创新能力和实践能力的培养不是一朝一夕的事情，而是一个长期的过程。因而，实践教学必须贯穿于本科教育的全过程，将实践教学穿插在每个学期的教学活动中。尽管每项实践教学的时间无法全部统一，但总体而言，应持续在 4 ~5 年之间。

③综合性。实践教学的综合性主要体现在教学目标和任务上。实践教学的目的是培养学生的实践能力，尤其是创新创造能力。而实践能力和创新能力不仅指专业和学科方面的，包括多个领域。同时，实践教学的任务也是高校教学及教育目标和任务的综合体。实践教学的内容除了实际操作，还包括

科研能力和社会管理能力的训练，同时还涵盖了综合性、创造性和创新能力的培养内容。

5. 实践教学的层次划分

实践教学和其他学科教学一样，应当遵循基本的教育规律，由浅入深、由简到繁循序渐进地进行。一般来讲，实践教学大致可分为4个层次（见图2－1）：基础性实践、形成性实践、巩固性实践或过渡性实践和创造性实践。

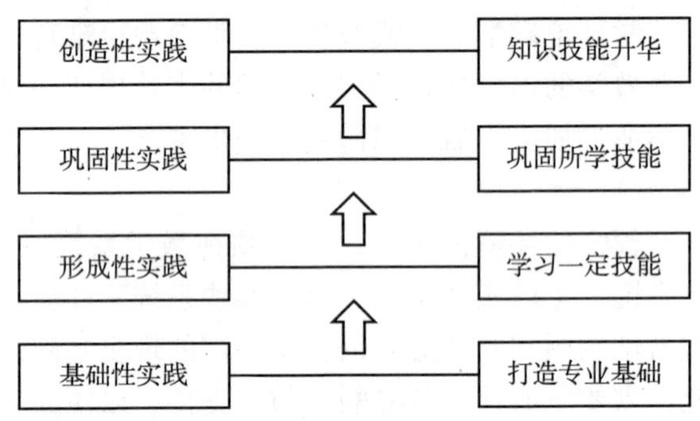

图2－1　实践教学层次示意

基础性实践主要是指那些为打好专业基础而进行的实践活动；形成性实践是指一系列由浅入深、由简到繁、学会并掌握一技之长的教学活动。相较于基础性实践，形成性实践具有更强的专业性，学生的学习兴趣也更高。在教学实践中我们进一步把形成性实践细分为三个层次，即单一性实践、阶段性实践和综合性实践；巩固性实践（或称过渡性实践）是指那些为了巩固学生已经学会的技能，进而转变为熟练技巧而开展的实践教学活动。按照教育原理，任何一种知识的掌握和技能的形成，都需要经过反复多次的实践才能巩固，进而达到熟练；创造性实践是实践教学4个层次中的最高一级层次。它是在上述一系列学习的基础上，对知识和技能的一次升华。学习者根据已掌握的知识和技能，根据自己的特长和喜好，发挥自身聪明才智，进行批判性、创造性的实践活动。

实践教学的4个层次不是一蹴而就的，而需循序渐进地进行。基础性实践作为最低层次的实践教学，主要发挥基础性作用，服务于专业基础课程的学习。在此基础上，通过形成性实践教学，让学生掌握一定的实践技能。为了使学生在前两个阶段学习到的知识和技能得到强化和熟练掌握，就需要巩固性实践的跟进。创造性实践是对知识和技能的进一步升华，是最高层次的实践。

2.1.3　实践教学体系

1. 体系

体系在词典中的含义是指若干有关联的事物或思想意识互相联系而形成的一个整体。其形成的条件有两个：一是指构成体系的各事物之间不是相互独立、毫不相干的，而是彼此相互联系的；二是必须经过一个人为的构建过程。只有这两个条件均得到满足才能称之为体系。①

2. 教学体系

一般将构成教学的各要素和条件称之为一个完整的教学体系。如，人才培养的模式、培养的目标、人才培养方案、师资队伍建设、教学管理规章制度、教学质量监控等要素之间的有机结合。

3. 实践教学体系

《教育大辞典》是这样来解释实践教学的，"实践教学是相对于理论教学的各种教学活动的总称。包括实验、实习、设计、工程测绘、社会调查等。旨在使学生获得感性知识，掌握技能、技巧，养成理论联系实际的作风和独立工作的能力。"实践教学体系的含义有广义和狭义之分。广义的实践教学体系是由与实践教学活动有关的要素构成的有机联系系统。一般包括实践教学目标、内容环节、管理和系统的评价保障等几个方面。突出的是实践教学活动的整体性特征。而狭义的实践教学体系则特指其教学的内容体系，是指根据人才培养目标，在制定教学计划的时候，采用合理的课程设置和教学实践（实验、实践、培训、课程设计、毕业论文设置、创新发明、社会实践等），建立起与理论教学体系相辅相成的教学内容体系。

本书所研究的实践教学体系是指广义层面的，但又不完全按照上述定义所提及的构成部分来进行，会适当融合一些狭义层面的要素，试图从多元角度去探讨新建地方本科院校实践教学体系的构成。

2.2　实践教学在地方应用型本科高校中的作用

实践教学在我国本科人才培养中有着十分重要的地位。如，2012 年出台的教育文件《教育部等部门关于进一步加强高校实践育人工作的若干意见》，再次强调了要重视实践教学环节。实践教学活动作为学校教学工作的

① 郑秀芳，方舟．新办本科院校应用型人才培养模式的构建［J］．科技和产业，2011，11(4)：101－103.

重要组成部分，不仅是深化教学的关键环节，同时也是学生获取知识和技能的重要途径。文件号召各高校根据自己的人才培养目标和专业特点，对实践教学标准的制定进行分门别类，逐步加大实践教学在整个教学活动中的比重，并保证不同专业实践课时占比的合理性。要全面落实本科专业类教学质量国家标准对实践教学的基本要求，加强对实践教学的管理，提高实验、实习、社会实践和毕业论文的质量。大力支持高等职业学校学生参加工艺创新、企业技改等一系列对学生实践能力提高有益的实践活动，组织专家和教师编写一批优秀实验教材，逐渐形成有特色的实践教学体系。

从实践教学的定义可知实践教学是一种加深学生对理论知识的理解，锻炼学生的实际操作能力，从而培养学生的创新意识和能力的实践活动。实践教学可以最大限度地满足并实现各行各业对“具有综合素质和创新精神及实践能力”的高级人才的要求。实践教学在新建地方本科院校的人才培养过程中发挥着重要作用，具体表现在以下5个方面的内容。

1. 实践教学直接影响地方本科院校教学目标能否实现

从实践教学的内涵可以看出，新建地方本科教育的建制，要求其在人才培养模式等方面体现出其应用型本科教育的内涵，也就是说要凸显出与其他类型或层次教育的区别和特色。即新建地方本科教育既要能够体现其教育的应用性特征，又要显示出其“本科”的层次特征。① 理论教学是知识传授的基础和必要环节，而实践教学作为新建地方本科教育内涵特征的关键体现，直接关系到新建地方本科院校培养目标的实现。

2. 实践教学是培养学生创新能力的关键环节

实践教学的特点和功能使其在对学生创新能力的培养过程中具有不可替代的作用。实践能力是培养创新能力的基础和条件，不培养学生的实践能力就无法发展其创新能力。而实践教学则是培养实践能力的有效途径，因而成为培养学生创新能力的关键。

3. 实践教学是把理论知识过渡到实践能力的桥梁

学习的最终目的不仅在于求知，更在于致用，也就是要具有能够将书本知识运用到实践生活中的能力。实践教学可以最大限度地挖掘学生的潜能，培养学生灵活运用知识和投身社会实践的能力，为学生将来适应社会生活打下良好基础。

4. 实践教学是地方应用型高校科学研究的助推器

地方应用型本科高校不仅承担着培养应用型人才的任务，同时还肩负着科学研究的职能。与学术型大学相比，地方应用型本科高校在理论研究上处

---

① 盛正发．新建地方本科院校教师专业成长研究［J］．教师教育研究，2009，21（1）：41－45.

于劣势地位，加之地方应用型本科高校多为地方性院校的属性，地方应用型本科高校要在激烈的院校竞争中抢占优势，必须发挥自身优势，转变科学研究的思路和模式，将应用科学技术与地方经济社会发展紧密联系起来，探索具有强大应用功能的科研方向。而实践教学正是地方应用型本科高校开展科学研究的助推器。

5. 实践教学是地方应用型本科高校为社会服务的重要途径

自 1998 年以来设立的 200 余所新建本科高校都属于地方高校，具有鲜明的地方属性，因而学校还要肩负起其应有的社会服务职能，其应用型人才的培养必须满足地方经济社会发展对人才的要求。为此，应用型高校可以针对地方经济发展、产业结构以及城市化和资源利用等方面开展专业性研究。同时学校还可以利用自身的人才和教育资源的优势，与地方开展多层次、宽领域的交流与合作，在为地方经济建设和社会发展服务的过程中实现自身的发展。为地方社会服务是顺应地方经济社会发展和满足自身发展需要的必然要求，而实践教学是实现这一过程的最便捷途径。

我国教育部于 2010 年通过了《国家中长期教育改革与发展规划纲要》。该纲要将“注重对学生能力的培养，不断优化学生的知识结构，加强实践教学”写入其中。强调要将学生培养成“不仅具备一定知识技能，同时还要学会生存和做人，成为适应社会发展的人才。”① 因而，实践教学是新建地方本科院校在本科教育中的必备环节，同时也是学生必须参与并按时完成教学任务的专业要求。

2.3　实践教学的理论基础

2.3.1　人才发展理论

从社会学的观点来看，教育是一种社会活动。高等教育的性质和特点要求其更不能与社会脱节，必须走出“象牙塔”，关注社会生活并融入其中，这样高等教育才能更好地履行自身对社会所担负的使命和责任。因此，高等院校应该是一个服务型的组织，应该通过促进知识的转化，形成社会生产力，从而推动社会不断向前发展。高等院校与社会之间是相互联系和影响的关系。高等教育与产业结构的结合是一个不断优化的过程，在这个过程中，

① 李志义．突出个性化培养　推行启发式和主动性实践教学［J］．中国高等教育，2006（17）：43－44.

高等院校不断地根据产业结构的类型、产业的发展水平等来完善高等教育的类型、层次、学科、专业和课程设置等教育环节来适应社会发展的需要。受教育者与社会角色的结合是一个个体社会化的过程，它的本质特征就是将在学校中所学知识运用到工作生活中去，在这个过程中领悟并遵从社会对其所扮演的角色所赋予的义务和责任。社会越进步，人的社会化内涵就会越来越丰富，与社会的联系也就越密切。

首先，从宏观层面来讲人才没有统一的规格，人才的类型是多种多样的，因而应该通过不同的层次来进行培养。培养各级各类人才是高等院校所肩负的重要责任，社会对人才结构的需要呈现层次性的特点，相应的高等院校的人才培养也应该具有一定的层次性。它们其中既要有一批培养“拔尖人才”的院校，同时还需要一大批培养高素质应用型、专业性人才的本科院校。这也是因为在任何时候、任何国家，对后者的需求量总是远远超过前者的。

由上可知，高等院校在对自身培养目标进行定位时，不仅要考虑自身因素，还应重视对社会人才需求层次性和多样性的考量，以便在院校的整体发展格局中，树立自身发展特色，不断拓宽发展空间。不同类型的高等院校，其人才培养的目标以及在高等教育系统中发挥的功能和对社会提供服务的形式都是不尽相同的。这种差异是由高等教育系统内部分工和协作的不同而造成的，不存在高低、贵贱之分。所以，高等学校在进行办学定位时，要根据自身的条件，办出自己的特色，而不是一味地模仿传统名校的办学模式。这样才能真正找到自己的定位，不断提高人才培养的质量。

高等院校的办学定位，一方面，受到地区经济发展水平、产业结构、社会环境、政策制度等外部因素的制约。另一方面，还受到办学资源、办学能力以及办学传统等内部条件的制约。高校的办学定位必须统筹考虑二者的影响。如果忽视内外部客观因素的影响，而单凭主观意识的“积极”与“大胆”，难免会事与愿违。随着经济社会的发展，对人才的需要不仅局限在专业应用等单一层面，而是日益呈现出多样化的趋势。高校必须进行准确的人才定位，实现高等教育的多样化发展，才能培养出社会所需要的多样性人才。

其次，从微观层面出发，多样化的人才类型需要对应多元化、个性化的人才培养方案。人才培养模式在一定程度上决定了高等教育的培养目标和培养方向，个性化的人才培养方案不仅是人才培养模式的具体化，也使其更具实际操作价值。长期以来，我们的教育体系都具有专业众多、类目繁杂的特点，这种教育体系下，学生的个性差异受到忽视，学生独特的个性也因相同的教育模式而被抹杀。相反，个性化的人才培养方案最大的特点就是坚持“以人为本”，在倡导学生全面发展的基础上，根据学生在知识、能力和个性等方面的差异来选择最优化的培养路径。只有采取因材施教的个性化培养方式，才能充分发挥学生学习的主体性，才能充分唤起学生自主学习的意识和潜能。

在这方面，许多西方高等院校做出了很好的示范，该类院校在培养人才时非常重视学生的主观意愿和个性表达。闻名世界的哈佛大学校训就是"实现自我，服务社会"，由此可见，在哈佛的教育体系中，学生的"自我实现"是首位的。该校的选修课占了所有课程的较大比例，平均能占到总课时的27%以上，该校实行灵活的学制以及制度化的学分制度，学生只要修完学校规定的学分就能毕业，不受学校所规定的学制的年限限制。有的专业还可以采用学分共享的方式，即不同的大学可以互相认可学分，学生可以在不同的大学修完专业所规定的总学分，在学生修满了总学分后就可以获得学位了。英国剑桥大学独特的培养方式是其著名的导师制，该校学生不仅可以自由选择选修课程，也可以自由选择教师，有效地促成了人才培养模式的多样化，促进人才的个性化和多样化发展。

2.3.2　教育与生产劳动相结合理论

1. 马克思主义关于教育与生产劳动相结合理论的科学含义

教育与生产劳动相结合的理论是在资本主义大工业生产不断发展的历史条件下提出来的，经历了一个产生、形成、发展的过程。最早提出这一理论的是早期的资产阶级经济学家贝拉斯，而后是空想社会主义者欧文和傅立叶。马克思、恩格斯批判地继承了空想社会主义者这一思想，使教育与生产劳动相结合由空想变为科学，使其有了坚实的物质基础和科学依据。他们根据当时的政治、经济、社会背景及社会生产和劳动分工状况，在对资本主义生产及其矛盾进行具体分析，通过批判资产阶级教育制度，从"工厂法"中看到了教育与生产劳动相结合的萌芽。马克思、恩格斯从生产劳动与教育相结合中，预见到了未来必须是教育与生产劳动相结合。主要从3个方面阐述了这一原理：①在资本主义大工业生产的条件下，生产劳动过程与教育的结合，当时主要指的是儿童和少年在参加大工业劳动的同时要接受教育。②强调在接受学校教育的过程中，学生除了掌握一定的文化科学知识以外，还必须掌握一定的社会知识、生产知识和劳动技能。马克思在《临时中央委员会就若干问题给代表的指示》中强调："我们把教育理解为三件事：第一，智育；第二，体育，即体育学校和军事训练所教授的那种东西；第三，技术教育，这种教育使儿童和少年了解生产每个过程的基本原理，同时使他们获得运用各种生产的最简单的工具的技能。"③突出强调综合技术教育是教育与生产劳动相结合的重要内容，认为综合教育是促进人的全面发展和提高社会生产力水平的一个非常重要的途径。他们在《共产党宣言》中明确提出“为了保证人的体力和智力获得充分的自由的发展和运用”，使每个人能够成为“各个方面都有能力的人，即能通晓整个生产系统的人”，就必须结合现代工业生产对人们进行综合技术教育。

马克思、恩格斯所预见的教育与生产劳动相结合，实质是讲现代教育与现代生产劳动相结合，而不是教育与劳动的原始结合，也就是说现代生产要求教育与生产劳动在更高级的形式上结合起来，是把教育与生产劳动当作两个独立的过程、两个不同的系统看待的。教育过程和生产劳动过程各有自己的逻辑体系和特定的内容与任务，但它们之间又存在着必然的内在联系，具有相互渗透、相互影响、相互作用的辩证关系。即：①教育与生产劳动必须“双向结合”。②教育与生产劳动相结合将会促进社会生产的发展，提高社会生产力。③通过教育与生产劳动相结合，能使受教育者的身心健康得到全面发展。

马克思主义关于教育与生产劳动相结合科学理论的重要贡献就在于：把空想社会主义者的思想变为科学和现实，提高了劳动者的素质，把教育和生产劳动相结合，提高了劳动者的地位、抵制了资本主义残酷剥削的斗争、推动了社会生产力的发展，极大地推动了大工业生产的发展，为未来社会的学校教育及社会、经济、科技的发展与相互结合提供了科学的基础和广阔的前景。

2. 不同时期教育与生产劳动相结合理论的发展

在不同的历史条件下，列宁、毛泽东及邓小平等都丰富和发展了马克思、恩格斯关于教育与生产劳动相结合这一理论。在《列宁论教育》中列宁批判当时俄国民粹派关于教育与生产劳动相结合的错误观点时曾说：“没有年轻一代的教育和生产劳动的结合，未来社会的理想是不能想象的，无论是脱离生产劳动的学校和教育，或是没有同时进行教学和教育的生产劳动，都不能达到现代技术和科学知识现状所要求的高度。”同时，还提出了“两个普遍”的思想，即“使普遍生产劳动者同普遍教育相结合”，指出劳动必须是普遍的，教育也必须是普遍的。列宁的这一思想是对马克思和恩格斯所论述的教育与生产劳动相结合是改造现代社会的有力手段、是提高社会生产力和培养身心健康之人的方法的进一步发展。

毛泽东结合中国实际，第一次把教育与生产劳动相结合提到教育方针的高度，在《关于正确处理人民内部矛盾的问题》中明确提出了我国的社会主义教育方针是“使受教育者在德育、智育、体育几方面都得到发展，成为有社会主义觉悟的有文化的劳动者”。毛泽东始终把教育与生产劳动相结合放在教育同经济有着密切联系的客观大背景下审视，把它们视为争取工农劳动大众享有教育平等权利的重要手段和作为培养全面发展的人的根本途径。

邓小平在深刻揭示我国社会主义现代化客观规律的基础上，进一步从宏观上深刻揭示了教育与生产劳动相结合的实质。他的“更重要的是整个教育事业必须同国民经济发展的要求相适应”“使教育事业的计划成为国民经济计划的一个重要组成部分”“制定教育规划应该与国家的劳动计划结合起来，切实考虑劳动就业发展的需要”这三个论点，深刻揭示了教育与生产劳动相结合就是教育与经济发展的关系问题，这是邓小平教育与生产劳动相结合思想的核心。按照这一思想，在经济发展中必须把教育放在优先发展的战略地位，教育要适应经济发展的要求，包括经济对教育超前的要求，经济与教育的发展需形成良性循环。邓小平把教育与生产劳动相结合的地位、作用及其重要意义提到历史上从未有过的高度。其教育与生产劳动相结合的内涵，是对马克思主义教育与生产劳动相结合原理及毛泽东教育思想的丰富与发展。

3. 新时期教育与生产劳动相结合的特征

教育与生产劳动相结合的内涵，随着时代的进步，又有了新的发展，可以从 3 个层次来理解。首先，从宏观层次上讲，它是“科教兴国”战略的总体反映，是生产力发展的必然要求。要求教育与生产劳动相结合，在新时期就是要求教育与社会主义现代化建设相结合，使教育事业的改革和发展适应国民经济发展的要求。这既是时代的要求，也是教育与经济之间相互需求、互动发展的内在规律体现。其次，从一般意义上讲，教育与生产劳动相结合可理解为知识分子与工农群众相结合、脑力劳动与体力劳动相结合、理论与实践相结合。再次，从学校的层面上来讲，实施教育与生产劳动相结合，就是要全面贯彻落实教育方针，设置科学合理的专业课程，运用多种方式和手段对学生进行劳动技术教育。这一时期的教育与生产劳动相结合理论主要有以下特征。

（1）“双向结合”是新形势下教育与生产劳动相结合的基本特征

教育与生产劳动相结合与生产劳动与教育相结合两者在结合对象、主从关系、担负的任务等方面不尽相同，从而提出了现代社会中进行“教育”和“生产劳动”“双向结合”的必然性、必要性和紧迫性。

从结合的对象来看，教育与生产劳动相结合是以青少年为主要培养对象，以基础教育和职业技术教育作为主要教育形式，从这个意义上来讲，主要是针对学校教育而言的。而生产劳动与教育相结合，是以成人为主要教育对象，是针对生产劳动者的在职再教育，其典型模式是成人教育，如，职业技术教育和岗位培训等，整体上来说，这是对生产部门而言的。

从结合的主从关系来看，教育与生产劳动相结合的主体是学校，以教育和教育活动为核心，最终目的是培养合格的社会主义建设者和接班人。而生产劳动与教育相结合，其主体是生产劳动部门，核心是发展生产，其最终目的和归宿是提高经济效益和发展国民经济。

从结合过程所担负的任务看，教育与生产劳动相结合的主要任务是加强学校与业务部门的联系，在这一过程中，学校一方面通过“产学研”联合体，发挥自身优势，主动为社会经济的发展服务；而另一方面，学校在将教育与生产劳动相结合的过程中，提高了学生的综合素质和能力，为其更好的投身于社会主义建设打下基础。而生产劳动与教育相结合的任务主要是提高在职劳动者的职业素质和思想道德品质，不断更新专业知识和技术技能，使其跟上时代发展和产业结构升级转化的步伐，从而成为合格的社会主义建设者。

实质上，现代教育与现代生产劳动的“双向结合”是一个学校与产业共同培养人才、促进科技进步和生产发展的过程，二者之间相互依存、相互促进。新时期教育与生产劳动的“双向结合”既要遵循教育规律也要遵循社会生产规律，不断探寻科学、符合实际需要的结合方式，促使二者结合所产生的育人效益和经济效益最大化。

（2）科学技术是现代教育与现代生产劳动相结合的结合点

现代化生产方式对生产活动的从事者提出了更高的要求，科技的力量越来越突显出来。只有掌握了现代科学知识的生产者才能适应现代化大工业生产的要求，才能在产业升级转化和现代化发展的过程中得以生存。现代教育和现代生产的出现表明，科学技术是教育与生产劳动得以结合的契合点。科学技术作为教育和生产劳动之间的中介，无论是在教育与生产劳动相结合的过程中，还是生产劳动与教育相结合的过程中，都发挥着不可替代的作用。离开了科学技术，广大青少年在受教育过程中就不可能了解和掌握基本的科学原理和技术，在生产劳动过程中也就不可能形成现代化大工业生产所要求的技术技能，更不可能培养出符合社会主义现代化建设需要的合格人才。同理，离开了科学技术的助推，在职生产劳动者的生产能力就得不到及时的更新和升级，也就无法实现促进现代生产发展的目标。

（3）教育与生产劳动相结合，要以贯彻“两个普遍”为基本原则

列宁在《列宁论教育》中曾把马克思关于实行普遍义务劳动制与普遍义务教育制的思想进一步概括为“使普遍生产劳动同普遍教育相结合”。毛泽东坚持和发展了这一观点，在教育上，毛泽东强调教育与生产劳动相结合是教育的一项基本原则，劳动人民要知识化，知识分子要劳动化，教育的目的和落脚点应当是培养有社会主义觉悟的有文化的劳动者。“两个普遍”体现了新的历史时期教育与生产劳动相结合的特点。根据“两个普遍”原则，教育和生产劳动作为促进人全面发展、推动社会经济进步的两种主要途径，理应得到全社会的关心和支持，是需要社会各界共同承担和推动的事情。学

校要为各行各业培养符合要求的人才；生产部门在担负生产任务的同时，也要肩负起培养新时代劳动者的责任。在教育和生产劳动相结合的过程中，相关部门要通过相互支持和配合，合力培育新时代人才，不断提高劳动者的综合素质，进而推动经济社会的发展。同样，这一原则也适用于生产劳动与教育的结合过程，要大力发展继续教育，使在职生产劳动者也能不断跟进社会前进的步伐，形成学习和劳动过程的良性循环。

（4）教育发展与经济发展相辅相成、互相影响和制约

教育的发展与社会经济有着紧密的联系。教育作为社会主义现代化建设中的重要组成部分，与经济的发展相辅相成，新时期教育与生产劳动的结合更是这一特征的有力体现。因此，在进行教育改革和发展的过程中，必须考虑到教育与生产之间的密切关系，从社会生产的要求和经济建设的需要出发，适时、适当地推行。同时，还需意识到，教育与经济的发展并非是同步的，因此，教育的发展要有超前意识，以便在保证人才供给高质量、高水平的前提下，更好地为社会经济发展服务。

4. 教育与生产劳动相结合的三个层次

关于教育与生产劳动相结合究竟是什么的问题，人们对此的看法并不一致。综合比较有代表性的表述，本书从三个层次对这个问题进行分析，以便对教育和生产劳动相结合有个更全面的认识和理解。

首先，教育与生产劳动相结合是一种客观存在的社会现实，它代表的是一种社会存在的状态。它不依赖于人的意识而存在，有其自身存在和发展的规律。它同时还超越社会意识形态和社会政治经济制度存在于社会主义社会和资本主义社会。

其次，是关于人们对这一存在的认识和看法、思想和理论。对这一存在的认识也经历了一个漫长而复杂的过程。有关于“是什么”的认识，这其中既包含科学化、真理性的认识，也有主观期望和臆想的价值判断。并且基于时代的限制，越早期的思想家，其认识中的价值成分就越大，后期的思想认识中，科学的成分也就越多。例如，早期空想社会主义者和民主主义教育家们关于教育和生产劳动相结合的思想多是“应如何”的问题，较晚的欧文关于这个问题的认识，就有了一些科学的因素，马克思主义经典作家首次科学地论证了教育与生产劳动相结合的历史必然性，使这一思想建立在科学的基础上，回答了“是什么”的一些问题。当然，他们也从无产阶级和社会主义需要的角度提出了他们的价值取向。

再次，是国家机关、政党、政治领袖提出的纲领、政策、方针、法规等，这一阶段关于教育与生产劳动相结合问题的认识逐渐转向规范化和可操作化，不仅有对这一社会存在认识的一般特征，又有所区别和具有鲜明特征。在这一时期，二者的结合一旦被确认就带有强制性，是具有法律效力和

行政效力的存在。

从上述几个层次来看，同样是教育与生产劳动相结合的问题，但其性质则是完全不同的。在第一个层次上它是一种客观的社会存在，人们主要从“是什么”的角度对它进行研究；在第二和第三个层次上，人们则是从“应如何”的角度来分析这一问题，这在第三个层次上尤为明显。前者可归结为科学真理和事实问题，而后者则是思想价值的问题，两者应该明确区分，不能混淆。政策不等于科学，科学也不是政策。

关于“是什么”并不是一目了然的摆在那里就可以得到的，往往要经过“应如何”的探索，在一系列成功与失败的实践中才能知晓。因为人的行为总是受到需要和利益的驱动，正是由于“应如何”的驱动，经过不断的实践和寻找，才有了“是什么”的结论。

因此，我们所研究的“教育与生产劳动相结合”的问题归根到底是“是什么”的问题，要想探寻它的实质，研究它的规律，就必须从研究人们对它的认识发展史，即教育思想史以及关于它的实施政策和实践本身入手。

我们对教育与生产劳动相结合进行科学研究的目的，就是为了研究它“是什么”，以探求它的本质和客观规律。除了对历史和理论的宏观研究，更是要对过去政策和实践成功和失败的原因和经验进行分析和总结，从而使我们对这一问题形成更为科学的认识，找到更符合事物发展规律的解决方案。

但是在党的十一届三中全会以前，关于教育与生产劳动相结合的研究基本上都是在没有经过“是什么”的情况下直接进入了“应如何”的阶段。这一时期方针政策的制定多以马克思主义相关问题为前提，大到政策文件、文章在内都多以“应该如何”“需要”和“必须怎样”的方式来表述。很少解释“是什么”和“为什么”。

出现这种现象的原因在于，当时人们对“教育与生产劳动相结合是历史发展到现代社会的必然产物”的认识不足，不认为这是生产力发展的结果，以为这种结合是由政治制度所决定的，只在社会主义社会才会出现，在资本主义社会人们只会反对它并不会存在。因而才有了“教育与生产劳动相结合是社会主义同一切剥削阶级社会分水岭”的说法，也才会出现以政治手段推进教育与生产劳动相结合的做法。这实际上从根本上否定了教育与生产劳动相结合是现代社会的一种客观存在，混淆了真理、价值和政策的界限，从而偏离了历史唯物主义。

5. **教育与生产劳动相结合的两个模式**

如前所述，教育与生产劳动相结合是历史发展的必然产物，它是超越社会政治经济制度而存在的。但是，由于历史文化传统、经济发展水平和政治制度等的差异，它的具体结合方式和实施方式也应依不同的国家和地区而有所区别。

纵观整个世界，关于教育和生产劳动相结合的对待方式和实施方式各有不同，但总体上可分为两大类型：一类采取自由主义和实用主义态度，另一类则是采取理想主义和集中主义态度。

在发达资本主义国家中，在教育与生产劳动相结合的问题上，采用第一类自由主义和实用主义态度的典型国家有美国、德国、英国和日本等。在这几个典型国家中，德国和日本政府是相对干预较多的，美国政府则极少进行政治干预。双元制是德国职业教育最鲜明的特色，这一制度也受到了德国政府的支持以及法律形式的保护。日本有名的产、学合作也是如此，因此更确切的说法应该是官、产、学合作。美国的政府干预较少并不是说完全放任自流，在重大问题上依然要进行管制。这些国家之所以在教育与生产劳动相结合的问题上采取自由主义和实用主义的态度，是由市场经济和现代资产阶级民主决定的，而它们的市场经济已经高度发展和完善。对待这类问题，这些国家只是把它当成社会生产、生活中遇到的实际问题，而非意识形态问题甚至政治问题。政府在整个社会运作和发展的过程中只是起到一个调节和协调的作用，公众、企业和家庭等社会各界会各自履行好自己的职责，因而多呈现出一种半自发、渐进式的形态。

持另一类态度的典型国家主要是我国和苏联等社会主义国家，这种态度的特点就是把教育和生产劳动相结合的问题，归结为政治制度、意识形态甚至教育的本质特征的问题。在这种态度下普遍的措施就是把它列入党和国家的教育方针、政策，利用党和国家的行政权力和手段来强制实行。这就是将问题坚决化，无论条件是否充足都要坚决执行，这是典型的理想主义和集中主义。

把教育和生产劳动相结合的问题上升到国家教育方针政策的高度上进行推行，原则上讲是没有什么不妥的。但纵观世界范围内的社会主义国家，不仅每个国家的发展水平千差万别，且大多数国家的发展水平都较低，大都属于发展中国家行列。迫于发展的急切心理，极易对教育与生产劳动相结合的实施提出过高的要求，但其自身所能提供的物质文化条件又非常有限，在这种情况下强力推行强制力措施，势必会使实践效果大打折扣，打击这些国家改革发展的信心和动力。而这类现象在此类国家中却屡见不鲜。

在现代社会中，一定的经济发展水平是教育与生产劳动相结合的必要条件。而此前的所有社会主义国家，其自身的市场经济发展水平就很有限，并且在后来的发展中直接否定了市场经济的作用。这无疑给教育与生产劳动的结合造成了极大的阻碍。

党的十一届三中全会以后，我国仍然把教育与生产劳动相结合列为教育方针，并努力按要求贯彻实施。虽然没有像以往依靠行政权力强制推行，但在市场经济发展的推动下，实际的运行效果却要优于过去。最为明显的是各类职业中等学校、成人教育和岗位培训无论在数量、规模、比例还是在发展的速度和成果上都取得了过去任何时候都无可比拟的成效。而这些改变也充分说明，市场经济的发展不仅为教育与生产劳动相结合提供了实施的条件，更是其有益结合的重要动力。

当然上述两种教育与生产劳动相结合的模式并不是完美无缺的，它们都有各自的优缺点。第一种模式的优点在于，它符合教育与生产劳动相结合这一社会过程和社会状态的出现是唯物主义发展的历史事实，它是生产、经济和社会生活自发发展的结果。人们首先需要适应它，再逐步认识它，进而在需要时予以适当的干预。在这种模式下，人们一般不会有出格的行为，不会出现按照人的主观意愿驱赶历史发展的现象，比较容易规避最后的失利。该模式的缺点在于，容易压抑人的主观能动性，甚至易造成在正确认识事物发展过程的前提下由于主观干预不足而影响事物发展的情况。

第二种模式最大的优点在于能够充分发挥人的主观能动性。当人的认识符合事物发展的客观规律，同时又能顺应其规律并进行适当干预时，就会对社会的发展产生积极作用。但问题的关键是，人们能在多大程度上恰当的认识社会发展的客观规律。人若尚不能准确地认识历史发展的具体进程，需要在不断修正的过程中近似的接近这一进程。认识事物“是什么”，探求它的本质和客观发展过程正是科学研究本身的任务。

在当时的社会背景下认为我国已是社会主义国家，方向是共产主义，因而把教育与生产劳动相结合作为教育方针，总体上是正确的。但是，紧接着对我国做出了“马上要进入共产主义”的误判，并随之多次要取消按劳分配，从而消灭资产阶级权利，就是冒进的和错误的。这也是随后执行教育与生产劳动相结合方针上的错误及其他一系列政策错误的根源。

党的十一届三中全会以后，对上述错误进行了一系列的纠偏更正，认识到我国还处于社会主义初级阶段，必须发展市场经济，认识到市场经济是人类社会发展不可逾越的历史阶段。由此制订了包括执行教育与生产劳动相结合在内的一系列相应社会政策，从而使我国社会和教育走上健康发展的道路。

实施教育与生产劳动相结合，必须顺应历史发展的客观规律，主观顺应客观同时又要发挥人改造世界的主观能动性。综合上述两种模式的优点，使教育与生产劳动相结合更健康地发展。

教育与生产劳动相结合的价值和目标。近年来，教育与生产劳动相结合已发展成为世界性教育趋向，受到国际教育界、有关国际组织、各国政府和教育部门的普遍关注和高度重视。当前国际上对教育与生产劳动相结合概念的理解多从广义的角度来进行。认为教育包括一切教育形式，从普通教育、高等教育到职业技术教育、成人教育，从正规教育到非正规教育，都有与生产劳动结合的问题。同理，生产劳动则包括一切有益于社会的活动。教育与生产劳动的关系则会交叉出多种教育形式与社会活动之间的关系。如，教育与就业、教育与劳动力培训等关系，经常指的是教育与劳动界、教育与劳动生活、教育与社会、教育与环境、教育与经济发展的相互关系和相互作用。对实行教育与生产劳动相结合的价值和目标，认为不仅有教育价值，而且有经济价值、社会价值和文化价值。

（1）人的全面发展的价值和目标

实施教育与生产劳动相结合首先要有利于人的全面发展。在初级和高级中等学校中，要使儿童和青少年在德智体美等方面得到全面的发展；在高等教育中，要促进理论和实践的结合，教育与科学技术和生产的结合。以此帮助学生树立正确的价值观，加深对社会、道德和经济等的理解，以便形成正确选择职业和工作的能力。

（2）经济的价值和目标

将生产劳动引入教育领域，最直接的目的是为了促进教育对社会经济的适应性。教育与生产劳动相结合可以为学生提供参与社会经济活动的机会，使其了解生产的科学原理和生产劳动的过程。同时这种结合还有一定的经济目的，在各方的共同培养下才能保证向社会输送合格的劳动力，这对国民经济的发展来说是至关重要的。国际社会认为不能狭隘的将教育与生产劳动的相互作用简单地理解为知识培训和就业的结合，这会影响人们对教育与生产劳动相结合的经济价值和目的的认识。要防止把经济收益作为教育的主要目的，或者把学生作为生产商品的劳动力。

（3）社会的价值和目标

教育与生产劳动相结合的社会价值和目标在于培养学生在劳动中的集体意识和社会层面的价值观。学生参加生产劳动，直接掌握共同的基本经验，为人才提供更多的平等和社会流动的机会，为教育民主化奠定一定的基础。实现教育与劳动生产之间的有效作用，是为了使教育结构、教育计划、教育内容适应正在变化着的经济、文化、社会情况和劳动条件，是为了加强终身教育计划与实际的联系。

2.3.3　实用主义教育理论

实用主义形成于 19 世纪 70 年代，是美国本土产生的一个哲学流派。实用主义以确定信念为出发点，以采取行动为手段，以获取效果为目的。从某种意义上来说，杜威在实用主义哲学中最大的贡献就在于他创立了实用主义教育理论。这一理论顺应了美国社会由农业国向工业国、从农村向城市化转变过程中对学校教育提出的新要求，设计出一个从学校生活方式、培养目标到课程内容和教学方法等全新而合理的学校教育规划，并与传统的学校教育鲜明的区分开来。这既是实用主义教育思想发展的历史职责，也是这一教育理论在美国社会得到普遍承认的原因所在。在杜威眼中，赫尔巴特的教育思想已经无法满足现代教育发展的需要，不仅给其思想理论冠上了“传统教育”的名号，并对其中的陈规陋习进行清算。在这一过程中，杜威极力倡导实用主义的思想，试图为美国学校教育开辟出一条符合现代社会要求的发展之路。杜威于1916年出版了经典著作《民主主义与教育》，其全面阐述了实用主义教育理论和学校教育的改革。经过杜威的努力，其在理论和实践方面的成就对人类社会教育产生了巨大的影响。

新的理论思想的提出或是新的学派的创立，不仅要求有坚实的学术基础，还必须具有自己鲜明的主张和思想体系。实用主义教育思想之所以可以自成体系，形成新的学派，首先，在于它是一个完整的系统的教育理论体系，其次，它对“传统教育”进行了批判性论述，强调教育实验的重要性。实用主义的这一系列改革都极具美国特色，并在世界范围内产生了广泛的影响。

基于实用主义的理论支撑，杜威在教育理论和教育实验中的主张都极具鲜明特色，归纳起来，主要有以下7个观点。

1. 坚持实用主义经验论

“经验”是杜威哲学中一个核心概念，也是他教育思想体系的核心概念。杜威认为，存在即被经验，精神与物质两者属于同一个东西。没有真正意义的经验，也就没有学习，这就是“从经验中学习”。他坚持实用主义经验论，在《经验与学习》中对教育这样认识和表述：“教育就是经验的改造和改组。这种改造或改组，既能增加经验的意义，又能提高指导后来经验进程的能力。”晚年时，他更是把自己的实验论概括为：“教育以经验为内容，通过经验，最终也是为了经验。”

2. “教育即生活”与“学校即社会”

杜威在《我的教育信条》里指出：心理学和社会学是教育过程的两个方面，二者是平行并重的，不能有所偏废，否则就会产生不良后果。

首先，“教育即生活”。杜威强调：“生活就是发展，而不断发展和生长，就是生活。”没有教育即不能生活，所以，教育即生活。他把生物学的“生长”概念搬移到教育上来，认为“生活的特征就是生长，所以教育就是生长。”这里所讲的“生长”是指儿童本能（包括身体、智力和道德等方面）发展过程中的各个阶段。学校教育的目的就在于通过组织保证儿童继续生长的各种力量，使教育得以继续进行。

其次，“学校即社会”。认为人们只有在真实的社会生活中进行体验，才能得到身心成长和改造的经验。所以要求教师在课堂的知识传授过程中，积极引导儿童对活动的投入，以便更好地获得知识和养成品德，实现生活的改造，得到成长和经验。

3. “从做中学”

杜威在对传统教育进行批判的过程中提出了“从做中学”这一原则。他认为在传统学校的教室里，儿童很少有机会参与活动，他们最大的特点在于“静听”，而这不利于儿童的自然发展。按照“从做中学”的原则，学校的教学过程就应该是“做”的过程，应该从儿童现有的生活经验出发，从儿童自身的活动中组织教学和学习。在《民主主义与教育》中，杜威论述道：“关于怎样做的知识是人们最初的知识，也是最牢固保持的知识”，从“做中学”实际上就是从“活动中学”。

4. 课程与教材

杜威认为，学校的课程计划要能够适应社会生活的需要，教材的问题在于儿童是否能从当前的经验中获取一些东西，这是其未来获取详尽和专门性知识的根基。由于知识不是一成不变的，会因社会的发展而不断变化，相应的，学校教育中的课程和教材也要应时而变。同时必须从儿童的角度出发，来进行课程的设计和教材的编制。

5. 思维与教学

在思维上，杜威强调“思维五步法”，其哲学依据是反省思维。在杜威看来，从问题的提出到问题的解决，思维都在其中演进着，这个演进过程一般会经过联想、问题、假设、推理和试验五个步骤。但是这五个步骤并非一成不变的，应该根据个人的智慧和经验，依据当时的情境做出适当反应。

6. 儿童与教师

杜威极度批判传统教育中“学校的重心在儿童之外，在教师、在教科书、在其他任何地方，唯独不在儿童自己的本能获得之中”的主张。为此，他提出学校应以儿童为中心，一切教育措施都要围绕儿童的成长来进行。学校的各种教学活动，如，教学计划的制定、课程的设置以及教学方法的实施等，都应以满足儿童的兴趣和经验的需要而开展。杜威将这次教育重心转移的改革形象地比喻为“这是和哥白尼把天文学的重心从地球转移到太阳一样的”那种革命。在这场教育改革中，儿童变成了太阳，儿童成为教育的中心，而教育的一切措施都是围绕儿童进行旋转即组织的。当然，要求以儿童为中心，并不是说教师要让儿童放任自流，而是双方在平等的地位上共同参与学习的过程。儿童不能“为所欲为”，教师也要担负起对儿童进行指导的责任。

7. 教育无目的论

在杜威的心中，在不民主、不平等的社会中，教育只是外力强加于受教育者的目的。而在民主的社会中我们应当打破原有不平等主义，奉行无目的论。杜威还强调教育的目的应只存在于教育过程之内，而非教育过程以外。教育的目的就是根据儿童的本能和兴趣所决定的教育过程，而任何社会、政治需要所决定的教育过程之外的“目的”只会给儿童的成长带来危害。

杜威的实用主义教育思想在美国思想走向成熟的年代，对美国社会的教育产生了巨大的影响。杜威的思想几乎渗透到了美国社会生活的每一个领域。杜威批判传统的教育理论和教学方法，注意对教育史上各种教育理论进行批判性论述，强调教育理论与教育实践相结合，积极致力于现代教育的探索，是对批判精神和创新精神的有力诠释。他的教育思想至今还有重要的再研究价值，对当代社会的教育理论构建和学校教育建设仍然具有丰富而有益的启示。

2.3.4 多元智能理论

1983年，加德纳教授经过多年的研究发现人类的智能是多维度的，这对传统的智商和情商理论提出了挑战，为心理学和教育学的研究打开了新的大门。他认为智能是在特定文化环境的价值标准之下，个体用以解决问题和生产创造所需的能力。加德纳在其所著《心智的架构》中提出了“多元智能理论”这一概念，该理论试图建立一种更加广泛，更加完善的智能概念。加德纳认为，每个人都可以拥有多种智能，这些智能使人类可以用不同的方法去认识世界，在求知上也表现出不同的学习方式。不同的个体在这些智能上的表现是有差异的。同时人们会用不同的方式运用智能，以便提高学习的效率、解决困难的问题以及在各种领域取得成功。

1. 智能的分类

（1）言语——语言智能

语言智能是多元智能理论的第一大智能，是指个体能够较好地运用口头和文字的一种语言能力，即个体在听说读写四个方面的能力。具体来讲就是个体能够在头脑中有效记录事件，并能运用口头语言或书面文字描述出来，以便与他人进行有效沟通的能力。从职业要求和特点上来看，律师、导购员、记者和演说家等在这一智能上的表现较为突出。

（2）逻辑——数理智能

指的是个体在进行逻辑推理和数理运算时运用到的智能，一般在涉及数字相关的工作以及从事调查研究和分析判断时会需要这种智能的发挥。

（3）视觉——空间智能

这种智能的应用主要是当个体需要对线条、形状、色彩和空间等进行辨别、分析并用以表达情感时，就会需要空间智能的运用。这一智能在进行艺术创作时会经常用到，因而对画家、设计师和工程师等显得尤为重要。

（4）身体——运动智能

这一智能指的是个体能很好地控制身体，用身体进行语言表达的能力。个体在运动或进行动手活动以及用身体语言来传递信息、表达感情时就需要这一智能的发挥。在这一智能上表现突出的人可以很好地控制自己的身体，有效表达自己的意愿。如体操运动员、舞蹈家、杂技演员等在这一方面都有突出的能力。

（5）音乐——节奏智能

这种智能主要强调个体在音调、节奏、旋律和音色等方面的感知和判断能力，以很好的情感表达出来。这种智能出色的人，多以艺术家为主，如，歌唱家、演奏家和舞蹈家等在这一智能上都是优异的发挥者。

（6）交往——人际关系智能

这种智能主要表现在能够有效地解读他人意愿、理解他人、并能与他人进行高效沟通形成良好人际关系的能力。在日常生活中，多表现为个体的组织能力、协商能力和合作能力等。

（7）自知——自我认识智能

这种智能主要是个体对自己的优缺点能够进行理性的认识和分析，做出正确判断和评价的能力。并且能够根据自己的特点，趋利避害，对生活和工作做出合理规划，适当控制自己的情绪和欲望。这种智能突出的人多表现出喜欢独处、安静和思考的特点，如，教师、心理学家等在这一智能上较为擅长。

（8）自然——观察者智能

这种智能是指个体对自然和社会进行观察和探索的能力。在自然领域，对植物、动物和自然界表现出极强的好奇心和热情，并能够认识和积极探索自然领域的事物。在社会领域，则比较关注社会热点问题、人与社会的关系问题等，并进行有效探索和分析。这一智能的发挥在日常生活中无处不在，如，农民根据时令进行耕种，渔夫根据季节和洋流特点进行捕捞，以及生物学家的科学研究等都是在对这一智能的有效运用。

2. 多元智能理论的内涵

（1）每项智能都具有独立性

加德纳经过多年的实验研究和经验的总结，得出结论：八种智能之间是相互独立的。也就是说，一项智能的发展和发挥受到阻碍时，并不会影响其他几项智能的有效发展。加德纳长期进行的追踪调查可以很好地证明这一点，有些特殊群体在身体或心理上存在缺陷，但这却并不影响其在其他智能上的高效发挥。这就不难理解先天患有自闭症的儿童，却在绘画、音乐、舞蹈等方面表现出超出常人的智能特质。如，舟舟在音乐上表现的天才特质、聋哑人对“千手观音”节目的创造和诠释。

（2）个体之间的智能存在明显的差异性

随着智能理论的发展，智能的数量可能还会增加，目前个体所具有的智能大致上可概括为以上八种。但对每一个个体而言，其所具有的智能数量和程度及其组合方式却大相径庭。即有些个体具有的智能数量要多一些，有些则是在某一项智能的发挥程度上更深层一些，即使是具有相同的智能，每个个体的表现形式也有可能千差万别。

（3）社会环境和文化价值取向能够促进或阻碍智能的发展

加德纳认为，社会文化对某方面智能的重视和引导能够在很大程度上影响这一智能的发展。比如，在学校中，学习成绩是判断一个人智能的有力依据，如果一个学生在课堂学习上表现并不突出，那他的智能就极有可能受到否定。但是当他毕业走向社会，反而表现十分出色。根据多元智能理论的人才观来分析，相较于社会而言，学校对人才的考量标准较为单一，教师和其周围的群体并未发现他的优势智能，而社会对人才的考量要更复杂和多元，他的优势智能被发现并有效发挥后，就有可能激起他在这方面的信心，最终在优势智能领域得到良好的发展。

假如，在学校教育的漫长过程中，教育工作者能够改变原有的智能，细心观察、认真分析每个受教育者的特点，找到其优势的智能并加以重视和引导，那么就能使学生的智能得到更好的发展。

再以大众对我国现阶段大学生存在眼高手低就业态度的评价来说，正是由于高考制度对人才的选拔，主要侧重于对学生言语—语言智能和数理—逻辑智能的考察，对其他智能的考核则十分有限。这种人才评价标准，直接导致中学阶段对人才培养目标的偏差，甚至对学生今后的成长与发展都会造成重大的影响。如果将中学阶段的学习和思维模式继续带到大学阶段，那么除了大量的理论知识积累外，学生在实践能力和社会适应能力等方面难以得到锻炼，毕业后也就很难适应社会的发展以及行业对人才的要求。

3. 多元智能理论的特征

多元智能理论具有社会文化性、可发展性和多层次性的特征，能够有效地指导培养目标的设立和培养模式的构建。

（1）社会文化性

马克思认为，社会性是人的根本属性。对这一概念的理解是基于当时的社会文化环境形成的。因而，社会性应该是多元智能理论最基本的特征。多元智能理论的提出和发展都是在社会文化环境发生巨大变革的背景下产生的，而多元智能理论中最典型的八种智能类型，也是当时社会文化所重视和提倡的内容。

（2）可发展性

随着教育学和心理学的发展，以及社会文化对各项智能重视程度的变化，多元智能理论也应该顺时而变，不断适应新的时代要求。多元智能理论的提出就是为了引起人们对各项智能的重视程度，使人得到健康全面的发展，同时人的发展也是为社会更好的服务。因此，加德纳认为，在社会和科学技术发展的过程中，更多的智能类型会陆续被发掘出来，不断壮大人的智能体系。

（3）多层次性

本书所讲的多元智能理论，不仅包括加德纳 1983 年提出的多元智能理论，同时还包括后期发展而来的各种相关教育理念。正是多元智能理论的这种广泛性和多层次性为不同专业的人才培养提供了有益借鉴。本书的研究就是建立在教育学和心理学两个方面的理论研究的基础之上。

4. 基于多元智能理论的教学理念

加德纳提出的多元智能理论适应了社会经济发展和教育行业的发展规律，并且在众多学者的共同努力下，在东西方的教育领域都得到了有效传播和应用。在西方，基于当时的社会历史和经济文化背景，多所多元智能学校建立起来。对于我国而言，多元智能理论的引入是在 20 世纪 90 年代，范围涉及幼儿教育、中小学教育乃至高等教育各个领域，并取得了有益成果。多元智能理论的教学理念主要体现在以下 6 个方面的内容。

（1）学生观

加德纳在多元智能理论中对“智能”这一概念进行了重新界定，其目的在于让社会各界重新审视人类的各种智能，重视智能的作用和价值。这种观念也深刻的体现在了其学生观上。多元智能理论的学生观认为，绝大多数学生都是聪明的，都有自己的智能特点，由于智力的多元性，每个学生所具有的智能组合会有所差异。学生智能的差异正是实施发展的前提条件，而智能的发展可以通过环境的改变和教育的发掘来实现，因此，在学校教育中要平等地对待每个学生，认识和发掘每个学生身上独有的智能特征，使其得到更好的发展。加德纳提出的“把每一个学生都当作天才来欣赏和培养”，正是其多元智能理论学生观的良好体现。

（2）教学观

在尊重学生差异性的问题上，多元智能理论的教学观与孔子“因材施教”的教育理念不谋而合。多元智能理论的教学观要求教师要尊重学生在智能上的差异，依据学生的这种智能差异建立不同的、针对性的培养模式，不仅要运用自身的多元智能而教，更要为了学生的多元智能而教。多元智能理论并不主张把学生培养成全才，而是要求发掘每个学生身上的优势智能，并据此探索出一条适合该学生的特色发展之路。因此，在教师的日常教学过程中，要尽量避免“一刀切”的做法，防止对学生天性和长处的损害。除此之外，多元智能理论教学观还认为，在一个人成长的每一个阶段，其智能都有发展的可能和空间，因此，任何阶段的教育都不能放弃发展学生智能的机会。

（3）人才观

不同于传统的智能观念，多元智能理论对人才的界定渗透着浓重的“因材施教”的教育理念。多元智能理论人才观认为每个人都是可塑之才，教师应该关注每一个个体的智能特点，理性分析其优劣势智能的存在，努力通过课程设置和考核评价等培养方式的多元化操作，来维持和发展个体的独特性智能。常言道“没有教不会的学生，只有不会教的老师”，在学校教育中，教师对人才持何种标准和态度以及采用何种培养方式，对人才的成长起着关键的作用。

（4）知识观

在传统的智力观中，“智力”和“非智力”是被分离开来的，这也导致了社会文化环境对“非智力”因素的轻视。多元智力理论打破了这一界限，将个体在“智力”和“非智力”等多方面的能力都归纳到智能的范围内。这无疑扩大了知识观的涵盖范畴，同时也对学校教育中的教学方式和课程内容的设置带来了巨大的挑战。

（5）课程观

多元智能理论中的各种智能之间是相互独立的，因此只有多类型、多层次的课程体系才能满足学生对知识和能力多样性的需求。为此，必须转变传统的“重理论轻实践”“重智商轻情商”的课程理念，只有有利于学生自主性和创造性培养的课程体系才是适应当今经济社会发展需要的。这就要求学校教育在多元智能理论的基础上，实现对课程理念、课程设计和课程安排等方面的突破。

（6）评价观

多元智能理论的评价观要求平等的对待每一个学生，将教育公平的原则融入评价标准中。这就要求高等教育评价体系在构建时，不能以单一的纸笔测试和简单的实践学分的考核来评定一个学生的优良，应将多种智能的评价准则综合考虑，设计出更加精确和缜密的评价标准。当然，对一个个体的综合评价不能仅限于学校的学业成绩，社会、实习单位甚至家庭和社区等角度也要进行适当考量。

智能理论引起越来越多学者的关注和研究，它为人们认识智力的实质和类型提供了新的视角，为智力相关的研究开拓了思路。对于职业教育而言，多元智能理论不仅有利于深入了解该教育类型的特点，并且为实践教学领域的研究注入了新的活力。从总体上来说，实践教学符合职业教育的人才培养的特点，是有效开发个体潜能、发展个性的途径。针对职业院校培养对象的特征，相比于陈述性知识的学生，他们更擅长解决经验性和策略性的知识，即形象思维智能是这部分群体的优势智能。因此，针对这类学生的教学，首先必须明确教学目标，转换教学内容的传授方式，教学方法上也要适应受教育群体形象思维的特点，教学场所也应实现功能的多元化。

职业教育具有明显的职业性和实践性特点，这就要求其在进行人才培养时，除了一般的学业智力外，还要格外重视对实践性智能的培养，以便使受教育者具备良好的职业能力。经验是实践性智力的重要影响因素，因此我们要基于学生原有的经验，充分发挥经验对智力发展的推动作用。因此，在职业教育的具体教学实践中，要建立以开发实践性智能为重点的教学体系，这不仅是职业教育的应有之意，更是职业教育类学生的有为之举。

2.4　应用型本科高校与研究型本科高校的比较研究

应用型本科教育和研究型本科教育是我国高等教育的两种不同教育类型，二者都是我国高等教育体系的重要组成部分，都肩负着中等教育之后的教育任务，承担着为社会提供合格人才的责任。此外，这两类教育都是以专业为依托，以学科为轴线来培养高层次人才的。并且，这两类教育都要求学生掌握一定的基础理论知识，满足要求的基本素养，达到一定的高等教育水平才能获得相应的学位。当然，这两类教育又有很大的区别，有各自的特殊性。

2.4.1　办学定位

不同的国家在政治历史、文化传统、经济发展水平和教育体制等方面都有较大的差异，因此，各国在高等院校层次类型的划分上，除了共同的基本规律外，也应该是各具特色的。正是考虑到各国教育之间的异同，为了更好地指导各国教育的分类和便于教育统计，联合国教科文组织于 1975 年制定通过了《国际教育标准分类法》。该国际分类法将教育从学前教育到博士生教育共分为 6 个等级，其中大学专科、本科和研究生教育对应的是第 5 等级，这一等级又被细分为 5A 和 5B 两个类型。5A 指的是理论性大学教育，相当于是大学本科；5B 指的是应用技术型教育，在我国对应的就是高职高专类教育。5A 又被进一步细分为 5A1 和 5A2 两种类型，5A1 的划分依据是学科专业，多为做研究而准备，在我国对应的应该是理论性、研究型本科教育；5A2 的归类依据是行业专业，多为从事高科技的专业教育，培养的是各行各业的高级专业人才。

厦门大学的潘懋元教授在参照联合国教科文组织关于教育分类的基础

上，结合中国高等教育机构设置的实际情况，给出了新建本科院校的三种可能归类方案："一是办高水平的职业技术教育。即不改变原有的高职办学层次，在方向上向高水平迈进。这种办学方式在台湾地区比较普遍。台湾的高职和我们的高等职业技术学院有所不同，它的全称是高等技术职业学校，是与高等学校并立的系统。职业技术学校的发展之路大致是从中等技术职业学校发展为高等技术职业专科学校，再上升到技术职业学院，最后可发展成科技大学。二是朝学术性研究型（或综合性研究型）的高等教育发展。也就是朝'211''985'这一类传统学术型、研究型名校的方向发展。这类发展道路需要院校在完成升本之后，通过层层考核评估，申请到硕士点，然后再经过类似的过程申请到博士点，以此来进入学术型、研究型高等院校的行列。这条转型升级发展之路在2004年之前的新建本科院校中较为盛行。三是朝专业性应用型的高等教育发展。即院校在到达本科层次后向应用型的专业性院校方向转型，在本科层次上培养各个专业的应用型人才。以上三种转型方案在理论上都是可行的，而在实际运行中，第一种发展道路在我国现行制度上还无法建立；第二种道路只适用于极个别条件允许的院校，对于两百余所新建本科高校来说不是一条普遍适行之路。因此，目前对与新建本科院校来说，最适切的转型之路就是成为应用型专业性院校，培养本科层次的专业应用型人才。"① 经过多年的实践，新建本科高校选择应用型发展之路已经成为专家学者与新建本科院校领导的共识。

新建本科院校在转型过程中要以应用型办学为定位，而非科学办学。相较于研究型本科院校，应用型本科院校在为社会培养应用型人才和推动高等教育大众化方面有着更加明显的作用。因此，在新建本科院校向应用型院校转变的过程中，本科院校首先要认识到，研究型大学并不是本科院校发展的唯一方向和选择，二者只是高等教育的两种不同类型，并不存在层次上的优劣之分。社会的发展进步不仅需要研究型院校来培养研究型人才，同样也不能缺少应用型人才的支撑和推动。不同类型的高等教育可以通过发挥各自的优势来实现自身的发展升级，并共同助力社会的前进。因此，在新建本科院校向应用型院校转型的过程中，相关政府部门和教育部门有必要对本科院校的发展做出整体规划，引导本科院校进行科学合理定位，找准自己的发展方向，发挥优势办出特色。对于新建本科院校而言，首先，需要解放办学思路，破除固有认知和传统偏见，在明确定位的基础上，迅速探寻高效转型发展之路。其次，新建本科院校要不断向地方经济社会发展靠拢，主动对接市场需求，实现本科院校与地方社会经济发展的互推互助。在具体实践中，本

① 潘懋元．再论新建本科院校的定位、特色与发展［J］．荆门职业技术学院学报，2008，23（7）：1－4.

科院校要立足应用型人才培养的出发点，牢固树立应用型本科院校发展的目标和定位，重点发展本科层次教育。

2.4.2　培养目标

研究型本科院校和应用型本科院校在人才培养规格和任务职责上存在较大的区别。研究型本科培养的主要是学术型人才，对人才有“厚基础、宽专业、强能力、高素质”的要求，也就是不仅要有较高的文化素养和科学精神，还要有较强的创新意识和能力。对于这类学生来讲，本科层次的教育并不是其受教育的终点，一部分学生还会继续升学接受研究生和博士层次的教育。学术型本科教育在教学过程中强调的是系统的理论基础，要求学生掌握扎实的基础理论知识。在工程技术方面，注重学生理论和理论创新能力的培养。经过学术型本科教育的人才，多从事本科所学专业领域的初级研究工作，如，研究院、企业的研究开发中心等。

应用型本科教育除了具有学术型本科教育的一般要求外，会更加突出应用型人才在设计和管理等方面的技能培养。也就是说，学生不仅要掌握本行业基本的生产原理和操作技能，还要锻炼其在技术运行、管理营销和服务、商务谈判等方面的行业技能。与之对应的，应用型本科教育培养的主要是工程技术、技术管理和技术研究等方面的人才。高职高专教育培养的是技术员、工艺人员、技术管理员和高级技工等，注重的多是对实际操作技能的培养。而应用型本科教育培养的是一线需要的高级应用型人才，具体的是培养高科技部门、技术密集产业的高级工程技术应用型人才，同时还担负着培养生产一线需要的管理者、组织者以及职业学校师资等任务。就业方向和就业岗位多为相应科学研究所的试验基地、企业的生产调度和技术转换部门，主要承担系统或设备的调配、运营、管理和安全工作。

2.4.3　学科与专业建设

研究型本科教育主要是学科教育，主要针对具体的领域进行专门的研究，理论体系比较完整，知识结构要求比较紧密，批次之间的衔接性较强。学科是这类院校进行专业设置的基础，即按照知识的性质和门类来设置专业。为了保证学科建设的稳定性，因而相应的专业设置也不会有太大的变动性。

应用型本科进行专业设置的依据主要是职业或技术领域，主要根据相关行业的发展要求、市场变化、技术更新、岗位设置和人才需求来进行专业的设置，其最突出的特点就是专业设置的职业针对性。随着社会经济的发展，行业市场对人才的要求也在不断发生变化，因此，应用型本科院校的专业也需要应时而变，即社会缺什么类型的职业技术人才，就设置相应的专业培养什么样的人才。

2.4.4 课程体系

在课程体系和课程设置的要求上，研究型本科课程体系以“宽口径，厚基础”为标准，在课程的设置上主要考虑的是学科的完整性以及与知识结构的衔接，并要满足学生未来发展的需要，常常表现为“三段式”的课程结构体系，即“公共基础课 + 专业理论课 + 专业课”。

应用型本科主要着眼于受教育者专业技能、管理技术、经营技术和操作技术水平的提升，相较于研究型人才要有更强的现场应变和解决问题的能力，相比于技能型人才又要拥有更宽广和扎实的理论技术基础。因而，应用型本科在构建课程体系时，注重对培养对象未来所从事职业的把握，根据行业职业特点，将理论教学的深度和广度限定在技术开发、应用和创新的范围内，以实现丰富而扎实的理论基础和相对完整的实践技能的有机结合。

2.4.5 教学模式

研究型本科主要有三种教学模式，一种以传授知识为主，第二种以发展思维能力为主，第三种则以学生的人格发展为导向。教师队伍的组建主要以学科建设和学术水平的提升为重点，对教师的个体素质，如，学历、理论基础和科研能力的要求较高。

应用型本科教育教学模式最突出的特点就是强调理论教学和实践训练的并重，以应用能力的培养为主线，突出教学实践。教师队伍的建设在高学历学科梯队建设的基础上，突出“双师型”教师的培养与引进。

应用型本科教育、研究型本科教育都有实践教学环节，但这两类教育的实践教学在指导思想、教学要求以及课时数占比上却有很大的不同。研究型本科教育对学生实践能力的培养主要集中在对问题的发现和分析上，注重的是对学生研究性、探索性技术素质的培养，目的在于为学生以后的创新、发展奠基。而应用型本科教育的实践教学主要培养的是学生发现问题、解决问题的动手能力，重点在学生技术开发与应用能力的训练和培养上。在课程设计上，以校内实验实训为基础，以校外实习为重点对学生进行实践能力的综合训练。实训中心和基地的建设应尽可能地接近实际工作现场，同时要保证设备的实际应用型、先进性和综合性。

2.4.6　考核评价方式

潘懋元教授将高等教育大众化阶段培养的人才分为三种类型，即研究型人才、应用型人才和技能型人才。并指出："大众化的高等教育是一个职能高度分化的复杂系统，不同部分所承担的社会职能各不相同，社会其各部分的要求和期望也有所区别，从而形成了多样化的高等教育质量观。"高等教育主要人才类型及其特征如表 2－1 所示。

表 2－1　　高等教育人才类型及特征

人才类型	研究型人才	应用型人才	技能型人才
学校	研究型大学多数学科 应用型院校少量学科	应用型院校多数专业 研究型大学少量专业	高职高专多数专业 应用型院校少量专业
功能	研究理论即客观规律	为社会谋取直接利益	生产第一线工作
需求量	小	大	巨大
培养方式	研究性、实践性	理论与实践并重	实践应用能力为主
主体能力	学术能力、创新能力	专业能力、创新能力	职业能力、创新能力

资料来源：董立平．研究型大学的本科质量观研究［J］．中国高教研究，2009（1）：53－56.

从表 2－1 可知，不同类型的人才在特征和培养方式上都有较大的差别。就研究型人才来讲，其主体能力应集中在学术能力和创新能力上，在培养方式上主要强调理论性、学术性、研究性以及实践性的教育教学过程。在这一问题上，潘教授也明确指出，在研究型人才的培养上仍需坚持精英教育的目标规格和学术水平要求，并且随着社会经济的发展，其学术水平应不断提升。事实上，随着高等教育改革的不断深入，多元化教育质量观已经逐渐受到大众的认可和推行。在这种社会大环境下，研究型本科教育的人才培养在质量标准和评价机制上都发生了巨大的变化，表现出评价主体多元化、评价标准科学化和评价方法综合化的特点。具体来讲，研究型本科院校制定了一系列教育评价管理办法和相关措施。评价主体的范围逐步扩大，形成了包括教师、学生、管理者和第三方等在内的多元评价主体；评价标准由传统的理论知识考核转向对个人品质、创新思维、实践能力、人际关系等非智力因素的考核上；评价方法也逐步摒弃了传统的纸笔测试的方式，采用能体现学生学习综合性和过程性的书面、讨论、谈话等方式。情景模拟、成果展示、随堂测验和课程论文等形式越来越受到重视。

从成绩考核上看，研究型本科教育主要强调对理论知识的考核，包括考试和考察两种形式，以卷面成绩来作为学生学习效果的评判依据。而应用型本科教育的考核内容和方式则较研究型本科教育要更为多元，多以课程目标的设定为依据，以能力考核为主，采取理论考试和技能考核相结合的方式，实现单一能力和综合能力、个体考核与群体考核等的有机结合。理论客户层考核的重点在于学生对知识的掌握程度以及分析问题、解决问题和应用的能力；实践教学的考核形式主要有实践操作、技能比赛和口试、笔试等，用多样化的考核工具来检验课程教学的效果以及学生能力和素质的提升。

第3章

国内外高校实践教学模式及启示

目前世界上比较典型的实践教学模式主要有德国的“企业主导型”实践教学模式、加拿大的“能力本位型”、英国的“资格推动型”、我国香港地区的“工业训练中心型”、美国多样化人才培养模式、芬兰多科技术学院发展模式和中国台湾技职发展模式等为代表的实践教学模式。这些实践教学模式可以在一定程度上反映相应国家和地区的文化差异和教育特色，研究这些形态各异的实践教学模式，可以为我国新建地方本科院校的实践教学体系的构建和完善提供有益借鉴和启迪。

3.1 德国应用技术大学“企业主导型”实践教学模式

德国高等教育在世界范围内一直处于举足轻重的地位。著名教育学家威廉·冯·洪堡创办了柏林大学，在“大学自治”“学术自由”等教育理念下，逐渐将柏林大学建设成现代意义的研究型大学，为各国教育的兴办树立了典范。研究型大学的出现不仅是教育领域的里程碑，同时极大地推动了资本主义工业化早期的进程。到19世纪中叶，德国经济也跃居欧洲前列。在经济快速发展和产业结构迅速调整的背景下，教育也随之发生了重大改变，职业生活所要求的技能运用越来越受到重视和凸显。于是，德国开始在中等教育体系中融入职业教育的思想，满足了社会化大生产的时代要求，几所著名的技术学校就是在这个时候创办的，为德国的教育和社会经济等方面的发展做出了巨大贡献。然而两次世界大战的爆发，给传统大学和技术大学都造成了沉重打击。

第二次世界大战后，德国的政治、经济以及人口等方面都发生了重大变化，原有的按照“洪堡模式”办学的研究型大学已经不能满足当时德国的现实需要。德国哲学家皮希特曾在《德国教育危难》中指出：“教育危难就是经济危机，在缺少充足高素质后备军的情况下，要实现经济腾飞是异常困难的事”。[①] 社会要想全面快速的发展，不仅只需要具有思辨能力的学术型、理论型人才和初级技术人员，能将科研成果迅速转换成生产力的工程技术人才同样不可或缺。并且，随着第二次世界大战后人口的快速膨胀，接受高等教育的适龄青年数量急剧上升，个人接受高等教育的意愿和呼声日益高涨，原有的高等教育结构已经无法满足这一时期德国民众的需要。

为了解决教育及其相关的一系列问题，德国试图从教育结构的多样化上寻找教育改革的突破点。1968 年，联邦各州州长协商通过了《联邦共和国各州统一高等学校协定》（以下简称《联邦协定》），决心建立一种全新的高校类型。协定的第一条对应用技术大学建立的意义进行了明确说明，即“对学生开展一种基于传统理论的教育，最终达到毕业生能够独立从事职业活动的目的。”这说明，进入新型高校接受教育，不仅要学习系统的理论知识，还要接受一定的职业训练。[②] 在德国当时的教育领域存在着两种典型的工程师学校和高级专业学校，这两种学校虽然不在高等教育的范畴内，但其悠久的办学历史和较高水平的办学质量受到了大众的认可。因此协议决定从这两种学校中选出条件较好的进行合并，通过师资队伍的培训、重建，课程调整以及教学设施设备的升级、更新，使之达到高等教育的标准，这类学校被统称为应用技术大学（FH）。[③]

关于德国应用技术大学（University of Applied Sciences，德文为 Hochschule）的翻译有多种，在我国相关文献中常用的主要有三种，第一种直接为英文直译，“应用科学大学”，常用于一些学术论文中；第二种“应用科技大学”是我国最普遍的一种说法，多见于媒体报道及报告中；第三种“应用技术大学”是我国教育部教育涉外监管信息网公布的翻译名。其实，在德语中 fach 指的是专业，而 hochschule 则是高等学校，由此将 FH 简单译为“高等专科学校”是不符合德国现实状况的。而实际上，在德国广泛使用的《瓦里希德语词典》中 Fachhochschule 的解释是与综合性大学相当的、绝大多数是公立的、提供专门性教育的高等学校。[④] 并且，FH 在德国教育界具有举足轻重的地位，虽然与普通大学不是同一类型，但其所具有的价值是同等的。在本书中，笔者统一使用“应用技术大学”。[⑤]

在以后的发展中，因其对社会经济发展的适应性，FH 办学模式迅速得

---

① 舒光伟. 德国高等应用型人才培养的特征和启示 [J]. 全球教育展望，2005，34（3）：72 - 75.

② 章红波. 德国高等专业学院（Fachhochschule）研究 [D]. 杭州：浙江大学，2002.

③ 冯理政. 德国应用科学大学（FH）办学特色的分析与研究 [D]. 上海：华东师范大学，2010.

④ 瓦西里德语词典 [M]. 北京：商务印书馆，2005.

⑤ 姜朝晖. 德国应用技术大学人才培养模式探析——以海德堡应用技术大学为例 [J]. 世界教育信息，2014（20）：31 - 34.

到社会公众的认可。即使在 20 世纪 90 年代，东西两德合并，德国政治经济文化发生重大变化的情况下，应用科技大学的建设依然保持良好势头，成为德国高等教育发展的重点。

3.1.1　德国应用技术大学（FH）的办学模式

纵观德国应用技术大学 50 年的发展历程，其在不断探索和改革过程中建立了一套相对完整、有效和成熟的办学模式，下面分别从宏观和微观两个层面进行梳理。

1. 宏观方面

（1）培养目标

德国应用技术大学主要以学生未来就业的岗位需求为培养导向，根据社会经济发展和企业实际需要的变化来制定自身的培养目标，提倡应用技术大学将毕业生培养的更接近顾客需求。[①] 如前所述，1968 年通过的《联邦共和国各州统一专科学校协定》第一条中“对学生进行一种建立在传统理论基础上的教育，最后使学生通过国家规定的毕业考试，能够从事独立的职业活动。”的规定就是对这一培养目标的有力阐释。除此之外，联邦德国在《高等教育总法》第三条中也给出了相关解释：“在培养目标上，教学应按照学生所学课程，传授给他们必要专业知识、技能和方法的同时，培养学生以负责的态度从事科学工作的能力，为学生未来从事某一职业打下基础，以便更好地为国家服务。”应用技术大学本身就是应经济和科技要求而生，主要任务就是培养大批兼具扎实理论基础和综合实操技能的应用型人才。这意味着学生一方面要进行科学理论知识的系统学习，但这种理论学习不是为了从事科学理论研究，另一方面则是进行理论应用于实践的专门职业训练。

总之，较之于传统的综合大学，应用技术大学人才的培养更强调专业性和应用性，如，各种专门的职业技术高级人才和工程师类职业的实践工作者，被德国各界称之为连接理论知识和应用技术的“桥梁式人才”。[②]

（2）招生条件

德国应用技术大学的招生条件主要包括学历和实践经历两方面的要求。

①学历要求。德国应用技术大学的新生主要有两个来源：一是专业高级中学或高级专业学校，这类学生接受了 12 年的中小学教育，具有“应用技术大学入学资格”；二是文理中学或专业文理中学，这类学生接受了 13 年的中小学教育，具有“一般高校入学资格”或“专业相关高校入学资格”，

---

① 邵爱杰，石新龙．德国高职培养模式及其对我国的启示［J］．职教论坛，2005（29）：59 - 61.

② 黄亚妮．德国 FH 实践教学模式的特色剖析［J］．职业技术教育，2004，25（25）：67 - 69.

既可以读应用技术大学，也可以读普通综合大学或其他类型的高校。这两类学生都必须通过毕业会考（abitur）才能参加相关类型高校的招生考试。

②实践经历要求。满足了基本的学历要求外，学生还要满足相应的职业实践要求。即不管学生来自哪一类型的学校，都要具备一定的实践经验（实习或相关职业培训）。对于未接受过职业教育的文科中学学生来说，需要有不低于 3 个月的与专业相关的企业实习经历（即预实习，vorpraxis），并要在申请学校时出具实习企业的书面证明。而对于未进行高中毕业会考的技术学校或职业学院的毕业生来说，可以通过“双元制”职业培训获得“工长”职业资格（meister）来补习文理中学的课程，在达到毕业水平后，再去申请大学的口试（beratungsgespraech）考试通过后方可入学。

（3）学位授予

由于德国高等教育学位制度与其他国家的不同，国外教育机构和社会大众对德国的学位制，尤其是应用技术大学的学位的理解存在偏差，给学位的认证带来了诸多困难。为了解决这一问题，1999 年德国文化部长联席会议在《关于引入学士学位、硕士学位课程的结构性规定》中对德国的学位制进行了重申和明晰，规定指出，德国综合性大学或大学类高校的学位相当于其他国家的硕士学位，应用技术大学所授予的学位相当于 4 年制的学士学位。德国政府又在修订版的《高等教育总法》中对学位授予和学位年限等问题进行了明确。规定在保留传统学位制的同时，允许综合类大学和应用技术大学进行国际通用学士、硕士专业的设置，并授予学士学位和硕士学位。其中，学士学位的学习年限为 3 ~4 年，硕士学位为 1 ~2 年。并根据专业的理论性和应用性分别授予文学、理学学位或工学学位。

1999 年 6 月 19 日，欧洲 29 个国家主管高等教育的部长在意大利的博洛尼亚就实现欧洲高等教育一体化达成共识，并签署了著名的《博洛尼亚宣言》，提出成立“欧洲高等教育区”。这一行动被称为“博洛尼亚进程”，该进程提出统一学位体系，建立了三级学位制（学士，硕士和博士），德国应用技术大学的学位制改革在这一进程中得到进一步的推进。

（4）管理机制

德国应用技术大学实行民主化的管理体制，并与社会各界密切联系。德国法律要求，应用技术大学的高层管理机构中必须有企业等各界社会人士的参与，因此其董事会和各委员会都是由各界代表人员与学校管理者共同组成的，依法享有人事、财务等方面的管理自主权。学校的组织决策机构主要包括教职工全体大会和校议会。教职工全体大会主要负责学校基本章程的制定和修改，选举校长和校务会成员，听取校领导年度报告。校议会是应用技术大学最重要的决议机关，由校长、副校长、教授代表、其他教职工代表和学生代表组成。主要负责学校建制、人员任命以及学校各项重大方针政策的决定事宜，如，资金分配、专业设置和科研事务等。此外，与欧美其他国家的大学一样，德国应用技术大学在内部管理体制方面，普遍采用了在决策、执行和监督方面存在相互制约的管理机制。具体来说，就是校议会行使决策权和校务会行使执行权时，校监会也会依法行使监督权。

在德国应用技术大学的学术和教学管理方面，教授发挥着举足轻重的作用。教授可以对专业的设置提出重大建议，并能够决定课程的内容以及教学的方式。在学校的管理方面，学生也可以通过参选校议会，作为学生代表成员参与学校重大决策的决定。

德国应用技术大学的基层管理组织是系。系的领导机构是系务委员会，由教授、专职教师、学生及其他雇员代表组成，决定系的全部教学和科研工作，系主任则由系务委员会从教授中选举产生。

2. 微观方面（教学）

（1）学制和教学安排

德国应用技术大学最初是由中等教育层次的工程师学院和高级专业学校合并而来，因此，早期的学制为 3 年制。后来，随着经济的发展，社会对应用技术大学毕业生的知识和技能提出了更高的要求。有鉴于此，有些州（如，巴伐利亚州）率先在原有教育年限的基础上加入了 2 个实习学期，将学习年限延长至 4 年。此后，《德国高等教育总法》也明确规定：应用技术大学的学习年限一般为 4 ~8 学期。

在这 4 年中，学生的学习大致分为基础（grundstdium）和专业（hauptstudium）两个阶段。基础阶段的学习一般分布在前 2 ~4 个学期，主要任务是学习专业的基础必修课。在基础课程的学习结束后，会有一次中期考试（vordiplompriifung），学生必须通过这一考试才能进入专业阶段的学习。专业阶段的学习要求学生按照专业方向和专业学习重点来进行课程的选修和学习。在这一阶段的教学安排上，各州的应用技术大学并非完全统一，但绝大部分学校都会安排实习学期，这不仅成为德国应用技术大学教学的特色，也是其课程设置中极为重要的组成部分。在实习期限的规定上，各州会根据各自的实际情况进行安排。有将实习期限定为一个学期的，如，黑森州，也有将实习期设置为两个学期的，如，下萨克森州和萨克森州等。在具体实习学期的安排上，不同的学校和专业也会有较大差异，如安排在第 3、第 5、第 6 和第 8 个学期的情况都有。并且学校也会选择在连续时间内完成实习任务或分散在不同学期中。

总之，实习期的设置是德国应用技术大学教学活动的特色。通过实习不仅可以加深学生对所学理论知识的理解，也可以增加对工作岗位的了解，真正做到理论联系实际。同时，实习实践还能强化学生的实践技能和工作方法甚至职业思维，增强学生独立工作的能力，为未来的职业生活打下基础。

（2）专业和课程设置

①专业设置。德国应用技术大学早期的专业只有一两个，形式较为单一，多以工程技术类为主，后来逐渐增设了社会工作和商学领域的专业。20世纪80年代，随着信息技术的发展，计算机专业也随之兴起。进入90年代以后，社会对人才的需要日益多样化，在应用技术大学中的体现就是增设了许多跨学科专业，如，管理学、生物工程、经济法学和工业工程与管理等。同时还催生了护理管理、护理教育学和应用健康学等大量新兴专业。发展至今，德国应用技术大学专业设置的领域已经覆盖到了教育、经济、人文、环境、电子技术、语言、法律、艺术、农林和工程等各行各业，可以说，社会所需要的应用技术就是其进行专业设置的方向。从德国应用技术大学近10年的专业设置和招生规模来看，经济、法律和社会类专业成为在校生人数最多的专业，其次是工程技术类的传统专业。

相比于传统的综合型大学，极强的针对性是德国应用技术大学专业设置的特色和优势。但快速发展的经济和科学技术，导致社会对人才的要求迅速“更新换代”，相关专业面临极大的淘汰风险，在这种情况下，普遍适用的基础知识就显得尤为重要。为了满足不断变化的社会发展的需要，应用技术大学也在不断地进行专业设置的调整，试图在专业针对性和基础知识普遍适用性之间找到发展的平衡点。一方面，在一些专业大类增设专业方向，通过专业细化增强专业的针对性，如，慕尼黑应用技术大学在交通技术专业下设置陆上交通工具和空中交通工具两个专业方向；另一方面，为了避免个别专业的过早专业化而削弱了专业基础知识的学习，又将一些相对狭窄和小众的专业归并到相关宽专业中，通过限制专业数来将专业控制在合理的范围内。体现了其在专业设置上宽窄并存的原则，使毕业生的针对性和适应性能够较好地结合以应对未来的岗位需求。

另外，德国应用技术大学的专业设置除了具有较强的针对性外，由于其专业设置的审批工作由各州教科部来掌控，各州政府会根据本州的实际情况来控制专业的设置，这就使得应用技术大学的专业设置带有鲜明的地方色彩，体现了为地方经济服务的职责。比如，不伦瑞克·沃芬比特尔应用技术大学的其中一个校区设在大众公司总部沃尔夫斯堡，该校区因此开设了车辆工程专业，直接为该地区培养汽车行业的工程师；汉诺威应用技术大学位于萨克森州，该州具有森林众多、河流分布密集、地势平坦的鲜明地理特点，该校因地制宜，设立了土木工程、建筑学和建造等特色专业，在充分利用当地资源的同时还实现了对环境的保护。

纵观德国应用技术大学专业设置50多年来的发展历程，尽管在专业数量和类型上发生了较大的变化，但应用性始终是其进行专业设置所遵循的基本原则。

②课程设置。德国高等教育界将课程体系看作是一个由多门学科共同组成的有机整体，课程体系的整体性很大程度上决定了课程设置的有效性和合理性。因此，应用技术大学在进行课程设置时，要在充分考虑课程体系完整性的前提下，结合自身的培养目标构建高级应用型人才的知识结构，同时兼顾知识的基础性和实用性。在这样的理论指导下，德国应用技术大学的课程体系整体分为基础课程、专业基础课程和专业深化课程，课程的设置由浅入深，层层深化。基础课程要求具有相关知识需要的不同专业开设相同的基础理论课，如，计算机和生物工程等专业的数学、物理基础课；专业基础课要根据专业需要的差异分开设置；专业深化课程顾名思义，就是在完成专业基础课的学习后，在专业上做进一步地扩展和深化学习。

当然，德国应用技术大学的课程体系并不是一成不变的，会根据学科知识的更新，行业环境的变化，就业市场的要求以及专业应用性的革新不断进行补充和修订。例如，学校会在专业课程之外设置一些非专业类课程供学生选择学习，组织形式也会根据专业实际需要分为必修课或选修课。这样做的目的在于帮助学生建立更加科学完整的知识结构，培养出适应岗位需要的、全面的高级应用型人才。

(3) 教学形式

首先，与综合型大学教授以科研为主要任务的情况不同，德国应用技术大学教授的主要任务是教学，应用技术大学教授的周平均授课时数能达到16~18课时，而研究型大学教授每周只需承担8个课时的授课任务。因而，富于成效的教学活动是检验应用技术大学教学质量的重要指标。

其次，德国应用技术大学的教学形式以实践为导向，不在抽象的学科专业知识系统上和专业原理的分析推导上花费太多的时间，而是注重如何将科学知识运用到实际生产领域上。因此，在教学形式上，无论是理论课程还是实践课程都会突出实践性，只是在具体的授课形式上两类课程还是会有所区别。理论课程一般采用讲座课（vorlesung）的形式，并在其中融入现场教学、案例教学和研讨教学等模式。同时为了方便学生的交流和合作，通常会采用小班制教学。而实践课程则多以练习课（obung）、实习课（praktikum）的形式呈现。主要是通过反复的练习和实践促使学生对知识和技能的掌握更加牢固和深入。

整体来说，在德国应用技术大学的课程体系中，相比于理论教学，实践教学要占更大的比重，教学形式也更加多样化，主要有实验教学、实习学期、项目教学和学术旅行等。其中，应用最广泛的一种教学形式就是实验教学，开设的目的在于对理论进行验证。在应用技术大学中则主要是为学生提供一种模拟的工作环境，来培养学生的实际操作能力和解决问题的能力。并且，实验教学多由教师亲自开发和指导，能够保证理论和实践的紧密衔接和配合。实习学期是应用技术大学教学最具特色的部分。项目教学是近年来备受应用技术大学关注和重视的教学形式，其最大的特色在于能够结合企业实际进行课堂设计，可以帮助解决企业实际面临的问题。这一教学形式要求由5~8人组成的项目小组合力完成企业给出的项目课题，企业专业人员和教师也会提供相应的指导，时间一般在一个学期左右。学术旅行通常是在应用技术大学组织的“集中教学”阶段。德国应用技术大学每年会安排1~2周的集中教学时间，称为项目周（blockwoche），在这段时间里，学校可以安排学生外出考察，即所谓的学术旅行（exkursion），时间从一天到几周不等，并通常会安排在假期进行。地点涉及国内和国外多个国家和地区，主要集中在欧洲，用以增强学生对工作环境的了解和适应，也有利于加强与其他应用技术大学间的交流。

（4）考核和评价方式

德国应用技术大学的考核和评价方式与其培养计划（studienordnung）和教学大纲（prufungsordnung）是密切联系在一起的。各个应用技术大学都是以“培养计划与考试大纲协调委员会”所制订的跨学科框架培养计划和考试大纲范本为依据来制定每个专业的培养计划和教学大纲的。而这个“培养计划与考试大纲协调委员会”是由德国各州文教部长联席会议与大学校长联席会议联合设立的，从而保证了各州各高校培养标准的可比性。① 各个应用技术大学根据这一范本所制定的专业培养计划和考试大纲，既是专业院系实施教学活动的依据，同时也是学生学习的指南。其中，考试大纲对专业的考试要求、考试程序、考试科目、学生参加毕业考试的条件、成绩的认定、毕业论文的撰写时间及要求等均作出了详细规定和说明。

德国应用技术大学对学生的考核和评价方式上同样体现了其对实践能力培养的导向，如，考试、实习证明、毕业设计和答辩等。在学生结束了基础学习阶段后，需要通过口试或笔试（也可能两者兼有）形式的中期考试（vordiplompriifimg）。考试合格后，直接进入专业学习阶段，否则，需对不及格的科目进行重修。实习证明在德国应用技术大学学生的实习中发挥重要的作用，是大学教授对学生实习情况做出评判的重要依据。毕业考试同样包括口试与笔试及毕业设计（毕业论文）。学生在进入毕业设计（毕业论文）阶段之前还需完成教学计划规定的所有课程并通过考核。德国应用技术大学学生的毕业设计（毕业论文）通常与实习情况有着紧密联系，因为学生的毕业设计就是要求结合企业实习来进行的，并需通过由教师和企业指导人员组成的委员会的答辩方能拿到学位。

① 德国应用技术大学介绍.http：//de.tongji.edu.cn/Fachhochschule.pdf，2007-8-30.

3.1.2 德国应用技术大学（FH）的特点

德国应用技术大学（FH）是德国高等教育体系的两大教育类型之一，大量的高级应用型人才都是由他们培养出来的，为德国社会经济的发展做出了巨大贡献。通过前述对德国 FH 实践教学模式的分析，现将其特点归纳为以下 5 点内容。

1. “等值而不同类”的办学指导思想

德国政府在对待应用技术大学和研究型大学上始终坚持“分类管理、分类指导”的原则。对不同类型的院校，在专业设置和教学质量评估等方面采用不同的管理。此外，政府注重对政策和舆论导向的引导，为应用技术大学的发展创造了良好的社会环境。同时在制度上努力为应用技术大学做好保障，使整个社会在就业和升职过程中不会差别对待应用技术大学毕业的学生。

2. 优化生源

德国应用技术大学在学生的入学条件中对学生的实践经历做了严格的要求。除了具有丰富实践经验的专业高级中学或高级专业学校的学生外，完全中学和专业完全中学的学生在申请应用技术大学前必须进行相应周期的实习之后才能通过考核。

3. 重视应用型师资队伍的建设

根据德国《高等教育总法》对应用技术大学教授聘任条件的规定，应聘者必须具有高校博士学位，并有 5 年以上的科研经验，能够承担教学的任务。在工作经验上，不仅要有相关的工作经验，还要求应聘者具有 3 年以上高校以外领域的工作经验。[①] 从德国对应用技术大学教授的聘任要求来看，该类大学对教师的实践能力同样有着极高的要求，并且有些州为了鼓励教授提升自身的实践能力，每 4 年会给教授们 6 个月的学术假，用以了解行业发展和企业需求的最新情况。

4. 重视应用型课程体系与实践教学体系

德国应用技术大学在基础理论课程以外，安排了大量的实践课程。在传统工科类专业中，实践教学能占到整个教学活动的 25% ~30%。[②] 同时，FH 的教授会亲自参与实践课程的开发、指导和考核，以便保证实践教学内容和理论教学知识的有效衔接。FH 的另一个鲜明特色就是实践学期的设置，

① 徐理勤．德国应用科学大学（FH）的人才培养模式及其启示［J］．浙江科技学院学报，2005，17（4）：309－313.

② 李杰，孙娜娜，李镇，等．德国应用技术大学的教学体系及其借鉴意义［J］．北京理工大学学报（社会科学版），2008，10（3）：104－107.

学生需要自己与企业联系，寻找实习单位。双方签订的实习合同经过学校审核合格后即可进行实习学习，保证了实习的质量。

5. 工学交替的“双元制”人才培养模式

德国应用技术大学的人才培养模式主要有两种：一种是模块模式。即将学生整个学习过程分为在校学习和实习学习两部分，二者交叉进行，如在学校学习3个月后，再在企业实践3个月，如此反复多次。另一种是周模式，就是以周为时间单位组织学生在校学习和企业实践，如每周在校学习3～4天，剩下的时间到企业实践。

3.2 加拿大“能力中心的课程开发型”实践教学模式

加拿大“能力中心的课程开发型”（competency based education，CBE）实践教学模式也是目前国际上比较有代表性的实践教学模式。与传统课程内容编写比较重视对理论知识体系的保持不同，加拿大 CBE 模式主要围绕学生将来所从事职业所需的知识和技能来组织课程内容的设置、课程计划的制定和教学管理的实施，以岗位胜任力和能力本位为出发点，决定采用的教学方法和考核方式，从理论和实践相结合的角度培养学生相应的职业素养和职业技能。

CBE 实践教学模式在实施过程中主要分为4个阶段，依次是形成职业分析教学计划开发（developing a curriculum，DACUM）图表，开发学习包、实施实践教学和评价实践教学。其中，最核心的就是针对职业分析结果制成 DACUM 图表，并按照这一图表来安排实践教学的实施，其主要步骤是：第一，确定 DACUM 研究委员会的成员。依据委员会制定的标准以及所分析的职业，选出相应领域10～12位专业和优秀从业者作为 DACUM 研究委员会的成员。第二，编制 DACUM 图表。图表的内容一般包括任务的名称、所在领域、任务分化以及任务评定的标准等。通常委员会成员会依照 DACUM 图表，结合“头脑风暴法”对工作岗位所需工作任务模块进行分析，并给出与之相对应的知识、能力等职业要素。第三，描述工作任务。一般会采用“动词+对象”的描述形式来进行，字数要求控制在8～10个左右。第四，相关领域专家根据 DACUM 图表来编制教学单元。教学单元的编排通常按照知识和技能之间的内部联系进行。一门课程由若干个相互关联的教学单元组成，课程又可进一步分为专业课程、基础课程和核心课程等。最后根据不同课程之间的关联性组合成教学计划。第五，确定教学方法和评价模式。要根据不同的行业要求和职业特点，对课程重点进行区分，选择合适的教学方法和评价模式。

通过以上对 DACUM 教学实践模式的分析可知，该教学模式的开展有着详细规范的实施步骤，程序严格细致，且将实践教学与职业的对接贯穿于整个教学过程，有针对性的训练学生的实践能力，保证学生的职业适应性。

加拿大 CBE 实践教学模式在运行中有以下特点：首先，以能力为本位。在充分分析职业能力的基础上，CBE 实践教学在培养目标和评价标准中都体现出对实践能力的重视，且学生实践技能经过考核认定，可以适当缩短学习时间。其次，以学生为主体，教师为主导。学生是实践学习的参与者和主体，但教师对学生的实践学习做出指导，在整个教学中发挥着主导作用。CBE 实践教学模式重视对学生主观能动性的调动，要求学生对自己的学习过程及学习效果进行反思、评价，从中找出可以改进的地方并进行经验的总结，以便使学习有所提高。而教师作为学生学习的“指路人”，主要是为学生的学习指明方向，在学生学习过程中答疑解惑，主要发挥辅助性作用。最后“教”与“学”的方法应该是丰富多样的，而非固定单一的。CBE 实践教学模式鼓励教师依据学生的具体学习情况采用适宜的“教的方法”，并支持学生探索符合自身特点的高效的“学的方法”。

3.3　英国“资格证书体系推动型”实践教学模式

英国的职业教育和培训都是围绕证书与考试制度展开的，相应的实践教学更是如此。[①] 经过多年的发展，英国的资格证书体系已经较为成熟和完善。比较典型的有国家职业资格证书（National Vocational Qualifications, NVQ）、普通国家职业资格证书（General National Vocational Qualification, GNVQ）和普通教育证书（General Certificate of Education，GCE）。这其中，NVQ 面向的对象主要是在职工作人员。按照国家有关部门制定的某一职业岗位所需具备的资格标准，通过专门考核机构对申请者的职业能力进行考核和鉴定，给合格者颁发相应的职业资格证书，该证书在国内范围通用。而 GNVQ 是一种面向职业学校推行的国家通用职业资格证书，是一种培养学习者掌握未来工作所需知识和技能的教育形式，目的是为培训、继续教育和高等教育奠定基础。[②] GCE 则是教育系统通用的资格证书。NVQ 和 GNVQ 涵盖了大部分的职业领域，对不同的技术等级也进行了详细的划分及说明，并有与之相应的技能考核标准说明。NVQ、GNVQ 和 GCE 三者之间各成体系

① 刘海燕．几种典型实践教学模式对应用型本科院校的启示［J］．理工高教研究，2005，24（6）：82－83.

② 郭伟萍．英国职业资格证书制度的研究［D］．天津：天津大学，2005.

又存在一定的联系，三者之间可以在一定的条件下互换。

这种由职业资格认证推动的实践教学模式，有其独特的优势所在。不仅为政府制定职业资格的认定制度提供了参考，同时还对实践教学的过程提出了培养标准和教育效果的要求①，为应用技术大学实践教学内容的制定确立了标准，在与社会生产结合的过程中，保证了学生实践技能训练的针对性。比如，每个 GNVQ 对应不同的职业领域以及不同的技术等级和技能要求标准，学校可以根据所需职业的 GNVQ 来设定自己的教学内容和评价标准，采取适当的教学方法。经过学校针对性的培养和训练，学生会更易于取得相应的 GNVQ，为以后的就业或继续教育打下基础。

英国“资格证书导向型”实践教学模式的特别之处在于：首先，以能力培养为基础。职业资格证书是对职业能力的证明和资格认定，在职业资格证书为导向下开展的实践教学正是按照资格证书要求的能力元素和操作要求来进行，因而必须突出对能力的重视；其次，强调在实践中学习。国家职业资格的认定都强调在工作中锻炼相应实践能力，在实践中增长专业知识和职业技能，因此在实践教学中也要强调在做中学、在实践中学；最后，注重教学效果。对学生实践成绩的评定主要取决于学生平时的具体实践任务表现和相应工作效果。

3.4 中国香港“工业训练中心型”实践教学模式

20 世纪 70 年代，香港工业化进程不断加快，工业的变化迫使具有实践动手能力的人成为社会的急需人才。为顺应这一变化，香港的理工大学开创了工业中心，创造机会让在校学生直接与工业接触，进行实践经验的积累。该中心通过建设不同于普通实验室和实习场所的模拟工厂，其在设备配置和布置以及管理运作上都尽量确保与典型生产环境的一致，以便为大学生的工业实践创造一个模拟的真实工作环境。除此之外，该中心在实践操作标准和执行规范等方面都基本接近现实生产工作。该中心会结合不同院系、专业的需要和行业发展状态来组织实践课程的编制，并对课程的内容、上课周期和评价标准给出详细说明。

中心的教学过程主要包括基础训练和专题培训两个阶段。在基础阶段，学生的主要任务是学习掌握基础技术。通过亲自动手操作感受实际操作流程，在亲身经历中学会正确使用机器设备，掌握制造工艺流程等。在基础训练的最后阶段，学生要在老师的指导下完成一项专业工业任务，以检验学生

① 李树林. 技术本科教育实践教学体系研究［D］. 上海：华东师范大学，2009.

的学习效果。

在专题培训阶段，学生可以自由组合，共同选择一个专题来完成相应的任务。小组成员分别扮演不同的角色、承担相应职能，模拟公司的组成和运行。在合力完成小组专题任务后，小组成员各自拟定一份专题报告，并进行当众汇报和答辩。在这一阶段，小组成员通过相互合作完成专题任务，在提高发现问题解决问题能力的同时，也培养了他们的组织协调能力和团队协作精神。专题培训阶段的项目主要来源三个方面：工业界的委托项目、工业中心自主开发的项目以及学生根据生活、学习经验提出的开发项目。

综上可知，工业训练并不是课程的一个单一实践环节，而是一种综合性的真实环境模拟实践训练，目的在于提高学生的实践能力。该实践教学模式不仅仅只是让学生学会一些简单的实际操作，更重要的是为了提高学生解决实际问题的能力，培养学生的团队协作精神和创新思维等。

3.5　美国大学多样化的人才培养模式

美国高等教育十分发达，重视对本科应用型人才的培养，其本科应用型教育已经形成了较为成熟的模式。深入研究美国高等院校本科应用型人才的培养模式，对我国高等教育的发展以及本科应用型人才的培养具有重要的借鉴价值和现实意义。

3.5.1　美国高等院校主要的本科应用型人才培养模式

美国的高等教育相当发达，不同高校在办学方式和人才培养模式上也各具特色，其中较为典型的人才培养模式有“个人专业”模式、“工学交替”模式、本科生研究机会计划模式、“创业实践”模式、创业孵化器模式等。

1. 加州大学的“个人专业”模式

在美国，大多数高等院校都会为学生提供学习的个性化选择，以满足学生不同的学术兴趣和特定的学习目标。即学校允许学生在学校设置专业之外设计能够实现自身发展目标的“个人专业”①。这一人才培养模式在加州大学中推行的尤为普遍。具体来说，学生要申请“个人专业”，先要明确自己的学习兴趣和目标并设计好个人专业，然后向学校提出申请。学校会根据自身的师资力量对学生的申请进行审核与批准。个人专业获得批准后即可执

① 余蕾．高校应用型创新人才培养模式的国际借鉴［J］．重庆科技学院学报（社会科学版），2009（12）：194－195.

行，并在以后的实践过程中不断进行修正。“个人专业”人才培养模式已经成为美国高等教育培养本科应用型人才的重要途径和特色。

2. 辛辛那提大学“工学交替”模式

“工学交替”即将课堂学习与工作经历结合起来，在理论学习的基础上，提高学生的实践技能和职业自信。辛辛那提大学十分推崇这一教育模式，并对这一模式的推行做出详细规定：首先，“工学交替”模式必须将理论学习和工作实践交替进行，必须遵循从理论学习到工作实践再到理论学习的循环过程。起点必须是理论学习，最终也必须回归到理论学习上来。其次，学生参加工作实践期间，企业必须按全职工作的标准向学生支付薪水。最后，学校设立专门机构负责“工学交替”项目，并配备适量实践经验丰富的指导教师。该机构主要负责与企业间合作项目的管理，指导教师一方面要负责学生基础理论课程的教授，同时还要负责学生实习单位及岗位的选择与落实的指导，并对学生的实践过程给予指导和评估①。这种模式下培养出来的人才在理论知识和实践能力都有过硬的实力，能够真正适应美国快速发展的经济对人才的要求。

3. 麻省理工学院的本科生研究机会计划模式

麻省理工学院推行的本科生研究机会计划模式为美国培养了大量创新型人才。每年有超过2500名的学生会参与这一计划，教师中也有超过60%的人员作为指导教师参与过这一计划。特别是近年来，在本科生四年的学习周期内，几乎所有学生都至少参加过一次这个计划。该校设置的“五万美金商业计划竞赛”历史久远、影响力巨大。自20世纪90年代至今，每年都会从这项竞赛中诞生5~6家新的企业，甚至其中很多创业计划直接被其他高新技术企业以高昂的价格买走。由这些创业计划孵化而来的企业，有的甚至在短短几年时间内就实现了营业额的突飞猛进，迅速成为极具竞争力的大公司②。

4. 百森商学院“创业实践”模式

百森商学院对人才的培养始终坚持学术研究与创业实践相结合的理念，以帮助学生发展创业式思维，培养出具有冒险精神和敏锐市场洞察力的创业型人才，这同时也是百森商学院“创业实践”模式所遵循的宗旨。该模式在坚持创新教学计划设计的基础上，着重强调创业实践的重要性③。教学计划设计以必修课和选修课的形式通过创业者、创业企业融资和成长等内容来训练学生的创业思维。此外，学院在创业课程的第一年为所有本科生开设了

① 杜才平．美国高等院校应用型人才培养及其启示［J］．教育研究与实验，2012（6）：17－21.

②③ 朱士中．美国应用型人才培养模式对我国本科教育的启示［J］．江苏高教，2010（5）：147－149.

创业启动资金，学生自主创设企业，让其在实践运营中树立创业意识、培养创业精神，学年结束后，学院会对企业进行清算。

5. 仁斯里尔理工学院的创业孵化器模式

仁斯里尔理工学院的创业孵化器模式创立与 1980 年，经过几年的发展，又迅速建立起大学科技园，成立了工业技术创业中心，并于 2005 年被评为美国最好的大学孵化器科技园，现在每年在创业中心学习的学生能占到 10% ~20%。该校以创业中心为平台，将孵化基地、大学科技园、创业家网络、创业家培养协会等资源进行整合，建立了独具特色的技术创业，探索出一套将技术创业贯穿于始终的课程教学计划①。

3.5.2 美国高等院校本科应用型人才培养模式的特点

1. 设置应用型专业，培养应用型人才

在工业革命的时代背景下，美国不仅建立了多所科技学院和社区学院，并对不同类型学校的职能进行了明确规定，美国大学的职能也逐渐向社会服务方向发展。具体来说，为了满足市场经济发展的需要，学校主动与企业和社会良性互动，在充分考虑专业设置的前提下，努力培养社会亟须的专业人才，自觉为经济和科技发展服务，强化自身的社会服务功能。第二次世界大战后，伴随美国经济的快速崛起，原来本科生的培养模式已经失去了自身的优越性。此时，更能适应经济社会发展需要的技术专科学校和社区学院发展起来，肩负起为社会培养应用型人才的责任②。美国高校可自主设置专业，为了避免专业设置的盲目性和随意性，高校会在充分考虑地方经济社会发展实际的情况下，经过反复论证、审慎设置。如罗斯豪曼工学院的人才培养目标以应用型人才为定位，以“大学要为社会服务”为理念，开设了数学、物理和化学等 18 个专业，这些专业都能与地方经济发展紧密衔接。而位于波士顿的东北大学则以城市发展为立足点，开设了会计、化学工程、工业工程等专业，培养文理融通、产学高度融合的应用型人才。

2. 明确应用型人才培养目标及培养规格

在美国，不同类型的学校在人才培养目标和定位上也是千差万别。根据学位授予层次和专业设置的不同，可将美国大学分为：社区学院和专业学院、文理学院和授予博士（硕士）学位的学校，这些学校在人才培养目标

---

① 朱士中. 美国应用型人才培养模式对我国本科教育的启示 [J]. 江苏高教，2010 (5)：147 - 149.

② 王辉，刘冬. 美国应用型人才培养的“首席品牌”——“一贯制科技高中”办学模式之述评 [J]. 比较教育研究，2014 (8)：6 - 10.

和地位上较为相似。分别是培养技能操作型应用人才和工程技术型应用人才①。如罗斯豪曼工学院以培养“工程、数学和科学教育领袖”为目标，东北大学则以培养文理“应用型人才”为目标，佐治亚理工学院的培养目标则是培养“工业和制造工程人才”。培养规格是培养目标的具体化，“高素质、强能力、重应用”既是美国高校培养应用型人才的统一目标，也是各高校具体制定应用型人才培养规格的重要参考。如软件工程专业，不仅要求学生掌握基本的软件工程理论知识，拥有良好的职业道德和较强的社会责任感，还要求学生能够将理论应用于实践，有较强的实践操作能力，能够处理实际中遇到的问题。

3. **创新人才培养模式，强化实践能力培养**

美国社区学院和专业学院采用的应用型人才培养模式的一大特色在于，其以强化职业性为出发点，以岗位胜任力为中心，以职业能力为主线，将对学生实践能力的培养贯穿于教学、课程设置和实践教学各个环节。在不同的人才培养模式下，各高校围绕应用能力培养的核心，发挥相应自主权，根据其实际情况和学生个人需要在具体运行中进行适当的调整和变动。美国院校采取各种措施鼓励学生参与实践活动，并将实践环节纳入正规教学计划，加大实践教学的课时，以此来培养学生的实践能力，提高学生对企业环境的适应性。如在美国高校中普遍实行的“三学期”制，即学生每学年要接受两个学期的理论学习和一个学期的实践活动。

3.6 芬兰多科技术学院的转型发展

20 世纪 90 年代，受国际形势影响，芬兰经济受到重创严重衰退，社会失业问题日益严重。为了解决居高不下的失业率问题，芬兰教育部希望通过在高等教育结构中加入高等职业教育，来改变职业教育的现状。教育部的这一提议受到了社会各界的质疑，人们固守高等教育教学科研的传统使命，同时也对国家创办高等职业教育的能力产生了怀疑。为了平息社会的疑虑，芬兰教育部于 1991 年颁布了《中等和高等职业教育法》，将“多科技术学院”作为非大学组成部分纳入高等教育系统。该教育法选取了芬兰 85 所职业教育机构进行试点，将其合并为 22 所高等职业学院，由于这些学院是多学科性质的，故而被称为多科技术学院②（Polytenics，英文常译为应用技术大学，university of applied sciences）。中等后职业教育在 20 世纪七八十年代的

① 李启宇，何凡．农村区域发展专业创新型人才培养模式探讨——基于国外大学人才培养模式的经验借鉴［J］．经济研究导刊，2010（8）：237－238.

② 胡迎．芬兰多科技术学院教育特色研究［D］．沈阳：辽宁师范大学，2008.

职业教育改革中得到了系统化发展，为这次多科技术学院的实验性改革提供了坚实的基础，芬兰政府于 1995 年决定确立其正式地位。截至 1999 年底，实验成功结束，所有实验性多科技术学院都得到了永久认定资格。鉴于多科技术学院在芬兰的成功发展经验，芬兰政府于 2003 年修订了《多科技术学院法》，将多科技术学院的地位合法化，并赋予其职业技术教学学士学位的授予权，与大学共同承担培养高等教育人才的职责。由此，芬兰开启了双轨制高等教育模式。多科技术学院继续发展，于 2005 年获得硕士学位授予权（见图 3－1）。

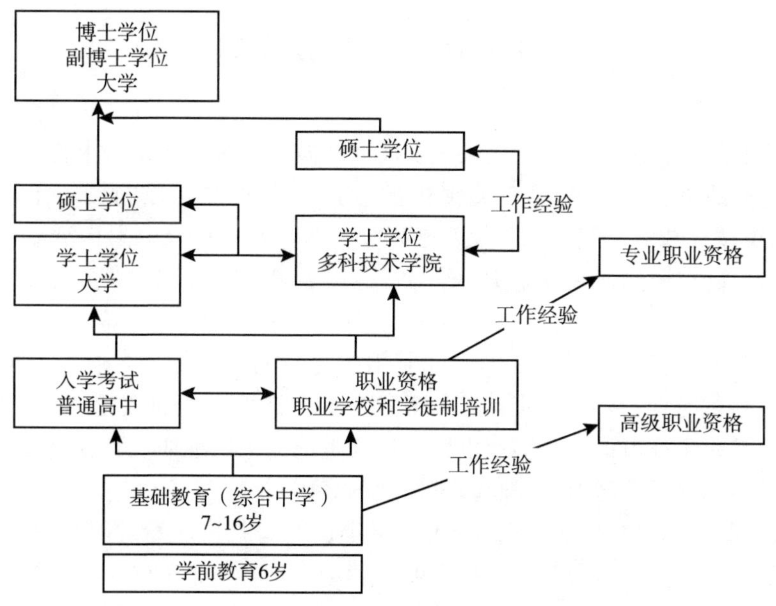

图 3－1　芬兰教育体系结构

如图 3－1 所示①，芬兰学生在结束基础教育后，可根据自身情况进行第一次的分流，即选择进入普通高中或职业学校继续学习。在第二次的分流中，高中毕业生可选择进入大学或多科技术学院学习，职业学校毕业的学生也可以选择报考大学或继续接受多科技术学院的高层次职业教育。多科技术学院在普通高等教育和职业教育之间发挥着互通有无，相互衔接的作用。

截至 2015 年，芬兰多科技术学院的数量为 26 所，遍布芬兰各个地区。在校人数达到了 13.87 万人，其中有 2.5 万人左右的学生完成了学士和硕士学位的学习。硕士学位授予人数占到了学士学位的 1%，根据目前的发展趋

① Education system in Finland/studyinfinland/fi [EB/OL].（2014－10－17）. http://www.studyinfinland.fi/destination_finland/education_system_2014－10－17.

势，这一比例将会逐渐增大[①]。大学和多科技术学院作为芬兰高等教育的两大机构，虽然两者都承担着教学和科研的任务，但大学依然保持着较强的独立性和学术自由性，多科技术学院与工业、商业的联系要较传统大学更为密切。多科技术学院的建立弥补了高等教育系统的单一性，是满足国家经济发展和社会与市场需要的必然产物。因此，尽管多科技术学院出现和发展的时间较短，但在推动高等教育发展和社会进步方面同样发挥着不可忽视的作用。如今，多科技术学院已经成为芬兰高等教育的特色，发展成了最具吸引力的高等职业教育机构。

3.7 中国台湾技职教育的发展

职业教育大多是在工业化快速发展而对技术人员的大量需求背景下产生的。鸦片战争打开了中国闭关锁国的大门，在西方列强的侵略下，为了“师夷长技以制夷”，我国开始发展职业教育。1884 年，中国台湾首任巡抚刘铭传开始在台湾地区设立实业学堂，这是台湾地区技职教育的开端，体现了独到的革新思想并具有深刻的时代意义。但随着刘铭传的调任，实业学堂的兴办也就不了了之。1895 年，随着甲午战争的失败，台湾陷入了长达 51 年的“日据时期”。这一时期，台湾民众不允许接受普通教育和高等教育，只能参加职业补习学校和事业学校。半个世纪的殖民地职业教育制度，在一定意义上奠定了台湾地区技职教育发展的基础。

直到国民党败退到台湾，真正意义上的高等技职教育才算建立。20 世纪中期，农业是当时台湾的支柱产业，劳动力是唯一丰富的生产资源。为了缓解地区内部需求，创造更多的就业机会，政府决定优先发展劳动密集型工业。据 1950 年统计，当时台湾只有三所专科学校，在校生仅有 1286 人[②]。自 1953 年开始，台湾开始实行四年为周期的经济建设计划，首先发展的是资金需求较少、建设周期短并能提供较多工作岗位的轻工业。这一时期对应用型人才的需求还较小。随后，台湾经济迅速恢复和发展，农业、轻工业也得到迅速发展。截至 1970 年，台湾的专科学校已经达到 70 所，在校生人数更是突破了 10 万人[③]。这给台湾地区经济社会的发展提供了丰富的人力资源，高等技职教育的雏形也日益显现。20 世纪 60 年代，专科学校从普通高等教育体系中划分出来，技职教育成为单独的高等教育体系。

---

① Finnish National Board of Education. Providers of education and educational institutions 2014 [EB/OL]. http://www.stat.fi/til/opiskt/2014/opiskt_2014_2015-12-16_tau_002_en.html.

② 孙青. 90 年代以来台湾职业技术教育发展研究 [D]. 保定：河北大学，2004.

③ 周军光. 台湾地区高等技职教育发展及其启示 [D]. 湘潭：湘潭大学，2012.

此时台湾技职教育的最高层次仍然是专科层次。随着台湾经济结构由劳动密集型向技术资本密集型的转变，迫使教育领域也要做出相应的调整。高等技职教育也从外延式发展向内涵式发展转变，技职教育在办学层次上也需要逐渐向上延伸，逐步从专科层次过渡到本科层次甚至研究所水平。台湾本科层次技职教育始于 1974 年台湾工业技术学院的建立，之后，教学科研实力雄厚的技术学院还陆续设立研究所，1979 年开始招收硕士研究生，于 1986 年开始招收博士研究生。台湾技术学院的建立标志着台湾“双轨制”（普通高等教育体系和技职教育体系）的形成。

20 世纪 90 年代，在世界科学技术快速更新换代的背景下，台湾地区也进入了全面转型期，各个行业都在做出调整。高新技术产业迅速兴起，而相应的高级工程师和技师则存在较大的缺口。为了配合经济的发展，技职教育的改革重点转向培养大量高科技技术人才。为此，台湾技职教育做了多方面的改革尝试，首先，不断扩大技术学院的规模，鼓励实力强劲、教学质量优秀的专科层次班级招收本科生，将其升格为技术学院；其次，将教学科研能力较强，办学质量良好的技术学院升格为科技大学；最后，鼓励技师师资进行在职进修，不断提高教师的实践能力。随着新兴行业的层出不穷，技职教育在专业设置上也以满足行业需要为依据，以确保台湾技职教育体系的灵活性，如开辟多元入学机制和建立高等机制回流教育制度等①。

纵观台湾地区技职教育的发展历程可以看出，其技职教育的改革始终围绕社会的经济发展进行，为台湾地区的社会发展提供了大量的优秀人才。普通高等教育体系和技职教育体系双轨并行的教育体系值得大陆地区学习借鉴。

3.8　经验借鉴与启示

3.8.1　加拿大、英国、中国香港三个国家和地区的借鉴和启示

首先，对应用型人才实践能力的培养体现了高等教育大众化的要求和特征。高校对应用型人才的培养，一方面，为社会输送了大量人才，同时也在高校和社会的联系中，强化了高校的社会服务功能。另一方面，高校对社会亟须人才的培养，不仅使学生学以致用、发挥了特长、创造了价值，同时也使学校和社会在良性互动中实现共同发展。具体来说，从加拿大、英国、中

① 苗静．台湾地区技职教育体系研究［D］．石家庄：河北师范大学，2009.

国香港三个国家和地区的实践教学模式中可以对我国内地地方应用型本科高校的实践教学体系建设有以下借鉴。

1. 加强对实践教学的认识，优化实践教学体系

从体制和企业层面来看，虽然目前我国很多高校也开展了与企事业单位合作的实践教学活动，很多高校也在努力探索有效的校企合作实践育人模式，试图与企业在技术、师资、设备和人才等方面形成合作，建立有效的合作模式，以便更好地开展实践教学，培养学生的实践能力。但是与以上国家和地区相比，我国无论是从体制支持还是企业合作方面都存在很多不足；从观念上来看，我国的企业参与人才培养的认识不足，责任感不强。此外，学校对实践教学投入有限也限制了校企合作的可能性和实际效果。从学校层面来说，以上国家和地区的学校对实践教学都非常重视，实践课程占总的教学活动的比重较大。在实践教学的操作上，学校也非常重视实践环节的完整性和系统性。安排充足的时间让学生到真实工作环境中去实践操作，真正做到理论应用于实践。而我国大多数高校对实践教学的认识还需进一步深化，在实践教学的安排上也缺少完整的教学环节、缺乏系统性和针对性。并且以上国家和地区高校在实践教学实施环节特别重视专业与实践教学之间的联系，而我国高校实践教学的内容多为军训、社会调查和社会实践等，无法保证对学生专业实践能力的训练和提升。

2. 走联合办学的道路

以上国家和地区实践教学模式的成功很大程度上取决学校和企业之间的联合办学。我国新建地方本科院校在培养应用型人才的过程中要加强与社会企事业单位的联系，走联合办学的道路。实行“走出去，请进来”的方式。根据专业需要将学生安排到相应的行业、企业和社会进行实地学习。同时还可邀请相关行业的优秀企业家和专家来校任职授课。将行业先进经验和专业知识融合起来，提高学生对行业的适应性，避免学生毕业即失业的现象。我国高校在请专家进校园方面需要进一步完善，在带领学生走出去方面也存在严重不足，今后的实践教学体系构建方面需要特别注意在这几个方面的改进。

3. 加强实践教学基地建设

以上国家和地区在实践教学基地建设方面基本可以做到与实际工作环境的一致性，我国新建地方本科院校由于受到经费的限制和教育观念的影响，实践教学基地建设较为简陋，设备仅限于对验证型和演示型结果的操作，且利用率较低。我国高校首先应明确其为社会服务的意识，加大对实践基地的投入和建设，努力创建与实际工作一致的实践环境，多开展与实际工作密切联系的实训项目，以确保实践教学内容的应用性、实用性和时代性。

4. 建立科学的评价标准

“英国资格证书体系推动型”实践教学模式在提升学生实践能力的同时也促进了英国职业资格认证制度的发展，为英国的职业资格标准提供了参考。我国需要在地方新建本科院校实践教学体系的考核和评价方面设计一套兼具科学性和操作性的评价标准，以便引导和规范新建地方本科院校实践教学体系的内容、方法和评价。此外，还可以借鉴 CBE 实践教学模式的指导思想，制定类似 DACUM 的课程体系，改变以分数为评价标准的旧模式，以学生知识内容和实践能力的掌握程度为评价标准。

3.8.2　德国应用技术大学发展对我国高校转型的启示

1. 新建本科高校向应用技术型高校转型发展的外部路径

(1) 政府层面

①完善立法，做好顶层设计。

新建本科高校的转型发展是一个关系重大、涉及各方的系统工程，由于各省（自治区、直辖市）在认识水平和财力等方面存在较大差异，仅由地方自行发展新建应用型本科高校，势必会出现良莠不齐的现象，不利于国家高等教育结构的整体布局和调整。所以，要进行新建本科院校的转型发展，必须在国家层面上做好顶层设计，为实现本科高校的转型发展保驾护航。

我国与职业教育和高等教育相关的法律主要有三部，即《中华人民共和国职业教育法》《中华人民共和国高等教育法》和《中华人民共和国教育法》。这三部法律主要是对职业教育和高等教育发展框架的原则性规定，很少涉及具体操作层面的指导。各地市只能根据自己对政策法律的理解进行执行，存在一定的随意性和偏差性，教育失范现象严重。而德国在关于应用技术大学发展的保障性立法上则较为细致，除了基本的《职业教育法》和《高等教育法》之外，还制订了一系列补充性法规，如《手工业条例》《实训教师资格条例》《青少年劳动保护法》《企业基本法》等。各州会在遵照基本法的前提下，根据地区的实际情况制定更适合本州的《职业学院法》和《职业培训条例》，甚至在专业设置以及培训考试等方面也会出台详细的规定，如《各州文化部长会议关于应用技术大学专业设置的决议》和《高等教育、职业教育专业培训及考试细则》等。德国关于职业教育和高等教育的相关法律法规互相补充，几乎涉及应用技术大学发展的所有层面，构成了一个完整系统又极具操作性的保障体系。

我国新建本科高校的转型发展之路，首先，应该从全局出发，由国家制定完备的法律法规，从法律层面上认可转型后的本科高校的社会地位；其次，为地方执行提供指导和参考的同时，也要赋予地方政府制定地方适用性法规的自主权，形成一套自上而下相互补充、相对完整的法律系统，以便为新建本科高校的转型发展提供保障。最后，法律法规的内容也要与时俱进，要根据不同的时代背景和发展需要做出适当的调整和修订。

②用立法来保障转型高校的经费来源和分配的合理性。

新建本科高校的转型发展需要庞大的财力支持。首先，国家应将对转型发展高校的经费投入写进法律条款中，明确中央和地方的责任，对各方财政投入的比例和增长情况进行详细说明；其次，应拓宽经费来源渠道。单纯依靠政府投入来支撑新建本科高校的转型发展势必会给政府带来较大压力，为此可以借鉴德国在这方面的做法。德国的中央基金，是一种由国家设立、依法定期向企业筹措经费的一种形式。按照规定，所有企业需定期向该基金缴纳占员工工资总额6% ~9.2%的资金。参与应用技术大学学生培训的企业可根据规定申请获得培训费。国家制定和出台了严格的分配和经费申请规定，并严格按照这些规定来进行资金的分配和发放。可以看出，德国的中央基金项目，是一种在国家政策法规指导下向企业筹措应用技术大学学生培训经费的方式，是一种可借鉴的拓宽经费来源的途径。

相较于经费的筹措，其分配对利益各方更是一个难题，如果没有明确清晰的分配原则和标准，公平性和合理性则很难把握。通过立法，可以最直接有效地保障经费投入的效果，真正将经费投入到最需要、能创造最大效益的地方，体现公平原则。比如，对于转型试点学校，由于其处在转型发展的关键时期，经费投入直接关系到其发展的前景，因而应予以适当的倾斜。关于这一点，在教育部《关于地方本科高校转型发展的指导意见（征求意见稿）》中也指出："要探索高等教育分类拨款制度。应用技术类型高校生均财政拨款基本标准，应高于一般普通本科学校，并根据办学成本对不同专业设定不同拨款标准系数，重点支持技术性强、社会亟须和艰苦行业相关专业的发展。在试点高校探索建立符合应用技术类型高校特点的经费支出绩效评价制度，根据不同专业的绩效评价实行有差别的财政支持政策。中央和省级财政支持地方高等教育的专项资金对试点高校应予倾斜支持。"这些举措的制定和执行都有利于保障经费的合理分配。

③完善配套政策，明确各方责任。

在法律政策方面，德国完备的法律政策体系是由联邦政府法律法规和各州的配套法律法规共同组成的，这在最大程度上保障了应用技术大学的发展。因此，我国新建本科院校的转型发展不仅需要法律的保障，还有赖于配套政策的支撑，明确各方责任并加以界定。一是需要根据应用技术大学的办学特点，通过试点转型，逐步建立该类高校设置的标准，最终实现高校分类管理；二是在转型高校的专业设置上，应增强学校的自主权，鼓励学校根据地区经济发展需要和产业结构的调整来设置学校的专业体系；三是重新设定应用技术型高校的评估标准，建立针对性评估体系。从产业服务、就业率和技术贡献等方面入手，针对应用技术型高校的办学特点分类评估。四是在学校的人事管理方面，可借鉴德国“双元制”经验，建立针对性的流动制度。一方面，学校可以引入专业技术人才担任兼职教师，将企业丰富的实践经验引入高校；另一方面，高校教师可以到企业进行挂职或任职，为企业的发展注入新的知识和活力。以此来促进企业和高校的人才流动、互通互助。在转型高校教师的职称评定上，也应从传统的学术评审转向实践审核，重视成果的转化；五是通过制定奖励制度鼓励和支持企业参与高校人才培养。在这方面可以借鉴德国的做法，在税收上给予参与高校人才培养的企业一定的优惠，企业接纳学生参与实践实习，共同培养应用型人才。六是在国家层面上开展应用技术型高校间的国际交流和合作。与应用技术高等教育领域较为发达的国家建立对话和合作，鼓励高校与国外高水平应用技术型高校建立院校合作关系。

总之，要注重转型改革的系统性和协调性。明确转型高校在办学定位、人才培养模式、师资队伍和实训环境等方面的基本要求。

④加快招生制度改革，为转型高校解决生源问题。

在德国，应用技术大学的学生来源专业高级中学和文理中学，也就是说，所有类型的中等教育毕业生都有途径可以进入应用技术大学学习。这样的升学系统，一方面，保障了应用技术大学的丰富生源；另一方面，经过前期的实践能力认定，保证了学生在知识技能上都能够达到统一的水平。随着高等教育和职业教育的融合式发展，我国在招生制度上的改革步伐也在逐步加快。

首先，我国出台了高考改革方案，实现两类人才的两种高考模式。第一种高考模式就是现在的高考，主要是针对学术型人才的高考。第二种高考模式则是针对技术技能型人才的高考，考试内容为文化知识 + 技能。其中，技术技能型人才又分为三种，即工程师、高级技工和高素质劳动者。

其次，《国务院关于加快发展现代职业教育的决定》中明确指出：要完善职业教育人才多样化成长渠道。健全对初中毕业生实行中高职贯通培养的考试招生办法。适度提高专科高等职业院校招收中等职业学校毕业生的比例、本科高等学校招收职业院校毕业生的比例。这意味着，在高考模式之外，直接招收高职院校学生就读成为转型高校新的生源渠道。

另外，教育部在《关于地方本科高校转型发展的指导意见（征求意见稿）》中也做出了指示，强调要积极探索有利于应用技术人才选拔的考试招生制度。转型试点高校可根据学生的技能认定和技能大赛获奖情况免试录取，同时应积极探索校企订单联合培养的形式，招收和培养优秀的技术技能型人才。

综上所述，技能高考的出现、本科高校扩大职业院校毕业生的招生比例、对技能大赛获奖学生的免试入学以及校企联合培养模式的探索等，为新建本科高校的招生拓宽了渠道、丰富了生源，实现了高职和本科培养模式的有效衔接，有利于构建合理的高等教育分类体系。

（2）企业层面

“双元制”是德国人才培养模式最突出的特点，是一种由学校和企业共同承担人才培养任务的校企合作办学模式。在这一过程中，企业不仅参与而且主导着整个实践教学。实践教学的经费也主要由企业来提供。在德国应用技术大学四年的学习周期内，学生被要求至少要进行两个学期的企业实习。这就决定了德国应用技术大学与企业之间的密切联系，这也是德国应用技术大学实践教学模式最具特色的地方。大型企业基本都有自己的培训基地，中小企业在没有建立培训基地的情况下也可通过联合建设、跨企业培训或委托培养等方式来与学校合作。学生平时的课堂教学内容也多来自企业的实际生产活动，学生的毕业论文要求要与企业实际生产经营有关。学生相关实践学习的成绩也是由学校和企业共同来评定，且企业评分所占的比重更大。可以看出，德国学校和企业在实践教学上的合作是一种深度的、互利互赢的合作。但在我国，企业普遍缺乏成熟的校企合作观念，很多企业认为自己最大的任务就是搞好生产发展，与学校联合培养学生是一件费时费力的事情，认为校企合作对企业没有什么实际意义和价值。由于缺乏对校企合作所能带来的益处的认识，即便是进行了合作，也多停留在技术操作、开发和成果转化等层面，很难涉及核心的深度层面①。因此，为了提高我国企业校企合作的参与度和深度，应从以下几个方面着手调整。

首先，国家应建立健全保障校企合作实施的法律法规。在德国，政府将接受学生实习实践写进法律规定，使其成为企业必须履行的义务。在企业自身合作意识薄弱的情况下，如果单纯依靠企业的自愿来进行，那么校企合作的进程将很难推进，因此必须通过制定相应的校企合作法律法规，明确主体双方在合作过程中的责任和义务，对合作的形式和具体实施进行规定，制定可操作的法律程序，才能保证校企合作的顺利推行。

其次，应构建企业和学校之间的互动桥梁。由国家或行业协会牵头成立专门的部门，建立企业与学校的联席会议制度，形成长效合作机制，定期召开会议，双方共同商讨企业的岗位需求和学校的人才培养协调一致的问题；促进企业的高级技术技能人员和学校教师的双向流动；建立对培训实施过程和培训效果的监督评估机制，并进行相应的奖惩。这样做的目的是为了让校

① 刘卷．高职院校校企合作机制的困境与出路［J］．科技资讯，2009（9）：164.

企合作能够落到实处，形成良性循环，真正推动经济的发展和校企双方的共同进步。

最后，企业自身也应注重校企合作的能力建设。在我国，因企业自身能力缺陷而影响校企合作效果的现象比比皆是。因此，企业要不断提高自身实力和发展水平，必须实行现代企业制度和职工培训制度。除此之外，还要不断强化企业对校企合作的认识，使其逐步认识到这一合作带来的好处，从长远出发，将教育摆在优先发展的战略位置。

总之，校企合作作为新建本科高校转型发展的重要一环，是提升教学质量，满足市场对应用技术型人才需求的关键。借鉴德国的“双元制”实践教学模式，从政府到企业、学校，构建校企合作的长效机制，才能真正发挥学校的社会服务功能，推动社会经济的发展。

2. 新建本科高校向应用型高校转型发展的内部路径

（1）明确办学定位，确立应用型人才培养目标

国务院与2014 年颁布的《关于加快发展现代职业教育的决定》指出，“采取试点推动、示范引领等方式，引导一批普通本科高校向应用技术类型高校转型，重点兴办本科职业教育。独立学院转设为独立高等学校时，鼓励其定位为应用技术类型高校。建立高校分类体系，实行分类管理”。决定中的相关规定其实就将新建本科院校的转型定位为“应用技术类高校”，这类高校的任务是培养应用技术技能型人才，为地方社会经济的发展提供人力供给和智力支持。

在这一定位的指导下，理应对相关联的几个概念，如应用技术型高校、研究型高校和高职高专院校进行区分和理清。首先，在人才培养上，传统的研究型高校以理论教学见长，培养的主要是能够从事学术研究和理论创新的研究型人才；应用技术型高校人才培养的侧重点在于应用性，日常教学中突出理论应用于实践，实现知识向生产力的转化，其培养的是各种专门的高级应用型实践工作者；高职高专院校主要强调对学生实际操作能力的培训，培养的是一线的技术工人和劳动者。其次，在专业设置基础上，研究型高校专业设置的基础是学科，主要进行学科教育，具有一定的稳定性；应用技术型高校专业设置的基础是产业，需要根据产业结构的调整进行变化，兼具相对的稳定性和灵活性；高职高专院校专业的设置基础是职业，需要根据市场的需求来进行专业的设置，具有较强的变动性，稳定性较差。同时，这也是应用技术型高校与高职高专院校在专业设置上的差别，即一个具有相对稳定性而另一个则具有不稳定性。最后，在培养内涵的建设上，研究型高校要求所培养的人才不仅具有较高的文化素养和科学精神，还有综合全面的素质要求，且对学术的追求会不断进行更高层次的延伸；应用技术型高校主要突出

应用型人才较强的实践能力，丰富的实践操作经验和对产业行业需求的适应性①。

（2）打造符合地方产业需求的特色专业

地方应用型高校人才培养的重点是应用技能型人才，以满足地方产业发展需求为导向，为地方社会经济发展提供人力资源和智力支持。这就要求应用型高校在专业课程设置上，以满足社会需要为导向，紧密结合地方行业需求进行，为区域产业升级服务。具体来说有以下三个方面的内容。

①有针对性地设置专业。

为了使专业的设置更具针对性，更能够适应行业的发展和千变万化的市场的需求，转型高校可以根据需要成立专门的部门，聘请行业、企业专业人员和学者教授组成专家团队，负责研究社会上出现的新兴产业，结合学校的实际情况，对相关行业的发展前景及将其设为新专业的可能性进行研究分析。此外，对于开设的新专业，也要开展定期的评估审核，根据行业的变化来判断其是否仍然适应社会发展的要求，及时撤销不适应的专业。

②打造具有明显地方特色的专业。

我国新建本科高校的一个特色属性就是其地方性，各个地区由于经济条件、社会文化环境和已有资源等方面都有较大的差异，在人才要求上也是千差万别。因此，不同院校的专业设置需要在充分调研的基础上，兼顾好地方特色，设置一批具有良好发展前景，又能与地方经济结构相匹配，能够给对方带来显著经济效益的特色专业。真正实现专业与产业链的紧密衔接，充分发挥应用型高校为区域经济发展服务的功能。

③地方教育主管部门应引导区域内专业设置的平衡。

地方教育主管部门要把好专业审批关，从专业设置的出口上控制好区域专业设置的平衡。地方主管部门要根据地方产业发展对人才的实际需求情况来控制相关专业设置的数量，避免盲目跟风和重复建设，以免出现供大于求、人才过剩的现象。将专业设置和人才供给控制在合理的范围内，才能让高等教育更好地为经济发展服务。

（3）重视实践教学，突出产学结合

实践教学是德国职业教育中最具特色的部分，在应用技术大学的教学模式中占据相当大的比重。除了两个实习学期外，学校的课堂教学形式也是以实践性为导向。因此，在我国新建本科高校转型发展过程中，可以借鉴德国的实践教学模式，以达到应用型高校的要求。

---

① 李万木，谢明荣．应用型本科教育与普通本科和高职高专教育之比较［J］．职业教育研究，2006（10）：20－21.

①学制安排上增加专门的实习学期。

在实践教学活动的开展上，我国高校也进行了一些尝试，但大多为军训、社会调查和社会实践等诸如此类的活动，尽管这些教学活动也能在一定程度上锻炼学生的实践能力，但是其最大的问题是跟专业几乎没有什么直接关系，不具备针对性，因而效果较为有限。对此，可以借鉴德国应用技术大学的做法，在四年周期的学习中穿插 1 ~ 2 个学期的实习任务，让学生到生产一线去切身体会生产流程，在实际工作岗位上深化对知识和技能的理解，做到理论和实践的有机结合。经过规定实践的岗位锻炼，要将学生实习期间的表现成绩计入学生评定结果中，并与学位挂钩。此外，鼓励学生将毕业论文与实习经历融合起来，将企业实际情况及其问题作为研究的主题，为企业生产实际问题的解决提供参考。

②优化课程体系，增加实践课的比重。

德国应用技术大学的整个课程体系分为基础课程、专业基础课程和专业深化课程。在基础课程阶段，不同的专业开设相同的通用基础理论课；专业基础课程则会根据专业的差异而有不同的侧重；专业深化课程是在专业基础课的基础上进一步拓宽专业面的教学，进行专业深化学习。这一课程体系由浅入深，逐步分化和深入，形成一个循序渐进的有机整体。我国新建本科高校在课程体系建设上可以借鉴这种思路，并要注意以下几点：一是在专业基础课的设置上，应根据专业的不同有所区分，增强基础课程的针对性，以便为最终的专业深化课程打好基础，同时要加大课时的安排，突出实践教学的比重；二是突出基础教学的应用部分，以便为专业课程阶段服务；三是搭建公共基础平台并进行分级教学，以满足同一大类不同专业学生的不同要求；四是选修课也要体现出专业的方向性和个性化选择的特点，学生可根据自己的兴趣和未来职业发展方向进行选择，不仅满足学生对知识面的需求，同时还能增强未来就业岗位的适应能力。

③加强实训基地建设。

我国大部分新建本科高校鉴于自身有限的办学条件和前期积累，在教学资源和办学经费方面存在较大的短缺，因此限制了相关实训设施、设备的建设和引进，相关的实训实验课程只是让学生进行一些简单的演示和验证，直接影响了实践教学的质量和效果。而与工作场所相近的实训场所是应用技术型高校进行实践教学的依托和支撑，这样才能培养出真正适应实际工作岗位需要的应用技术型人才。因此，在资金有限的情况下，学校可根据地方产业发展亟须人才对应的专业优先发展的原则，建立高水平的校内实训基地，充分利用实践教学资源，提高实践教学质量。此外，学校应该努力开拓校外实训基地，通过与专业技术领先的企业进行合作，充分利用企业实训资源，共同合力培养企业所需的专业技术人才，在资源共享中实现优势互补。

④建立针对实践教学的科学评价标准。

在实践教学的考核和评价上，学校可以成立专门的质量考评委员会，对实践教学从教学计划、课程设置到教学过程和教学效果各个方面制定相应的评估标准，以此来加强实践教学评价标准的合理性和可操作性。在涉及校企合作的实践教学和实训实习部分，则应将企业相关专业人员纳入考评委员会，实现校企双方对学生的共同培养、共同评估。

总之，实践教学是培养应用型人才的关键，构建科学完备的实践教学体系，不仅是实践教学不断完善的客观需要，更是新建本科院校转型发展的必然要求。

（4）构建“双师型”师资队伍

“大学者，非谓有大楼之谓也，有大师之谓也。”著名学者梅贻琦先生的这句话充分说明了教师在教学中的地位和作用。而不同类型的学校对教师队伍建设的要求也有所不同。传统的研究型高校以传授知识和提升学术研究水平为己任，这也就决定了其对教师的要求必然是具有一定的研究能力、掌握扎实的专业基础理论知识以及在专业领域具有一定的学术水平；而新建本科院校在专业知识的要求外同样强调对实践技能的训练，因而采用的是一种理论教学和实践技能训练并重的教学模式。这就要求教师不仅要具备扎实的学科理论功底，还要有极强的实践操作能力，具体体现在教师的学历、职称、工作经历和企业实践经验等要素上，也就是通常所说的“双师型”教师。其中，教师的实践经验和操作应用能力，直接关系到教学活动的效果和学生实践能力的提升，因而相对会有更高的要求。

为了构建合理的“双师型”教师队伍，满足转型高校在实践教学方面的需求，可以从以下几个方面入手：一是建立严格的教师选拔制度，提高“双师型”教师的准入门槛。为此，要改变过去“唯学历至上”的人才选拔标准，将专业理论知识作为基本要求的同时，要加强对相关专业领域实践工作经验的考察，将理论和实践能力真正兼备的人才纳入“双师型”教师队伍；二是提高兼职教师的比例。学校应主动与企业加强联系，充分利用企业的专业人才资源。将企业的专业技术人员和优秀管理者、企业家聘为兼职教师，通过他们及时将生产实践中的丰富经验和行业信息传递给学生，避免实践技能与行业的脱节，促进产学结合；三是改革教师的职称评定考核制度。转变传统职称考核模式重论文和科研的倾向，向重实践、重成果倾斜。将教师的学历和职业资质证书、参与企业轮训的情况以及提供技术服务的质量等实践经历都纳入职称评审的范围内；四是重视在职教师的培训。可以通过与企业合作来共同开展教师培训活动，企业为教师培训提供校外培训基地，教师可以获得实践教学经验和能力的提升，同时教师也为企业提供了相应的技术服务，双方达到共赢；五是建立校企之间的双向流动机制，高校可以引进经验丰富的技术人员任职，企业也可以将高校教师纳入自己的人才建设队伍。

总之，建立“双师型”教师队伍是新建本科高校顺利实现转型的关键。教师队伍建设的成效直接影响着高校转型的进程。因此，要想成功实现新建本科院校的转型发展，必须以教师队伍的建设为突破口。

3.8.3 芬兰多科技术学院发展对我国高校转型的启示

芬兰多科技术学院的建设初衷与我国应用型高校类似，学校类型有别于普通高等教育和中等职业技术教育有其独特性。从办学目标上看，多科技术学院同普通高等教育同样需要学生具备基础理论知识，但较普通高等教育要更注重对学生操作技能的培养；从办学性质上看，多科技术大学是按岗位需求进行教育培养活动的组织，属于职业教育的范畴，但较之于中等职业技术教育更强调对管理能力和实用技术操作能力的培养。芬兰多科技术学院建立于20世纪90年代，其前身就是发展历史悠久、实力过硬的中等后职业教育，加之受到欧洲应用技术型大学的影响，芬兰多科技术学院逐步形成了自己的发展特色。

1. 独特的管理方式

多科技术学院实行多种所有制的管理方式，设立主体包括私人团体或是市级政府，但都需经过政府的批准。多种所有制实施方式的优势在于可以根据学院自身的特点进行灵活调整，以保持与地域的一致性。截至2015年芬兰的26所多科技术学院中，有归市政府所有的，也有归市联邦所有的，还有归公司或基金会所有的。根据《多科技术学院法》的规定，每一所学院都必须设立董事会和校长，以此来承担学院内部的管理事务，实行自治管理；而董事会和管理人员的聘任权和管理权则掌握在学院所有者的手中。为了更好地了解芬兰多科技术学院的组织管理结构，现以拉普兰多科技术学院（Lapland university of applied scenices/Lapland polytechnic）为例进行详细说明[①]，具体结构如图3－2所示。

芬兰政府并不是完全让多科技术学院“放任自流”，政府每四年会发布一个教育与研究发展计划，其中会涉及一些关于近年来教育发展的相关政策。中央并不直接管理学院，但学院需与中央签署一份协议，内容包括学院的教学过程和教学效果，如入学率、就业率等，还包括教职工的发展和监督

① Organisation－Lapland UAS [EB/OL]. http://www.lapinamk.fi/en/Who－we－are/Organisation_.

等报告。多科技术学院的办学自主权主要体现在内部管理上，如学院的招生和客户层安排等。这种管理模式使多科技术学院在国家教育发展的大局内保有灵活的办学形式，可以快速适应不断变化的社会环境。

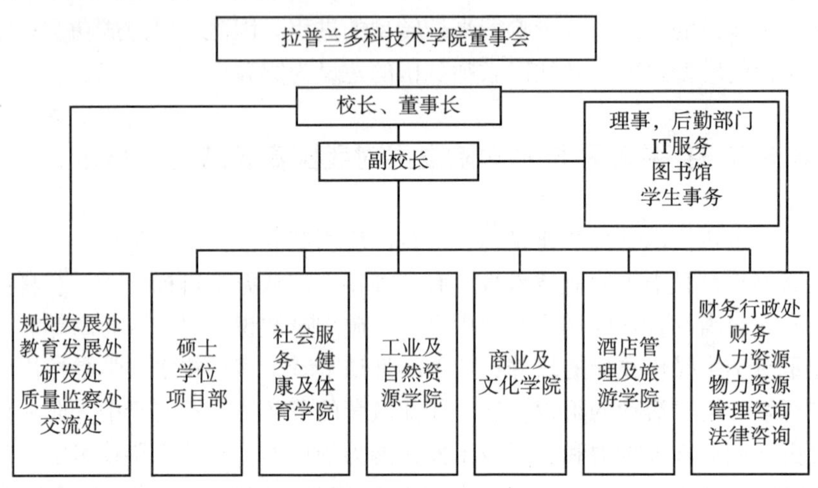

图 3-2　拉普兰多科技术学院组织结构

资料来源：Organisation - Lapland UAS [EB/OL]. http://www.lapinamk.fi/en/Who-we-are/Organisation_.

2. 强大的财政支持

在芬兰接受教育是免收学费的，这给芬兰在教育上的财力支持提出了较高的要求。多科技术学院的办学经费绝大部分是由政府和地方共同提供，能占到总经费的80%左右。这些资金主要包括核心资金、项目资金和绩效资金三部分。核心资金顾名思义是三大资金类型的核心部分，它的划拨依据是学生的数量和生均培养成本，这类资金的一部分直接划拨给普通高中、初级职业学校和多科技术学院等接受学生的教育机构，且不受划拨标准的限制，只要用于教育系统即可。此外，政府还会对多科技术学院的一些长期项目进行资金补助；项目资金是政府专门设立的针对多科技术学院的额外拨款，如在多科技术学院的科研和信息化建设方面，政府会设立针对性的项目资金保证学院数字化环境的优化和教师的继续教育等；绩效资金的划拨则需要根据教育部的评价结果来决定。具体体现在对学院运作是否高效、国际化活动开展与否和未来规划的合理性等的评估判断上。如表3-1所示，2013年，芬兰普通教育系统经费中，政府对多科技术学院的财政经费支出达到91200万欧元，占总支出的7.4%，1995~2013年的经费增长率高达528%。可见，政府为多科技术学院的发展提供了强有力的资金支持。

表3-1　　芬兰多科技术学院和大学经费统计

学校类型	经费（百万欧元）				1995~2013年增长率（%）
	1995年	2005年	2010年	2013年	
多科技术学院	145	704	896	912	528
大学	945	1671	2162	2341	148
总计	6113	9253	11532	12278	50

资料来源：Education finances 2013 [EB/OL]. http://www.statistics.fi/education_2013_2015-05-08_en.

3. 完善的质量评估体系

实施评估的目的是为了帮助学校提高教育质量，为政府的政策规划提供数据支持。参与质量评估的单位不仅包括高等教育机构，而是包括各级各类教育机构在内。在2009年修订版的《多科技术学院法》中规定：高等教育机构有义务参与质量评估，并需要将评估结果进行公开。芬兰完善的评估体系主要体现在以下几个方面：首先，负责评估的机构是芬兰的高等教育评估委员会（Finnishi Higher Education Evaluation Council，FINHEEC），它具有相对独立性，既不隶属于政府，更不受高校的限制。该委员会由来自社会各界（包括学生代表）的12名成员组成。由这种相对独立的第三方机构进行评估，有利于提高评估结果的信度和效度；其次，强调评估过程的民主化。FINHEEC在评估过程中的各个环节都会征询各方利益相关者的意见和建议，在评估结束后会对评估结果进行会议讨论，高校对评估的结果也有表达自己看法的机会和时间，甚至在必要情况下可以提出申诉；最后，要将评估结果公开化。评估的结果会在FINHEEC官网上公布，这种做法不仅可以为学生、家长和其他社会组织在选择学院的过程中提供参考，同时还有助于增强学院之间的竞争意识，不断提升自身的教学水平和教育质量。

4. 国际化的办学理念

芬兰的国家通用语言是芬兰语和瑞典语，都非国际通用语言。芬兰为了扩大自身的国际影响力，在国内大力推行英语的普及，努力提升国际化水平。具体做法主要体现在以下几个方面：第一，建立大量国际交流项目，搭建芬兰多科技术学院与国际知名应用技术大学交流合作的桥梁；第二，增加芬兰师生进行国外交流的机会，鼓励师生出国深造、访学，不断拓宽师生的国际化事业；第三，加强芬兰英语教学环境，根据芬兰留学生网站“在芬兰学习”（study in finland）介绍，芬兰多科技术学院提供的学士和硕士学位的课程均以英语授课为主，这就缩短了芬兰与国际社会互动的距离。

芬兰政府在财政方面给多科技术学院提供了大量的便利，解除了芬兰多科技术学院发展过程中的许多经费性障碍，这为我国新建本科院校发展经费不足的窘境提供了解决的思路。芬兰的多科技术学院在其完善的教育质量评估体系的监督和约束下一路向好的方向发展，我国在探索高等教育质量评估体系的过程中可以从中吸取一些经验。此外，芬兰国际化的办学理念为同样是非英语母语国家的我国提供了有益参考，需要我国怀着开放的心态积极吸纳先进经验，不断提高教育质量。

3.8.4 美国高校应用型人才培养模式对我国的启示

随着科学技术的迅猛发展以及高等教育大众化步伐的加快，知识经济催生了一批职业岗位群。改革开放以来，经过多年的探索和总结，虽然我国应用型高校在人才培养上积累了许多有用的经验，但与美国高校应用型人才的培养相比，我国在这方面还存在着较大的差距。因此，借鉴美国高等院校本科应用型人才培养的成功经验，对促进我国本科应用型人才的培养，构建适合我国发展需要的应用型人才培养模式具有重要的价值和现实意义。

1. 转变观念，明确人才培养目标

当前我国部分地方应用型本科高校还存在人才培养目标不明确、办学定位混乱的现象，盲目追求学位点的建设，人才培养与社会需求脱节，尤其是应用型人才的培养存在着专业知识与岗位需求不适应的现象，导致我们培养的应用型人才基础理论比不上学术型人才，技能又赶不上高职高专学生的窘境。从高等教育发展的趋势和社会要求来看，培养应用型人才已经成为地方应用型本科教育发展的趋势和选择。因此，各高校需要根据当地社会经济发展的实际情况和学校自身的特点，从服务地方社会经济建设出发，以培养学生实践能力为宗旨，转变传统的学术为重的教学质量观，以重技术技能为目标，培养知识、能力和素质全面发展的应用型人才。

2. 优化教学内容，强化实践教学

为适应市场经济发展的需要和不断变化的行业发展形势，我国高校应在人才培养目标和规格要求的指导下努力探索，构建具有针对性并具有自身特色的课程体系。从知识结构来看，新建本科高校在转型过程中要培养“厚基础、复合型”的应用型人才。既要掌握扎实的基础理论知识，还要具备丰富的专业知识。从能力结构来看，高校要培养的是“多样化”的应用型人才。不仅要培养学生分析、解决问题和科研的能力，更重要的是要培养学生的实践应用能力和创新能力。从素质结构来看，高校要培养的是具有强健身体素质、健康的心理素质、良好的职业道德素质和优秀的文化素质的“全面性”应用型人才。与之相应的，我国应以应用型为目的构建实践教学体系，不断扩大实践教学的比重，更新、优化实践教学的内容。重视实践实习的重要性，积极寻求与企业间的合作机会，建立校企合作实训基地，让企业参与到应用型人才培养的过程中，增强企业对合作的认识和积极性，形成课内教学与课外实践的有机结合和优势互补。

3. 优化人才培养体系

培养体系是人才培养模式的核心。对应用型人才的培养要比学术型人才的培养更强调对学生知识、能力和素质的培养，对基础理论的深度和广度的关注度则较小。从当前应用型人才培养的途径来看，为了满足社会对专业人才的需求，我国新建应用型本科院校在转型中要打破"通才"和"专才"培养在课程设置上的壁垒，不断提高人才培养体系应对社会变化的灵活性。实行差别化培养，不断增强课程设置的职业导向。如美国大学推行的"个人专业"教学模式，不仅满足了学生自身发展的需要，还增强了人才的市场竞争力。

在我国经济发展新常态下，我国的高等教育也面临着前所未有的机遇和挑战。一方面，随着社会对高层次人才需求的不断加大，我国高等教育逐渐从精英教育阶段过渡到大众化教育阶段；另一方面，社会对应用型人才的需求和要求都在不断提升，传统的人才培养模式不断受到挑战，我国高校人才培养模式的改革势在必行。

3.8.5　台湾地区技术学院（科技大学）对我国高校转型的启示

1997年，台湾"教育部"出台了《技术职业教育的转型与革新》和《大学及分部设立标准》等文件，将该地区五所技术学院（云林技术学院、屏东技术学院、朝阳技术学院、台北技术学院、台湾工业技术学院）更名为科技大学。截至2014年，台湾地区的科技大学发展到54所。由于在台湾地区科技大学和技术学院都是本科及以上层次的职业教育，因此本书将二者视为一体，统称为科技大学（含技术学院）。

1. "双轨制"制度健全互通有无

台湾地区的教育系统由普通教育和技职教育两部分组成，其中在高等教育系统中，又分为普通高等教育和技职高等教育两大类，二者相互独立，平行发展。2000年，台湾教育行政部门对专科学校管理规定进行了修订，规定科技大学必须设立专科，以防止大专层次的缺失。这样，本科层次和专科层次建立起相互衔接的桥梁，使门类繁多的学制层次之间可以互通有无。

由图3-3可以看出，台湾地区的学生在结束了九年义务教育之后就开始了职业教育和普通教育的分流，大致分为高一级的中学教育和"五专"；同样，在第二次分流中，高一级中学毕业的学生可以选择去普通大学、科技大学（或技术学院）或两年制专科继续学习；高级职业学校毕业的学生同样可以选择以上几类学校进行学习；"二专"或"五专"的毕业生选择继续深造的话可以升入技术学院（"二技"）学习，这种升学渠道相当于大陆教育体系中的"专升本"；科技大学（技术学院）的学生如果不想继续接受技职教育，也可以选择通过考试进入普通教育体系的大学或研究所继续攻读硕士或博士学位；反之，处于普通教育体系中的大学生也可以选择进入技职教育体系学习。总之，在台湾地区的普通教育体系和技职教育体系之间没有不可跨越的壁垒，二者平行发展，层层连接，学生可以根据自己的实际情况自由选择最合适的受教育方式。

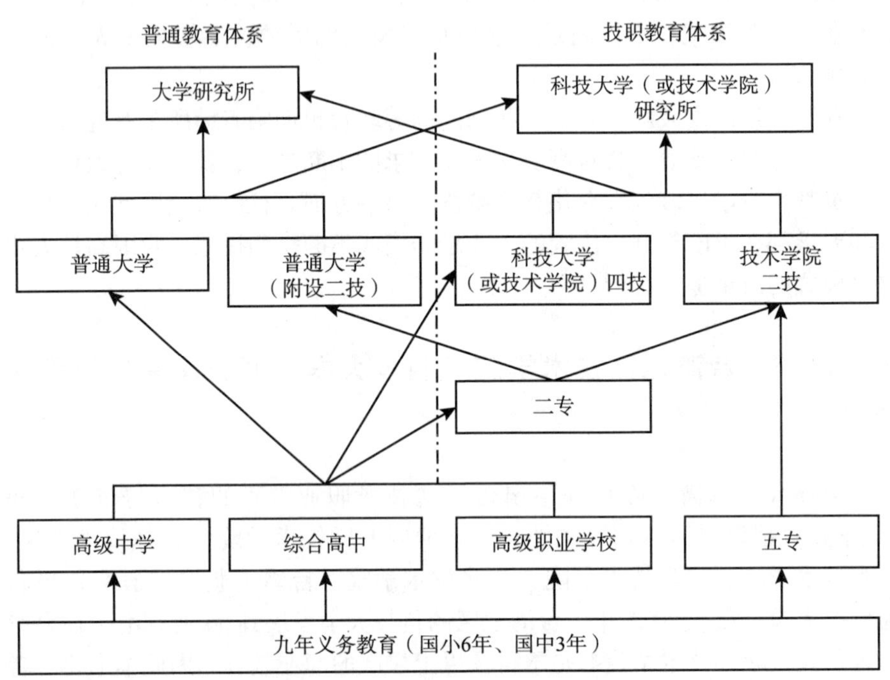

图 3-3　台湾地区教育体系结构

2. 私立学校在技职教育体系占有重要地位

台湾地区公立高校的主要任务是培养研究生，而私立高校则主要集中在本科和专科学生的教育上。私立学校是台湾教育体系中的重要组成部分，尤其在高等教育阶段的办学，在台湾地区的经济、教育和文化发展中发挥了巨大的作用，因而私人建校受到台湾当局的鼓励和支持。如表 3-2 所示，截至 2014 年，台湾地区的 159 所大专院校中，私立院校占到了 108 所，而公立院校只有 51 所，私立院校的数量达到了公立院校的两倍以上。此外，台湾地区大专院校 68% 的学生在私立学校中。由此可以看出，私立高校在台湾地区整个高等教育系统中的重要地位。

表 3-2　　2014～2015 年台湾大学校院概况统计

类别		校数（所）	学生人数（人）
公立	大学	47	423542
	独立学院	1	528
	专科学校	2	3159
公立总计		50	427229
直辖市立	大学	1	7426
市立总计		1	7426
私立	大学	76	780408
	独立学院	20	73071
	专科学校	12	51715
私立总计		108	905194
总计		159	1339849

资料来源："统计处"—主要统计表—历年［EB/OL］. http：//depart. moe. edu. tw/ED4500/cp. aspx？ n = 1B58E0B736635285&s = D04C74553DB60CAD.

私立高校的飞速发展离不开完善的法律制度的保障。大到私立高校的发展方向和战略，小到私立高校的专业设置和招生数量等，都在台湾当局的管控范围内。① 私立高校的办学经费主要来源于学生的学费和私人的捐资，此外，政府也会给予一定的补助。这种补助主要通过减免所得税的方式进行，通过制定《私立学校奖励方案》《私立学校管理规定修正草案》等相关法律法规鼓励社会各界出资办学。

综上所述，台湾地区十分重视私立高校的建设和发展，并在政策上给予了极大的鼓励和支持，因而才有了发展相对完善的私立高校教育体制。

3. 重视产学结合的发展模式

台湾高校产学结合的雏形最早起源师徒制的作坊工艺，在经济转型过程中不断发展变化而来。1951 年台湾糖业公司为了补充基层业务人员向农业学校招收了 100 名毕业生，并开办了技术人员培训班，这是现代意义产学合作的开始②（见表 3-3）。

① 苗静. 台湾地区技职教育体系研究［D］. 石家庄：河北师范大学，2009.
② 谢芳. 台湾高等技职教育产学合作研究［D］. 湘潭：湘潭大学，2013.

表 3－3　　六所区域产学合作中心

区域	中心名称
北区	台湾科技大学区域产学合作中心
	台北科技大学区域产学合作中心
中区	云林科技大学区域产学合作中心
南区	高雄应用科技大学区域产学合作中心
	屏东科技大学区域产学合作中心
	高雄第一科技大学区域产学合作中心

①逐步形成规模化产学合作中心。自 2002 年开始，台湾教育行政部门先后补助成立了六所区域合作中心（如表 3－3 所示），以此推动各地区产学合作的发展，将这些丰富合作经验整合成集成资源来提高区域产学的绩效。截至 2012 年，六所区域合作中心产学合作的金额达到了 59.53 亿元新台币、实现技术转移 490 件次、取得专利数 1844 件，产学合作的效果整体良好。同年又建立起与生产企业各工会交流的平台，并协助工厂实现转型升级以及推动区域创新创业等工作，在产业联接和合作中，不断开拓产学合作的范围和版图，引领技职类大专院校产学合作实现“大发展”。

②用政策助力技职类高校与产业园区的产学合作。2005 年，台湾教育行政部门修订并发布了《教育部技专校院与产企业园区产学合作实施要点》[①]，以政策形式鼓励高校与生产企业进行产学合作，解决企业面临的发展问题，帮助企业实现转型发展。在政策的鼓励和推动下，厂商逐渐加大对产学合作的投入，因产学合作带来的回报率也在逐年增长。在产学合作的过程中，学校可以成为生产企业的实验室和研发单位，可以让学生在与企业实际案例接触的过程中，培养企业发展所需的技能和素质。

③健全智财管理制度，强化产学合作成果的转化。虽然台湾地区的技职高校有着较强的科研能力，但限于智财管理与技术推广机制的不足，相关专利技术的成果转化率却不高。为此，台湾教育行政部门出台了一系列规划策略来促成成果的产业化。如，建立跨校联合技术创新与智财运营平台，缓解智财规模及专业人力不足的问题；引导学校完善智财营运相关法规制度；引进相关资源，鼓励学校研发成果衍生新创事业，推动校园创业。

台湾技职教育体系中的科技大学（含技术学院）通过建立桥梁式的准入机制，给学生提供了更多的求学选择，使得办学体系不断得到完善，台湾地区的科技大学（含技术学院）也因此受到社会各界的关注。此外，台湾

① 刘松林．台湾技专院校技术服务：经验与启示［J］．职业技术教育，2012（30）：49－52.

地区对私立办学方式的重视也值得我们转型高校学习和借鉴。这种鼓励集团办学的方式不仅能够减轻地方政府教育经费投入的负担，还有助于同公办学校形成良性竞争，为传统的高等教育体系注入新的活力，激发公办院校进行新时代的创新性发展。反观我们的情况，虽然目前有近 300 所的独立院校，但在社会地位和公众认可度上还远远比不上公办高校。独立学院作为转型发展的主力军，其发展的成效直接关系到高校转型的成败，国家和地方政府必须予以高度重视，在政策上给予适当的倾斜性支持。社会也要不断更新观念，正确认识独立学院和其他新建本科院校的地位，平等看待不同的办学类型。同时，独立学院也要充分发挥私立办学方式的优势，不断提高自身的办学质量。这都对我国地方新建本科高校向应用型转变有重大启示。

我国是一个思辨传统浓厚的国家，深受儒家思想的影响，现代社会不仅需要理论家，更多还要有实践家、要有应用型人才，所以新建地方本科高校向应用型高校转型是时代的需要，我们要借鉴其他国家和地区优秀的教育模式，结合中国国情，建设中国特色的应用型大学。

第 4 章

基于能力范式的地方应用型本科高校人才培养体系构建

4.1 更新理念

高等教育的改革和地方院校的转型不可能是一帆风顺的，必然会存在观念、专业、课程教材和师资队伍等多方面的问题。而这一过程中，最关键的是要实现思想观念、师资队伍和人才培养模式的顺利转型，这是高校健康发展的基础条件。

4.1.1 积极推进三个转型

1. 思想观念的转型

转型发展的推行是否顺利以及最终的成功与否，是由内外部多方面的因素共同决定的。其中，思想观念作为转型发展的内生动力，对最终的转型效果有着至关重要的作用。然而，思想观念的转变并非易事，对新建地方本科院校来说更是如此。这主要是因为新建地方本科院校的办学历史较短，还处于本科院校建设的适应期，而此时面对地方院校的转型，难免有些措手不及，也更容易出现抵触情绪。并且这类高校多是经过艰难的发展道路才升格为本科院校，即便发展尚不成熟，在本科院校群体中的存在感也较弱，但这些院校仍然希望继续走研究型、学术型的发展方向。此外，转型可预见的困难较多，在资金和时间上对新建地方本科院校都是一种挑战，必然会增大转型的阻力①。然而，要想顺利转型，思想观念的束缚是首先要破解的难题，这样其他困难才能进一步化解。因此在转型过程中，学校首先要做好全校的

① 阙明坤，张韦韦．应用技术大学：地方高校“升级版”？［J］．教育与职业，2014（7）：22－27.

思想理念建设，通过思想讨论和发展规划研讨等形式强化顶层设计，引导全校解放思想，打破传统学术常态定式，逐步统一思想观念①。把转型当成学校改革发展的良好契机，团结广大师生，共创转型发展的合力。

地方本科高校应该根据区域经济社会发展对人才的新要求，遵照高等教育发展规律，注重素质教育，确立富有时代特征的应用型人才培养理念。

（1）地方性

地方性是地方本科高校的独特属性，地方本科高校要立足于地方，服务于区域经济建设，将推动自身发展和服务地方有机结合起来，充分发挥地域特色。通过提供优质服务，使学校成为区域应用型人才的重要培养基地。

（2）应用性

地方本科高校应坚持把培养理论基础雄厚和实践能力较强的应用型创新人才作为学校的定位，培养真正能将理论与技术有机结合应用于实际工作的人才。重点发展应用型学科和专业，积极推进应用型科学成果转化为实际生产力，加强"双师型"师资队伍建设和实训实习基地建设，突出人才培养模式的应用性特色。

（3）差异性

新建地方本科院校在转型发展的过程中必须找准自己的定位和特色，坚持追求个性化、特色化和差异化道路，以便在同类院校甚至整个教育系统的竞争中抢占优势。根据市场需求的导向性，结合为地方经济发展的目的，大力加强应用型特色专业的建设，构建具有鲜明地方特色的课程体系，不断强化实践教学，提高院校竞争力。

（4）开放性

当今是一个开放的时代，学校的兴办和发展也必须坚持开放式办学方式，采用国际化办学模式，以便引进更多优质教育资源，不断提升学校的竞争力。与政府、企业、兄弟院校和科研机构等形成良性互动，在资源共享和优势互补中实现互惠互利、共同发展。加强与国际的交流与合作，不断探索多层次、宽领域、多方式的合作模式，对国外优质教育资源进行引进、吸收、消化和再创新，不断提高我国学校的整体办学实力。

（5）以学生发展为中心

以人为本是科学发展观的核心，新建地方本科院校要确立促进学生全面发展和成长的教育理念和价值取向，尊重学生的个性和选择。每个个体都有自己的个性、潜力和创造性，需要在宽松、自由的环境中得以发挥和成长。② 学校应大力实施创新教育，努力挖掘学生的潜力，培养学生的创新能

① 陈小虎．论地方新建本科高校转型发展——兼谈创建新型应用型本科［J］．金陵科技学院学报（社会科学版），2014（1）：1－5.

② 李志义．让教育回归本然［J］．中国大学教学，2010（2）：2.

力和健康人格，体现素质教育和终身教育的理念。人才培养是高校的主体功能，也是其要完成的基本任务。而“立德树人”则是学校培养体系形成良性循环的思想基础。新建地方本科院校要在以人为本的德育工作观念下，强化学生的主体意识，努力构建有利于学生发展的人才培养模式。此外，高校在进行人才培养的过程中要注意知识、能力和素质之间的统一协调，强调创新型、复合型和应用型人才的培养，着力形成一种通识教育和专业教育相统一的培养模式。要根据我国社会主义市场经济体制和经济社会发展的需求，拓宽专业口径，提高专业与社会需求的适应性，优化专业结构，满足不同领域人才的需求。

2. 师资队伍的转型

师资队伍的成功转型是保证新建本科院校转型效果的关键。发展本科职业教育，就必须按照“教师与工程师相统一”的原则，打造符合现代职业教育要求、适合应用技术人才培养的高水平师资队伍，这要求教师既要具备优秀的教学和科研能力以及高尚的师德，还要有丰富的实践工作经历和较强的职业技能。新建本科院校大多是从大中专院校升格而来，其原有的师资队伍兼具学术型和技术技能型教师，具有多元化的师资优势，应在此基础上扬长避短，建立“双师型”教师长效培训机制，不断补充高水平研究和技能人才队伍。此外，地方本科院校还要为教师提供到企业实践学习的机会，不断更新教师的专业技能水平。在职称评审和项目申报方面，要适度向“双师型”教师倾斜，为其提供广阔的发展空间。同时也可以结合院校实际，吸引企业高水平的专业人才参与学院的建设和管理，共同探讨地方本科院校向应用技术型高校转变的新模式。有条件的学校可以委派教师和管理者到国外学习其应用技术型高校的教学模式和管理经验，切实提高地方院校的管理和服务水平，助力地方本科院校的转型发展。

3. 人才培养模式的转型

高等教育的人才培养模式和体制要以社会对人才需求的类型和规格为依据①。因此，在应用技术型人才的时代呼唤下，地方本科院校要实现转型发展，必须改变传统“重视理论、轻视实践”的教学模式，向“理实一体、虚实互补、工学结合、产训合一”的技术技能型人才培养模式转变。

（1）优化专业布局

坚持“从市场中来，到市场中去”，围绕地方产业需求实现地方政府与企业的良性互动。要按照“专业群对接地方产业链，主干专业对应地方支柱产业”的思路，围绕地方产业结构转型升级，优化专业设置，使专业结构与地方产业结构匹配建设，以适应地方政府和行业企业对应用型人才培养

---

① 张新科．德国高等教育管理及大学治理［M］．南京：南京大学出版社，2014.

的需求。

（2）优化培养方案

要在人才培养的过程中融入地方本科院校转型发展的思路和定位，协调好职业教育和本科教育的关系，并贯彻落实到人才培养的各个环节中[①]。地方本科院校的人才培养要想取得新的突破，原有的“校企合作”培养模式显然已经无法满足，而要在保留原有模式优势的基础上，创新产教融合和校企合作的新模式。不断深化企业对本科院校人才培养的参与程度，实现校企从培养方案、培养标准到课程大纲和实习实训等培养过程的全方位、多层次的合作。

（3）完善办学条件

应用技术型高校对实验实训条件的要求比一般本科院校要更高，因而需要根据各地区技术技能型人才的培养需要，强化实践基地和科技产业园等产学研平台的建设。需要政府在政策和资金等方面对地方本科院校予以支持，同时还要充分利用企业的已有资源，增强校企合作关系，将资源效益最大化。徐州工程学院近年来推行的“校企互建三基地”，即学校作为企业的员工培训基地、技术开发基地和人才供给基地，企业作为学校的实习基地、科研创新基地和就业创业基地的模式，取得了显著成效，为新型校企合作模式的探索提供了成功典范。

4.1.2　处理好三个关系

地方本科院校转型发展的过程，是由学术型转变为应用技术型的过程，是由单一人才培养模式转变为科技服务并重的过程，是由封闭办学转变为协同发展的过程。这些过程看似简单，但在实际操作中却可能会遇到重重的阻碍。新建地方本科院校要遵照积极稳妥、循序渐进的原则，处理好转型中涉及的三个重要关系。

1. 处理好学科建设与专业建设的关系

学科和专业的关系问题可以看成是科研和教学关系的延伸，而教学与科研的关系问题作为高等教育发展历程中必然遇到的重要命题，同样也是新建本科院校转型发展过程中必须处理好的首要问题[②]。按照教育部提出的向应用技术、职业教育类型转变，需要淡化学科、强化专业，按照企业的需要和岗位来对接的思路以及职业教育的定位，应用技术型院校淡化学科、强化专业是必然趋势。但由此产生的问题是，学科淡化后专业要靠什么来支撑和强

① 顾永安．关于新建本科院校转型发展的思考［J］．教育发展研究，2010（3）：79－83.

② 王峰，涂宝军．本科院校初级阶段探析——兼谈新建本科院校的发展路径［J］．大学教育科学，2013，6（6）：40－43.

化？技术技能型人才的可持续发展路径又会如何推进？针对这一问题的思考，笔者认为，教学和科研在新建本科院校向应用技术型高校转型的进程中并不矛盾，二者知识侧重点有所不同，对地方本科院校建设水平的提升都是至关重要的。新建本科院校升格以来就是按照学术型、综合性大学的路径进行建设的，学校对科研的投入占的比重相当大，教师的学术意识也都逐步建立起来，在转型过程中不能丢失了这一优势，可以通过保持和强化为应用技术型学校的建设提供坚持的学术基础。要在新的办学定位下处理好教学和科研的关系，就必须形成与应用技术人才培养相适应的科研体系，加强研究的应用性，积极融入地方经济和行业技术的创新发展，通过校企合作、协同创新加强产业技术积累，以应用研究反哺教学。地方应用型本科高校的科研要坚持服务地方，走地方化发展之路，在地方性和应用性结合上寻求突破，使学校成为本区域行业产业的研发中心和服务平台。

2. 处理好个别试点与全面推进的关系

新建本科院校转型发展是大势所趋，所以现在问题的症结不在于是否要进行转型，而是要通过什么样的方式和手段来实现转型。目前，由于新建本科院校的办学基础比较薄弱，建设资源有限，无法一步到位实现全面转型，因此国家只能依照试点先行的原则逐步推进地方本科院校的转型发展。同样的，在新建本科院校转型发展的具体实践过程中，也可以借鉴这一原则来进行，试点先行、逐步推进，采取分步走阶梯式的方法落实。即，在专业基础好、地方需求大的部分院系或专业进行试点，充分发挥这些“典型”院系和专业的示范和带头作用，逐步推进、全面辐射。与此同时还要加快政策体系和管理体制机制的建立和完善，形成体系和规模后，再根据学校发展实际逐步扩大试点范围，通过连点成轴，完成交叉发展。

3. 处理好转型发展与长远发展的关系

在推进地方本科院校转型的过程中，有三个问题需要引起足够重视。一是新建本科院校转型之后，在促进工科类专业建设和人才培养的同时，也势必会削弱对非工科类专业的支持力度，在应用技术型院校培养“高层次技术技能人才”的目标定位下，非工科类专业的定位、发展和人才培养又该何去何从？两类专业该如何在当下的高校建设规划中合理共建？二是按照产教融合、校企合作的路径，我国地方本科院校转型为应用技术型院校后，在校企合作方面，很大程度上要受到区域经济社会发展状况的限制。而不同地区的经济社会发展情况不一，故而能给当地本科院校带来的优势也就参差不齐，相比发达地区，经济基础薄弱地区所显现出的区域优势则要小得多。那么在有限地域优势的前提下，又该如何拓展校企合作的宽度和空间？三是在转型为应用技术型院校之后，地方本科院校的发展之路又是什么？是否还需进一步提升办学层次和等级，发展专业硕士教育？说到底，这三个问题都涉及了地方本科院校转型和长远发展的问题，也是目前转型的困惑和疑虑所在。由于我国新建本科院校的实际情况错综复杂，这些问题还需要在具体的转型实践中去探索和回答。但笔者认为，应用技术型院校只是一种办学定位和办学类型，不是办学层次，因此，应用技术型院校长远发展的首要追求应是“高水平”，而非追求“高层次”；随着社会认可度的提升，“高水平应用技术型院校”同样是令人羡慕的“身份”和响亮的“名片”。

4.1.3 抓好三个阶段

任何变革都必须遵循客观规律，高等教育改革也是如此。时任教育部部长袁贵仁指出，地方高校转型发展是高等教育领域继管理体制改革和扩招之后又一次深刻的变革，意义更为深远，任务也更为艰巨。综合分析一般类型高校的办学和发展历史，笔者将新建本科院校向应用技术型大学的发展归结为转型期、稳定期和发展期三个阶段。

1. 转型期

这是新建本科院校向应用技术型大学的过渡阶段，关系到转型后的应用技术型院校能否“会走路”。这一阶段大约需要经历一届学生的培养，即1~5年的时间。转型期地方本科院校的主要任务就是按照国家推进转型发展的思路，探索应用技术型大学的建设之路，在这一过程中要完成思想观念、办学定位、管理运行机制和办学条件等的转变和提升。更确切地说，转型期是新建本科院校转型发展的“定基”时期，其探索的效果决定着转型后应用技术型大学的发展“基调”和“基本架构”。

2. 稳定期

这是决定新建本科院校转型是否成功及后续发展动力的关键时期，关系到应用技术型大学能否“走稳路”。这一阶段一般需要在转型期的基础上再培养四届左右的学生，即转型后的6~10年的时间。这一阶段的主要任务是消化吸收前一阶段积累的经验教训，将应用技术类型大学办学的理念和标准内化为教师与管理人员的行为习惯，与行业企业和用人单位的结合更为紧密，并已接受或准备接受针对应用技术型院校的专门教学评估。这一时期是新建本科院校向应用技术型大学转型发展的“定型”时期，即转型后的应用技术型大学已经初具模型。

3. 发展期

这是新建本科院校向应用技术型大学转型的成熟阶段，关系到转型后的应用技术大学能否“走好路”。转型后的10年左右，院校进入这一阶段。这一时期的本科院校较前两个阶段的发展要更加自如和清晰，其任务主要是在国家职业教育发展基本导向的范围内，重新审视学校的内外环境，找出自身发展的优势和不足，结合当地经济社会和行业的发展，探索学校的个性化发展道路，挖掘院校发展新的特色增长点，或向更高层级的教育迈进。这一时期是新建本科院校转型发展的“定路”时期，即形成院校发展特色，找到个性化发展路径的时期。

转型期、稳定期与发展期这三个建设期，并不是互相独立、毫无关联的，而是可以在地方本科院校转型的过程中有序重叠，紧密连接的。从发达国家应用技术大学的发展历程看，经过这三个时期发展而来的应用技术型大学正是该类院校发展的初级阶段，也是其向高水平、特色化应用技术大学发展的必经之路。但是以上提到的三个时期的大致发展年限只是一个基本估计和参考，因为各新建本科院校的发展基础的不同，加之地区经济社会的发展状况也各异，所以院校转型后的发展后劲就会大相径庭。不是所有转型后的应用技术型大学都能达到理想的发展态势，必定会有发展迅速和早熟的，同时也会有发育不良甚至夭折的。

总之，不管院校本身的前期基础如何，是主动求变还是被动参与，新建本科院校的转型发展都是大势所趋。因此，处于转型范围内的新建本科院校要尽早认清形势，转变观念，主动探寻科学适宜的发展路径，最大限度地乘借政策的东风获取效益。为此，必须对学校的办学历史、文化传统、基础条件等方面进行理智客观的分析，找出自身发展的优劣势所在，主动贴合地方经济和行业企业发展的需求，寻找合适的转型发展方式，以确保转型后的应用技术型大学的健康持续发展。

4.2 培养目标的合理定位

培养目标是高校关于“培养什么样的人”的问题的回答和主张，也是高校办学使命和人才观的集中体现。培养目标具体又可以分为学校和专业两个目标层次。学校培养目标是高校在一定的教育方针、政策和理念的指导下，根据社会发展对人才的需求以及学校自身的办学历史和资源条件等提出的整体的概括性的人才素质培养目标，如研究型院校的学术型人才培养，应用技术型高校的创新型科技人才的培养等。专业培养目标则是在专业人才的培养中对学校培养目标的具体实践和落实。培养目标既是人才培养的出发点与归宿点，亦是确定教学内容与教学方式、检验和评价教学效果的根本依据，在人才培养中具有“定向、调控、评价、激励”① 等多重作用，其定位合理与否直接关系到人才培养的质量以及目标本身可实现的程度。培养规格

① 陈洪玲．高校扩招后人才培养模式的理论与实践［M］．北京：北京师范大学出版社，2011.

是高等学校专业培养目标的进一步细化，是对相关专业毕业生培养质量要求的基本规范，因而是制定人才培养方案与课程标准，教学组织、检查和评估专业教育质量的重要依据。人才培养规格的重新设计会带动包括专业人才培养方案、培养途径、培养方式等一系列改革，从而形成人才培养模式改革的一项系统工程。

1. 培养目标合理定位的基本前提：教育价值观的理性选择

培养目标是依照一定的教育思想和教育目的制定的，而教育目的又会受到一定的教育价值观的影响和限制。由于社会历史条件的不同，物质资料的生产方式也不同，因而不同时期的教育价值观也会有所不同。纵观教育价值观的发展，其最基础和具有代表性的主要有“个体本位论”和“社会本位论”两种主张。

个体本位论是将个体的发展作为教育的最高目标，它认为教育的出发点就在于满足个体的发展需要，并据此来制定教育目的以及进行教育计划的实施，个体本位论的发展可追溯到古希腊罗马时代的智者学派，该学派把人看作是万物的尺度，教育的根本目的在于发展人的个性和理性。18世纪中叶，法国思想家卢梭提出不能同时将受教育者培养成“人”（即自然人）和“公民”（即社会人），在二者之间他选择前者。18世纪与19世纪之交，德国古典哲学家康德提出“人的目的是做人”，教育目的借以产生的理想应该是“发展人所有一切的自然禀赋和才能”。① 19世纪中叶英国社会学家赫伯特·斯宾塞提出的“个人完满生活准备说”② 认为，教育应该是教人怎样为圆满地生活做准备，其基本出发点亦在于个人。以上这些观点对于后来人们的教育价值观选择具有极为深远的影响。

社会本体论则是将教育目的的确立，建立在社会发展需要的基础之上，它认为教育存在的价值在于满足国家和社会发展的需要，并以此作为教育目的和教育实施的指导依据。古希腊时期的柏拉图在其《理想国》中就曾指出，教育为政治服务是实现理想国的必然要求，要按照国家的需要来培养人、造就人。在18世纪的中叶到19世纪的中叶，“个体本位论”是教育价值取向的主流，但是当时的思想家、教育家同样关注教育的政治、文化与科学价值。至19世纪下半叶，人们倾向于教育价值观的社会本位。如社会学家奥古斯特·孔德提出：“真正的个人是不存在的，只有人类才存在，因为无论是从哪一个方面来看，我们个人的一切发展都有赖于社会。”而爱米尔·杜尔凯姆认为，教育的目的在于“使儿童的身体、智力和道德得到某种激励与发展，以适应整个社会在总体上对于儿童的要求，并适应儿童将来所处特

① Immanuel, K. Kant on education (Ueber Paedagogik) [R]. Japanese Conference on Coastal Engineering, 2013 (69): 431-435.

② 斯宾塞，胡毅，等. 斯宾塞教育论著选 [M]. 北京：人民教育出版社，2005.

定环境的要求。”①

个体本位论和社会本位论是人们对教育所持态度的基本反映，两种主张都有各自合理的一面，但也都有失偏颇，都无法真正概括个体、教育和社会三者之间的关系。事实上，只有将个体的发展与社会的发展协调统一起来，才有可能充分实现教育的终极价值，而这正是马克思主义关于人的全面发展学说的基本内涵。因而，高等学校应用型人才培养目标合理定位的理性价值选择应该是既充分尊重个体自我发展的需要，又与社会和时代的发展和需要紧密结合，并力求培养对象能够在未来的科技创新活动中实现个体价值与社会价值的统一。

2. 培养目标合理定位的现实依据：利益相关者需求的多方考量

“大学是一种典型的利益相关者组织”，② 是各种利益相关者通过相互的关系进行联结，利益相关者群体则是由处于不同利益层次的多方利益主体所构成。一般，与大学相关的利益主体分为“外部利益相关者”和“内部利益相关者”。③ 其中，外部利益相关者主要有政府、工商界、社区、校友、银行等，这些利益相关者又可根据它们与学校关系的亲密程度分为“主要利益相关者”“边缘利益相关者”和“潜在的利益相关者”④ 等不同群体；内部利益相关者主要有教师、学生和学校行政工作人员等，这些相关者与学校的关系最为密切，因而又被称为“核心利益相关者”。人才培养是高校最基本的职能，其目标制定必须在综合权衡各方利益相关者需要的基础上进行。据此，高校在制定创新型科技人才培养的专业目标合理定位时，至少要考虑到包括学生、政府以及社会组织在内的利益相关者的需要。

培养目标的合理定位应体现学生创新素质系统发展的需要。学生是高等教育的培养对象，也是高等学校最核心的利益相关者，因而其创新素质的发展需要应当成为培养目标合理定位的重要内容。首先，要科学分析创新型人才的素质属性特征，正确认识学生身心成长的一般规律；其次，要找出学生创新素质发展过程中的关键性问题，并采取一切有利于学生创新素质生成的举措，这样才能保证创新型科技人才培养目标实现的可能。而创新型科技人才培养的提出，有利于为学生创新素质的培养提供一个比较清晰系统的素质发展框架。

培养目标的合理定位应体现国家的经济社会发展战略需要。社会的政治、经济制度决定着教育体制的发展方向，社会的生产力水平和科技发展水

---

① 陈桂生．学校教育原理．增订版［M］．上海：华东师范大学出版社，2012.

② 张维迎．大学的逻辑．第 2 版［M］．北京：北京大学出版社，2005.

③ 尹晓敏．大学社会责任研究——以利益相关者理论为视角［J］．辽宁教育研究，2008（2）：6－10.

④ 王连森，栾开政．大学声誉形成机理与管理策略——基于利益相关者的分析［J］．现代大学教育，2007（5）：66－70.

平决定着高校人才培养的类型和规格，同时社会文化会对校园文化产生一定的影响或制约。因而创新型科技人才的培养作为一项社会性活动，必须与国家的社会经济发展战略需要相适应。知识经济时代下的高等教育在社会发展中的作用日益提高，高校与社会的关系也更为密切。因而，人才培养不能脱离社会发展实际而存在。高等学校创新型科技人才的培养要积极响应国家的科教兴国战略、可持续发展战略、人才强国战略以及创新型国家建设等经济社会发展的重要战略。《国家中长期科学和技术发展规划纲要（2006—2020年)》对当前和未来一定时期内我国科技发展的一系列重点领域和优先主题进行了明确的说明，高校在进行创新型科技人才培养的专业目标定位时要根据自己的科学优势和办学特色，积极寻找与这些重点领域和优先主题相关的发展突破点，努力为相关领域的发展提供高质量的科技人力资源。

培养目标的合理定位应体现高等学校主要社会利益相关者的需要。科学研究机构和技术型企业等社会组织不仅是高校进行产学研活动的主要合作对象，同时也是高校创新型人才培养的主要输出单位，因而它们应该被看作是高等学校重要的利益相关者。高等学校创新型科技人才培养的专业目标合理定位必须重视和考虑这些重要利益相关者对科技人才素质的基本诉求，在加强对创新型科技人才素质特征进行研究的基础上，强化对人才输出单位需求的调查分析，以提高人才培养质量与重要利益相关者人才期许之间的拟合度，不断深化与重要利益相关者之间的合作。

除了以上几点考虑，培养目标的合理定位还要体现出科学知识自身发展的需要。知识的存在和发展是大学发展的基本载体，大学需要通过知识的传播和发展来促进师生之间“教”与“学”的顺利进行，以此来培养社会需要的高素质创新型人才。如果科学知识无法发展，必然会阻滞高校人才培养工作的开展。因而，培养目标的合理制定必须以知识发展为重要依据。

3. 培养目标定位的原则

在我国早期本科教育培养目标，主要强调人才知识结构的广博性和知识基础的扎实性。随着时代的进步和社会的发展，到改革开放中期，我国大学本科教育的人才培养目标转向了对专门人才的培养，强调教育的专业性和针对性。随着高等教育大众化进程的加快，高素质的应用型人才成为大学人才培养的重点，实现了人才观由知识向能力的转变。应用型人才培养目标的定位需要遵循一定的原则进行。

（1）社会需求原则

将应用型人才作为应用型本科高校的培养目标本身就意味着人才要直接面向社会，必须满足经济建设和社会发展对人才的需要。这就要求地方应用型本科高校在进行专业设置和课程安排以及专业目标设定时，要把社会的需求融入其中。

(2) 可行性原则

同类型的应用型高校具有不同的发展基础和办学条件，因而在进行人才培养目标定位时，必须依照自身在软件和硬件等方面的实际条件和实力来理性判断，制定科学合理和具有可行性的人才培养规格。不能盲目跟风，以避免资源的闲置和浪费。

(3) 适应性原则

现代化社会对人才的需求呈现出多元化、多规格和多层次的特点，地方应用型本科高校培养的是适应社会需求的应用型人才，因而不仅要具备扎实的理论基础和宽广的专业知识，同时还要具有较强的实践能力和适应能力。因此，地方本科高校要从全局出发，综合考虑社会对人才的多样化需求和学校自身的办学实际，来确定同时适合本校和社会的人才培养目标。

4. 应用型人才培养目标定位

从发达国家工业化进程的经验以及历年市场调查研究的结果来看，高质量、高素质的应用型人才对经济社会的供给还存在较大的缺口。[①] 我国目前正处于工业化和现代化发展的进程中，对应用型人才的需求正在逐渐攀升，地方高校承担着为地方社会和行业服务的责任。也就是说，地方应用型本科高校要为区域经济社会的发展培育出具有扎实理论基础、较广专业知识面、较强实践能力、创新能力和合作意识的高素质应用型人才。

(1) 地方本科高校应用型人才培养类型定位

从类型划分的层面可以将应用型人才分为不同的类型，但地方本科高校应培养什么类型的应用型人才，是每一所地方本科高校在进行应用型人才培养类型定位时必须考虑的问题。从目前地方本科高校的发展来看，无论是由师范院校、工科、理科或者是“专升本”等形式升级而来的地方本科院校，纵观其发展模式几乎都是以“综合性大学”的“身份”来进行应用型人才的培养，应用型人才培养定位的类型特点不够明确，自身的学科和专业优势也没有发挥出来。

(2) 地方本科高校应用型人才培养层次定位

在大批地方本科高校中，通过“专升本”、单科转型为多科或者是综合性的地方本科高校的，很多仍保留着一定规模的专科层次的人才培养。这就要求地方本科高校在学校整体发展和满足地方经济发展对应用型人才需要的过程中注意以下几方面的问题：一是地方区域经济社会发展在不同层次应用型人才需求上的比例分布如何；二是地方高校自身应用型人才培养在不同层次上的实力和规模情况，如何根据自身实际情况和地方需要确定合理的人才

① 车承军，苏群．应用型人才培养：大众化高等教育的责任［J］．黑龙江高教研究，2004(7)：44-45.

层次量化比例。在各地方本科高校的实际运行中，由于本科生扩招的比例不断扩大，已经出现了人才培养的“供过于求”现象，不仅造成了高等教育资源的结构性浪费，还导致了人才培养供需之间的层次偏差。所以，地方本科高校必须十分慎重的决定应用型人才培养的层次定位问题。

（3）地方本科高校应用型人才培养规格定位

不同类型、不同层次的应用型人才培养理应对应不同的人才培养规格。比如，在不同地方本科高校中存在的类型相同层次不同或者类型不同但层次相同的现象，这就需要地方本科高校在进行应用型人才培养的规格定位时，具体问题具体分析，分类、分层区别对待。如同类型地方高校中的本科层次和专科层次必须有所区分，在现实中这种区分主要体现在修业年限或层次规格的缩减上。先试运行中的这种情况，在整体上不利于专科层次的应用型人才培养，极易出现其知识结构不如本科，能力结构比不上职业院校的人才培养窘境，削弱了专科层次应用型人才的职业适应性和行业竞争力。

4.3　培养规格的合理设计

1. 提供完整清晰的素质发展基准

为了保证学生具备成为应用型人才的基本素质，高等学校在制定专业培养规格时要尽量避免对学生素质培养目标的模糊表述，应尽可能完整清晰的提出学生素质发展的要求，这样才能为具体人才培养活动的实施提供明确的执行标准。根据应用型人才素质模型所提供的关于应用型人才的一般素质特征，高等学校在制定相关专业培养规格时，应明确包括以下 4 方面的内容。

（1）关于知识体系建构的培养要求

创新型科技人才的知识体系具有广博、精深、科学、创新的特征，应以此作为基准来组织本科教育阶段学生知识体系的构建。通过循序渐进的知识渗透，努力提高学生的素质水平，使其逐渐向现实创新型科技人才的要求靠近。一定数量的知识储备是进行科技创新的基础，没有丰富的知识储藏不可能产生创造性的思维成果。此外，知识结构的合理与否也同样影响着科技创新能力的形成，不同的知识结构具有不同的功能。因而，培养规格的设计既要反映出对知识深度和广度的要求，同时还要结合知识结构方面的要求，这样才能保证知识体系建构的科学性和合理性。具体来说，创新型科技人才培养规格设计中的知识体系建构应包括文化基础知识（科学知识、人文知识、一般的工具性知识），这是创新型科技人才知识结构的基础部分；学科专业知识，这是创新型科技人才知识结构的主干部分；交叉学科和相关学科知识，这是创新型科技人才知识结构的前沿部分；创新教育的目的和内容以及创新方法的理解和介绍，这是关于科技创新的专门知识。对于以上这些不同类型的知识内容及其需要达到的标准，都应在专业培养规格中进行详细说明。

（2）关于思维方式养成的培养要求

思维方式是创造力形成的基础，灵活深刻的思维风格同时又是创新型科技人才的重要素质特征。但在我国高等学校各类人才培养过程中，思维方式是一个容易被忽视又不易被测量的内容。相关研究表明，发散思维、逻辑思维、灵感思维、逆向思维、联想思维、类比思维、直觉思维等思维方式在各类科技创新活动中均有较为重要的价值。因而在创新型科技人才的专业培养规格中引入对学生多元思维方式的培养要求，并将其切实贯彻于具体的培养活动之中，对于学生创新思维方式的养成无疑具有积极的促进意义。但不同的学科对创新思维的需求也会有所差异，因而在培养规格设计中关于思维方式养成的具体要求可以根据学科或专业加以研究和区别，找到各自思维方式培养的侧重点。

（3）关于综合能力锻造的培养要求

本科教育阶段是各类科技人才专业能力形成的奠基时期，这一阶段创新能力的培养直接影响着未来科技职业生涯的发展。对学生综合能力的培养不仅要包括智力操作能力的训练（如，观察能力、分析能力、推理能力、注意力、理解力和经验迁移能力等），还应包括一些关键的实际行动能力（如，实际操作技能、团队合作能力和持续学习能力等）。

（4）关于个性品格方面的培育要求

人格因素包括道德和心理两个方面的非智力因素，在一定的条件下，非智力因素直接决定了智力因素的发展。良好的非智力因素可以强化智力活动，触发个体的创造性思维。相反，消极的非智力因素则会抑制创造力的发挥。“人格的缺陷可能会使创造力受到摧残，而理想人格则是创造力的催化剂。”① 因而，在制定高等学校科技人才培养规格时要将对学生个性品格方面的要求（如，好奇心、求知欲、独立自主、包容的胸襟、科学人文关怀精神、质疑性和变革性等）加入进来，引导学生形成积极向上的价值观和态度，形成有助于科技创新的内在动机。

表4－1提供了一个由美国麻省理工学院（航空航天系在推行科学与工程）人才培养模式的改革中所提出的培养大纲的部分内容，其中即包含了对其本科毕业学生在知识、技能、思维以及个性品格等方面的具体要求，其基本做法值得我国高等学校在确立人才培养规格时予以借鉴。

---

① 杨国祥，尹家明，万碧波．创新人才培养理念与模式［M］．镇江：江苏大学出版社，2007.

表4-1　麻省理工学院（Massachusetts Institute of Technology，MIT）航空航天系本科学生培养规格中关于素质的要求（节选）

1. 技术知识和推理	
1.1　基础科学知识	
1.2　核心工程基础知识	
1.3　高级工程基础知识	
2. 个人的和职业的技能与品质	
2.1　工程推理和解决问题	2.3　系统思维
2.1.1　认识和系统表述问题	2.3.1　整体思维
2.1.2　建立模型	2.3.2　系统内紧急性与交互性
2.1.3　判断和定性分析	2.3.3　确定优先级和焦点
2.1.4　不确定因素问题分析	2.3.4　决议时权衡、判断和平衡
2.1.5　解决问题的建议	2.4　个人技能和态度
2.2　在实验中探寻知识	2.4.1　主动和愿意冒险
2.2.1　建立假设	2.4.2　执着与变通
2.2.2　查询印刷文献和电子资料	2.4.3　创造性思维
2.2.3　实验探索	2.4.4　批判性思维
2.2.4　假设检验和论证	2.4.5　自省个人知识、技能、态度
3. 人际关系技能	
3.1　团队精神	3.2　交流
3.1.1　组织高效团队	3.2.1　交流战略
3.1.2　团队工作运行	3.2.2　交流结构
3.1.3　团队成长与演变	3.2.3　写作交流
3.1.4　领导能力	3.2.4　电子和多媒体交流
3.1.5　技术协作	3.2.5　图表交流
	3.2.6　口头表达与人际交流
4. 企业和社会的构思、设计、实施和运行（CDIO）系统	
4.1　外部和社会环境	4.2　企业与商业环境
4.1.1　工程师的角色和责任	4.2.1　认识不同的企业文化
4.1.2　工程界对社会的影响	4.2.2　企业战略、目标和计划
4.1.3　社会对工程界的规范	4.2.3　技术创业
4.1.4　历史和文化环境	4.2.4　成功在一个团队中工作
……	……

资料来源：邹晓东．科学与工程教育创新：战略、模式与对策［M］．北京：科学出版社，2010.

2. 知识、能力、素质规格要求

人才培养规格是高校对人才培养质量标准的具体规定，也是学校开展人才培养工作的立足点和重要依据。高校对应用型人才培养的整体规格要求是：基础理论知识扎实、专业能力较强、综合素质较高，达到知识、能力和素质的整体协调。

（1）知识、能力、素质内涵的解读

①知识。

知识是人类认识客观事物和客观规律的积累，经验是知识的初级形态，知识发展完备后就形成了系统的科学理论，主要包括科学文化知识、专业知识和相关学科知识等。知识是获取能力和素质的基础和前提条件，较强的能力和极高的素质必须建立在丰富的知识基础之上。应用型本科教育的知识应以应用性为主要特征，通过有用知识的学习和应用来不断深化学习的深度，拓展知识的广度，才能逐渐建立系统完整的知识结构。

②能力。

关于能力的定义较为繁杂，先从两个方面对其进行解释。首先，能力与人的活动相联系，并体现在活动的整个过程中；其次，能力是获取成功的必要条件，也就是说能力是个人顺利完成某项活动所必备的心理特征，但并非唯一因素，还需要其他因素的辅助。

能力结构是指由个体具有的全部能力要素所组成的多序列、多要素的动态综合体。[①] 在不同的教育发展阶段，我国对应用型本科人才的培养有着不同的规格内涵要求。1998 年《中华人民共和国高等教育法》明确指出“高等教育的任务是培养具有创新精神和实践能力的高级专门人才”，这一阶段主要突出了对人才创新精神和实践能力的培养。2003 年《中共中央国务院关于进一步加强人才工作的决定》指出“以能力建设为核心，重点培养实践能力、学习能力，着力提高人的创新能力。坚持学习与实践相结合，促进人才在实践中不断增长知识、提升能力。”再次强调了人才培养的实践能力、创新能力，同时也开始注重对人才学习能力的培养。2007 年教育部颁布的《关于进一步深化本科教学改革全面提离教学质量的若干意见》提出“要深化教育改革，提高教育质量，着力培养有理想、有道德、有文化、有纪律的大学生，努力提高大学生的学习能力、创新能力、实践能力、交流能力和社会适应能力”。这一阶段对人才培养的内容和要求更为丰富和多元。

根据不同时期我国对人才能力规格的不同要求和应用型人才的特征，本书将应用型人才应具备的基本能力归结为三点，即实践应用能力、学习能力和创新能力。

① 付微，秦书生．拔尖人才的能力结构探析［J］．科学与管理，2007，27（1）：55－57.

第一，实践应用能力。实践应用能力主要体现在实验教学和专业实践过程中，因而有的学者又将其称为“实验能力”和“专业能力”。地方应用型本科高校的实验教学除了传授基本的实验理论知识外，更重要的是要锻炼学生的动手操作能力、观察能力和信息的收集整理能力，同时还能在一定程度上培养学生的知识转化能力、分析解决问题的能力以及创新创造设计能力。专业能力则是指学生能够利用所学专业知识来解决行业专业领域实际问题的能力，如师范类专业的教育教学能力、工程类专业的设计制作能力等。应用型人才的核心能力是实践应用能力，如何培养和提升学生的这一能力是目前应用型本科高校人才培养过程中亟须解决的问题。

第二，学习能力。随着科技的高速发展，知识更新和能力更替的速度也在不断加快，可持续发展的观念已经深入人心，人们只有通过不断的学习和能力提升才能跟上时代发展的步伐和要求。作为受社会发展和行业变化冲击较大的应用型本科高校，其在应用型人才培养过程中，也要充分考虑对学生可持续发展的自主学习能力的培养。因为并非所有的新技术、新思维和新方法都会被及时纳入学校的教育中，所以为了顺应社会和行业的要求，应用型人才必须具备自主学习的能力。这是学生得以在未来的工作和生活中克服各种困难、顺利发展的基本能力，因而也被称为21世纪人才所应具备的首要能力。所以在应用型本科高校的教学活动中，无论是理论或实践教学，还是课内或课外教学，都要注意对学生自主学习能力的培养，通过任务设计和空间、条件的提供充分挖掘学生自主学习的潜力。

第三，创新能力。创新是一个民族进步的灵魂，是一个国家兴旺发达的不竭动力。一个企业的发展壮大和个人的生存与发展同样离不开创新和创造。科技的迅速发展促使社会中工作岗位的技术含量也在不断提高，同样，社会对人才的创新意识和创新能力也提出了更高的要求。当前，应用型本科高校对人才创新能力的培养主要表现在对其创新精神和创新思维的培育上，但从目前大学生整体创新精神和创新思维的锻炼情况来看，效果并不是十分令人满意。因此在应用型人才的培养过程中仍然要加强对学生创新精神的激发和创新思维的锻炼以及创新能力的培养。

③素质。

在高等教育领域，素质就是学生从事社会实践活动所展现出来的一系列相对稳定的心理和行为的具体表现，本书根据已有的相关研究，将应用型人才所需具备的素质分为思想道德素质、科学文化素质和身体心理素质三类。

第一，思想道德素质。思想道德素质是应用型人才所需具备的最重要也最基本的素质，它统领和制约着其他方面的素质培养，其核心体现在为人处事和待人接物的方方面面。道德是应用型人才综合素质的集中体现，在社会主义市场经济的背景下，道德对应用型人才成长的作用越来越突出。[①] 因此在应用型本科高校的思想道德教育中，不仅要培养学生的爱国精神，还要培养学生具有高尚的职业道德和职业美德，增强职业责任感和服务意识。

第二，科学文化素质。应用型人才不仅要具备良好的专业素养，还要掌握广博的科学文化知识，不断拓展自己的认知领域，将不同学科的知识融会贯通，在综合视角和多科思维下更好地解决实际问题。科学素养和人文素质的提高不仅有助于应用型人才正确人生观和价值观的确立，还有利于提升个体对其他知识、技能获取的能力。现阶段，仍需不断发扬中华民族的优良传统，不断完善学生的人格发展。

第三，身体心理素质。良好的身心素质即个体积极的情绪体验和良好的心理状态，它是其他素质的载体。在应用型人才的培养中，必须重视对学生身心素质的提高。此外，还需注意对学生心理承受能力和良好个性品格的培养。这样才能在高效工作的同时与社会和他人和谐相处，达到知识、能力和素质的统一。

（2）知识、能力和素质之间的关系

知识、能力和素质三者之间是相互促进、相互依存的关系。丰富的知识是能力提高和素质养成的基础，反过来，较强的能力也可以提高知识的获取效率，较高的素质也为知识的增进和能力的发展提供了保障。知识、能力和素质三者相辅相成，紧密相连。其中知识是基础，能力是关键，素质是核心。在应用型本科人才培养的过程中，要重视宽厚、扎实的理论基础知识，突出各种能力的培养，着重综合素质的养成，只有实现了知识、能力和素质的协调发展，才能成为社会经济发展所要求的合格的应用型人才。

4.4 重构课程体系

课程体系是高等学校专业目标实现的基本载体和手段，也是进行人才培养和组织教学活动的依据，一定程度上决定着人才培养的素质结构和质量。[②] 学校提供什么样的课程体系不仅能反映出其对人才培养素质的开发取向，也能间接地反映出社会对高等教育的影响和期望。[③] 因此，课程体系的设置成为人才培养模式的核心内容，也是高校对人才培养模式进行优化、调

---

① 思想道德修养与法律基础［EB/OL］. http：//wenku. baidu. com/view/ea7b3decf8c75fbfc77db26f. html.

② 菲利普·G. 阿特巴赫. 比较高等教育：知识、大学与发展［M］. 北京：人民教育出版社，2001.

③ 崔军. 基于创新人才培养的大学课程改革：理念更新与思路选择［J］. 中国大学教学，2009（4）：38－40.

整的切入点和突破口。具体到应用型人才的培养，应用型本科高校应该系统地对课程的目标、内容结构和实施方式等进行适应性的调整，使之实现培养对象和培养需求的统一和匹配。

1. 课程体系优化的目标取向

课程目标是指在课程开发和设计的过程中，课程本身所要实现的具体要求，它是专业培养目标的具体化，规定了某一阶段内学生在知识、能力和素质等方面需要达到的程度和水平，同时也指导和规范着课程内容的选择和实施。美国教育与心理学家本杰明·布鲁姆立足于教育目标的完整性提出了认知、情感和动作技能三个目标领域，认为以往的课程将大量的时间和精力集中于知识的学习，而知识的价值在很大程度上是作为能力和技能的基础而存在的。因此，教育的目标应由“知识”转向“能力和技能”。[①] 强调对传统知识的灌输同样也是我国高等学校人才培养的特点，知识本位的课程目标在社会对科技人才素质要求的扩展中逐渐失去优势。因此，应用型人才培养课程体系优化设计的目标取向也应打破传统模式，既要注意对知识维度的设计与重构，也要注重对思维、能力和个性品格等维度的融入，并将创新型人才培养的基本原则落到实处。

2. 课程体系优化的应然状态

课程体系的目标取向在一定程度上决定了课程体系的构成状态，即不同的目标取向会呈现出不同特点的课程体系。根据应用型人才培养中课程体系的目标取向，高等学校需要对课程的形式、内容和形态等进行系统整合以实现整体效应的优化。本书认为课程体系的优化需要达到以下状态：

（1）课程资源具有丰富性

课程资源的丰富性是指高等学校可以为应用型人才的培养提供门类多样、形式丰富的课程体系。要求既要有前沿的学科理论课程，又要有从单项到综合的实践教学课程体系；既要有通识性课程体系，又要有专门性课程体系；既要有相关的常规性课程体系，又要有探索性和研究型客户层体系；既要有一般性课程体系，又要有特殊性课程体系；既要有本校内部课程体系，又要有其他学校和社会各方提供的课程体系。丰富的课程资源为高等学校专业教学目标的实现提供了有力的支持和宽广的空间，并有力地保障了人才在知识、能力、思维和个性品格等方面素质的系统养成。

（2）课程结构具有整合性

课程体系对应用型人才的培养所起到的作用，不是依靠单一课程要素或是简单的学科叠加而来的，而是通过不同学科和课程之间的相互融合和协调搭配来达到整体功能的最优化效果。课程体系的构建需要经过确定课程目

① 钟启泉，汪霞，王文静．课程与教学论［M］．上海：华东师范大学出版社，2008.

标、选择课程内容、实施和评价课程教学等环节的多次反复和修整才能完成。课程结构的整合性是指各种课程要素能够形成横向和纵向的协调统一，组成整体功能最优化的课程结构。它要求课程内容的选择要兼顾学科内外部之间的联系，以避免课程内容的不成体系、重复和脱节。针对所选的诸多课程要素，既要厘清各自之间的内在联系，又要尊重和保持彼此的差异和特点，将其统一在应用型人才培养的有机整体中，既要保持要素之间横向合理的比例关系，又要兼顾纵向上的层次连贯性。通过对课程体系的整合，实现课程内容和课程目标以及专业培养目标的一致协调。

（3）课程体系具有相关和集中性

“相关和集中”是课程理论中的概念，其基本要义是，在课程体系中设置的学科，当教授其中一门学科时，同时也推动了其他学科的教学。其理论逻辑是不仅适当的学科之间应具有相关性，任何一门学科也应该与其他学科建立相关，这种加强相关的理论就被称为“集中理论”。① 具体到应用型人才培养目标下的课程体系，“相关”是指满足培养应用型人才需要的相关课程，“集中”则指相关课程共同趋向于培养学生创新素质的目标。“相关和集中”课程体系的构建应该是根据专业培养目标和规格，围绕学科专业课程的核心，广泛开设有助于培养目标和规格实现的相关课程，以便形成合力。“相关”课程的学习有助于深化学生的学习，拓展学生的知识领域，以便形成多元化的知识体系；“集中”的趋势则有利于整合和融合“多元”，滋生创新。

（4）课程体系具有开放性

课程体系的开放性是指应用型人才培养课程体系对外部信息和自身的接纳状态。前者是指课程体系能够根据外部信息的变化对课程做出及时的调整和更新，以适应人才培养的需要。后者则是指同一门学科专业课程体系中各种课程要素之间的相互开放和融合的程度；各个学科专业的课程体系之间对专业壁垒的突破程度；以及高等学校之间课程体系的开放性；等等。

要达到应用型人才培养课程体系的上述应然状态，首先，要将高等学校的课程体系作为一个系统工程来规划设计，确保各项资源条件能够满足对其的有效支撑。其次，需要着力探寻课程体系与学生各项素质发展之间的内在逻辑关系，有效把握二者相互作用的规律，从而保证课程体系的构建和实施的客观性和科学性。

3. 课程体系优化的基本思路

为了实现对学生知识、能力、思维和个性品质等创新素质的综合培养，在高等学校创新型科技人才培养的具体实践中，可以从以下几个方面推进对

① 约翰·S. 布鲁巴克. 教育问题史［M］. 济南：山东教育出版社，2012.

客户层体系的优化。

第一，创新课程体系的结构形态，由模块化组织形式向矩阵式组织形式转变。矩阵式组织形式是指从横向和纵向两个维度同时进行课程体系的设计。比如，在横向维度上，将课程体系分成理论教学、实践教学和科研创新等模块，然后对每个模块从纵向维度上进行层次的分割，如图 4 - 1 所示。这种课程组织形态在由美国麻省理工学院（Massachusetts Institute of Technology，MIT）、瑞典皇家工学院（KTH Royal Institute of Technology，KTH）、瑞典林雪平大学（Linköping University，LIU）等世界知名高校所发起的科技工程人才培养 CDIO 教育模式[①]改革中正逐渐受到世界各国高等学校越来越多的关注和践履。其基本的组织原理是基于学科之间的相互支撑与协作。课程学习的目的不仅在于促进学生知识体系的建构和运用，同时也促进其综合能力、思维能力等素质要素的互生式发展。

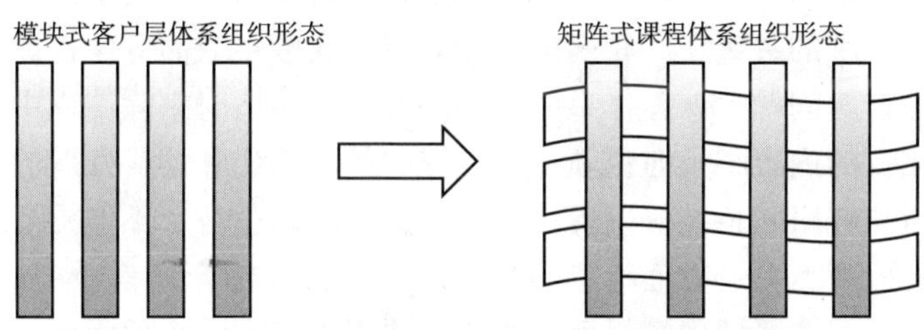

图 4 - 1　应用型人才培养课程体系组织形态的优化

根据矩阵式课程体系的组织思想，理论教学模块可以从纵向维度上进一步划分为：通识教育课程模块，这部分课程体系和教学内容主要是根据国家的教育方针政策和学校自身的人才培养总体规划而设计的，多以必修课形式进行组织，主要是服务于应用型人才培养的“通识化”目标；学科专业大类教育课程模块，这部分课程主要是根据学科大类中各专业对基础知识的共同需求来开设，多为公共基础课的形式开展，主要是为了服务创新型科技人才培养的“宽口径”目标；专业主干课程模块，这部分课程主要强调专业优势和特色，主要是给学生提供专业基础理论知识；专业选修课模块，主要是对专业知识的延伸和拓展，强调学科的前沿性和交叉性，服务与学生的个性化培养目标。实践教学模块从纵向维度上也可分为三个递进层次：第一层是以课程教学为基础的课程实验和课程设计，其主要目的是培养学生的基本实验能力和设计能力；第二层是在学生完成专业基础课程学习的基础上安排的课程、认知和生产实习，其目的是培养学生理论联系实际的能力和实践操

① ［美］克劳雷．重新认识工程教育：国际 CDIO 培养模式与方法［M］．顾佩华，沈民奋，陆小华，译．北京：高等教育出版社，2009.

作能力；第三层是进行毕业实习和毕业设计（论文），其目的是考查学生综合运用知识的能力以及分析解决问题的能力。科研创新模块设立的目的是为了对学生的创新能力进行针对性的训练和培养，不仅为学生提供了进行研究性学习和参与科研活动的平台，同时也锻炼了学生进行科学研究的探索创新精神和创新意识。

通过这种纵横双向维度的课程体系安排，可以尽可能地避免单维度课程体系形态下存在的问题，有利于加强课程之间的关联度和集中度，进而实现课程设计的一体化。矩阵式课程体系组织形态不仅可以增强学科专业之间的交叉性、渗透性和融合性，同时也是对知识、能力、思维和个性品格等创新素质和谐共生原则的实际落实。

第二，拓展课程体系的内容界面，为学生多元创新素质的养成提供殷厚土壤。课程是人才培养目标实现的最基本单元，课程的内容和质量如何直接关系到培养目标的实现状况。为了培养创新型科技人才，要求课程内容必须与人才培养要求的关键素质相匹配。针对当前我国多数高等学校课程体系设置中存在的普遍问题，课程体系的优化一方面需要适时剔除课程中与科技发展现状不相符的内容，及时更新相关领域的最新知识和学科发展的前景，使学生的学习能够跟随科技的发展和社会的进步动态进行，不但提高学生知识体系建构的效度。另一方面为了满足对应用型人才综合性素质的培养要求，应适当扩展课程体系的内容界面，避免因课程内容的设置原因而导致相关人才关键素质培养的缺失。

课程内容的扩展可以考虑从以下 3 个方面进行。

①将“科学通识”作为通识课程体系的一部分。从教育理念上看，通识教育本身就涵盖着“科学通识”和“人文通识”。在我国高等学校推行通识教育的实践中，为了力求科学教育和人文教育之间的平衡，大量引入人文通识教育的课程。但同时也造成了对科技创新规范和科学技术发展史等科学通识教育的忽视。而这些知识对于激发学生的科研兴趣，培养学生的科学精神和科技创新意识都有重要的价值和意义。因此，要为学生提供比较完整、系统的知识，培养学生完整、全面的人格，必须将科学通识和人文通识统一于通识教育中①。

②将创新思维和方法类的课程纳入课程体系中。苏联发明家根里奇·阿奇舒勒在提出其创新理论体系（Theory of Inventive Problem Solving）时指出：创新是有方法和规律的，只要掌握了创新的原理，在工具的辅助下，人人都可以像发明家一样进行创新；同时创新有思维和辩证法，从而提升创新的层

① 陈小红．试论通识教育与大学改革［J］．复旦教育论坛，2006，4（1）：23－25．

面和成果。[①] 因此，在应用型人才的培养过程中，可以遵照创新的客观规律，设计开发专门针对学生创新创造力培养的课程和方法，以更好的训练学生的创新思维和创新技能。

③加强跨学科教育课程的设置。我国高等学校在学科前沿教育和交叉学科教育方面存在着明显不足，因而在进行应用型人才培养课程体系设计时，应有意识地将一些学科涵盖面广、新生学科生长明显、相关性较强的课程纳入课程体系中，引导学生对多学科的关注，不断拓宽学科视野。学科发展前沿教育，可以通过定期邀请相关专家进行学术讲座或者要求教师以一定课时的专题形式进行补充更新。

第三，变革课程实施的基本范式，实现学科课程模式与实践课程模式的叠加。课程实施就是将课程计划付诸实践的过程，其最主要也最常见的途径就是课程教学。在我国高校长期以学科课程为中心的模式下，课程实施仅被看成是理论知识的传授过程，通常采用讲授式的教学方法，在这一过程中，理论知识绝大部分是与实践情境相分离的。这种课程实施模式在一定程度上加深了学生对理论知识的理解和记忆，提高了学生掌握知识的效率，但同时也极大地限制了学生知识迁移能力和实践能力的发展。因此，在课程实施中尽量加强学科课程和实践课程的同步和叠加，使学生在真实情景中检验已有认知结构，在系统知识学习中重新建构新知识的意义。在这种交互式的课程实施模式下，学生的知识迁移能力、发现问题解决问题的能力以及多元思维能力等多种素质都能得到综合性的训练和强化。

4.5　创新培养模式与教学方法

4.5.1　培养模式

人才培养目标的确立是构建人才培养模式的出发点，而人才培养目标必须通过相应的培养途径来实现。因此，明确地方应用型本科高校人才培养模式的核心要素，寻求地方应用型本科高校人才培养的途径是地方本科高校人才培养模式实施的必然环节。

1. 地方本科高校人才培养模式的核心要素

在地方本科高校人才培养模式的建构过程中，教学模式是进行人才培养的组织形式，课程模式是人才培养的具体表现形式，因而教学模式和课程模

① 肖洪．研究型大学本科生创新能力培养体系的构建［J］．青年科学，2009（5）：69－70.

式都是人才培养模式建构的重点。

（1）教学模式

教学模式是一种教与学的范式，是基于一定的教育理念，在一定环境和资源的支持下围绕课程体系、教学目标、内容、方法、手段、评价以及师生双方进行教学组合和顺序的安排。传统的教学模式侧重于对知识的传授，因而主要采用的是讲授式、灌输式的教学方法，学生的动手能力得不到有效锻炼，主体性也难以发挥，因而高校也就无法培养出多样化的创造性人才。地方应用型本科高校在高等教育发展新趋势下，必须对传统教学模式进行改革，才能培养出当今社会所需要的多样化、创新型人才。

地方应用型本科高校的教学模式可以根据人才培养目标进行改革。以学生的发展为根本，以学生的认知能力、特长爱好为出发点，注重对学生个性的培养，对不同层面的学生采取不同的教学方式，使学生的潜能得以发挥。开展各种活动，激发学生的学习热情，将各个课程中有关联的知识融会贯通、举一反三。

在教学方面，虽然课程的系统知识是学生必须掌握的内容，但教师可通过多媒体课件、组织讨论等教学形式提高课堂的生动性，引导学生积极思考和吸收相关知识，提高学生参与课堂的主动性。在教学管理上，给予学生和教师一定的自主权，在内容的教与学、时间安排和专业方向上有一定的选择权。使教师和学生在积极主动探索中找到教学和学习的乐趣。在实践教学方面，要保证教学时间的充足，让学生从充分的实践课程中及时获取相关领域的前沿信息，真正能够将理论应用于实践，让学生参与其中、乐在其中、不断提高学生创造力。

（2）课程模式

课程是学校基于一定的教学目标建构的各类学科和教学活动的系统，它是教学实施过程的载体和手段，是培养学生创造力的重要途径和环节。而课程模式则是在一定观念指导下，包括内容设置、实施和管理等在内的结构模式，形成一整套模式环节。

人才培养的目标包含在课程中，因而学生在达到课程要求的同时也在一定程度上实现了培养目标。因此，人才培养模式的建立也需要依靠课程模式来实现，依照人才培养模式来建立健全课程模式，并随其变化不断做出调整，以最终实现人才培养的目标。因此，课程结构的安排、教学体系的设置、教学内容及教学方法的改革是教学改革的核心，是实现人才培养模式构建的有效途径。

从中华人民共和国成立之初我们学校注重经典知识传授和分科教育的课程模式，到 20 世纪 80 年代国家对通才教育的重视，实行学科理论与专业知识和应用能力培养并重的课程模式。90 年代后期，课程体系逐渐发展为拓宽学科基础知识，强化实践应用能力和培养学生综合素质的模式。在此过程中，课程主要呈现出以下特点：①现代化。一方面，是指课程体系的现代化，课程门类根据科技发展的需要进行了全面更新；另一方面，是课程内容的现代化，现代科技成果纷纷在课程中体现出来；并且还体现在讲授方法的现代化上，课堂教学引进了现代科学技术做辅助，打破了以往“三尺讲台一张嘴”的形式。②综合化。课程的综合化主要体现在学科专业的交叉和复合趋势。不仅基础学科和工程、理学科学之间相互影响、相互融合，人文、社会科学和自然科学也在相互集成。学科的综合化加深了学生对各学科之间联系的了解，同时也提高了学生的综合能力和创造力。③整体性、全面性和科学性。课程设置在注重基础性和实践性的基础上还体现出国际化特点，同时在课程体系建构过程中要在课程安排、内容选择和结构设置上突显出知识体系的实用性、全面性和整体性，保证课程体系设置与人才培养目标的一致性。④灵活性。课程体系需要在社会变化过程中不断做出反应和调整，这样才能不断满足学生多样性的需求，培养出满足新时代要求的人才。

课程功能的发挥与课程结构的安排之间有着紧密的联系，课程内容的设置和课程结构的安排在一定程度上决定了课程功能的发挥程度。因此，构建科学、合理的课程结构可以有效促进课程功能的实现和发挥。同时，课程往往还决定着学生的全面发展及发展的整体方向，因此，课程结构还决定这人才培养目标的实现。科学的课程结构应该是在课程要素、成分以及开设顺序等方面都衔接有序，通过课程的有序实施，促使学生在德、智、体、美各个方面自主有效的正确发展。

地方应用型本科高校可以从理论课程、实践课程与显性课程、隐性课程等方面入手进行课程模式的发展和丰富。理论课程作为高等学校课程结构中的重要组成部分，对学生系统知识的获取和基础理论的建立具有不可替代的作用。但它也有其自身无法克服的不足，无法很好地培养学生的动手能力和创新精神，也无法使学生接触到社会实际。而实践课程在学生实践能力的培养上则具有较为明显的优势。因此，地方应用型本科高校在培养应用型人才的过程中，要注意课程结构设置的科学性和合理性，要适当提高实践课程的比重和地位。而显性课程和隐性课程在实际教学过程中往往同时存在、互相影响和作用。在教学体系中要充分发挥隐性课程的正面作用、扬长避短，形成与显性课程优势互补的局面。新建地方本科院校在培养应用型人才的过程中，要实现学生的全面可持续发展，必须利用通识教育这条途径使学生具备较高的一般性素质，为知识、能力、思维和素质的协调发展打下基础。同时要结合课程形式，逐步实现课程内容的综合化和全面化。

4.5.2 教学方法的优化

教学是实现专业培养目标的基本途径，它控制着课程信息传递给培养对象的节点。教学过程的实施情况决定着课程信息传递和接受的效率以及素质培养的效果。因而，在高校进行应用型人才培养模式改革的过程中必须重视教学方法对人才培养的重要作用，改革传统的教学组织形式，采用有利于学生创新素质发展的教学方式和方法。

1. 教学方式优化的前提：重构教学目标，重塑师生关系

目前我国高校在人才培养教学活动中仍然是以讲授式和灌输式的形式为主，在优化教学方式时首先要重构教学目标，重塑师生关系。对教学目标的重构是指改变以往单纯强调知识传授的教育思想，建立体现创新型科技人才素质要求的创新意识、创新精神和创造性思维的培养体系和教学目标。其核心是帮助学生在建构合理知识体系的基础上，帮助学生获取科学研究的兴趣和方法以及科学探索的意志和品格，通过学生的亲身参与和独立思考来锻炼其认识和分析客观事物的新视角、新思维，从而获取思考解决问题的全过程能力。师生关系的重塑是指在高校建立一种新型的师生关系，即实现“教”与“学”过程中师生人格上的平等性、交互活动中的民主性、相处氛围上的和谐性。其核心是师生的心理兼容，通过“教”与“学”双方的彼此合作与交流碰撞达成学生创新素质有效生成的一系列具体培养目标。

对教师而言，重构教学目标和重塑师生关系，首先需要教师确立“学生主体”的观念并充分发挥自己在教学活动中的主导作用。著名教育哲学家马丁·布伯认为，教育过程中的“教”和“学”双方是一种“我—你”关系，而非一种“我—它”关系。前者将“教”“学”双方的关系看成是一种平等对话，相互包容的互动关系，而后者则是把对方视为一种物品。① 在师生双方的相互作用中，教师的主导作用主要体现在“教”的过程，将学生看作是具有独特个性和发展潜力的主体，并为其提供更多自主学习和独立探究的机会。认知主义学派的代表者杰罗姆·S. 布鲁纳也认为，学生是积极、主动的知识探究者，学习过程即是学生发现的过程，教师的作用应当是帮助学生创设一种可以使其独立探究的情境，促使学生独立思考并参与知识获取的过程。为此，在教学活动中教师不仅应当培养学生的主体意识，倡导民主的教学氛围，更应彻底摒弃传统的“独角戏”式枯燥讲授方法，而是通过带领学生探寻学科内的趣味性来激发学生发现学习的乐趣和价值。在

① 叶子，庞丽娟．师生互动的本质与特征［J］．教育研究，2001（4）：30－34.

必要时对学生进行适度的心理干预，引导学生向积极向上的方向发展。[①] 通过这些手段引导学生参与到教学活动中，以激励学生学习的主动性和自觉性。根据课程内容灵活地选择和设计教学方法，力求在提高知识信息输出接收效率的同时，对学生的分析力、洞察力、推理力、质疑力和思维力等多种能力的锻炼也能有所帮助。具体的教学过程也应由以往注重向学生提供某种“正确”的知识而向注重引导学生在过程之中的探索、思考、分析、发现的方向转变，通过“充分暴露认知过程，积极建构认知结构”而导之以理，授之以法。除此以外，教师在教学过程中还应当给学生制造面对困难、解决问题、锻炼意志品质、张扬积极个性的机会和情境，有意识地培养其进行独立探索的自信心、进取心、科学的批判精神以及严谨的求实精神等。

对于学生而言，重构教学目标，重塑师生关系需要在提升“自我意识”过程中充分发挥自己在学习过程中的能动作用。人的主体性构成包括“自主性、主动性与创造性”[②] 三个基本特征。其中，自主性是指个体能够充分认识自我和接纳自我的独立性和独特性，并因此产生设定自我实现和发展的意向。自主性是个体作为主体的前提和基础。“主体性的发挥实质上是自主意识生成并对选择能力和创造能力的生成、发展和培养发挥启动及监控作用的过程。”[③] 自主意识是个体整个主体性存在和发展中最基础的环节，对于其主体性的发挥具有非常重要的基础作用。就主体性的发展而言，其实质就是自主意识不断提升的过程。而作为价值主体，这种自主意识主要表现为对新价值对象的追求以及在认识自我和接纳自我的前提下对自我实现与发展方向的设定。正是在这个意义上，可以认为，提升学生的自主意识是实现其成为学习活动的真正主体，进而能动地、创造性地开展学习活动的基本要件。实际上，任何外在的教育力量和因素只有内化为学生的自觉需要才有可能真正发挥功效，任何教育过程在本质上都是客观因素向主观因素转化之过程。在教师由教育的操作者与主宰者转变为教育的引导者和激发者的同时，学生亦应由被动的知识接受者转变为自主学习与勤于探究的践履者，这样才能使整个教学过程达到最佳状态。自主意识的养成（即独立自主）亦是创新型科技人才进行科技创新所需的重要素质之一。

2. 课堂教学方式的优化：“归纳式”教学与“演绎式”教学各采其长

由于任何一种教学方法都不是完美的，都有各自的优势和局限，这就要求在创新型技术人才培养过程中应采用多样化的教学方法体系，以便各采其长，实现优势互补。

---

① 宋佳声．基于学生主体认知过程分析的教学方法研究［J］．集美大学学报，2010，11（2）：72－75.

② 宗秋荣．全国首届主体教育理论研讨会综述［J］．教育研究，2004（3）：92－94.

③ 田道敏．教育改革视阈中的学生主体性问题论析［J］．中州学刊，2010（3）：138－140.

首先，完善讲授式教学是教学方式优化的基础。“理工科的传统教学模式是演绎性的”①，教授式教学就是比较典型的演绎式教学方法，即教师根据一个主题将相关概念和原理介绍给学生，并且结合案例和形式对知识的应用加以介绍，再给学生布置作业以巩固所学知识，利用考试的形式来检验学生对相关知识的掌握情况以及运用知识解决类似问题的能力。演绎式教学可以在短时间内让学生获得系统的理论知识，因而具有耗时少、效率高的优点。这种教学方式被广为诟病的原因不在于其本身存在的价值缺陷，而是因教学过程中对其应用不当所致。课程中涉及的概念和原理对于学生来讲是间接知识，学生在已有认知水平上进行理解和吸收难免存在困难，所以教师如何根据自己对知识的理解并通过合适的教学方式讲解给学生以帮助学生理解知识是讲授式教学的关键。这就要求教师一方面要具有深厚的知识理论功底，精通专业发展动态，精心进行课程准备，并在实施教学的具体过程中综合运用各种方法（归纳和演绎、比较和分类、分析和逻辑推理等）。同时还要注意采用生动的课堂语言，关注学生的课堂表现和信息反馈。这样才能更好地激发学生的学习动机，活跃学生的思维，增进学生对知识的理解和吸纳。

其次，着力推广以学生为中心的“归纳式”教学是创新型科技人才培养过程中课堂教学方式优化的核心。随着知识经济时代的到来和科技的发展，为了提高人才培养的效率和质量，科学和教育领域都在不断探索新的现代化的教学方法，如探究式学习、发现式学习和基于问题的学习等。这些方法因其在逻辑上都带有归纳法的特点，因而被统称为归纳式教学方法。与传统的讲授式教学相比，这些方法有几个鲜明的特点：第一，它为学生创设了与现实近似的教学情境，以增强学生对学习的兴趣和对未来工作岗位的适应能力；第二，通过设置开放性问题，培养学生的思维能力和创造力；第三，转变了师生的课堂行为方式，教师由知识输出者转变为学生自主学习的引导者，而学生则由被动的知识接受者转变为主动学习者，甚至是研究者。因而，归纳式教学方法对高校创新型科技人才的培养无疑具有重要的实践价值。如探究式教学法摒弃了传统的教师主导的传授式教学，以学生自主学习为中心进行教学组织，培养了学生学习的兴趣、求知欲和主动探索的能力；基于问题的学习将学生置于真实的问题情境中，以结构性问题和开放性结果作为学习的起点，通过团队合作的形式来形成各种解决方案，培养了学生分析问题解决问题的能力以及团队合作的意识和精神；互动式学习则要求学生在教和学双方的互动中自主学习、独立分析解决问题，这种方法打破了以往学生被动接受既有结论的定式，使学生的创新思维和个性与才能得到全面的

① 邹晓东．科学与工程教育创新：战略、模式与对策［M］．北京：科学出版社，2010.

培养和发展，体现出“教与学之间积极思维的共鸣和教师的主导作用与学生的主体作用的和谐统一”①，表4－2归纳了几种比较有代表性的现代教学方法的特点和实施范式，虽然这些方法发展历史不长，仍需进一步的探索完善，但其中蕴含的以学为重、注重学生自主探究的导向，决定了其必将成为今后创新型科技人才培养过程中教学方法体系创新发展的基本方向。

表4－2　　　　部分现代教学方式的主要特点及实施范式

教学方式	主要特点	实施范式
探索式	教师创设问题情境，并指导学生发现、提出问题，探究分析问题，进而提出解决问题的方法，其优点是：学生学习的独立性、主动性得以充分发挥，观察力、思维力、想象力、创造力得以培养，探究过程中的质疑、辨别和收集有效数据的能力得以发掘	创设情景—讨论探究—讲授方法—拓展运用
导学式	教师提出问题，重点讲解疑难问题，注重学习方法的指导和培养问题分析能力，启发诱导学生积极思考而不单单是知识传授，其优点是：使学生有明确的学习目的，合理规划自己的学习，有利于充分锻炼学生的自主学习能力	提出问题—难点讲解—自主学习—启发诱导
研讨式	将研究与讨论交流有机地结合并贯穿于教学全过程，重视对学生创新意识和实践能力的培养，其优点是：教研互动；教学相长；协同学习；既“授人以鱼”，更“授人以渔”；培养学生独立开展研究的能力，把握前沿理论的发展方向，建立团队合作的研究方式	指导选题—独立探索—交流讨论—教师讲评—总结提高
互动式	互动式教学以双向沟通作为师生交流的主要方式，在互动教学中，教学中心由以教师为重心转向教师与学生并重，学生变为教学活动的积极参与者、主体与主角；教师的主导作用则体现为由主演变为导演、师生在教学过程中共同探求新知，完成教学任务	教师置疑（设计互动点）—学生求解—学生设疑（设计互动点）—教师释疑

资料来源：根据相关文献资料归纳整理而成。

大量的实验研究也对归纳式教学方法的实践效果给出了验证。以探究式学习为例，有关归纳式教学方法的积极实践效果也被诸多实验研究所证实，如美国学者李等人在北卡罗来纳州立大学（North Carolina State University，NCSU）所进行的一系列探究式学习的课程研究发现，这种教学方法不仅使学生的批判性思维技能得到了改善，自主探究学习能力也得到增强，同时学习的责任感和智力水平也得到了提高；鲁宾对实验教学粗略的元研究发现，

① 任丽敏，高天迎，李玮．中外工科类人才培养模式比较及对策研究［J］．现代教育科学：高教研究，2008（5）：48－51.

探究式教学的认知学习与非认知学习的效果均明显优于传统教学，其中认知学习包括概念和专题学习、推理力和创造力，非认知学习包括操作技能和态度；[①] 詹姆斯·伊曼斯基等研究者通过对千余名学生的 81 个实验性结果分析，发现探究式学习对于学生的学业成就、理解力、分析力、过程技能的提高具有重要的积极作用；亚米希斯对美国高校 7 个班级的学生进行的 79 个独立研究的元分析发现，探究式学习可以提高学业成就、批判性思维能力、实验技能和过程技能。[②]

最后，课堂教学方式的优化需要相关方面协同配合方有可能得以落实，并在应用型人才培养中达到应然状态。对于教师而言，教学方法的改革不是只有一条“自上而下”的路径，源于教师自身发展动力的“自下而上”式的教学改革更适合创新型科技人才培养中教学方法的优化。在这方面可以借鉴国外一些高校的相关经验，通过设立教师发展中心、教师工作坊等平台，以咨询、资助等形式鼓励教师开展教学方法的改革和创新，提高教师运用现代教学方法的主动性和能力。对学生而言，先需要转变传统教育模式下形成的被动式学习习惯，以积极主动的姿态去适应新的教学模式，真正实现其主体身份的回归。对于学校教学管理部门而言，需要正确处理好教学方式改革中牵涉的诸多关系，如教师对选用新教学方法的态度，教师对现代教学方法的掌握程度，学生对新的教学方式的需求状况等。只有充分关注和理顺这些关系，才能最大限度地消解教学方式优化改革过程中出现的种种障碍，并据此制定兼具激励性和约束力的管理制度。

3. 实践教学方式的优化：系统设计、科学构建与开放拓展

创新的关键“在于智力的高度发展和建立在高度发达智力基础上的创造力的高度发展”[③]，而创造力的高度发展离不开实践地磨炼。实践性是现代教育的重要特征，实践教学有利于巩固理论教学的成果，对于培养学生的思考能力、分析能力、知识转化能力和实践能力等创新素质具有不容忽视的作用。此外，学生在实践教学中能高度参与，这与课堂教学方式相比，其主体性得到了更为充分的发挥。因此，对应用型人才培养模式的教学体系进行优化时，必须处理好理论教学和实践教学二者的关系，要改变以往“重理论，轻实践”的状态，使二者朝相互融合、相互交叉的方向发展。课堂教学和实践教学只是在具体教学功能上各有侧重的两种教学方式，不存在孰轻孰重的从属关系。在这种认识的基础上，实践教学方式的优化可以从以下三个方面进行。

---

① 邹晓东．科学与工程教育创新：战略、模式与对策［M］．北京：科学出版社，2010.

② Streveler, R. A., & Smith, K. A. Conducting rigorous research in engineering education［J］. Journal of Engineering Education, 2006, 95 (2): 103－105.

③ 钟秉林．中国大学改革与创新人才教育［M］．北京：北京师范大学出版社，2008.

①系统设计，注重理论教学与实践教学的相互契合，彰显实践教学的价值定位。在传统教学模式中，实验教学往往作为课堂教学的附属和补充的地位而存在，但在新时期创新型技术人才的培养中，这种教学模式显然已无法满足需要。因而，在专业培养方案和课程系统设计中，首先要正确认识理论教学和实践教学的关系，将其看成是既相互联系又相对独立的两个子系统进行并行设计，从总体上改善实践教学对理论教学的依附性，提高实践教学在整个课程体系中的地位和比重。推动实践教学与理论教学共同形成一个相对完整又相互契合、相互促进的体系。在培养创新型技术人才对实践教学方式的优化过程中，我们应该形成这样的认识：实践教学体系既是学生获取知识的源泉和渠道，同时也是检验知识的手段和标准，还为科学精神、实践能力和创新思维的培养和形成提供了重要的途径。

②科学构建，注重将实践教学与学科专业发展和科学研究有机结合，更新改造传统的实践教学内容和实践教学方式。为此，首先要破除围绕课程设置实验的传统模式，打破实验以辅助性验证为主的基本格局，代之以模块化、层次化的实践教学体系建构。在实践层次上，按照从基础到综合、创新再到毕业设计的递进层次进行系统设计；在实践内容上，注意内容之间的连接性和实施链条的完整性，实验项目应兼顾验证性和探索性内容；在实践方式上，变被动为主动，鼓励和引导学生进行实践参与，教师由实践辅导变为实践引导，实践内容变静态为动态，实践评价由面向实践结果转变为面向实践过程。只有这样才能真正达到实践教学对学生创新素质锻造的应然效果。

③开放拓展，注重课内实验课程与课外实践活动的有机结合，扩大学生自主研究与创新素质培养的空间。对高素质创新型科技人才的培养，要综合考虑学生在理论知识、综合能力以及个性品格等方面的全面发展。通过拓展实践教学的途径，延伸实践教学的内涵，为学生提供更多实践创新的机会，以增强理论学习和实践应用之间的匹配性，充分发挥实践活动对人才培养目标实现的推动作用，以便将对学生实践能力的培养落实到人才培养的各个环节中。

当然，实践教学的优化还需要各方条件的支持，如实验室建设、科技创新实践载体建设等，这些条件的建设既需要高等学校自身主动寻求合作，进行资源整合并加以有效利用，同时也离不开各方利益相关主体的配合和支持。图 4 -2 是根据以上思想所提出的实践教学优化的框架性构想。

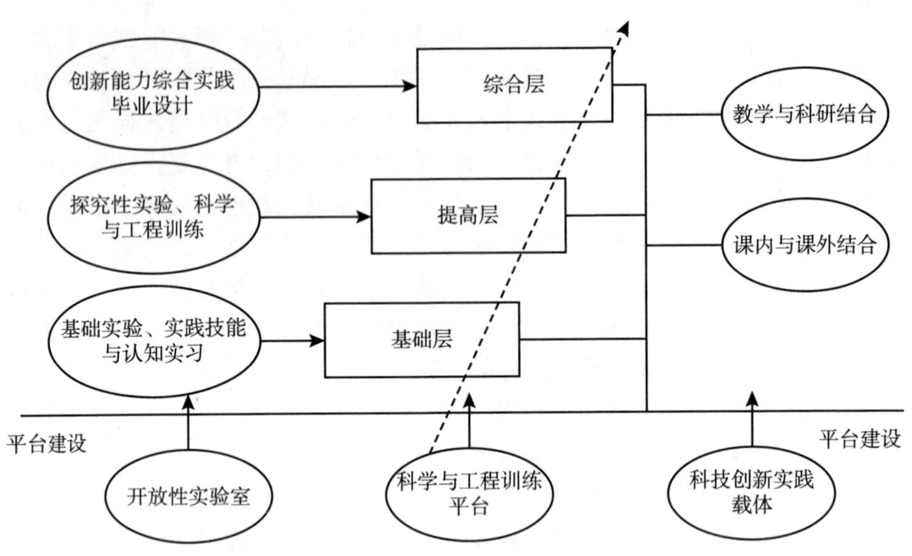

图 4－2　实践教学体系优化的框架性构想

4.6　改革考核评价体系

地方本科院校应用型人才培养的质量提升离不开科学合理的理论教学和实践教学评价标准与评价方式的保障。① 要按应用型人才培养的规格要求，制定专业人才评价标准和相关的评价指标体系，以此为引导监控专业人才的培养过程，保证专业应用型人才培养质量。应用型人才培养的考核评价应以能力评价为核心，以过程评价为主要方式。采用多种考核评价方式，注重形成性、综合性和动态性，从“考试成绩”向评价“学习成效”转变，引导学生从注重“考试结果”向注重“学习过程”转变；在考核内容方面，高校要注重对学生知识运用、动手实践和分析解决问题等方面能力的考核，转变机械知识记忆型考试模式。

课程考核与评价的实施，不仅能反映学生对课程知识和技能的掌握程度和应用情况，同时也是对地方本科院校应用型人才培养方案教学效果的检验。② 应用型人才要为地方经济发展服务，必须具备熟练的技能和扎实的理论基础，才能应对实际工作中的难题，通过考核不仅能评价个体是否能满足社会和行业对应用型人才的要求，同时也是对个体学习成长的一种督促和鞭

① 潘玉驹，廖传景．基于社会需求的应用型本科人才培养及评价［J］．高教发展与评估，2014（5）：88－94.

② 张健．应用型人才培养教学质量监控与保障体系建立［J］．北京教育（高教），2011（4）：51－53.

策。[①] 对地方本科院校考核评价体系的改革可以从以下四个方面进行。

第一，充分发挥学校课程考核和企业课程考核的优势。学校课程考核可以将课程开发成“N+2”模式，即包括N个模块和2个过程考核，其目的在于实现由终端考核转变为教学过程的考核，以便提高对学生创新能力和应用能力的培养[②]；企业课程考核主要是通过与企业合作建立考核标准和机制，采取新的考核方式，给评价各指标赋予一定的权重，分别考核后合计为总成绩来作为评价的最终结果，以此来激发学生对各模块的学习兴趣和热情。

第二，探索多元化的课程考核评价方式。全过程性考核：考核应该贯穿课程开始到结束的全过程，对学生评价考核的内容应该包括其参与学习互动的情况、社会实践实习的评价反馈、作业任务的完成情况以及科研项目的表现等多个方面。不同专业和不同课程应设置不同的考核标准。[③]

第三，实现评价过程公平化。为了保证评价结果的公平、公正，可以通过专业展览、专项汇报和项目答辩等形式保证整个评价过程的公平性。

第四，组建多元化的评价主体。除了学校教师、管理者和学生的参与外，还要将企业、行业专家和第三方评价机构列入评价队伍中，不仅保证评价的真实性和合理性，也使学校在企业、行业的评价标准要求下，培养出更符合规格需要的应用型人才。

4.7　优化教育教学条件

地方应用型本科高校人才培养目标的实现与人才培养模式的实施离不开必要的保障条件。人才培养的保障条件是根据高等学校教学活动或人才培养模式的要求，为人才培养所提供的一切条件及其相应的管理水平和方式，是构建新建地方本科院校人才培养模式的必要组成部分。

4.7.1　地方应用型本科高校人才培养模式实施的资源保障

1. 师资保障

教育大计，教师为本。师资力量是保证教育质量的关键。师资队伍的建

① 韩伏彬．新建本科院校创新型应用人才培养的思考［J］．衡水学院学报，2007，9（2）：85-87.

② 蔡敬民，魏朱宝．应用型本科人才培养的战略思考［J］．中国高等教育，2008（12）：58-60.

③ 史蕾．新建地方本科院校课程考试管理研究［D］．济南：山东师范大学，2010.

设决定了新建地方本科院校能否承担起人才培养和促进地方经济社会发展的重任。

（1）地方应用型本科高校师资队伍现状

地方性是地方应用型本科高校最鲜明的特色，其发展与地方经济社会紧密联系在一起，学科专业也具有明显的地方产业趋向，生源较为充足，毕业生就业前景良好。但近年来，随着地方应用型本科高校的发展，其在师资队伍方面的发展不尽如人意，成为学校实现跨越式发展的瓶颈。虽然近几年高校逐渐认识到这个问题并给予了高度的重视，大力加强师资队伍的建设，如从内提高教师的素质，从外引进优秀人才，教师在数量和质量上都有了很大的提升和改善。但从整体上来说，师资队伍的综合素质仍然较弱，高层次的学科带头人和中青年骨干教师数量不足，满足应用型人才培养的“双师型”师资十分匮乏。教师在教学方法、教学艺术等方面研究不足，没有很大的改观，不能更好地适应新的教育环境。因而近年来各地高校纷纷开始人才争夺战，用各种优厚的条件吸引优秀人才的加入。

（2）地方应用型本科高校师资队伍建设路径

①地方应用型本科高校师资队伍建设的核心是坚持以人为本。

坚持以人为本是科学发展观的核心，在师资队伍建设中同样适用。对于地方应用型本科高校而言，教师是实现学校可持续发展的重要力量。只有保障了教师的质量，学校的教学质量和科研水平才能有所保障。因此，地方应用型本科高校在进行师资队伍建设时，必须坚持以人为本的理念，优化配置已有资源，引导教师积极投身于学校的建设发展过程。此外，学校在实现自身发展目标的同时，也要关注教师个人理想价值的实现，实现二者的和谐统一。这样的环境必然会吸引更多优秀人才的加入，进而推动院校的整体发展。

②地方应用型本科高校师资队伍结构是促进其全面协调可持续发展的首要任务。

师资队伍的素质和结构是影响学校全面协调发展的重要因素，因此，必须坚持和贯彻科学发展观，促使地方应用型本科高校在实现自身发展的同时不断推动地方社会经济的可持续发展。

首先，以现代人力资源开发理念为指导大力开发学校的人力资源，优化教师队伍结构。[①] 科学合理的开发、组织和利用教师的智力资源，为学校发展提供充足的人力资源和智力支持，以推动其培养目标的实现。

其次，教师队伍的结构包括显性结构和隐性结构，学校要从自身实际出

---

① 彭志荣．人力资源理论背景下高校师资队伍建设的思考［J］．中国成人教育，2008（15）：49－50.

发，一方面，从教师的年龄、学历、专业和职称等显性结构入手进行教师结构优化，提高教师资源的使用效益。另一方面，要注重对教师潜力的挖掘。要制定清晰的学校人力资源规划，最大限度地开发利用现有人员的潜力，同时采取择优引进高学历、强能力人才，加强对在职人员的培训等，及时更新教师的专业知识，培养学科带头人、学术骨干和学科梯队，形成师资队伍的高层次复合型人才结构。通过多样化的方式促进人才合理流动和潜力的发挥，进而实现师资队伍的结构优化。

最后，重视教师隐性结构的优化，如教师的性格、能力和思想动态等。学校要坚持终身教育理念，加强对教师入职后的教育，为教师提供职后学习的平台和机会。根据培养应用型人才的需要和产学研相结合的要求，制定科学的教师职后教育计划，明确教师职后教育任务。促使教师思想境界不断提高，性格修养和知识结构不断充实。

③着力加强“双师型”师资队伍建设。

“双师型”教师是指教师不仅要有较高的理论教学素质，还要具备较强的实践教学素质。由于在传统教育体系中，学校比较重视对教师理论教学素质的要求和培养，因而现在大部分地方应用型本科高校中教师的实践教学素质都较为缺乏。因此，要加强“双师型”教师队伍的建设，必须加强实践锻炼。一方面，可以让教师深入企业实际，不仅可以提升实践运作能力，还能开拓教师的视野，及时了解企业对人才的实际需要和要求。另一方面，学校可以引进企业相关专家和管理者到学校任职、授课，将行业新动态和企业丰富经验带到实践教学中。在教师和企业的互动过程中，不断提高实践教学的质量以及为地方经济服务的能力。对于“双师型”教师队伍建设而言，不断增强教师的责任意识，定期对教师进行实践能力培训和考核是行之有效的方法。

地方应用型本科高校由于受办学条件、文化传统和办学历史等的限制，与实力雄厚的老牌普通本科院校相比，在课题申报和学术研究方面的实力较为薄弱。在当前地方应用型本科高校转型发展的背景下，该类院校要转变以往发展的思路，主动把服务地方经济作为首要责任。教师的任务也应转为培养学生的创新思维和创造力以及进行应用型研究上，这不仅有助于教师使命的完成，也突出了应用型本科教育的特点。

地方应用型本科高校所持科研项目数及其完成情况以及科研队伍的稳定性直接影响着学校未来课题的申报和学校的进一步发展。因此，新建本科院校要努力营造积极和谐的研究氛围，大力培养学术带头人，培养科研人员严谨的科研态度，打造团结高效的科研队伍，不断促进学术科研水平的提高。

社会发展需要各行各业的人才，这就要求不同类型和水平的高等学校要承担起各自人才培养任务。地方应用型本科高校要努力在特色教师队伍建设的基础上，培育出具有应用型特色的人才。

2. 设施保障

地方应用型本科高校应用型人才的培养要求有配套的物质条件作保障。甚至严格来讲，应用型人才培养所依托的实践教学硬件设备要比学术型人才的培养有更高、更具体的要求。

（1）教学实验室建设的现状及建设

地方应用型本科高校的实验室是进行实践教学、开展科学研究的重要基地，也是学校教学科研工作的重要组成部分，其建设和管理水平直接影响着应用型人才培养的质量。除了基本的基础理论学习外，实验动手能力是对应用型人才培养的重要内容，而实验教学则是实现这一培养目标的主要途径。因此，地方应用型本科高校必须重视对实验室的建设，因其建设水平和配备质量直接决定了学校实验教学的质量，以及学校对应用型人才的培养能否顺利进行。① 地方应用型本科高校学生的知识转化能力、创造能力以及其创新思维的形成都离不开实验教学环节。同时，先进的实验设备也是进行高水平科研活动的必备条件，反过来优秀的科研成果又可以指导实验教学工作的开展，使学校的整体办学水平不断提升。这也正是强调重视实验室建设和管理的初衷。

随着近年来高等学校办学规模的不断扩大，招生人数也在不断扩充，地方本科院校原有的实验室建设水平已经无法满足学校建设和发展的要求，纵观高校实验室的建设和管理，存在的主要问题主要包括以下三个方面：第一，在实验硬件上，最大的问题就是实验室面积和数量的师生配比相对紧张，实验仪器设备存在不足；第二，在实验室软件上，实验技术队伍的建设和管理不够合理；第三，在实验室的管理上，管理制度不够完善，管理方法陈旧低效。

实验室作为地方应用型本科高校师生进行实践教学和训练的场所，为学生将理论转化为实践能力提供了一个平台。实验室建设目前存在的问题势必会阻碍高校对学生实践能力的培养，会影响学校的实验教学质量和科研水平。因此，地方应用型本科高校在建设发展过程中必须做到有的放矢，从整体办学质量出发，解决当前实验室建设存在的问题，从而实现学校的可持续发展。为此，可以从以下两个方面对实验室建设进行改进。

①加大投资力度，搞好硬件建设，重视实验教师队伍的建设与管理。

实验设备的先进与否以及是否能满足实际教学和科研的需要，在一定程度上决定了实验室功能能否有效发挥。由于观念和资金方面的问题，一些学

① 黄华. 新建地方本科院校实验室软环境建设［J］. 贺州学院学报，2011，27（2）：140－142.

校的实验设备得不到及时的更新。这不仅不利于培养目标的实现，也极大地阻碍了学生实践能力的锻炼和创新思维的形成。各地方应用型本科高校要根据自身办学实际条件，按照教育部本科教学工作水平评估的要求，适当加大对实验室仪器设备的投入，使高校实验室始终保持一定的先进水平。

随着高等教育大众化进程的加快，地方应用型本科高校的招生人数也在逐渐扩张，当前高校实验室在建设面积和数量上的现状已经无法满足师生教学和科研的需要。这成为高校亟待解决的问题，必须通过扩大建设面积和增加实验室数量，才能解决实际教学中的困境。

设备的更新和面积的扩大是实验室实现稳定、可持续发展的基础，而一个稳定的实验技术队伍才是促进其高效、快速发展的关键。学校必须认识到实验室对应用型人才培养的重要性，从现有教师和技术人员的潜力挖掘和聘请企业高级技术人员内外两种途径，加大对高素质、高水平实验教师队伍的充实和建设。

②进一步改进、完善实验室的管理制度和管理方法。

实验室的改革与建设是一项系统工程，需要多方面力量的有效配合才能完成。如何构建与当前教育发展相适应的实验室管理体系，培养出高素质、复合型的人才队伍，是当前实验室改革与建设一项重要而紧迫的任务。

地方应用型本科高校因其在办学条件和办学特色上的差异，在学校实验室建设和管理上也各具特色。实验室管理不仅要求制定相对完善的管理制度，更要注重对相应的制度进行落实。实验室不仅要满足师生日常的教学需要，还要在课外时间为师生的教学准备、课题研究和知识回顾、毕业设计等提供便利、创造机会。这有助于提高学生学习的积极性、巩固专业知识、增强实验动手能力以及综合素质的提升。同时也有利于提高教师的教学水平和科研能力。[①] 学校实验室的建设和管理机制的完善需要经历一个长期的过程，不可能一蹴而就。因而，学校要不断克服建设和改革中的不利因素，主动适应相关体制的发展要求，为高等教育和应用型创新型人才的培养提供服务和保障。

地方应用型本科高校应用型人才培养的实验室建设和管理要以学校的可持续发展为指导，以人才培养目标为出发点，争取政府在政策和资金上的支持。完善现有制度，提高学校的办学条件，及时进行设备的更新；引进优秀的人才，充实现有师资力量。

（2）实践教学基地建设

实践教学基地的建设是地方应用型本科高校进行实践教学改革的基础和

---

① 陈益娥．进一步开放实验室，推进实验教学改革［J］．科技信息：科学教研，2008（15）：204－205.

保证，也是其实践教学顺利开展的前提条件。

①实践教学基地建设应具备的基本条件。

地方应用型本科高校与之合作进行实践教学的实践教学基地必须具备一定的生产和经营规模，具有先进的技术和设备，以及丰富的实践管理经验和安排师生学习、生活的能力。并且还需要有与高校相契合的人才培育理念，能提供经验丰富的技术人员指导学生的实践活动。同时，对于校外的实践教学基地，还要注意实践教学内容和专业方向的一致性，以便高效、高质量的配合教学任务的完成。

②实践教学基地的运行与管理。

校外实践教学基地和校内实习基地最大的区别在于，校外的教学基地为企业所有，要想长期使用该实践基地，学校必须与企业建立长期、全方位的友好合作关系。才能为学生争取到更多的实践操作机会，在提高学生知识、能力和素质的同时实现学校和企业的双赢。

为了给学生提供长期稳定的校外学习基地，学校要与企业签订长期的合作合同，形成一种良性合作关系。企业不是学校临时的教学基地，而是通过与学校共同建设实习基地，弥补学校在硬件设施和师资力量上的不足。在这一过程中，企业得以将实习基地的优势最大化，学校也可利用自身优势帮助企业进行文化等建设，学校和企业实现了人才资源的共享共建。

政府需要在资金和政策上给予地方应用型本科高校一定的优惠和支持，使高校有能力不断改善自身的实践教学条件，适时加强实践基地建设。通过提供大量的资金支持，免除学校在资金等方面的后顾之忧。在政策上，政府要对一些行业领域较为有代表性和实力雄厚但不愿参与校企合作的企业进行硬性规定，让更多优秀企业参与到地方应用型本科高校的实践教学中，只有高校培养出优秀的人才，才能更好地为地方企业的发展服务。同时要加强企业对参与人才培养对自身重要性的认识，积极同学校进行合作，给予必要的支持，这对校企双方的发展都有较大的益处。企业与学校在师资方面也可以形成制度化的互动，彼此定期进行交流和互动。在这个过程中，学校可以顺利解决实践教学中的相关问题，还能顺利完成学校为社会培养人才的任务，而企业在争取到更多优秀人才的同时也提升了其社会地位和知名度。

3. 创新型科技人才培养中的科技训练平台建设

（1）科技训练平台与创新型科技人才的培养

创新源于实践。因此，要培养大学生的创新能力，必须为其提供参与社会创新实践活动的机会和平台。高校目前在设立与基础理论相配套、兼具本专业技能训练和知识综合应用的实验教学平台上已经形成共识，这是实践教学发展和应用型人才培养的必然要求，是合乎本阶段教学要求的。但在大学生自主研究探索的创新平台的建设上还有较大的欠缺，这是学生开展研究型学习和自主创新设计的必要条件。在提高大学生科技创新能力方面，我国也开展了诸如“挑战杯”在内的多种大学生科技创新竞赛活动。这些活动的开展对学生科技兴趣的激发和创新能力的提高都发挥了重要的作用。但这种零星的竞赛实践平台，只能涉及极少部分的大学生，难以保证所有学生或绝大部分学生都有机会参与到科技创新的实践中来。因而，如何建立更加常态化、普遍化的新型科技实践平台是高校进行创新型科技人才培养需要认真思考和解决的问题。

（2）完善学生科技训练平台建设的建议

①建立大学生科技创新吸纳制度。可以充分发挥大学生社团的组织宣传作用，通过建立科技实践社团，面向全体学生宣传科技创新的重要性，吸纳对此感兴趣的同学。建立专门的学生科技创新管理档案，对学生的个人信息及相关科技创新构想进行记录和管理，并可以借助学校和社会融资的形式，帮助社团同学将科技创新构想进一步验证、发展甚至变为现实。

②建立学生、教师科技创新双向选择制度，搭建项目课题平台。高校中教师和学生之间信息不对称的问题在一定程度上限制了学生科技创新能力的发展。一方面，教师的课题苦于找不到合适的学生参与；另一方面，学生又不知道去哪里寻找课题。因此，建立师生之间的科技创新双向选择制度，可以在意向师生之间搭建沟通的桥梁，使教师和学生都能找到合适的合作项目和人选，最大限度地发挥自身的创造力。

③组织开展各种层次和类型的科技竞赛活动、构建科技竞赛平台。根据学生的年级和专业等，定期开展针对性的讲座、报告和科技展等活动，在学校中营造一个创新实践的氛围。以竞赛为平台、以作品为手段。组织学生参与学校、省（区市）和全国的科技竞赛活动，通过作品的制作和项目的参与，让学生在实际操作和体验中增强自身的创新意识，提升自身的创新精神和创新能力。

④坚持走“产、学、研”相结合的道路，构建项目研究平台。科技创新的最终目的是为了将科技应用于实际，转化为生产力。因此，可以定期组织学生到企业进行实地参观学习，在与企业专业技术人员和企业家的座谈交流中，加深对企业实际科技创新需求的了解，以便在学习和研究活动中进行更具针对性地选择和探索。此外，学校还要不断拓宽科技转化的渠道，将科技创新的研究成果转化为实际产品，真正发挥科技创新的实效。企业也可以充分利用已有的设备和技术，让学生参与到产品和技术的研发中，形成经验学习、才能发挥和共同发展的良性循环。

⑤设立大学生科技创新基金，建立科学的激励和评价机制。高校可通过设立大学生科技创新基金，为大学生的科研活动提供一定的资金支持，以此来调动大学生参与科研工作的积极性，保障大学生科研活动的顺利推进。

归纳起来，科技实践平台的建设要坚持“一个中心”——以学生为主体进行科技创新；“两个开放”——项目课题向学生开放、实验室向学生开放；“两个结合”——不同年级的学生情况与不同类型的科技创新活动结合，“产、学、研”相结合；“四个突破”——在平台建设经费上突破、在平台配套设施上突破、在激励制度上突破、在校内平台与校外平台的协调、合作与共享上突破。

4.7.2 地方应用型本科高校人才培养模式实施的校园文化保障

校园文化是一种特殊的社会文化，它具有各校独有的特色，是由学校和师生共同建设而成的。它以校园为依托，培养学生乃至学校全体成员的整体素质，对学生价值观的形成，创造力的培养，性格的养成等都有重要的作用。校园文化作为国家文化的重要构成要素，它不仅体现着先进文化的方向，同时对全校成员还有一定的教育作用，这种文化带有一定的辐射性，其影响范围之广决定了它存在的必要性和重要性。

1. 校园文化建设对地方应用型本科高校人才培养的意义

对于地方应用型本科高校而言，校园文化不仅发挥着潜移默化的教育作用，同时还给学生提供了将理论转化为现实的机会。在这种既包括创造机会、娱乐机会，又包括学术研究氛围的文化中，不仅使学生的意志力得到了很好的锻炼，同时也极大地促进了对学生情感的塑造。这就使学生不仅具备了操作能力和创造性思维的前提条件，也能在良好的氛围中不断约束和审视自己，从而不断提升自我。

校园文化活动丰富多彩、形式多样，它为学生提供了自我展示的平台。在各种活动的组织和参与过程中，学生身上的优秀品质被不断挖掘和展现，形成了一股强大的凝聚力。学生还可以养成较高的素养和动手动脑的习惯。校园文化为教师提供了更宽广的施教场所，为学生提供了更生动有趣的学习课堂，在其中能有效地促进应用型人才各方面能力和素质的提升。

2. 地方应用型本科高校校园文化建设的体系构建

高等学校人才培养的目标存在较大差异，因而校园文化的积淀也就各不相同。校园文化的价值导向作用因培养目标的不同而产生差异。

（1）大力加强校风、学风建设，提炼和培养特色校园精神

校园精神是校园文化建设的中心，它可以促进培养目标的实现和学校改革进程的加快。在高校中，校园精神集中体现在校训上，虽然各校的校训会随着时代的发展进行一定的修改，但其内涵是相对稳定的。它为学校师生提供了精神动力，潜移默化地影响着学校成员，规范着学校成员的思想和行为。校风同校训一样都代表着一种学校的精神风貌和价值追求。地方应用型

本科高校要在办学过程中不断提炼自己的校训，以展现学校良好形象，明确校园精神导向。①

（2）构建促进大学生社会化的校园文化

高等学校的校园文化使学校成员在环境影响下不断修正自己的价值观和行为，塑造自己的性格，并完成社会化的过程。同时，在组织和参与文化科技活动的过程中，也实现了对集体观念、爱国情感的培养，使个体的知识面得到扩展、能力得到提升，整体素质也得到了提高。学生各方面素质的改变和提升恰恰体现了校园文化在其社会化过程中的巨大作用。

地方应用型本科高校的学生可以通过参与社会实践有效地促进自身的社会化。在这个过程中，学生不仅可以对自己有个更客观的认识，还能不断提高自己的实践水平，增强自己解决问题的能力、形成良好的个性品质、锻炼良好的心态、保持积极上进。由此，学生在身心和知识技能上都能更好地适应未来的社会环境。

对环境和氛围的营造是校园文化促进学生社会过程中的重中之重，也是推动应用型人才培养目标实现的有效途径。因此，学校要不断创新校园文化活动形式，拓宽校园文化开设的范围和领域，全方面多层次地促进学生的成长；同时更要加强学习风气、教学风气和学校风气的建设。

（3）重视学术活动在校园文化中的作用

校园文化涵盖的范围十分广泛。大学作为教授和传播高深知识的场所，学术研究在其校园文化建设中有着举足轻重的地位。学术活动通过创造相应的研究成果及其包含的观念、方法和技术来营造学术探讨和研究的氛围，以此在无形中推动校园文化的建设和进步，促使校园活动得以规范、有效的开展。② 地方应用型本科高校要培养的正是具有创造性思维和独特观点的人才，学术活动的开展正好契合了这一培养目标，同时也使学校文化的层次提升到一个新的高度。

（4）加强同企业文化的双向交流与沟通

与企业文化的交流应该是双向的，要走“请进来”和“走出去”相结合的道路。地方应用型本科高校的师生要正确认识对企业文化研究的重要性，除了能够促进企业的发展，也为学生提供了参与相关研究课题，实现理论结合实际的机会。学生利用假期到企业进行的实践实习，不仅可以增进自身对企业文化的了解，也使自身的实践能力得到了提升。

除了以上四方面对校园文化建设的举措外，地方应用型本科高校还应把

---

① 洪庆根，李世改，马天翼．试论办学理念、办学特色、校风、校训之间的关系［J］．高等教育研究，2009，32（4）：4－6.

② 张立华，王守义．新建地方本科院校高品位校园文化建设探析［J］．教育理论与实践，2010（3）：9－11.

校训、校标融入学校建筑物和校园景观中，在校园建设规划中也无时无刻不体现着应用型人才培养的校园文化氛围。

综上所述，不管是营造学术氛围和高雅环境、陶冶大学生的高尚情操；精心设计组织社团活动和文体活动，促使大学生尽快社会化；还是加强同企业文化的双向交流与沟通，让学生尽快熟悉企业文化等，如果这些能够在校园文化建设中很好地结合起来，就能为培养更多适应社会需求的高素质人才提供平台，而且在一定程度上也可以促进校园文化的内涵发展。

4.7.3 地方应用型本科高校人才培养模式实施的制度保障

精英教育时期的教育管理制度具有刚性强、缺乏弹性、不够人性化和缺少个性化的特点，已经无法适应高等教育大众化阶段对人才培养的需要。为了构建科学、合理的人才培养模式，实现人才培养目标，地方应用型本科高校必须建立合理、规范的制度来保障人才培养模式的实施。

在高等教育大众化的进程中，学生的角色发生了巨大的变化，他们由受教育的对象变为教育服务的对象。因此，学校的管理方式也要做出适当的调整，主动站在学生的角度，设身处地地为学生提供服务，这样，学生也会更加积极主动地参与到学校教育活动中。因此，学校需要紧跟时代步伐，坚持师生发展为本，不断更新管理理念，完善管理制度。学校要发挥统领全局的作用，适时弥补管理制度运行中的纰漏和不足，保证制度合理运行，保证学校教学活动的顺利、有序开展。

1. 树立以教学工作为中心的管理理念

管理理念的改变是管理制度改革创新的先决条件。新型教学管理制度要以院系、教师和学生的发展为根本。院系在积极推动创造性管理方式的同时，可以促成院校形成自己的办学特色；教师在教学过程中享有一定的自由选择权，这样就为教师创造性的发挥提供了一定的条件。在此基础上才能为学生的学习创造相对自由的环境，培养学生相对独立的个性品格和自由多元的思维习惯。学生是学校教育的主体，学生具有相对自由的权利才能使学校的目标更好地实现。

2. 管理重心适当下移，增强管理活力

地方应用型本科高校管理改革应从集权管理转向分权管理，由过分集中转向相对分散的状态，实现学校管理重心的下移。学校和职能部门的主要任务是做好发展规划、信息服务、矛盾调解、资源保障和质量监控等工作。职能部门既要保持对宏观、大局问题的指导、服务和评价职能，同时还要赋予院系一定的自主权，以保证院系发展的灵活性。院系保留一定的权利，不仅有利于其自身潜力的发挥，同时也有利于推动整个学院管理水平的提升，使学校人才培养更见成效。各院系也要努力转变自身角色，切实履行相应的职责，高效灵活的运用学校赋予的权利，创造性地开展应用型人才培养和教学管理工作。

3. 建立健全促进学生全面素质提高的考评制度

地方应用型本科高校要根据自身的人才培养目标和规格要求，建立与之相匹配的教学质量评价标准。改变以往过分强调知识传授的局面，加强对学生个人能力和整体素质的考核，强调学生的全面发展和独特个性。社会对人才的需求是多样化的，因此，质量评价体系也应进行分层，实现多元化的考核评价机制，建立公正合理的应用型人才质量评价标准。

基于现代人才培养的需要，以往单一的评价方式已经失去其原有优势，必须建立相应科学的考评制度。在这个过程中，要注意根据地方应用型本科高校的特点，保持考试方式的灵活性和多样性，还要突出对学生创新思维和实践能力的考评。从知识、能力、思维和素质四个方面入手构建考试评价制度，从而为学校人才整体素质的提高提供支持和保障。

4. 形成保障学生学习自由的弹性管理

基于学生个性发展的目的，要给予学生一定的学习选择权，以便调动学生学习的积极性和主动性。应用型人才培养的特点是在掌握基础理论的基础上，着重强调对创新能力、实践能力的培养，并要求有较强的整体素质。现在学校的管理制度大都不够灵活，缺少运行弹性，这并不利于应用型人才培养。要在专业、教师、学习内容和学习方式等方面给予学生一定的自主权，使学生能够根据实际情况做出最适合自身的选择，也使学校管理制度的作用得到更好的发挥。

5. 维护学生正当权益，提高管理制度的合法性

地方应用型本科高校教学管理制度的制定要实现合法性和合规律性二者的统一。不仅要保障对学校正常教学秩序的维护，还要维护学生的合法权益。不能存在与国家法律法规相违背或抵触的条款，要对学生的权利和义务进行明确的规定和说明，如自主学习的选择权、对学校决策的知情权等。同时还要详细规定大学生违规、违纪处理的程序。学校在处理违规、违纪事件时，要保留学生的申诉权，当事人可以就有争议的事项向学校提起申诉。

6. 管理制度要体现并增强对教学的服务和支持

地方应用型本科高校要突出教学管理制度的服务功能，同时满足市场和人才培养的需求。大众化教育时期，学生的主体性受到普遍认可和接受，学校管理层的地位也随之发生改变。管理者要树立服务意识，充分履行其社会服务的职能。通过建立导师制度、分类指导制度和咨询服务制度等一系列支持教学的服务制度，来支持其服务功能的实现。

4.8 完善质量监控体系

地方应用型本科高校建立自己的人才培养质量监控体系，是实现自身健康发展，控制教学活动主动权的根本。

4.8.1 教学质量监控与评估的内容

地方应用型本科高校在应用型人才培养改革工作中，要根据院校自身的办学条件、教学管理水平、教师队伍素质和学生学习特征等因素建立全过程、全方位、全员性的监控与评估标准①。

全过程指的是对应用型人才的培养要体现在从市场调研、专业选择与设置、教学组织和实施、毕业教育到就业指导的全过程。在每一个层面都要制定严格的监控与评估标准并坚持落实，因为每一点都影响着教学和应用型人才培养的效果。

全方位是指教学质量的评估涵盖了教学活动组织与实施过程中的全部要素。如学生的日常行为管理、课外实践活动、社会调查、实习活动以及实践能力和校园文化的建设等。地方应用型本科高校也是教育的一个部门、是一个体系，其内部的各单位、各职能部门间相互制约，但都以人才培养为目标协同工作。

全员性是指包括高校的教师、学生及相关部门管理人员在内的所有教职员工都参与到教学监督和管理的过程中。所有成员都要以培养应用型人才作为工作的核心，各司其职建立各种标准、规范和监督模式，来共同解决人才培养过程中出现的问题。

4.8.2 教学质量监控与评估的模式

在教学实施过程中，教学质量的监控是一把利刃，为了适应现今人才培养的需要，必须实行外部监控与自我管理相结合的模式。

1. 外部控制

高等学校作为教育指令的实际执行者，其教育目标和任务的实现必须有政府教育职能部门的严密监控和严格管理。当然，如果政府教育部门对高校

① 陈鸿海．推进行政“大部制”改革　完善高校内部治理结构［J］．中国高等教育，2013（7）：29－31.

的教学监控只是安排一些教育评估和部门检查等工作，势必会让高校应接不暇，疏忽了教学，而出现讲形式、顾面子的现象，使培养应用型人才的社会责任成为虚设。因此，这里提到的外部管理主要是指教学运作过程以外，但在高校可控范围内的，如高校组建特色校级质量监控标准，并设立管理权独立的质量监控管理办公室，组织校内教学效果好的教师、聘请企业专家成立校级层面的教学督导专家团队，面向全校各专业开展常规和专项的教学质量检查及监督工作，及时反馈检查实际情况，提出整改意见、检查整改成果、提高教学效果。

2. 自我管理

将教学实施过程看成是学生自我管理的一个系统，这是新时代对高校改革赋予的一种新的使命。为了保证高校教学质量的提高，有必要在高校内部建设和培养一支能够承担自我评估职责的专业团队，并配备相应的管理机制。在院系级的质量监控，可组织系级教学督导专家执行常规和专项检查，并建设联络员网络，对教学相关的评估信息进行及时反馈。

近年来，教育部倡导各高校根据自身的特色构建“校本管理”模式，由政府管控模式向高校自我管理、成长与完善的模式转变。这就是一种十分典型又实用的教学质量控制方法。

4.8.3　教学质量控制集合

教学质量控制集合是教学质量保障体系实施评价、诊断、反馈等一系列具体质量保证措施的核心功能要素集，是教学质量保障体系建设在活动方面表现最为具体和直接的部分，它与教学质量保障的组织机构一起构成了教学质量保障体系建设前后变化最能为人们所察觉的部分。其作为高校教学质量保障体系的基本要素之一，主要包括监控与评价、分析与诊断、反馈与改进、存档与研发四个部分，各部分作用于教学过程各主要环节或主要因素控制点的质量保障，形成闭合的循环，以保证教学质量的持续改进与不断提高，是教学质量保障任务的关键执行层面。各部分具体功能及基本要求有以下四方面内容。

1. 监控与评价

教学质量的监控与评价主要是在建立和完善各类教学质量保障的规章制度、标准、规程的基础上，形成有效的质量监控与评价机制，并合理建设和有效组织相应的监控与评价小组，以对专业、主要教学环节或主要教学质量影响因素实施有效的监控与评价，其内容主要包括专业评估、课程评估、课堂教学监控与评价、实践教学监控与评价。

其基本要求是：

①具备完善的教学质量监控与评价的规章制度、标准及规程，并付诸实施。具体如一些关键教学环节的监控与评价活动的常规化、制度化，建立起各教学环节的质量标准体系，建立科学合理的一整套监控与评价活动的规范与程序。

②具备组织监控与评价专家队伍的条件与能力，并满足教学质量控制的需要。如校内要建立一支既深谙教学规律又熟悉教学质量监控与评价方法与技术的专家队伍，同时，也能根据任务需要聘请校外相关专家，建立并维护学校的专家团队，制定相应的专家选用原则、程序及标准。

③具备并合理择用多元化的教学质量监控评价工具和技术的条件与能力。如方法的多样性，应包括学生评教、教师自评、同行评价、督导组领导听课和毕业生用人单位反馈等；同时还可采用座谈、问卷调查和现场听课等多样化的组织形式，并且具备各类方法、方式所需要的条件，如科学的本校教学质量调研问卷库、历史教学质量数据或信息的数据库与检索系统等。

2. 分析与诊断

教学质量的分析与诊断主要是基于以上监控与评价所产生的信息，结合其他输入、过程和输出环节得到的质量信息，进行科学合理的分析，找出问题及其根源，并对此提出相应的修改意见和改进方案。其分析与诊断的范围主要是同上一环节监控与评价相衔接，并同时参考其他环节的质量信息。相关分析主要包括输入环节的生源质量分析、输出环节的就业情况、毕业生及社会满意度分析、过程环节的试卷分析等，同时还会涉及以上监控与评价环节相关的内容分析。其基本要求是：分析定期进行、诊断随评而行。即要定期对输入、输出、过程各个环节的质量信息进行分析，并根据所获信息做出分析判断，生成分析报告。必要时可同时结合上述分析报告进行诊断。在科学合理的分析诊断基础上，给出切实可行的改进建议和方案。

3. 反馈与改进

反馈与改进的有效性关乎整个质量保障的效果，这也是教学质量保障区别于其他质量监控的显著特征。反馈主要是根据前面教学质量监控、评价、分析及诊断，以改进方案或分析报告的形式呈现，反馈的对象主要是教学质量待改进主体或者教学质量保障管理部门。随后，相关主体也可就反馈内容进行沟通交流，避免因信息不对称等原因造成评估反馈的障碍。改进就是对相关部门就改进建议和方案落实情况的验收或监督。一方面，改进主体需要依照改进建议制定切实可行的改进计划，并付诸实践，接受相关部门的监督；另一方面，学校教学质量保障管理部门要对改进主体提供一定的支持，帮助改进主体及时改进不足之处，真正提高教学质量。其基本要求是：

①建立预警机制，进行预防性反馈。

②制定针对性反馈与改进方案，要切实可行。

③建议主体与待改进主体间有效交流、达成基本共识。

④为改进方案制定切实可行的计划，提供必要支持条件，并建立监督机制。

⑤完善支持条件。如建设教师专业发展的政策与机构，或寻求外部合作以实现其功能。

4. 存档与研发

存档即对教学质量监控过程中产生的信息进行筛选、分类、数字化处理并归档存储，建立教学质量控制信息数据库的过程。研发即科学运用以上信息进行针对性的研究和开发，以更好地为教学质量监控和教学质量的提高服务。如工具与技术的研发、为教学质量风险管理提供分析报告等。这些内容可由“决策支持机构”或教务处来专项负责拟定。其基本要求是：

具备规范的档案管理制度。具备专业研究人员或队伍，具备各类质量保障工具与技术的择用、研究，如本校适用性研究、改进开发各类教学质量评价调查问卷库的能力。

此外，就整个教学质量控制过程而言，除了以上各项的基本要求，还应具备各阶段有效衔接的机制。

第 5 章

地方应用型本科高校实践教学体系现状及问题分析

作为高等教育大众化的产物，地方应用型本科高校的实践教学体系尚未发展成熟，其体系发展还远远落后于内涵建设的要求。由于固守传统教学机制，地方应用型本科高校在实践教学体系建设和运行中还存在一些问题。通过对地方应用型本科高校相关资料的收集以及对调查问卷的回收统计，现将调查的地方本科院校实践教学体系的现状及其存在的问题作简要分析。

5.1 人才培养目标定位不明确

对于一所高校而言，培养出社会所需要的人才是其生存与发展的根本。因此，一所高校健康持续发展的关键在于通过科学合理的教学体系设置来实现其人才培养的目标。鉴于地方应用型本科高校较短的办学历史，以及办学传统、师资力量、教学水平、生源质量等方面的实力限制，相较于传统名校和实力雄厚的普通本科院校，很难培养出有拔尖水平的理论型人才。但当今社会对人才的需求是多样化的，不仅需要一定数量的理论型人才，也需要大批应用型人才来从事实践工作。而地方应用型本科高校正是培养此类人才的院校，也是其寻找发展出路，提高院校竞争力的突破点。

虽然许多地方应用型本科高校将学校的办学定位放在应用型本科上，但还有很多院校领导者并没有完全搞清楚应用型本科教育的内涵是什么，以及在人才培养模式、对教师的要求和课程体系的设置上与传统本科院校的区别也没有清晰的思路。并且在院校升级的热潮中，地方应用型本科高校的培养目标也随之“水涨船高”逐渐升级。虽然地方应用型本科高校不排除培养研究生、博士生层次的人才，但在院校新建初期就将本科人才的培养目标盲目提升到更高的层次，显然是不合适的。目前，根据地方应用型本科高校的发展实际和社会需要，将人才培养目标定位在应用技术型人才才是恰当的。

此外，地方应用型本科高校的教育目标过于笼统，缺乏层次性和针对性，忽视了学生个性发展的需要和因材施教的教育理念，过分强调培养目标的整齐划一，这是不现实的，也是不科学的。

在人才培养上，地方应用型本科高校目前存在的普遍问题是：不少院校在人才培养目标的制定上缺乏市场调查，不了解社会对人才素质的实际需求状况，或者是根据一群不是很了解学科人才需求的所谓专家的判断来进行。例如：新时代背景下社会需要具备什么素质的工程师？很多高校在不清楚这一素质要求的情况下依然开设培养工程师的专业。再比如，师范类院校主要承担着为基础教育培养师资的任务，但不少师范类院校在人才培养过程中其实并不清楚中小学究竟需要什么样的教师，如此等等。这部分高校在人才培养目标上没有清晰的定位，相应的也会影响到学校的教学资源配置、师资队伍建设、教学内容选择和教学方法的采用等一系列教学活动的开展，也就很难培养出真正符合要求的人才。人才培养目标的准确定位决定着地方应用型本科高校的整体发展方向，对学校教学活动的开展起着重要的指导作用。如果不能正确认识，明确定位，必然会导致高校专业培养目标、课程体系的趋同化和人才培养的“千人一面”，也就无法体现应用型本科的办学特色。

任何教学活动都应有目标性，需要根据教学目标组织开展针对性的教学活动，这样才能保障教学目标的实现。长期以来，在传统教育理念的影响下，重课堂教学，轻实践教学的现象在地方本科院校的教学活动组织中普遍存在。这导致实践教学常常处于游离课堂教学之外的尴尬状态。实践教学目标模糊，实践教学体系不完整，结构简单，在专业实践教学上具有一定的盲目性。这种情况严重影响了学生实践能力的提高和教学质量的提升，也制约着地方应用型本科高校最终人才培养目标的实现。

造成这些问题的原因一方面是由于受传统知识本位价值观的影响，地方应用型本科高校仍然坚持着旧有人才培养的惯性，精英教育的思想和观念根深蒂固，学院领导无法对应用型本科的人才进行准确定位。另一方面地方应用型本科高校的办学历史较短，仍处于探索发展道路的阶段，学校发展与地方区域经济社会结合的模式尚未稳固，还没有形成自己的特色发展之路。

5.2　缺乏对实践教学体系的系统构建

许多地方应用型本科高校尚未探索出完全适合的发展道路，在借鉴传统本科院校进行实践教学体系构建的过程中，难免带有浓重的理论色彩，传统的“重理论，轻实践”的教学模式依然存在于应用型本科的教学体系中。一些地方应用型本科高校的实践教学体系在构建中主要有以下几方面的问题。

首先，在实践教学体系中，相较于理论教学，实践教学的课时数占据更小的比例。与传统本科相比，虽然地方应用型本科高校在其教学体系中增加了一定的实训内容和课时数，但在整体的课时比例上，这些院校与传统本科院校并没有本质差别，“理论教学学时与实践教学学时的比例大致为4∶1”。①

其次，许多地方应用型本科高校的实践教学环节与企业的生产活动之间存在较大的脱节现象。实践教学环节的设计大多依照理论教学的需要进行，其目的在于帮助更好地理解和掌握理论教学的内容。并且这些实践活动大多在学校进行，缺少与实际工作环境的接触，从而难以实现教学内容与生产实际的结合。从实地走访和调查的地方本科院校实际情况来看，无论是本科教学评估还是在学士学位的授予评审标准中，都对实践基地的建设提出了具体的要求。从各院校呈现的文字材料来看，几乎每个专业的实践基地数量都达到甚至远远超过规定的要求，但在每个实践教学基地的具体考察中发现，实践基地的实际使用情况并不理想。甚至有的实践教学基地只是挂一个牌子，几乎没有安排过相关的实践活动，或者只是安排一些简单的参观活动，学生根本无法深入地了解和参与。当然这其中不乏大量真正让实践教学基地发挥应有价值的院校，这些院校利用校企合作和产学研开发等形式，一方面，为学生提供顶岗实习的机会，并安排企业专业的技术人员和管理者对学生进行针对性培训和指导；另一方面，高校充分发挥自身的人才优势，与企业联合开展科学研究，在促进自身科研和教学水平不断提升的同时也为企业发展提供了丰富的人力资源和智力支持。

最后，课内教学实践与课外实践教学的衔接性不够，没有实现二者的有机结合。除了课堂教学外，课外时间也占据了学生在校学习生活的较大比重，将这一部分时间进行有效利用，对学生能力的发展和教学质量的提高具有重要的意义。虽然现在绝大多数院校都会给学生安排丰富多彩的课外活动，但纵观这些活动的性质和内容，除了少量的学科竞赛、大学生创新创业活动和科技竞赛外，大多与学习上的专业没有太多的联系。多数同学参与的还是学生社团自发组织的小团体活动，对学生综合运用所学专业知识、实践能力、创新能力和综合素质提高的作用并不是很大。因此，学生这些方面综合素质的提升还需依靠专门的实践教学活动的开展来实现。

造成以上问题的原因主要有：一是在传统教育思想的长久影响下，“拿来主义”严重，加上缺乏应用型本科的办学经验，对实践教学在应用型人才培养过程中的作用认识不足，重视不够，没有将实践教学和理论教学摆在

---

① 徐侠，黄宝凤，吕江洪．应用型本科教育应强化实践教学［J］．人口与社会，2009，25（2）：77－80.

同样的位置，理论和实践并重的人才培养目标也就得不到有效落实；二是部分地方应用型本科高校虽然已经认识到实践教学的重要性，但鉴于自身办学历史和实力的限制，加之社会经济发展要求的迅速变化，要想建立一套合理、完善的实践教学体系需要通过不断的探索、实践和修正，这是一个相当漫长的过程；三是目前地方应用型本科高校在实践教学的时间安排上基本一致，大多选在整个学习周期的最后两个学期，加之各地实践教学基地的数量有限，因而会出现同一时间多所学校的学生同时进行实践实习活动的“撞车”现象。不仅加重了课外实践教学基地的承受压力，也影响了实践教学的质量。此外，国家在学生实践实习方面的政策支持力度不够，企业与高校合作进行应用型人才培养的积极性不高。

5.3　实践教学课程内涵建设重视不够

地方应用型本科高校实践教学应该依靠内涵建设拉动外延发展来实现，而非先扩展外延然后再被动拉动内涵建设，二者的关系不能本末倒置。在地方应用型本科高校转型发展的过程中，由于缺少先天经验，难免出现不知如何下手，“胡子眉毛一把抓”的情况。此时，建设速度快，易出成绩的外延建设成了许多地方应用型本科高校的选择。比如，一些前期建设基础不好，尚不满足扩招条件的院校在高校扩招的浪潮中紧抓外延假设，在基础建设上做足规模，也盲目进行扩招。但因其内涵建设跟不上，大量学生涌入之后，一系列问题便开始显现，给学校的正常运营带来不少麻烦，学生的培养质量也无法得到保障。内涵建设在高校运行中主要体现在课程的建设上，根据对相关地方应用型本科高校的调查，只有1/3左右的学生表示其所学课程能够适应社会的需求，这说明该类院校的课程设置大部分还不能适应社会发展对人才培养的需要。

由于实践教学与社会实践之间存在紧密联系，因而地方应用型本科高校的教学内容要充分反映出新技术的更新和应用，但大部分高校现在都无法很好地做到这一点。在地方应用型本科高校实践课程的建设中，往往存在以下问题。

1. 实践教学内容陈旧，更新速度慢、周期长

大部分高校在专业设置、人才培养方案制定、教学内容的安排和教材的选用等方面多采用内部解决的方式，很少通过实际的社会调查来了解社会和行业的真实人才要求。这极易造成课程内容陈旧，无法适应时代发展的要求。甚至现阶段很多从事实践教学活动的教师本身就缺乏实际的企业工作经验，因而在给学生授课时多为纸上谈兵。同时，高校目前开设的实验、实践课程内容多是对理论知识的验证和检验，需要学生综合运用所学知识来进行综合性设计的实验则少之又少。根据对高校本科教学评估中关于综合性实验课程的安排要求来看，其比例都有较高的要求，几乎达到100%。但这个比例是按照课程来统计的，也就是说，无论一门实践或实验课程中涉及多少个实验或实践活动，只要其中有一个满足综合性实验（实践）课程的要求，那这门课程就是符合要求的，因此也就不难理解为什么绝大部分院校的实践教学课程在评估中都能达标。

实践教学体系涵盖的内容比较广泛，下面通过一组调查数据对地方应用型本科高校在实践教学课程建设方面的几个主要问题进行着重分析。

（1）实践教学学时不足，课时比例不合理

随着近年来地方应用型本科高校对实践教学的重视，大部分高校在制定专业教学计划时，不仅能从制度上保障实践教学活动的充分开展，而且制定了相应的教学大纲，对实践教学环节着重进行了设计，真正将实践教学贯穿于人才培养的整个过程中。此外，在实践教学基地的建设和教学目标设置等方面都有了较大的改善。但与国外同类型高校相比，仅从实践教学的课时安排上，我国地方应用型本科高校仍存在较大的差距。

从图 5－1 可知，在美国大学的课程计划中，实践教学的比例平均在30%左右，而我国大学实践教学的比例则在20%左右，还有较大的差距。如表5－1所示，有55%的学生认为本专业理论教学多、实践教学少，39%认为实践教学多、理论教学少，只有21名学生认为两者比例平衡，由此看来新建本科转型院校实践教学的课时比例整体偏低，实践训练在时间上难以保障。且我国本科阶段的教育课时数整体上高于美国高校，加上实践教学课时的较小比例，说明我国学生的在校时间被大量的理论教学所占据。

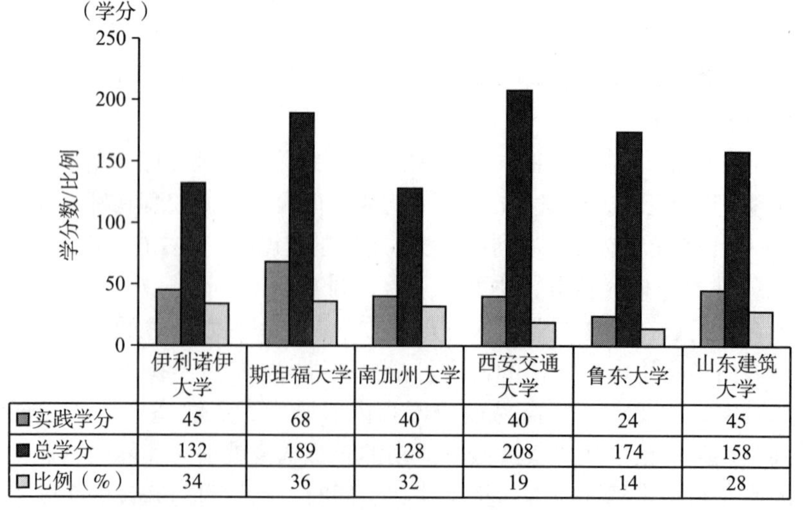

	伊利诺伊大学	斯坦福大学	南加州大学	西安交通大学	鲁东大学	山东建筑大学
■实践学分	45	68	40	40	24	45
■总学分	132	189	128	208	174	158
□比例（%）	34	36	32	19	14	28

图 5－1　中美部分大学实践环节比较

表5-1　　各高校学生实践教学与理论教学的课时比例分配情况

选项	人数（名）	比例（%）
理论教学多，实践教学少	192	55
实践教学多，理论教学少	137	39
两者一样多	21	6

同时从实践课程设置的调查来看，地方应用型本科高校在这方面也存在一定的问题，在所有调查学生中，认为自己专业实践教学课程的设置不能满足相应岗位需要的人数最多，占到了总数的39%。由此可以看出，地方应用型本科高校在转型过程中的课程设置与行业职业的衔接性不强，联系不够紧密（见图5-2）。

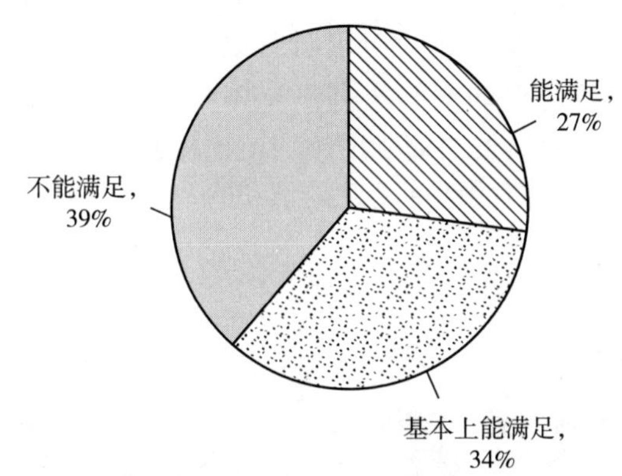

图5-2　实践教学课程的设置满足相应岗位能力的需要情况

从以上中美部分大学实践教学的开展情况来看，国外高校不仅从课程数量上保证实践教学的开展，而且整个课程安排也更为科学合理，其整个教学模式要更为成熟。我国地方应用型本科高校在实践课程设置和课时、比例安排上还存在一系列的问题。实践教学作为整个教学活动的重要组成部分，只有将其与理论教学有机结合起来，才能实现对学生实践能力和创新精神的培养，才能保证实践教学的质量。

（2）实验实训器材更新缓慢，且对外开放自由度低

实验、实训器材是进行实践教学的基本条件，其配备的先进性和完备性直接关系到实践教学的质量和学生实践能力、创新能力的培养效果。此外，实验、实训场所和设备的开放自由度也影响着学生锻炼的次数和实践教学的效果（见表5-2）。

表 5-2　各高校学生实验、实训室仪器设备满足教学需要情况

选项	人数（名）	比例（%）
及时更新，基本满足需要	53	15
设备完好，但是套数太少	89	25
设备经常出问题，难以满足需要	117	33
设备虽然多，但比较陈旧	91	27

从表 5-2 的调查结果来看，认为设备经常出问题、难以满足需要的占 33%；认为设备虽然多、但是比较陈旧的学生占 27%；认为学校能及时更新设备、基本满足需要的学生仅占 15%；这说明地方应用型本科高校在实验、实训室和仪器设备的建设更新进度上比较缓慢，并且缺乏合理的维护，现有条件不能很好地满足教学的需要。如图 5-3 所示，有 48% 的学生认为教学需要的时候开放、25% 认为申请时开放、25% 认为每天开放。由此可见，地方应用型本科高校的实验实训室整体开放自由度较低，除上课时间外，教师和学生进行场所使用的程序烦琐，相对较困难。而对于需要反复练习才能有效提高实践技能的训练无疑是不利的。

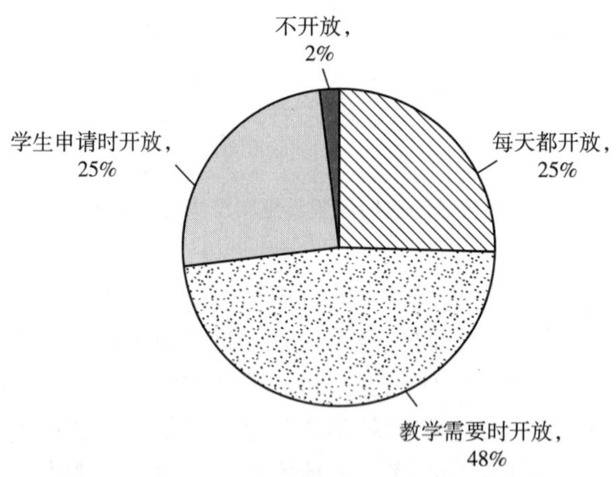

图 5-3　实验、实训室的开放情况

2. 实践教学方法缺乏改革和创新

在高速发展的科技背景下，并不是所有的实践教学都必须动手操作才算实践，而是可以借助计算机软件和网络等辅助手段进行模拟实验。这不仅可以提高实验的效率和精确度，还能提高实践教学的范围和普及性，也为学生争取了更多的时间和空间进行综合性设计性实践的锻炼。在现有的实践教学课程中大多仍采用教师主导的方式，学生的积极性和主动性得不到有效发

挥。在实践教学中，相较于内容的传授和习得，更重要的是掌握实践的方法，目前我国地方应用型本科高校在实践教学方法上整体比较单调。

如图5－4所示，在调查中有29%和35%的学生认为实践教学方法手段一般和不丰富，占到了调查总数的近2/3，这说明新建本科院校实践教学方法单一的现状有目共睹。受传统“重学轻术”观念的影响，大多数院校对实践教学没有从根本上重视起来，对实践教学方法手段的探索更是少之又少。“在教学方法上，仍以单一灌输的传统教学方法为主，学生的学习主动性受限”①。

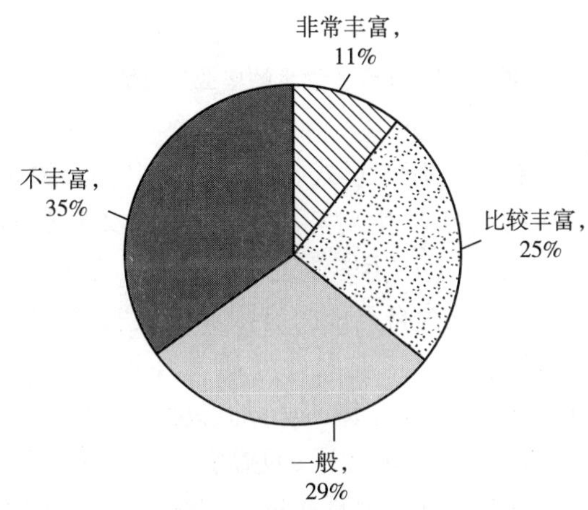

图5－4 本专业实践教学手段、方法的丰富程度

3. 实践教学缺乏科学合理的评估指标体系，实践教学效果一般

评估指标体系不仅可以为实践教学的开展提供方向指导和实施标准，同时也是对实践教学质量实现的监察和督促，影响着实践教学的效果，主要表现在实习效果和毕业设计上。

（1）毕业实习效果一般

调查结果如图5－5所示，有21%的学生认为自己通过毕业实习能够上岗、实习效果不错；而认为本专业的实习以参观为主和接受现场指导但不操作或是没有校外实习的学生占到了总数的79%。这说明，地方应用型本科高校的学生进行实习时大部分仅限于参观、考察或是简单的技能练习，实习效果并不理想。导致这一结果的原因是多方面的，近2/3的同学表示，参加毕业实习的障碍主要来自专业知识的欠缺和自身实践能力的不足。其他学生则将原因归结为实习与学习时间的冲突以及实习单位方面的因素上。

① 宁国庆．我国高校实践教学的回顾与思考［D］．喀什：喀什师范学院，2013.

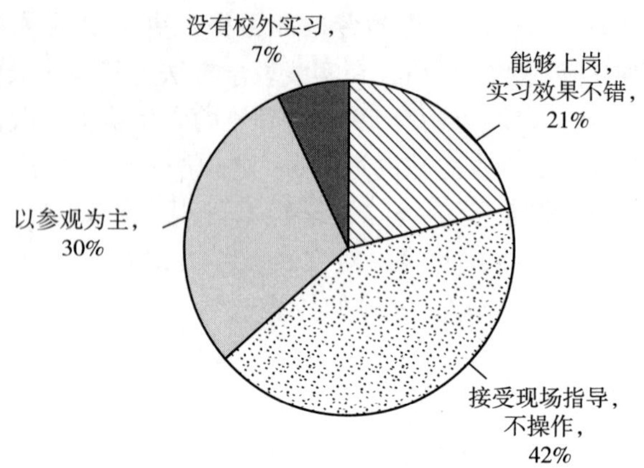

图 5－5　本专业学生的毕业实习情况

（2）毕业设计（论文）流于形式，缺少与社会实践的联系

在地方应用型本科高校学生对毕业设计（论文）的看法调查中发现（见表 5－3），有 33% 的学生认为毕业设计（论文）能提高自身的综合实践能力；对其持应付态度、认为自己能力有限和建议取消态度的学生则占到了 67%。这说明，大部分学生对毕业设计（论文）不够重视，没有将其作为一项重要任务对待，故而多数持消极应付的态度。此外，通过对该部分同学的进一步了解得知，在设计（论文）的选题上，能够与社会实践相结合进行的仅占 1/5 左右，绝大部分学生是通过自主选择，教师指定等方式来确定设计（论文）的选题。这说明，地方应用型本科高校的毕业设计（论文）大多流于形式，对社会的关注度不够，与生产实际联系不够紧密。

表 5－3　学生对毕业设计（论文）的看法

选项	人数（名）	比例（%）
是提高自己综合实践能力的一个重要环节	115	33
最后学校总会让通过的，所以应付一下就行了	110	31
能力有限，所以不会写	92	26
没有什么用，建议学校取消	33	10

鉴于以上地方应用型本科高校在实践教学课程内涵建设方面存在的问题，究其原因，一方面，是由于传统教育理念的影响，重理论轻实践的观念根深蒂固，实践教学的内在价值和现实意义得不到应有的重视。而且实践教学的内容复杂，环节多样，其在时间、场地和组织等方面具有自身的特殊性，因而要求实践教学方法的多样性。另一方面，地方应用型本科高校的实

践教学必须与社会实际保持紧密联系，这给实践教学场所和设备提出了更高的要求。加之实践课程的建设和评估需要比较烦琐的组织工作，这些都给地方应用型本科高校的人力、物力和财力投入带来了不小的挑战。

5.4　实践型师资队伍建设比较薄弱

地方应用型本科高校要培养应用型人才，必然要求其建立一支具有相应实践特色的师资队伍。这就要求地方应用型本科高校的教师不光要有较高的学历，还要有较丰富的实践经验，要有与地方经济、行业系统密切联系的经历或渠道，具备善于实践的能力和较高的专业技能。然而由于高校对实践教学在重视上的欠缺，缺少对企业中兼具学历和丰富实践经验的专业技能人才的引进，不仅如此，原有的实践教学的老师也在市场经济的冲击下纷纷离职，流入待遇更优厚的单位。这直接带来了实践教学师资队伍的人才流失，不仅造成了师资队伍素质的滑落，也影响了师资队伍结构的合理性。

新聘任到校的青年教师虽然在学历上满足了高校的基本要求，但鉴于其自身所接受的高等教育对实践的要求也不够明确，因而其具体的实践经验也较为有限，短时期内还无法胜任组织实践教学的工作。此外，目前高校的职称评定制度的重点仍然放在对教师理论教学和学术研究水平的考量上，导致教师对实践教学的关注度和参与度不高。因此，新建本科院校的很多教师缺乏对实践教学经验的积累，也就更谈不上对相应知识、方法、设备的了解和研究，能胜任实践教学任务的教师少之又少。加之目前高校在教师培训计划中，依然只重视对理论课教师的培训，对承担实践教学任务的教师培训也多集中在思想教育和理论提升上，鲜少组织对实践教学教师的实践培训。地方应用型本科高校在口号上认为实践教学很重要，也加强了实践教学环节，并且在实践教学课时比上也有所改善，但对承担实践教学重任的教师队伍的素质提升却又表现的漫不经心、缺少培训机制、欠缺培训计划，这就使地方应用型本科高校的应用型人才培养处于比较尴尬的状态。

由于缺少外力的推动，教师受到行为惯性的影响，自身也很难改变当前“轻车熟路”的知识灌输教学方法，很少主动寻求实践教学能力的提升。在外力和内在动力均不足的情况下，地方应用型本科高校严重缺乏具有实践教学经验和技能的师资也就不足为奇。

具体来看，实践教师队伍建设存在以下五方面的问题。

1. 师资来源比较单一

根据对实践课教师的来源调查来看（见图5－6），实践课教师最主要的来源是由理论课教师来充当，占比达到43%，专职的实践教学教师能占到

1/4，而校外行业专家的兼任占到19%。根据历来高校的聘任机制，地方应用型本科高校的教师绝大部分是毕业于研究型高校或科研机构，在其受教育历程中也多是接受的理论研究教育，因此具备深厚的理论功底。但由于缺少实践教学经历和相关工作经验，总体上在实践技能上的欠缺较大，不能很好地承担实践教学的任务。而从社会上聘任的专业技术人员或行业专家虽然具有较强的实践能力和相对扎实的理论基础，但其在学科教学能力上有明显的不足，因而也难以有效地进行实践教学。以上两种情况都与地方应用型本科高校师资队伍的实际需求存在偏差，其师资队伍建设任重而道远。

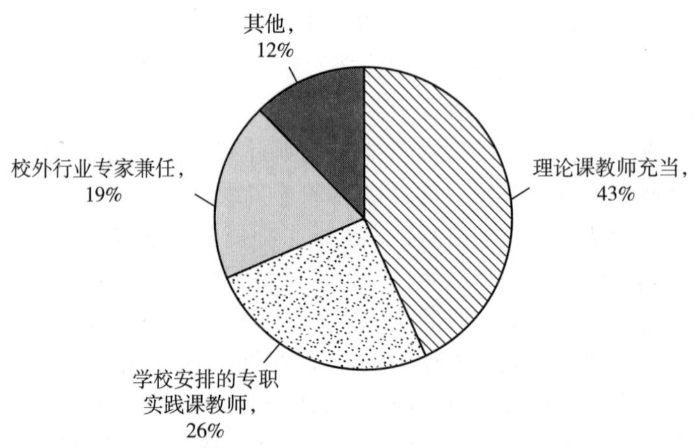

图5－6　学生所在高校专业的实践课教师由谁来担任

综上所述，地方应用型本科高校的师资来源较为单一，大多由理论课教师充当，即使是配备的专职实践课教师或由企业专业人员兼任，其在实践工作经验和实践教学能力等方面也都或多或少存在一些不足，实践教学师资队伍的整体素质还有待改善，师资队伍和层次也需进一步的调整。

地方应用型本科高校向应用型高校转型的特点要求其必须建立一支具有丰富实践经验的师资队伍。纵观发达国家职业教育的成功办学经验，聘用大量的兼职教师是其不容忽视的优势。来自企业和相关部门的兼职教师占到了全体教师总数的一半以上，在实践教学的知识更新和技能结构的技术反映上发挥了重要作用。使该部分国家的教师队伍始终保持在比较前沿、先进的水平上。比如在德国院校中，有相当比例的教师聘任自企业和经济部门；在英国和澳大利亚，外聘教师和专职教师的比例已经超过了1∶1。以上国家教师队伍都表现出专兼结合、以兼为主的特点。我国在进行地方应用型本科高校师资队伍建设过程中可以借鉴发达国家的相关经验，不断调整师资队伍的结构和层次，优化师资队伍素质，建立真正适应应用技术型高校发展需要的师资队伍。

2. 师资数量不足

一支高水平的高校师资队伍应当具备数量充足、结构合理、素质优良、积极主动等方面的特征，其中教师的数量是师资队伍建设中最基础的问题，它不是简单的“少了多进些人，多了少进些人”的问题，师资的数量问题还蕴含着许多深层次的含义。

从一定程度上来说，数量是质量的前提和基础。教师劳动是一种“群策群力”的活动，表现在“个体劳动，群体结果”。从这一认识来看，教师在学校教育中的作用不仅仅表现在教师个体身上，更重要的是教师群体的作用集合。加强教师队伍建设是最大限度发挥教师个体乃至整个教师队伍作用的有效途径。教师队伍的数量和质量与学校的规模、效益和结构等因素有着密切联系，更是与学校的教学和科研工作密切相关。教师的数量影响着学校的办学规模，教师群体的素质制约着学校的教学质量，教师群体的学科结构限制着学校专业和学科的结构，教师群体的学术水平和科研能力一定程度上代表着学校的科研学术水平，而教师群体的改革意识和创新观念限制着高校课程体系和教育内容的革新，教师资源的合理配置与开发一定程度上决定了学校的规模效益。

由于地方应用型本科高校向应用型本科转变的特殊定位，决定了其师资队伍既要有从事普通高等教育应具备的条件，还要具备应用技术型人才培养的相应素质，即“双师素质”。对基础课的任职教师，要求他们了解应用技术型人才的培养目标和规格，并认真落实到日常的授课环节中。对于专业课和实践课程的任职教师则要求其具有与专业相关的实践经验和较强的实践能力。“双师素质”的重点不在于教师是否掌握一门手艺，也并非简单的教给学生操作的技术技能，而是要求教师能够教给学生发现问题解决问题的方法，能真正将所学知识应用到实际问题的解决中。这就要求教师要面向企业和生产一线，走产学研结合的道路，从中培养出“双师素质”。只有这样教师才能胜任应用型本科教学的重任，才能体现应用型本科的办学特色。然而目前这两种类型的师资严重不足主要有以下两点内容。

（1）“双师型”教师数量不足

教育部下发的《高职高专院校人才培养工作水平评估方案（试行）》对“双师型”素质教师作出了具体解释：一是有本专业实际工作的中级（或以上）职称（包含行业特许的资格证书，及具有专业资格或专业技能考评员资格）者；二是近5年中有2年以上（可累计计算）在企业第一线本专业实际工作经历，或参加教育部组织的教师专业技能培训获得合格证书，能全面指导学生专业实践实训活动。简而言之，所谓“双师型”教师，就是既要有扎实的理论基础，又要有丰富的实践经验和较强的岗位技能，兼具教师资格和职业岗位资格。

"双师型"教师是保证应用型人才培养的重要力量。教育部颁发的《高职高专院校人才培养工作水平评估指标等级标准》对高职院校教师标准提出了具体要求，合格标准要求教师中硕士研究生及以上学位比例达到25%，优秀标准要求教师中硕士研究生及以上学位比例达到35%以上，"双师"素质教师比例达到70%以上。[①] 但纵观现阶段应用型本科教师队伍的年龄结构、专业结构和知识结构等方面都存在着一定的欠缺，具备"双师"素质的教师更是少之又少。

（2）兼职教师数量不足

加强兼职教师队伍建设，是补充教师数量、优化师资结构、适应专业变化要求，实现教学与生产、科研工作以及社会实践相结合的有力措施。[②] 国外高职教育发展比较成熟的国家对兼职教师队伍建设尤为重视，例如澳大利亚职业技术教育学院（Technical And Further Education，TAFE）的兼职教师数量与全职教师相仿，两者比例接近1∶1，并且兼职教师主要来自企业。

为了弥补师资力量的不足，目前我国地方应用型本科高校已经开始着力推进这项工作，大部分院校的兼职教师队伍建设还停留在数量和形式上，其内涵建设仍不够重视和深入。我国地方应用型本科高校聘任的兼职教师还是以高校教授和退休教授为主，来自企业的不多，授课形式多以报告或讲座的方式呈现，教学效果难以保证且对这部分兼职教师的管理也未形成体系。作为高校教师队伍建设的重要组成部分，高校要不断加强对兼职教师队伍的建设和管理，使其不断走向制度化和规范化的道路。

3. 师资队伍结构不合理

学历结构和职称结构是反映一所高校师资队伍素质水平的重要因素。一般情况而言，一所学校中具有高学历和高职称教师的比例越大，其教师队伍的整体素质水平也就越高。

尽管目前应用型本科院校教师职称评定制度不够科学合理，但一定程度上也可以作为一项指标来判断相应高校的师资队伍素质水平。从统计数据看，师资队伍中的教授、副教授、讲师和助教及以下职称的比例是2∶18∶37∶43。从具有高级职称教师的分布看，比例不尽合理。这一状况无法适应学术专业的发展和科研水平的提高，尤其是正高职称的"双师型"教师更加稀缺，高级职称占比少和评聘制度的不合理，不利于应用型本科院校专业带头人和"双师型"教师队伍的培养。此外，在应用型本科高校教师的学历结构上，"双师型"、实践教学师资中高学历人员也相对缺乏。

---

① 刘坚平．我国高等职业教育人才培养模式转型研究［D］．天津：天津大学，2004.

② 王纪安．澳大利亚TAFE教育的几点启示［J］．中国职业技术教育，2003（29）：54－55.

4. 实践能力偏弱

我国地方应用型本科高校大多是经由“三改一补”的方式升格而来，即改革高专，现有职业院校联合办学，成人高校向职业院校转型以及中专中的高职班升格而来[①]。无论是由“三改一补”转型而来的高职院校，还是民办高校甚至重点大学举办的二级职业院校，其教师队伍都是在传统精英教育注重理论知识传授的熏陶下成长的，这部分教师本身接受的也是传统的本、专科教育，具有扎实的理论知识，但绝大多数教师都没有在生产一线工作的经历，实践能力比较薄弱。而由中专升格而来的教师缺乏高等职业实践教学所需的能力和经验。据北京高等职业教育教学质量检查组对北京地区14所高职办学点的调查统计：教师中平均只有26%的人获得职业资格证书，有到企业实践经历的仅占24%。[②] 但这部分教师在进入学校后未在原有经验的基础上进行继续训练，其实践水平已经脱离了行业发展的要求。

5. 教师科研能力较弱

高职院校以往的办学重点在教学，因而高职院校教师参与科研活动的机会较少，加之教师本身学历层次的限制，导致这类院校中相当一部分教师的科研能力较弱。而在当今教育与科研关系日益密切的时代，高校的科研职能日益凸显，科学研究不仅是教育教学质量提高的保证，也是教师素质提升的重要途径。高职教师进行科研不应将重点放在新知识的发现上，而应着力于对教学方法的研究和对实际问题的指导。在教学过程中，教师不仅要善于学习新知识、掌握新技术，具备一定的生产经验以及解决实际生产问题和科学研究的能力，还要不断探索本专业领域的最新科技信息，进行总结和反思，不断优化教学效果。实践证明，有教学科研能力的教师不仅能探索新理论并应用于实践，而且能创造性地将经过实践检验的理论进一步丰富和发展，指导实践，从而提高教学质量。

随着地方应用型本科高校的转型发展，其教师队伍建设管理中的机制、体制问题也逐渐暴露出来，并伴随了诸多不良后果。由于该类院校定位不准确，教师的准入标准不统一，师资结构不合理，与院校的实际人才需要存在偏差。进而在实际教育过程中不能较好的承担院校的教学任务，导致培养的学生眼高手低、实践能力不强，无法满足用人单位的需要，学生就业率不高，进而影响了学校的生源和学校效益，反过来又影响了教师的聘任和引进，形成恶性循环。加之长期实行的行政调配手段的教师流动形式，用人单位没有建立起利于人才成长的机制和环境，高校整体经费投入不足，教师的经济收入、社会地位等得不到保障。在市场经济环境下，出现大量优秀人才

① 杨国祥，丁钢．高等职业教育发展的战略与实践［M］．北京：机械工业出版社，2006.

② 普林林，董兴．职业教育工作若干问题研究［J］．教育与职业，2005（21）：10－12.

外流的现象，不仅造成了高校的人才流失，影响教师队伍的稳定性和素质水平，也无法形成良好的学术和教学氛围。

地方应用型本科高校实践型师资队伍建设过程中出现这些问题的原因，一方面，是由于教师队伍的性质和角色定位不清晰。高校作为传授高深学问的场所，长期以来形成的“以理论教学为中心”的教育理念，使高校普遍将实践教学放在辅助理论教学的位置，不够重视实践教学的发展。而相应的，实践教学教师队伍就处于配角的地位，常常被称为教辅队伍。在传统的教师观念中，实践教师队伍就是为教学服务的，不属于教学系统本身。许多高校实践教学教师的日常工作仅限于对教学资源的管理、维修和基础操作上，没有条件进行实践、实训课程的研究和开发。并且这部分教师在薪资报酬上也与理论课教师存在较大的差距。即使在高校日益重视师资队伍建设的当下，其地位也难以得到保障，不仅限制了这部分教师队伍作用的发挥，也极大地制约了高校整体师资队伍的建设和发展。另一方面，实践教师队伍的宏观机制建设欠缺。各级教育行政管理部门都设有专门从事管理师资队伍建设的机构，但并未对实践教师队伍的构成和编制提出基础的要求和标准，对该类教师队伍的建设和管理一直处于一种放任自流的状态。这对高校人力资源的优势发挥和应用型本科人才的培养是极为不利的，同时也不利于推进高等教育的现代化和可持续发展。

5.5　实践教学场所的建设和管理不够完善

大部分地方应用型本科高校是由高职院校升格而来的，在近年来的转型升级过程中，该类院校对人才培养层次多元化的认识不断加深，在实践教学方面，国家和地方政府都投入了较大的心力，高校在实践教学硬件设施建设上有了长足的发展。然而鉴于前期基础的薄弱，地方应用型本科高校在实践教学场所建设以及管理上还存在较多的不足，① 需要高校在下一步的发展中着重解决。根据统计和汇总，地方应用型本科高校在实践教学场所建设和管理方面还存在以下三方面的问题。

1. 认识层面

在“应试教育”思想的影响下，国内高校在人才培养上有严重的“重理论，轻实践”的倾向。长久以来将实习实践作为理论教学的附属品，把理论教学的质量作为决定学校教育质量的绝对指标，实践教学学时压缩严

① 袁本涛. 中国高校教学改革的现状与趋势分析——来自 2005 年国家级教学成果奖的报告 [J]. 大学教育科学，2006 (2)：44 - 51.

重，实践能力的培养变得无足轻重。加上实践实习的特殊性，涉及学生衣、食、住、行的各个方面以及与实习单位之间的协调配合，教学组织工作较为复杂，所以极易造成个别教师避重就轻、压缩实习时间、降低任务难度等情况的发生。

地方应用型本科高校对实践教学的认识误区主要表现在：一是不重视实验室的建设。在地方应用型本科高校建立初期，其实验室建设多处于一种自发分散的状态，仪器设备陈旧无法满足学生掌握新技术的需要。近年来，地方应用型本科高校建立起一大批实验室，也引进了大量先进实验设备，在实践教学条件上有了较大的改善。但实践教学基础设施“投入大，见效慢”的特点，致使高校在办学条件有限的情况下以及高校扩招趋势加紧、科技发展迅速的背景下，不可避免地致使高校将有限的资源投入到见效迅速的办学项目中，难以保证实践教学基础建设的及时跟进，实践教学的发展受到限制。二是不重视校外实践基地的建设和完善。许多地方应用型本科高校没有通过校企合作等方式建立稳定的校外实践教学基地，学生参加实践锻炼需要自行联系实践单位。这不仅造成了实践教学基地的分散性和临时性，也不利于教师对学生进行及时的指导，同时也给学生实践活动的管理和督查增加了难度。学生参加实践活动的积极性不高，实践教学的效果也有限。三是不注重营造实践创新的环境。地方应用型本科高校在转型后的教学管理制度和办法上还不够规范，无法对教学质量进行有效控制，严谨、踏实的作风尚未形成，学科间的融合度还不够密切，自由民主的学术氛围不够浓厚，这些都阻碍着对学生实践创新能力的培养。

随着高等学校“教学质量与教学改革工程”的实施，教育部对高校提出了“大力加强实践教学，切实提高大学生的实践能力”的要求。要真正实现从传统教学模式向创新教育、素质教育的转变，就必须加强实践教学，增强对实习基地建设的重要性的认识。

2. 资金与建设层面

基地建设需要一定的资金支持，但在高校办学规模急剧扩张的情况下，用于实践实习的教学经费投入却一成不变或是增长很少，进而影响到实践基地的建设和管理。实践教学在与生产实际脱节的情况下，也就难以有效完成对学生实践能力和创新能力的培养。此外，高校与合作单位之间的沟通联系有限，对实践基地的概况以及实习项目等方面的信息掌握不全，指导人员的积极性也不高，企业对参与学校人才培养的兴趣也逐渐消减，直接影响到学生的正常实习活动①。最终更是影响到了地方应用型本科高校应用型人才培

① 李建楠，刘玉峰，李春晖．校外实习基地建设与管理中的困境及对策［J］．实验技术与管理，2009，26（9）：152－154.

养目标的实现。

经费投入不足是地方高校实习基地建设的瓶颈，也是不争的事实。近年来，高校办学规模不断扩张的趋势使得原本就紧张的办学经费更加捉襟见肘，加之高校间残存的将理论教学作为首要任务的传统教学观念，因此当实践教学与理论教学之间发生冲突时，实践教学往往是被牺牲的那一方。在对实践教学重视不够，投入不足的背景下，许多高校实践教学的经费多年保持不变，甚至在整体教育经费投入加大的情况下，其投入所占比重在不断下降，实习基地的建设困难重重。从目前高校与企事业单位之间的合作来看，双方的合作形式较为单一，多集中在高校学生单方面到合作单位进行实习，几乎没有进一步的合作和互动。鉴于企业追求利益最大化的特性，很多企业将与高校建立合作关系接收学生来实习看作是一种对企业的消耗，除了在社会声誉和宣传方面的微弱作用外，这种合作反而会给企业带来食宿安排、人员接待和安全保障等方面的诸多麻烦，因而大部分企业对校企合作的积极性不是很高。“双方未形成‘合作双赢’的利益关系，也就难以达成长久、稳定的合作格局”①。实习经费的紧张对高校实习基地建设带来了以下三方面的困境。

①校外实习基地数量相对紧张，无法满足办学规模的需要。资金投入是进行基地建设的基础和条件，经费紧张的情况下实习基地在数量和质量上的建设都难以得到保障。在高等教育大众化的发展趋势下，各地高校都在不断扩大自己的招生规模，以顺应社会对人才的需求。但在经费有限的情况下盲目进行扩招，致使实习基地建设跟不上学校办学规模的扩张速度，也就无法保障学生的培养质量。

②新建校外实习基地困难重重。在市场经济条件下，企业将经济效益作为重点考虑的因素，在高校无法提供有效吸引力的情况下，绝大多数企业不愿意接收高校学生进行实习，这就给高校校外实习基地的建设和利用造成了极大的困难。

③实习时间和实习效果难以保证。在高校招生规模迅速扩张的背景下，为了保障学校教学工作的正常运转，高校不得不压缩实习时间，将实习经费投入到其他办学项目中。在有限的实习周期内，合作单位要完成学生的实习计划，难免会采取让学生参观的见习实践方式，一般不会让学生参与实际的操作。整个实践过程走马观花，无法保证学生对生产过程的体验，严重影响了实习的质量和效果。

3. 管理层面

所谓实习基地的管理，是指通过一定的途径加强与校外实习基地的联系

---

① 王娟. 关于加强本科实习基地建设的思考［J］. 福建师大学报（自然科学版），2011，27（3）：90－93.

和沟通，以提高校外实习基地对高校教学活动的支持，促进高校实践教学水平的提高和对学生综合素质的培养，最终实现双方关系的稳步发展。实习基地的管理是实习基地建设的延伸，在很大程度上决定着校外实习基地建设的目的和效果。

多数地方应用型本科高校在基地的管理上缺乏规范性，也没有统一的管理模式。从地方应用型本科高校实习基地的管理现状来看，主要有两种形式：一是实训中心隶属于企业产业处。这种体制的优点在于更接近真实的企业环境，但同时也加大了对实训中心的经费投入，资金缺口需由产业处负责解决。这就要受到企业运营状况的限制，有的企业往往不愿增添相应的经费投入，这就严重影响了实训中心的进一步投入和发展壮大。另外，在这种管理体制下，实训中心与学院教研部门的关系以及与各系部的关系均处于游离状态。相对独立的实训中心怎样与学校的教学管理等部门紧密协作，更好地发挥在学生成才中的作用，也需要进一步研究和梳理。二是实训中心隶属于校级实践教学基地，作为校内的二级教学部门，实施校、中心两级管理。例如上海电机学院的实训中心实行主任负责制，主任由学校聘任。中心人员实行公开招聘、竞争上岗、每年进行考核的管理机制。上海工程技术大学设立“现代工业实训中心”管理办公室，统筹协调所有的实践教学运行和实验设备的使用，并对实验室建设、师资和管理队伍建设、实验安排、实验经费、岗位聘任、工作考核和资产设备等资源实施全面管理。这种管理体制较好保持了实训中心的经费投入机制，但在对教师的聘任方面却存在一些问题，教师的编制属于各个系，由系与学校教学管理部门共同管理，实训中心对这些教师的聘任，不属于上级教学管理部门对教师的聘任，因此，实训中心对这些教师很难提出硬性提高业务水平的要求。应用型本科院校实训中心究竟应建立何种管理体制，值得做进一步探讨。

纵观地方应用型本科高校在实践教学场所的建设和管理方面存在的问题，其理论期待与现实方面存在一定的落差。究其原因，一方面，在认识上将地方应用型本科高校的实践教学区别于其他教育形式；但在现实层面，对地方应用型本科高校实践基地的投入和建设方面却没有牢固的根基做支撑。另一方面，在实践基地的管理上也迟迟未构建科学合理的管理机制和评估体制。因此，要提高地方应用型本科高校的实践教学质量，必须加强对实践教学场所的建设和管理，这样才能为实践应用型人才的培养提供坚实的基础和条件。

第 6 章

地方应用型本科高校实践教学体系构建

6.1 实践教学体系的构建原则

构建一个符合院校办学规律的实践教学体系在地方应用型本科高校的人才培养过程中起着至关重要的作用。地方应用型本科高校实践教学体系的构建需要根据学校的人才培养目标，结合地方应用型本科高校自身的特点来进行，具体应遵循以下五方面的原则。

6.1.1 目标性原则

地方应用型本科高校的实践教学体系需紧紧围绕新建地方本科教育的人才培养目标进行，着力培养具有扎实理论基础和较强实践创新应用能力的人才。其最终目的是培养出满足行业企业需要的专业人才。同时，地方应用型本科高校实践教学体系培养目标的确立还需与时俱进，要随着社会经济的发展和时代的进步不断变化和调整，确保在该目标下所培养的人才对社会的适应性。

6.1.2 系统性原则

系统性原则是指在改变实践教学各环节相互独立的状况下，对学生整个大学教育阶段的实践教学进行系统设计，按照从易到难的层次推进，贯穿于课堂见习到毕业实习的整个过程，将各个环节有机联系起来，立体的、多角度的培养学生的实践能力和应用技能①。将实践教学环节进行统一设计才能保证实践教学的效果和学生技能的培养提升。

地方应用型本科高校实践教学体系的构建应紧紧围绕"培养实践能力和综合素质相统一"的核心，根据各实践教学环节之间的相互联系和作用来组织安排。一般都按照从简单到复杂、从低级到高级的规律，分层、分阶段进行。与此同时，还需重视理论知识和实践教学之间的渗透性，以保证实践教学体系各环节的协调统一。

学生实践能力的培养是一个系统的长期工程，需要如师生和家长等主体，教学方法和方式以及教学器材和环境等各个子系统的协调配合才能有效完成。因此，实践教学体系的构建需要贯穿于应用型人才培养的全过程，组成实践教学的各环节和内容都必须具有一定的相关性、连续性和系统性。学生作为教育的主体，从入学到其中培养以至最终的毕业教育整个系统过程，都是相互联系和相互影响的。培养适应我国社会教育发展，具有扎实理论基础、宽广学科知识、较强实践能力和综合素质，具有实践创新能力的应用型、复合型人才是地方应用型本科高校构建实践教学体系的基本出发点和依据，也是其要实现的终极人才培养目标。

6.1.3　实践性原则

"实践性"是地方应用型本科高校实践教学体系构建的重点和特色，这是社会发展和职业技能要求变化对实践教学目标的要求。除了对实践应用能力的锻炼，地方应用型本科高校还要加强对学生创新能力的培养，这是学生自主发展的需要。地方应用型本科高校在实践教学内容的选择上应突出对最新专业技能和职业要求的满足。在实训过程中，要针对典型的工作环境，仿真模拟展开教学，并将实践性体现到教学的各个环节中。此外，高校要与企业建立合作关系，让学生在真实的工作环境中提高职业技能。

6.1.4　全程性原则

地方应用型本科高校实践教学体系的构建必须贯穿整个大学教育过程，保持从入学到毕业整个过程的连续性和完整性。高校要从实践教学的目标、内容和管理的各个环节及方面去组织和构建。同时还要注重各环节之间的内在联系，使其相互联系、相互作用，连续地贯穿于实践教学的整个过程，这

① 柳秉毅，徐锦康．创新实践教学体系　注重应用能力培养［J］．南京工程学院学报（社会科学版），2005，5（4）：38－41.

样才能使实践教学体系培养学生实践能力的保障功能得以有效发挥。

6.1.5 规范性原则

只有加强对实践教学体系的规范性操作，将其纳入人才培养的运行机制中，才能保证其预设功能目标的实现。地方应用型本科高校需要通过加强制度建设来规范实践教学体系内容及形式的开展，并据此对考核和评价的方法进行制定和规范。实践教学体系规范性文件一般涉及实践教学计划管理、实践教学过程管理、实践教学评价管理及实践教学环境建设管理等。

6.2 根据职业能力的要求，确定实践教学目标

正视实践教学是地方应用型本科高校进行转型的第一步。只有彻底摒弃传统的重理论教学而轻视实践教学的观念，从教学思想、教学内容到教学方法和手段等方面处理好理论教学和实践教学的关系，才能真正保证地方应用型本科高校教学质量的提高和人才培养目标的实现。

根据行业对人才在知识、能力和素质方面的要求以及各专业的人才培养目标，确定地方应用型本科高校学生所需掌握的理论知识、专业技能和职业素养。并据此进一步制定专业人才培养的实践教学计划，统筹各实践教学环节。能够熟练运用理论知识解决实际工作中的问题是应用型人才的关键培养目标，而加强实践教学就是实现这一目标的重要途径。

地方应用型本科高校实践教学的目标在于培养学生的理论素养和实践技能，使其形成较强的创新精神以及创造性解决问题的综合实践能力，不断挖掘学生可持续发展的潜力。不同的学科专业在各自的实践教学目标上会更加具体和具有针对性。本书以总目标为方向，以职业能力要求为主线，对实践教学的目标进行具体的分析和设计。

6.2.1 知识运用能力目标

与学术型本科教育相比，地方应用型本科高校属于应用型本科教育，与传统本科教育强调学科理论知识系统学习的倾向不同，其更注重于理论知识和实践技能的兼顾。在地方应用型本科高校中理论知识表现出“广、浅、

新、用”的特点，其目的是为了给学生应用能力的培养打下基础①。相较于高职高专，地方应用型本科高校对学生有更高的理论水平要求，不仅要求学生掌握扎实的技术理论知识，更强调要具备较强的知识运用能力。具体到应用人文社科和理工科人才的培养上都要求学生能够灵活地将理论知识转化为实践技术以便解决实际问题。培养学生知识运用能力，首先要明确地方应用型本科高校转型过程中学生应该掌握哪些知识，具体表现在以下四个方面。

1. 工具性知识

工具性知识是辅助个体更好地完成工作任务的知识，是任何高级专门人才都必须具备的基本知识，如计算机和英语知识等。这类知识整体比较庞杂，不要求个体对每一种工具性知识都精通，但要有基本的掌握，达到熟练应用常用工具知识完成工作任务、解决实际问题的程度即可。

2. 人文社会科学与自然科学知识

应用技术型人才作为高级专门人才，必须要掌握人类自身、社会以及自然界存在发展的基本规律与基础知识。

3. 专业知识

专业知识是本学科的基础性知识和基本理论，扎实的专业知识有助于拓宽个体的专业视野，以便更有效的解决专业实际问题。专业方向知识面向职业岗位，是应用技术型人才知识体系的核心。专业方向知识要求学生掌握工作过程性和经验性知识，在专业训练中熟悉未来岗位的工作流程。

4. 相关学科专业知识

社会实践中遇到的难题往往是错综复杂的，无法凭借单一的方法或某一学科的知识进行解决，而是需要借助相关学科的知识融会贯通、协调解决。

综上所述，为了加强学生的知识运用能力，需要从以下三个方面加以注意。

第一，突破传统教学目标认知取向的局限，开发学生知识运用能力。当前，中国正处于经济社会转型和产业结构优化升级的关键时期，迫切需要能够为社会经济发展做出直接贡献的应用型人才，对学术型人才的需求不是很大。因此，在实际教学的开展中，不仅要让学生掌握基础性的专业理论知识，更重要的是要培养学生的认知思维能力和实践应用技能。

第二，转换知识呈现方式，提供相关知识运用情景。知识的呈现方式和呈现情景在很大程度上影响着学生对知识的理解和掌握。相比于“死记硬背”的学习方式，知识只有与其应用的条件一起融入实际的问题情景中时，

---

① 高林，鲍洁，梁燕，等．关于高等教育分类与应用性本科教育培养目标的研究［J］．教育与职业，2006（17）：11－13.

学生才能真正地理解和学会应用具体的知识①。在这基础上学生才有可能将学到的知识用来解决实际工作中遇到的问题，才能真正实现对实践能力的锻炼和培养。

第三，指导学生学会有意义学习，增进知识运用的灵活性。“授人以鱼，不如授人以渔”，教师在进行知识传授的过程中，要注意调动学生的学习积极性，引导学生进行有意义学习。指导学生在新旧知识之间找到连接点，在原有认知结构的基础上建构新知识。有意义学习的训练有利于学生在未来的新环境、新问题中快速找到解决方案，高校完成工作任务。

6.2.2 岗位适应能力目标

1. 专业应用能力

专业应用能力包括专业基本技能和专业核心应用能力两个方面。其中，专业基本技能顾名思义是指完成某项任务所要求的基础性技术能力，且这些技术能力专属于这项任务，具有较强的针对性和专门性。以新建本科转型院校新闻专业为例，学生应掌握的专业基本技能，包括媒体写作技能、摄影摄像技能、新媒体技术能力、调查统计与社会活动技能、文化创意策划技能等。专业核心应用能力则是指完成某项工作任务所特别要求的综合性能力。以新闻媒体专业为例，学生应具备的专业核心应用能力，包括新闻采访写作能力、广播电视编导能力、新媒体综合编辑能力、媒介行动策划能力和新闻传播综合实践能力等。地方应用型本科高校在转型发展过程中要明确每个专业学生应掌握的专业能力，并据此进行相关课程的设置，从而针对性的培养专业应用能力和未来职业的岗位适应能力。

2. 关键能力

关键能力强调的是一种适应不同职业环境并取得职业成就的“迁移能力”②，不管工作环境发生怎样的变化，都能顺利地适应新的工作岗位。关键能力一般包括：收集、分析信息的能力，沟通表达能力，计划组织能力和团队协作能力等。

3. 拓展能力

拓展能力包括能够终身不断学习的能力，独立或者合作开展某项专业研究的能力。现代社会飞速发展，信息技术日新月异，随之涌现出大量的新型职业岗位。这就对劳动者的职业能力提出了更高的要求，要不断学习充实自

① 张琼．知识运用与实践能力培养——兼论以实践能力培养为导向的教学改革［J］．全球教育展望，2011（3）：28－33.

② 张继明，朱磊．就业力视角下的高校人才培养模式改革［J］．职业技术教育，2012，33（16）：43－46.

身以适应社会的需要。因此，地方应用型本科高校有必要培养学生的终身学习意识和能力，为学生未来的职业发展和个体全面发展打下基础。

以上三个方面是对应用型人才在岗位适应能力方面的总体要求，具体到不同的学科门类，会有一定的差异。如，与人文社科类专业相比，理工科专业对计算能力等专业分析能力的要求要更高些。而人文社科类专业在社会现实问题的关注能力、沟通协调能力和运用综合知识解决问题的能力等方面则较理工科专业的要求要高。总体来说，不管是人文社科类专业还是理工科专业，都强调对学生综合设计能力和运用能力的培养。

6.2.3　综合职业素质目标

地方应用型本科高校转型发展过程中的实践教学对学生综合职业素质的要求主要包括两点。首先，是基本素质，如公民基本道德素质、政治思想素质、良好的身体心理素质和职业道德规范等；其次，是职业素质，如爱岗敬业、忠诚奉献等职业精神。除了这些基本的综合素质外，高水平应用型人才还应具备强烈的职业责任心，遵守职业规范等素质。面对日新月异的科技发展和复杂、综合化的工作任务，要求学生还要具备积极进取的精神，钻研创新的意识以及团队合作的精神和良好的沟通能力。

在具体的学科门类上，实践教学对学生综合素质的要求上也存在一些不同。理工科在专业技能掌握的基础上还对学生提出了把握市场信息和察觉市场需求变动的能力要求；人文社科类专业则在培养学生专业技能的基础上突出了对其服务意识和管理技巧的培养①。

6.3　突出能力本位，构建新型学分制度

学分制是一种以学分为计量单位，通过学分、绩点等的记录来衡量学生学业完成情况的教学管理制度。学分制在发达国家的职业技术教育中应用较为普遍，已经成为其教育管理的特色。学分制管理模式在调动学生学习积极性和主动性，提升学生职业能力、综合素质等方面发挥着重要作用。实施学分制改革是新形势下地方应用型本科高校转型发展的迫切需要，建立符合应用型本科人才培养规律的学分制管理体系，对规范应用型人才培养，保障人才培养质量和效率，推动地方应用型本科高校的健康发展具有重要意义。

---

①　高林，鲍洁，梁燕，等．关于高等教育分类与应用性本科教育培养目标的研究［J］．教育与职业，2006（17）：11－13.

学分制与学年制是高等学校教学管理的两种制度形式。19 世纪后，学分制在西方大学中得到普遍运行。同时，学分制在其不断变革和发展过程中，也积极引入诸如导师制、绩点制和弹性学制以及学分互认等要素，使学分制的内涵体系不断得到完善。

我国自 1923 年起引入学分制，至今已有近一百年的时间。2004 年教育部出台的《关于在职业学校逐步推行学分制的若干意见》，决定在职业学校中逐步推行学分制。目前我国的学分制绝大部分采取学年学分制的形式。

与学年制相似，学分制也包括培养方案、学籍管理和考核评价等一系列管理流程，每个流程又进一步细分为若干个环节，这就要求配备健全的规章管理体系。但在实际运行中，多数院校只是根据政府指导意见出台一个学分制管理办法，甚至沿袭传统的学年制管理模式。这造成管理制度之间的衔接和配合不当，制度建设的缺失和管理漏洞的存在，具体管理制度很难形成体系，给教育质量的提升留下了巨大隐患。此外，社会上对学分制中“按学分制收费”的管理标准存在诸多质疑和顾虑，这些都限制了学分制的推行和普及。

纵观目前高校关于学分制管理的改革，多以行政命令的形式来推行，既缺乏充足的思想观念准备，也没有完成管理制度建设的实际准备，只是简单的通过依照课程学分推算总学分的方式来实行学分制，缺少针对性、系统化的学分制改革方案设计，其实施效果难免差强人意，而所谓的弹性学制在实际教育过程中往往难以实现。此外，在整个课程体系中，必修课占据绝对的比例，一般保持在 70% 左右，而限选课的选择余地较小，任选课的比重更是少之又少。选修课的比重和数量不仅限制了学生选课的自主性和学习的积极性，同时也削弱了学分制教学管理的灵活性，这无疑是与因材施教教学理念相悖的。强调“实践教学的主体性”是地方应用型本科高校的普遍办学理念和教学组织形式，实践课程能占到总学时的一半左右，除此之外，还有大量的技能训练和实践、实习环节。地方应用型本科高校转型发展中注重实践的教学安排，使得有限的实践教学资源在原本学年制条件下就已捉襟见肘，在学分制条件下更显得不堪重负，因此必须构建新型学分制度。

6. 3. 1　学分制管理制度体系的构建原则

应用型地方本科教育是高等教育的重要类型，在高素质技能人才培养和劳动者职业意识、素质的养成等方面发挥着独特的作用。学分制管理作为一种先进的、行之有效的管理模式，其在地方应用型本科高校中的制度体系建设的必要性和迫切性是毋庸置疑的。成熟完备的制度体系是地方本科院校学分制管理有序进行的保障，也是人才培养质量不断提升的重要举措，其构建应遵循以下四个原则。

1. 符合专业人才培养规律

应用型本科教育的学分制管理必须体现出鲜明的专业特色，建立一套围绕培养方案、学籍管理和考核评价等环节在内的具体规定和流程，逐步形成自身的制度特征。在操作层面上，一般将管理制度看作是一种具体情境下的组织行为特征或资源配置模式。深层次的教育制度则是在把握教育规律的基础上对教育举办者的指导思想、办学理念和发展战略等的反映，制度体系的设计和建设要遵循专业人才培养的规律。在学分制管理制度体系构建的过程中，应加强学理研究，在充分辨析和掌握应用型本科教育人才培养的内涵和规律的基础上，融入国家、社会和高校对应用型本科教育的要求，逐步形成适切的理论和思想，并将这些研究成果运用到制度建设的实践中去。

2. 准确体现学分制管理的精髓

学分制经过百余年的变革、发展，逐渐形成了内容丰富、结构较完善的内涵体系。学分制的核心特征是实行“选修”，这也是其区别于学年制的根本因素。我国四次推行学分制却未果的根本原因就在于应重视对选课制的建设，绩点制、导师制、学分互认转换制度、弹性学制等要素都是学分制内涵体系的重要组成部分，没有充分认识导师制在学分制实施过程中的重要保障作用、绩点制的数据支持和区分作用，弹性学制和学分互换制度实施的时空拓展作用。这些制度的设计和建设，既要体现学分制的内在要求，又要相互联系、相互衔接和配合。

3. 育人为本，因材施教

自 20 世纪 90 年代中期以来，随着我国高等教育大众化战略的实施以及计划生育政策的影响，高校生源的数量和质量都受到了较大的影响，学生的学习基础、学习能力和学习习惯等方面存在较大的差异，这种情况下如果仍以统一的标准来要求全体学生，必然会导致学习原因的退学、留级和结业等情况的出现，致使这部分学生过早的流入社会。为此，国家于 2014 年确立了“培养可靠接班人，合格劳动者”的教育理念，在进行学分制管理制度设计时，强调重视学生思想品德和人文素养的综合职业能力的教育，将这一教育理念渗透到课堂教学和课外实践活动的各个环节，并对学生的态度、行为和思想品德等方面提出要求，以此来规范学生的日常行为，树立遵纪守法的观念，应先做一个合格的公民；与此同时，还要依照因材施教的教育理念，加强对学生个性发展和全面发展的引导，通过将科技创新和技能竞赛以及社会实践活动纳入创新学分的范畴内，培养学生的创新创业能力，这既是全面素质教育的理念体现，也是应用型本科教育的特色所在。

4. 博采众长，系统设计

在欧美发达国家中，学分制已经发展成为一种较为完备的教学管理制度。美国的大学全部采用学分制，美国各高校实行的学分制采用“集中分配式”的选课形式，不仅要求学生在专业课中选取规定的学分数，还要选修一定的不同学科领域的课程，实行双主修制或主辅修制，学生甚至可以跨学科主修课程。这种管理模式下学生有较大的选课自由度，学校的教学计划富有弹性。受美国影响，日本大学也全部采用学分制，日本的学分制在吸取美国学分制的优点的基础上也加入了自己的特色，如重视外语教学，强调专业教育等。我国在进行学分制管理制度设计时要注意引进、吸收各方优秀的理念，同时要注意结合我国的国情，形成富有我国特色的应用型本科教育学分制管理制度体系。

为确保学分制管理改革的顺利推进，必须加快建设完备的制度体系，以保证应用型本科教育学分制管理的所有环节都有章可循。政府教育管理部门要协同发展与改革委员会、财政局等部门为应用型本科教育的学分制管理改革的推行做好顶层制度设计，在国家相关教育理念和精神的指导下，制定、出台符合学分制管理模式的管理制度。

6.3.2 地方应用型本科高校学分制管理制度体系的主要特点

1. 弹性学分制

学分制管理制度体系的设计应充分考虑地方应用型本科高校学生的生源状况及学院的办学实际，结合地方应用型本科高校的相关管理制度和对学分制、学年制利弊的权衡之后，提出弹性学分制的新内涵。鉴于学生入学时年龄较小，在知识和社会经验等方面存在较大欠缺，价值判断能力尚未形成，如果采取完全学分制，既有可能会出现学生知识结构不完善的现象，影响学生的学习主动性和学分制的实施效果。这就需要给学生留出一定的缓冲期，如在四年本科教育周期内，在前两年采用学年学分制，选修课主要以公共选修课为主；在学生心智得到发展的基础上，第三年开始在整个课程体系中加入专业选修课的内容，让学生根据自己的实际情况在导师的指导下按照专业方向进行选课。这种弹性学分制在保证知识系统完备的前提下又能满足学生的个性发展需要。

2. 绩点学分制

“绩点”是目前学分制管理制度中用以区分学生课程学习效果的形式，作为学生评奖评优、升学和就业等活动的重要依据。为鼓励学生认真学习，取得良好成绩，应遵照多元智力理论，在充分认识学生智能多元和水平差异的基础上，引入绩点学分（即绩点学分 = 课程学分 × 绩点系数）的新概念，以绩点学分达到毕业学分要求的情况作为学生是否可以毕业的依据，以此激发学生在优势智能方面发挥特长，以长补短顺利完成学业。

3. 坚持育人为先

在学分制管理制度设计中纳入素质教育学分，将学生在思想品德、行为规范以及日常表现的情况都以学分的形式给予量化和记录，以此将对学生的品德教育要求渗透到课堂内外的各个环节中，从而达到规范学生日常行为，提高学生思想道德水平的目的。

4. 坚持因材施教

将个性发展学分纳入学分制管理制度体系的设计中，充分体现了因材施教的原则，通过学分制的引导来实现学生的全面发展、个性发展以及对创新能力的培养。引导学生既要学知识、练技能，又要积极参加社会实践活动，锻炼职业能力和综合素质，以实现自身的全面、均衡发展。

5. 坚持以人为本

地方应用型本科高校的学生学习基础相对较薄弱，对理论性较强且与文化基础密切联系的文化基础课兴趣不高，存在一定的学习难度，因而在实施过程中可以推行分层教学的模式，根据学生的学习基础和能力分层组织教学，并按照各自层级的标准进行教学和考核评价，最后按照一定的比例折合成最终的学科考核成绩和绩点。① 这样，在专业课程的学习中，学生可以通过努力提高学习成绩和积极参与技能竞赛等渠道获取毕业所要求的学分绩点。

6.4　实施规范化管理，推动实践教学环节改革

实践教学体系分为课内实践教学与课外实践教学。课内实践教学的实习与实训、课程设计、毕业设计等环节分别致力于培养学生胜任岗位的基本能力和综合能力；课外实践教学的社会实践活动、科技创新活动等环节主要致力于培养学生胜任岗位的创新能力和综合素养。实训项目教学活动的开展必须在和现实生活中职业活动环境相仿的环境中开展。实训教学的开展要注重理论和实际相互结合。在实训进行的同时教师要把对学生的实践能力操作训练同职业素质的训练相互结合起来，互相渗透，使学生不仅拥有良好的实践操作能力，同时还能形成团队精神、认真负责等职业素养。

为了保证实践教学环节的质量，学校需制定实践教学目标、计划、大纲等，明确各实践教学环节要达到的目标和开展的基本原则，要明确人员分配，责任落实到人。

① 董跃娴，范双喜，杜晓林．高等农业院校学分制研究与探索［M］．北京：中国农业科学技术出版社，2008.

6.4.1 加强校内实验实训室的建设和管理，面向师生开放实验室

实验教学在应用型本科高校人才培养的过程中起着至关重要的作用，作为最基础的实践教学形式，它是连接知识与实践，实现理论知识向实践能力转化的桥梁。实验室作为供师生完成实验教学任务和进行科学研究的重要场所，在实验素质教育中的作用是其他教学环境所不能代替的。[①] 作为实验教学的基础设施保障，实验室的设置直接影响着实验教学的实施和发展，其效能发挥的程度又反过来影响着各方对实验室的投资、建设和管理[②]。实验室建设包括实验室硬件和软件建设两个方面，其中硬件建设包括实验用房、仪器设备、培养和造就一支高素质的实验室技术人员队伍等物质条件。软件建设包括改革实验室管理体制和模式，建立健全实验室的规章制度等。加强实验室建设是保证教学和科研任务顺利完成的基础性工作，不仅关乎实验教学的顺利开展，更是提升学校实践教学能力的重要前提。

实验室的建设工作，是高校教育教学工作的重要组成部分，要纳入学校的整体发展规划，应充分考虑学校的教学改革与发展需要，以及近期和远期规划、教学环境、设施、仪器设备、人员结构、经费投入等各种因素。[③]

1. 实验室环境建设

首先，实验室环境建设要按照国家的相关规定，并参照房屋建筑方面的法律法规，严格执行相关行业的技术标准，遵守相关规范。其次，实验室建设的目的是为了满足教学活动的需要，因此必须充分考虑所承担的教学和科研任务的特殊需求，并需要对专业、上课学生人数和使用时间周期等因素进行考量和顾及，以满足地方应用型本科高校实验课程的教学需要，实现教学资源的合理配置，提高使用效率。最后，实验室环境建设要与学校的环境建设相一致，与学校的文化建设相协调，注重人文气息的体现，为教师和学生创造良好的教学科研氛围。

2. 实验室仪器设备建设

教学仪器设备是开展教学与科研的重要保障。实验仪器设备的购置和配备要注意以下三个问题。

一是坚持实用性与先进性相结合。实验仪器设备的配置首先需要满足基本的教学要求，满足学生基本实验技能操作和技术规范培养的需要。在此基

① 胡弼成. 高等学校课程体系现代化研究［D］. 厦门：厦门大学，2004.

② Snyder J, Bolin F, Zumwalt K. Curriculum Implementation. In: Jackson P W ed. New York: Macmillan, 1992.

③ 刘影，刘海峰. 高校实践教学管理研究［M］. 吉林：吉林文史出版社，2004：165.

础上，对实验仪器设备进行购置和选配的时候要注意保证其具有一定的先进性，这样才能保证实验教学的先进性和适用性。

二是坚持近期与远期规划相结合。实验仪器设备的配置建设需要大量财力和物力的投入，单纯依靠学校办学力量和政府补助难以保证此项工作的科学性、客观性和优化性。为此，需建立科学的招标制度，以解决教学仪器设备采购资金和质量方面的问题，同时还需建立配套的校内监督机制，保证招标过程和采购工作的公开、公正、保质、保量。

三是坚持软件建设与硬件建设相结合。受经费、场地和人员等客观条件的限制，实验仪器设备很难完全满足教学的需求，为了实现使用效率的最大化和教学效果的最优化，就需要教学人员和实验管理人员加强软件建设和管理，在实验教学的实践安排和人员轮换等方面科学统筹、合理调配，在有限的条件下，充分发挥实验设施设备的作用和人员的主观能动性，将软件建设和硬件建设有机结合、优势互补，确保实验教学和科研任务的顺利完成。

3. 规章制度建设

规章制度是各项工作顺利开展的依据和保障。加强实验室规章制度建设是实现实验室规范化、科学化管理的主要环节，应做到“立法、守法和执法”的统一。

实验室教学人员和相关管理人员要积极学习、全面了解实验室的规章制度，严格执行规章制度的各项要求，并且对工作中出现的问题进行分析、总结和反思，对规章制度的运行、实施情况及时掌握，为今后的实验室规章制度的改进与完善奠定基础。

4. 建设开放性的实践教学基地

对教师开放。教师对实践课程及项目进行研究和开发，可以完善实践教学的内容和环节，探索更加适切的教学方法和模式，以便保证实践教学工作的高校完成，提高实践教学的教学质量。因此，学校要为教师提供更加广阔的空间，向他们开放实践教学场所，为其更好地开展科研活动服务。

对学生开放。在实践教学方面要特别强调学生的主体性发挥，多形式、多层次、多时空向学生开放实践教学场所。一方面，根据学生实践课程的安排，给学生充足的时间、场所和仪器设备去进行实践活动，保证其实践技能的锻炼。另一方面，在非实践课程时间段实行分层开放，使理论知识和实践技能掌握程度较好的学生进入科研实验基地，而基础薄弱的学生则针对知识短板强化训练。并结合不同学科专业的特点进行相关实践场所的开放。

对社会开放。“产、学、研结合”是应用型本科教育的重要办学特色。通过校企合作，高校在实践基地和专业技能培训等方面得到很大益处，同时企业也有享受学校优质教学资源的权利。因此，高校要把部分实验、实训项目和场所向社会用户开放，通过开办职业操作和应用培训班，承担各种形式的培训任务，为企业和社会相关部门培训高层次的专业人才，形成实训咨询、指导和科研成果产业化的实训基地，真正实现高校和社会的资源共享、共建。

实践教学基地的建设是一项系统工程，涉及学校和社会的方方面面，特别是实训技术队伍的建设与管理。要贯注“以人为本”的现代管理思想，在注重硬件建设的同时，更要加强软件建设，努力把校内实验基地建设成为真正具有辐射、示范作用的高层次的实训教学基地。

6.4.2 加强校外实习基地建设，强化实习实训管理

1. 校外实习基地的功能

校外实习基地依托企业得天独厚的实践环境，在应用型人才培养过程中起着举足轻重的作用。它拓宽了高校实践教学的领域，丰富了实践教学的内容，提高了实践教学的效果，为地方应用型本科高校培养具有应用技术技能和职业素质的专业人才提供了良好的物质条件。校外实习基地的功能主要包括以下四个方面内容。

（1）认识实习（见习）

认识实习主要是学生通过到企业实际岗位上参观学习，了解实际工作流程。这种实践教学方式以讲解为主，学生不需要自己动手操作，教学时间较短，其目的在于让学生初步了解实际的工作岗位，对工作岗位形成感性认识，加强对理论知识的理解和认识。

（2）顶岗实习

顶岗实习是学生在掌握了一定的理论知识和操作技能后，到企业的实际工作岗位上进行实践训练的教学过程。该教学过程持续4~5周，每个岗位配备固定的指导教师，教学组织有一定的难度，特别是在实习学生人数较多的时候。这一实践教学过程的目的在于在实际工作岗位上锻炼学生的理论运用能力和实际操作技能，以培养学生具备岗位所要求的基本技能和职业素质。

（3）专题实习

专题实习是指在完成校内教学计划之后到相关企业完成某项专题实习的教学过程。该教学过程持续在8~10周的时间，一般是与毕业设计相联系的毕业实习。这一过程中会配备固定的学校和企业指导教师，目的在于通过专题实习，对学生所学课程进行综合性检验，同时也是对学生综合素质和独立工作能力的培养。

（4）教师锻炼

有计划地委派教师到校外实习基地挂职锻炼，亲身参与技术生产劳动以

及技术的开发和研制，不仅可以增强教师对设备工作原理的理解，拓宽专业知识面、锻炼自身的实际工作能力，还能加深教师对企业技术的实际应用情况的了解，这些无疑都是无法从书本上获取的，对教师自身能力的提升和实践教学经验的增长都大有裨益。此外，高校和教师可以争取横向课题，在帮助企业解决实际生产问题的同时也提高了教师的科研水平。

通过校外实习基地这个载体，以校外实践教学促进校企合作与产学研结合。通过产学合作，拓展技术与技能培养的教育资源，提高毕业生对职业岗位能力要求的适应程度。

2. 加强校外实习基地建设和管理

（1）校外实践基地的建设原则

首先，要坚持“互惠互利、双向受益”的原则。在进行校外实践基地的建设过程中，校企双方必须通过合作形成完整的利益共同体，以文件的形式规定好双方的权利和义务。要充分发挥企业在设备和实践经验方面的优势以及高校在优质教学资源方面的长处，实现双方的优势互补，共同打造可观的品牌价值和社会无形资产。

其次，要坚持质量第一的原则。学生在校外实践基地进行实习，不仅仅是为了完成教学任务，而是要对自身的能力进行切实的锻炼和提升，避免为了实习而实习的走马观花的现象，将实习项目和实践活动落到实处，真正提高学生实践能力。

最后，坚持素质教育的原则。高校在进行校外实习基地选择时应加强对企业的考察，选择那些具有积极工作氛围和良好育人环境的企业，有利于学生全面素质的培养。实习基地选择的合适与否也会影响学生思想品质、业务能力和身心素质的提高和完善。

（2）校外实习基地的建设要求

校外实习基地的建设直接关系到校外实践教学的实施和质量。社会经济快速发展的背景下，新型企业也在不断涌现，高校不仅要密切关注本专业相关企业的发展动态，还要积极寻求与优秀企业的联系和合作，共同建设高质量的校外实习基地，不断跟进行业的发展与变革。

首先，成立专门的校外实习基地管理机构。为了保证校外实习基地的建设和发展，校企双方需要通过协商共同组建专业的工作小组，负责校外实习基地工作的组织和安排。在实习基地工作开展的过程中，工作小组要始终坚持“互动互利、产学双赢”的原则。

其次，加强和规范校外实习基地的运行管理。工作组领导和成员共同拟定相关的规章制度，包涵教学管理、学生管理、师资管理等诸多方面，保证实习基地的教学工作有条不紊地进行。在基地的实际运行中，学院方面主要派出教师与企业的沟通与协调具体的教学计划、要求、条件与实施办法，并且落实好学生吃住行等问题并参与管理。学院的教务处、教学督导组负责对教学的质量进行监督和评价。企业部门则实施具体的实践教学工作，安排学生参与到具体的“项目”中去。

最后，充分发挥实习基地的作用。实践教学环节是培养学生运用所学知识解决实际问题的重要手段，也是提升学生专业素质和创新能力的重要途径。在高等教育大众化趋势下，加强实践教学是推动创新教育，培育创新人才的必然要求，也是提高教学质量和人才培养质量的保障。

6.4.3 引导鼓励学生参与科技创新和创业活动

作为培养应用型人才的高校，要积极引导和鼓励学生参与科技创新、创业活动，将学生的科技创新活动作为全新实践教学体系的重要内容进行构建。学校应系统开展创新教育，营造浓厚的科技创新学术氛围，有计划地开展科技制作、创新竞赛等创新性活动，激发学生的创新激情，为学生自主创业提供力所能及的条件。应用型本科高校的创新能力培养活动，须加强创新实践基地的建设，拓展科技创新舞台，使创新活动具有长期性、延续性。

1. 培养创新思维，开启科技创新实践教学之门

针对大一学生开展内涵丰富的创新科研专题讲座和科研实践活动，激发学生对科技创新的兴趣和渴望，帮助学生开启科技创新实践的大门①。这一系列的讲座可由院校内部教授或行业专家联合完成，主题可涉及行业领域热点、环境科学的研究与发展或是全球及中国面临的环境问题等方面。该系列讲座主要是针对刚入学的大学生，这一群体具有较强的好奇心和求知欲，在多元主题的引领下，邀请相关院系或者兄弟院校的教授团队开展专题讲座，学生可以根据自己的兴趣自由选择课题讲座，对教授们的研究领域和方向作进一步的了解，认知相关领域的科研前沿，感受科研氛围。通过这些创新科研讲座的开展可以有效激发学生的专业学习热情和对科学追求的兴趣，也拓展了学生的知识视野和思维。

2. 整合科研资源，推行开放式科技创新实践教学环境，培养学生创新思维、创新能力

如何培养学生的创新能力和科研思维是每一位应用型高校教师都需思考的问题。地方应用型本科高校可以统一部属，开展一对一导师制科研工作和毕业论文（设计）工作。从大二开始，在师生双向选择的基础上，开展一对一的导师制科学研究，直至毕业阶段的毕业论文（设计）工作的指导。

---

① 林志芬，贺文智，陈玲，等．复合型创新性环境科学拔尖人才培养的实践［J］．中国科教创新导刊，2014（4）：18.

这样让每一个学生都有机会进入导师的课题组，并在导师的指导下开展科学研究，在高水平研究氛围的熏陶下，达到激发学生创新思维，培养学生应对实践和理论问题的创新能力和创新精神的目标。

3. 培育创新实验计划，提升学生实践能力和创新能力

积极引导和组织学生申报和参与国家级、地区和校级等各级各类的创新性实验计划，其目的在于引导学生直面复杂的实际问题，在师生双向交流、努力寻找解决方案的过程中使学生的综合素质和创新能力得到全面提升。以升华学生创新实践能力为出发点，在国家级、省部级重大课题申报的背景下，进一步开展由重大课题衍生的，更适合本科阶段学生探索试验的课题研究工作。在科研一线教授团队的带领下，依托重大科研项目和科研实验室的先进仪器设备，通过探索创新型实践教学模式，来实现培养和提高本科生创新实践能力的目的。通过查阅资料、提出实验方案、方案的讨论与确定、实验室实验和实验总结四个阶段，使学生对分析研究问题的整个过程有了全面的了解，在实际参与中促使自身的实验技能和综合能力得到全面锻炼和提升，有效实现了科研资源向教学资源的转化。让院系教授团队担任创新实验指导教师，可成为创新实验教学培养科技创新人才的有效途径。

4. 搭建学科竞赛平台，激发学生创新思维、创新潜能

学生参加学科竞赛不是单纯为了获奖，更重要的是让学生在参赛过程中学会分析问题，学会多角度思考，在努力寻找新思路、新方案的过程中培养学生的创新思维。学科竞赛作为培养创新型人才，提升教育质量的有效途径，可以通过参与的整个过程全面提升学生在思维、方法、技能和设计等多维度，多层次的创新能力①。近年来，诸如挑战杯、数学建模等一系列竞赛在激发学生的学习兴趣和潜能以及培养其实践能力和创造精神方面发挥了重要的作用。

6.4.4　以产学研合作教育为核心，强化实践教学，探索校企合作教育新路径

当今社会，高校毕业生岗位适应能力差的现象非常普遍。学校作为育人的教育机构，其主要任务是培养社会所需要的人才，而非企业的岗前培训基地。现代大学理念强调突出大学对社会的服务功能，但这一职能的发挥不是学校单方面就可以完成的，需要企业的全力配合，企业是合作培养的参与者而不是旁观者。对企业而言，进行合作的动机就是获取盈利，但与高校合作

---

① 张泽旺，眭平，谢雯瑜．基于学科竞赛的创新人才培养模式研究［J］．实验室科学，2016，19（2）：232－235.

的过程中企业也要认识到，除了收益以外，这更是一份社会责任，企业应当责无旁贷。同时，教育是一个长期缓慢的过程并非一蹴而就的，因而企业要做好短期内不见收益的准备，树立长远眼光。

在具体合作内容上，企业除了提供必要的实习场所外，还要参与到学校人才培养方案、课程设置和教学改革等具体事项中去，真正走进高校，与高校共同建立应用型人才培养机制。另外，企业也要为本单位的高级技术人才到高校兼职教师开辟道路，让其将产业前沿技术融入高校人才培养中。

为保证产学研合作真正落地，发挥其应有的作用，就必须将校企双方的需求充分考虑进来，建立包括人员流动、资金保障、平台建设和课程教学等方面的科学化、规范化的合作机制，避免校企双方的合作冲突，以模式化的机制运转保障合作的长效共赢。高校可以根据不同专业的具体需要跟企业建立不同程度的合作，比如对于工程类学科来讲，其对实验设备和实践基地的需求较大，因而可以同企业合作共建，实现资源共享；而对行业技术能力要求较高的学科，则可以通过互派的方式，让双方人员到对方单位挂职锻炼，从而实现技术与教育成果的相互转化。

模式化合作机制的关键是要解决投入和收益、人员待遇以及合作时间周期等具体问题，不仅需要国家或对方政府在政策方面予以保障，地区内的高校群体也可联合起来，制定合作机制，共同与企业进行协商合作，推进校企合作在区域内实现模式化。

应用型本科院校人才培养的定位是以就业为导向，培养具有较强实践能力、创新创业能力和较高综合素质的高层次应用技术型人才[①]。可从以下三个方面对人才培养模式进行改革。

1. 搭建学校、家庭、社会相互配合的育人机制

《国家中长期教育改革和发展规划纲要（2010—2020年）》提出："建立健全政府主导、行业指导、企业参与的办学机制，制定促进校企合作办学法规，推进校企合作制度化。"应用型本科院校推行产学研合作的教育模式需要国家法律法规和相关政策的支持和保障，引导和鼓励各方积极参与，逐步构建政府、行业、企业和高校"四位一体"的人才培养模式。由于行业组织、企业和高校各自有不同的诉求，在相互无法协调形成共识的前提下，各方的合作热情受限，缺少合作的平台，要想加强产学研合作教育，就需要政府的积极引导和政策支持作用的发挥[②]，比如，政府可以通过出台支持产学研合作教育的法律文件和配套措施来激励产学研合作的创新机制，[③] 使各

① 董立平．地方高校转型发展与建设应用技术大学［J］．教育研究，2014（8）：67－74．

② 尹庆民．校企合作研究：基于应用型高校的模式及保障机制［M］．北京：知识产权出版社，2012．

③ 冯海燕．高校与企业产学研合作机制创新研究［J］．中国高教研究，2014（8）：74－78．

方在融资、利益分配、协调和绩效评估等方面协调配合，共同发展。

2. **构建学业、产业、就业、创业相互贯通的人才培养模式**

应用型地方本科院校人才培养以服务地方经济和社会发展为宗旨。然而，纵观当前许多地方本科院校的发展还存在很多问题，如学校专业设置与社会发展需要脱节、课程内容与地方产业脱节、课堂教学与实践实训内容脱节以及育人与就业方向脱节等。因此，地方本科院校有必要在教学实践中努力探寻能使学业、产业、就业和创业相互融通的人才培养模式。例如，依据各院校本科应用型人才的培养目标定位，坚持适应社会需要设专业；开设适应行业需要的课程，注重理论应用抓教学，就业创业育人才；学业是关键，产业是平台，就业是导向，创业是目标，通过学业与产业、学业与就业、学业与创业的紧密联系，使学业、产业、就业、创业相互贯通，提高本科应用型人才培养的针对性。

3. **探索校企合作、协同育人新模式**

推进专业和相关企业、研究机构合作的深化，将学生的实习与科研合作、毕业分配和创新创业活动有机结合起来，充分发挥企业接触科技前沿的优势，不断地更新课堂教学的内容。积极整合利用社会教育资源，发挥企业、科研机构和高校自身的优势，建设符合创新创业实践人才培养目标、适合培养和锻炼学生创新实践能力、推动科研产业化应用的产学研联合实践基地。校企合作育人新模式主要包括：战略合作，将校企合作上升到战略的高度，实现校企双方在实践实训基地建设、学生实习实训和教师交流培训等方面的合作，通过签署合作协议，确立正式战略合作关系；攻关合作，以实践实训基地为平台，充分发挥学校的专业优势，为企业的生产攻关、技术开发和员工培训等方面提供服务，不断拓展校企合作的深度和广度，把校企合作教育推向新的高度；联合申报科技项目，开展产、学、研合作，校企双方利用各自技术、人才优势共同研发新产品，积极申报科技项目和申请国家专利，实现校企双赢。通过项目拉动深化校企合作的深度，形成长效机制。通过定向培养，充分发挥高校对社会、行业和企业的服务功能，为企业培养更多高素质、高技能的应用型专门人才，同时也为学生进行实习实训争取更广阔的空间，也随之衍生出如委托培养、订单式培养等诸多人才培养模式，丰富了人才培养方式。

6.5　设置与应用型人才培养相适应的实践教学内容体系

实践教学的内容体系主要包括教学层次的划分、环节的设置、应用型课程开发和教学方法的探求四个部分。其中，实践教学层次的划分是在遵循一定教育规律的基础上，由简至繁，由低级到高级的过程，以此包括基本技能培养、专业技能培养和综合应用能力培养三个层次。实践环节是遵循由易到难，连续不间断的原则进行设置，主要分为实验、实训、实习、课程设计、毕业论文（设计）和社会实践等。应用型课程的开发是以培养学生的创新实践能力为出发点，综合考虑政府、企业和高校的需求来组织。实践教学的内容体系是整个体系的实际运行系统，对其改革优化有利于推动整个体系的良性运转。

1. 实践教学层次的划分

根据应用技术型人才培养的要求以及实践教学的目标，遵循由易到难，由简单到复杂的教育规律，地方应用型本科高校转型发展中的实践教学可以分为以下三个层次：

（1）基本技能培养层次

在基本技能培养层次，理工科主要要求学生掌握基本的实验规范，学会常规实验器材的使用和整理以及一些基础性实验的操作和基本实验报告的编制，同时还需熟知经典实验案例的原理、方法和操作流程。除此之外，还需掌握常用的计算机和外语等工具性知识，养成科学严谨的思维习惯和工作作风①。文科则更侧重于对学生思维、组织、协调、表达、决策、交往和语言掌握与运用等方面能力的培养与锻炼②。

（2）专业技能培养层次

在专业技能的培养上，无论是工科、理科还是文科专业都要求学生能够运用所学专业知识和形成的专业思维来分析解决实际问题，注重培养学生从事相应岗位所需的实际操作能力。对专业技能的培养可以采取理论学习与实践教学相结合的方式，一边进行理论学习，一边进行针对性的课程实验和专业实践的训练，这样既可以加深对理论知识的理解，使学生扎实掌握课堂教学内容，及时接受专业技能的训练又能将理论与实践有机结合，不断提高应用型人才培养的质量。

（3）综合应用能力培养层次

这一培养层次要求学生能够熟练地将所学专业知识和技术技能综合应用到工作实践中，主要培养的是学生胜任某一工作岗位的综合能力。对这一层次能力的培养理工科多以项目设计和产品开发的形式进行，文科则主要采用专业见习、教学实习和毕业论文等形式进行。

---

① 王秀梅．以学生为本构建全方位开放的实践教学体系［J］．实验技术与管理，2013，30（2）：1－4．

② 齐艳娟．素质教育背景下文科大学生基本技能教育初探［J］．牡丹江师范学院学报（哲学社会科学版），2007（4）：111－112．

2. 实践教学环节建设

地方应用型本科高校转型发展过程中的牵涉的实践教学环节很多，本书主要介绍以下四种比较有代表性的环节建设：

（1）实习、实训

实习与实训二者都是针对职业训练，并且都强调外在训练环境的真实性或仿真性，因而通常将二者并列起来。实训是一种基本的职业技能训练，其目的是为了让学生掌握本专业的技术和能力，一般包括模拟仿真和技术训练等。如根据市场情况建立起来的符合行业技术发展要求的仿真系统，通过对学生进行反复训练来达到使学生在真实技术情景中能够灵活应对的效果。地方应用型本科高校在转型发展的过程中要不断转变传统的实习实训方式，减少观摩、浏览式的实习、实训方式，代之以具有实际操作流程的顶岗实习、实训方式[①]。按照时间阶段的差异我们通常将实习分为认识实习、专业实习和毕业实习。认识实习主要是在专业学习之前进行，通过参观考察实际工作环境和工作流程的形式，使学生对本专业有个大致的感性认识，以激发学生对本专业的兴趣和热情；专业实习一般设置在学生建立起专业感性认识之后，主要是针对某项技术技能的训练；毕业实习在整个专业课学习之后进行，主要是针对学生综合职业能力的训练。通过毕业实习使学生切身接触到本领域的工作岗位，了解行业的最新动态，对培养学生的综合职业素质和实践技能的积累很有帮助。地方应用型本科高校可以根据自身实际选择实习的时间阶段和具体实习方式，借助实习深化学生的专业技能，为学生未来走向工作岗位打下基础。

（2）实践教学课程设计

课程设计是在专业课程学习之后，要求学生综合运用所学知识和技能进行特定题目的设计。地方应用型本科高校在进行课程设计时要突显出应用性的特色，选题不仅要满足教学的要求，还要面向社会实际并能检验出学生真实的研究水平。在正式开始课程设计前，指导老师要就课程设计的目的、重难点、指导文件、相关资料以及考核评价标准等内容进行介绍说明，随后由学生独立完成具体的设计方案。在课程设计过程中要给学生树立“大工程”观念，让学生认识到实际工程设计的复杂性，需要多种技术工种间的协调配合，培养学生的团队合作精神。在课程设计的考核评定上，应包含平时成绩、方案设计成绩和答辩成绩等多个方面[②]，杜绝抄袭现象。

---

① 季桂起．地方应用型本科高校人才培养模式改革的构想［J］．中国大学教学，2007（9）：55－58.

② 贺玲丽，白叶飞，许国强．实践教学中课程设计方法的改革与研究［J］．内蒙古农业大学学报（社会科学版），2011，13（5）：150－151.

（3）毕业论文（设计）

“应用性”应成为地方应用型本科高校毕业论文（设计）的亮点，也是对学生独立分析问题和解决问题以及实践应用能力培养效果的检验①。要求学生在进行毕业论文选题时，应尽可能地立足于当前社会发展的现实需要，突出选题的真实性和前沿性。通过对实际问题的分析和解决，真正体现出其服务决策、服务社会和发展学术的现实功用。此外，选题的类型也应不仅局限于毕业论文的形式，还可包括调查报告和实验研究等多种类型②，并体现学科专业特色。理工科毕业设计可以以项目为依托，选用教师科研项目、大学生科研创新项目、企业工程项目等，项目要具有可行性、实用性和创新性。通过项目化的毕业设计，不仅能使学生得到科研方法训练，还培养了学生技术应用、技术创新以及团队协作等综合实践能力。考虑到学校的应用型定位，毕业论文（设计）也要体现应用型特色，加强经费投入以完善实验室、图书馆硬软件建设，加强校企合作使学生能够到真实的工作岗位中体验实践，从中发现感兴趣的研究方向，为毕业论文（设计）积累素材。另外无论是在资料提供还是方法指导方面教师都要给予帮助，采取多种措施提升论文质量。

（4）社会实践

社会实践是地方应用型本科高校转型发展过程中实行实践教学的重要环节，必须将其作为提升学生实践动手能力、创新能力和综合素养的有效途径。首先，社会实践应贯穿于本科教育的整个过程，根据难易程度和特点与学生的勤工俭学、实习锻炼和科技创新等活动结合起来安排到教育过程的各个环节，实现社会实践的常态化。其次，社会实践要在调查、志愿服务和爱心演出等传统形式的基础上不断探索和创新，寻找能突显应用型本科院校智力资源优势的新型社会实践形式，如科技攻关、技术服务、产品开发和高科技产品推广等③。鼓励不同学科、院系和年级的学生参与社会实践智力团队的组建，集思广益激发群体创新思维，不断提升社会实践效果。最后，将社会实践纳入教学体系中，赋予其一定的学时、学分，设计具有学科特色的活动计划，保障活动计划的连贯性和整体性，分步骤、分阶段地实现学生实践技能的提升。制定完善的社会实践考评制度，加强纪律考勤、定点巡查、中期反馈等过程考核，重点考察学生思想素质、实践技能变化，注重实践效果，同时兼顾实践的社会效应。

---

① 代明君，张凤武，谭平．提高特色应用型本科院校毕业设计质量的思考［J］．黑龙江教育（高教研究与评估），2012（10）：59－60.

② 乔军，孟庆玲．提高本科毕业论文质量的几点思考［J］．教育探索，2011（9）：46－47.

③ 吕富媛，吕富彪．增强大学生社会实践实效性的路径研究［J］．国家教育行政学院学报，2010（3）：49－52.

地方应用型本科高校进行实践教学时要充分考虑能力培养的规律，并结合本科教学的周期进行合理安排。本科一年级的主要任务是培养学生的职业意识，通过安排学生进行社会调查和企业实际参观考察后对所学专业有个初步的了解。其目的是把学生从单纯的学校学习中解放出来，增加与社会的接触，形成对职业工作的感性认识。本科二年级的任务是开展相关专业的基本技能训练，主要以校内的仿真训练为主，并牵涉少量的设计性实验和适量的基础技术训练。本科三年级的主要任务是对应用能力的提升性训练，这一阶段实验、实训的课时比例明显增加，课程的设计性和综合性也不断增强，多以专题研究的形式进行。本科四年级主要针对综合专业能力进行训练，并以毕业前集中实习和毕业论文（设计）的形式来体现。学生在毕业实习中进一步了解岗位工作的生产流程、技术操作规范，学习沟通、交流、合作、分享等人际交往技巧，通过论文写作或者方案设计进一步学会知识的灵活运用，增进专业技能培养科研能力。

3. 应用型本科课程的开发

实践教学的最终目的是为社会输送合格的应用及时型人才，而这一目标的实现必须通过相关课程的学习才能实现，因此必须重视对应用型课程的开发与设计，这样才能满足社会生活发展的需要。

根据美国学者伯顿·克拉克的理论，高等教育演进要受政府、市场和学术权威三方面力量的作用，这三种力量形成一个协调三角形，三个角代表三种极端的形式以及其他两种形式的最低限度，三角形的内部表示三种因素不同程度的结合①。地方应用型本科高校作为高等教育的重要组成部分，在进行应用型本科课程开发时也要对这三个因素进行考虑，具体到高等学校，这三个因素就变成了政府、行业组织和学校。首先，对于政府因素，政府的支持是进行应用型本科课程开发、实施产学合作，保障合作顺利进行的必备条件。政府可以从以下三个方面给予支持：第一，为校企合作搭建平台，政府可以借助多媒体信息技术在科技服务、业务交流和人才培养等方面搭建校企合作平台，或者建立地方产学合作组织；第二，实施奖励政策，通过设立专项资金作为对产学合作做出突出贡献企业的奖励，以此来调动企业参与合作的积极性；第三，出台一系列相关法律法规引导校企合作的趋势，进一步制定实施的细则，为校企合作的落实和双方权益的保护扫除障碍。政府通过以上平台建设、资金支持和政策保障等举措，不仅为产学合作营造了良好的环境，也为企业争取了更多的权益和实惠，从而最大程度上调动企业参与的热情，并为企业参与应用型课程的开发提供了优越的外在机制。其次，是学校

---

① ［美］克拉克．高等教育系统：学术组织的跨国研究［M］．王承绪，等译．杭州：杭州大学出版社，1994.

因素，目前我国地方应用型本科高校转型发展过程中的课程建设还存在较大的不足，对学生应用能力、创新能力以及实践探索精神的培养不够，开发应用型课程能够在一定程度上弥补这种缺陷。以课程开发中的教材编写为例，编写团队的成员不应局限于本校的专家学者，而应尽量多元化，不仅要借鉴其他本科院校的经验，还要将企业优秀的技术人员和管理人员纳入教材编写队伍中，以博采众长，发挥集体智慧，使教材不仅能够满足理论传授的基本功能，也能体现时代发展和科技进步的特点。最后，是企业因素，同样以教材编写为例，"只有与现代生产实际和职业工作实践相结合才能编写出实践性比较强的教材"[①]，如北京联合大学在编写教材时就积极邀请全聚德、北京饭店等餐饮行业的一些优秀企业参与进来。

地方应用型本科在应用型本科课程开发的过程中必须坚持"依托学科、面向应用"的理念。其中，"依托学科"是指将学科作为课程开发的基础。高素质应用型人才要具备宽泛的学科基础知识，这是其后续发展的基础和潜力，这样才能快速适应科学技术的发展和工作环境的变化。因此就要求应用型课程要具有一定的学科性和系统性，能够达到本科层次的教育水平，不能因为强调实践能力而忽视了学科内容体系的构建。当然，强调"依托学科"并不是要求高校完全依照课程目录进行全部课程的开设，而是要视其对专业应用能力的支撑力度进行适当取舍[②]。并且，对于已开设的课程，在学分、学时和教学方法等方面也不能完全"照本宣科"，要根据学校的实际和专业的需要进行合理的调整。此外，还要强调的一点是，课程开发中所依托的学科不单指某一个学科，而应是多个相关学科，这是科学技术发展和职业工作复杂性的共同要求。"面向应用"是指在保障学生学到系统的理论知识之外，还要注重对学生知识应用能力的培养，使学生能够将专业技能熟练地应用到实际工作生活中。应用型本科课程的开发要面向生产和管理的实际，理论课和实践课都要服务于专业应用能力的培养。这一点可以借鉴加拿大的"CBE"模式，通过职业分析形成 DACUM 图表，并找出相关类别工作的核心能力或关键能力制定开发方案，并将其嵌入到教学过程中，保证每个模块间的连贯性。

6.5.1 学科专业和课程设置紧跟地方经济和社会发展需要

高校的学科结构直接决定了人才培养的专业结构。[③] 地方应用型本科高

---

① 潘懋元．应用型人才培养的理论与实践［M］．厦门：厦门大学出版社，2011.

② 孔繁敏．应用型本科人才培养的实证研究：做强地方本科院校［M］．北京：北京师范大学出版社，2010.

③ 潘懋元．新编高等教育学［M］．北京：北京师范大学出版社，2009.

校培养的人才主要是为地方经济社会发展服务，因此，学生所学专业只有与地方经济社会的发展相适应，才能实现专业对口和学以致用，才能真正为地方经济社会的发展提供所需的人力资源和智力支持。为此，地方应用型本科高校要在科学分析地方支柱产业和资源优势的基础上，重点建设具有地方特色的学科和专业，不断拓宽专业口径，提高人才对社会的适应性。

1. 专业设置

学生的就业情况是检验地方应用型本科高校办学水平的重要标准。因此，在专业设置上，地方应用型本科高校必须结合地方经济社会发展的需要，在广泛调研的前提下，在把握好社会发展方向和对人才需求的预测下，设置一批面向地方支柱产业又具有一定远见性的应用型学科专业。为了更好地满足社会对高素质应用型人才的需要，高校还需要不断对产业发展前景进行分析，以便及时调整、优化和重组专业口径，保持专业设置的灵活性。学校应当对专业的开办条件进行理性分析，并结合学校和社会的可利用资源来决定专业的开设、改造、更新或取消。

地方应用型本科高校由于建校时间比较短，在学科建设方面的经验较为有限，进而影响到专业设置的合理性。为此就需要地方应用型本科高校充分发挥自身优势，调动一切可利用的资源，根据市场导向来进行专业的设置和更新，并对某些优势专业进行集中突破，办出自身特色，形成院校优势。

2. 课程设置

课程设置的合理与否对地方应用型本科高校人才培养目标的实现有着重要的影响。而课程结构是学校根据教育目标对不同内容、类型和形态的课程进行科学安排或是按照一定的标准进行科学组织的课程内容。课程功能的有效发挥不仅取决于课程内容的选择，还取决于课程结构的合理与否。课程结构与课程功能密不可分。

本书结合前面所提到的地方应用型本科高校人才培养中综合职业能力所包含的通用能力、专业能力和社会能力，突出了“理论—实践—综合素质协同”的课程模式。该模式主要由学科基础平台课程、实践能力平台课程和综合素质平台课程三个部分组成。其中理论课程和实践课程渗透在每一个平台中，具体如图 6－1 所示。

学科基础平台课程主要包括学科基础课和学科专业基础课，其课程设置的依据是基础学科的发展。学科基础课是关于学科基础知识的课程，而专业基础课则是与专业相关的专业理论课程。专业基础课程的设置可以使学生为解决实际工作中的问题打下良好的理论基础。为了保证大类专业的学生毕业后可以直接面向工作，做到科类数目不变，学科基础课应该根据不同的专业所属的学科进行不同的设置。学科基础课要在课程内容和授课形式等方面突显自身的专业特色。例如，大学英语可以依照理工科和经管类来分类安排教学。授课方式，教师可以引导学生在不同的工作场合中应用英文。

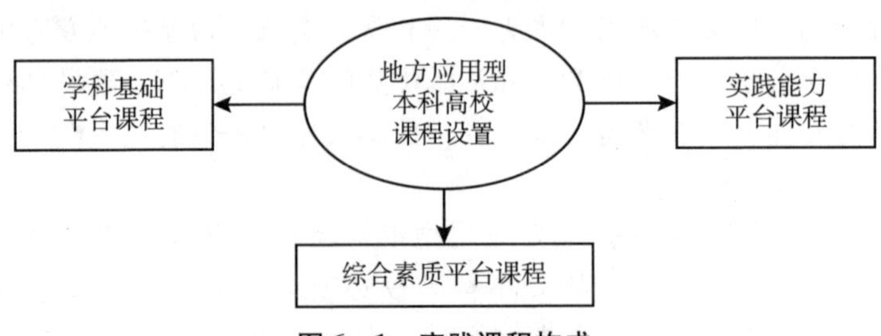

图6－1　实践课程构成

地方应用型本科高校在进行课程设置时要注意与研究型高校的课程设置区分开来。目前我国很多地方应用型本科高校的课程设置和安排基本与研究型高校的相似，虽然两类院校在课程设置的学科逻辑上是基本一致的，但相较于研究型高校，地方应用型本科高校要更注重对人才宽广知识面、扎实理论基础和较强实践应用能力的培养。因此，“广、浅、新、用”应成为地方应用型本科高校学科基础平台课程的特点。其中，“广”是指知识面广；“浅”是指理论讲解浅显易懂；“新”是指课程内容的更新和教学案例的使用随着经济社会发展而不断变化更替；“用”是指知识技能的实用性，强调培养学生的实践动手能力。

实践能力平台的课程是根据企业的实际用人需要，决定学生应具备哪些能力素质，在此基础上再进一步组织实践课程。实践能力平台课程的设置可以根据未来工作的实际要求来设置，对于专业性要求较强的工作，其专业口径的设置就应该细化。相反，对专业性没有那么高要求的工作而言，其对应的专业口径就可适当放宽些。实践能力平台需要校内实训室以及校外实践基地的共同支撑。

与学科基础平台不同，实践能力平台的课程表现出“专、精、综”的特点。“专”是指该课程主要是针对某职业能力的培养。“精”是指该平台是由理论部分和实践部分来构成的。陈述性知识、经验性知识将在学科基础平台呈现。该平台更加注重对于某一单一技能或者理论在实践中的运用。该平台的课程和学生毕业后的工作有着紧密的联系，以实际工作中对毕业生的能力要求为出发点来开发课程。在这个过程中，学校要多与企业沟通，让企业代表参与到学科实践平台课程的构建过程。“综”是指在实践能力平台中，注重对知识从基础到复杂，从书本到实践动手操作，逐步综合的掌握和应用。

综合素质平台包括对学生基本职业素质和基本个人修养两方面的培养。前者主要是指职业道德修养和职业素质，后者则包括个人在政治、英语和计算机等方面的基本素质，这些素质都是当今社会一个合格的社会人所必备的。对于职业素质和职业道德修养的培养通常以渗透式教学的形式包含在所有显性课程和隐性课程中。

在课程的具体设置上，可以借鉴加拿大的CBE模式，通过对社会需求的调研，确立专业人才培养目标体系；并根据人才培养的目标，分析出各个岗位所应具备的能力，制定综合能力表（DACUM表）；并依据此开发专业课程，制定科学而合理、具有内在联系的专业教学计划；在专业教学计划的指示下，科学设计课程的教学目标、教学环节、教学方式等，从而形成以社会的需求为导向，重视培养学生实践能力的新建地方本科的课程体系。加拿大的社会背景和我国有较大的区别，不可能全盘模仿，但是我们可以从中吸取适合我国国情的部分加以利用。需要将学科基础平台和实践能力平台以及综合素质平台三种课程有机结合在一起，充分体现地方应用型本科高校的应用性导向。

6.5.2　优化实践教学内容，提高教学内容的实用性

1. 应用型本科教育实践教学内容的确立

应用型本科教育实践教学的内容可以通过以下六个步骤来确立。

①分析专业岗位能力，确定实践教学目标。根据各专业的人才培养目标和人才培养的知识、能力、素质结构，确定实践教学目标，并据此制定出符合本专业人才培养目标的实践教学计划，统筹安排学生整个本科学习周期的实践教学内容。

②划分能力培养层次，设计实验或实训项目。根据前一阶段确立的实践教学目标，将其具体细分为基本技能、专业技能和综合创新能力三大培养层次。其中，基本技能和专业技能的训练主要强调技能的规范性，注重对学生动手能力的锻炼以及科学工作方法和严谨工作作风的形成。综合创新能力强调对低层次训练的突破，转变感性认识和技能操作的模式，突出对学生综合解决实际技术问题、设计能力和技术创新能力的培养。

③根据能力培养层次的要求确定实验或实训的项目。在项目设计上，采取课程内分层训练、课程间组合搭配和多学期课程综合加强的递增式并行的结构模式，即实践教学内容的多循环模式。具体到每一门实验或实训课程制定相应的教学大纲，再根据课程或专业的要求将每一门课程的实验或实训内容划分成若干个独立进行的基本训练单元，每个训练单元对应一个实验或实训项目，每个项目通过对相关技术知识的整合形成，要配合学科教学的要求，在标准和内容方面贯彻整合能力观的思想，通过项目化培养使学生掌握专业知识，提高他们的技术实践能力，同时保证一定的专业知识宽度，使培

养的人才能够适应广泛的职业领域或职业群，而不仅仅对应某一职业岗位。因此，实践教学内容的设计，即要注重技术项目的系统开发，又要考虑综合性学科实验、实训的设置，并合理分配一定的课时比例。

④制定各实验或实训项目的教学文件。主要包括实验或实训项目的任务单、报告和管理卡等。其中，任务单是指学生完成某一实验或实训项目的目的、方法、步骤、所需达到的标准以及实验、实训所需的仪器、设备、工具等材料，学生在正式训练前可根据任务单进行预习。实验或实训项目报告是学生在完成实验或实训后写出的规范性报告，这是教师对学生能力进行测评的基本依据。实验或实训项目管理卡主要用于教学管理，存放于实验室中，卡片上要求注明实验或实训的目的、对象、地点、仪器设备、耗材、经费、指导教师以及安全等方面的信息。

⑤明确实验或实训项目的教学要求。实训项目教学须在仿真或真实的工作环境中进行，并要体现出“高标准、严要求、强训练、重实训”的特点，注重理论联系实际，把对学生的技能训练与职业素质培养有机结合起来，既要加强对学生专业技能的训练，又要注意结合教学内容对学生进行职业素质的培养。

⑥完善实训项目考核标准和方法。强调在实践教学课程大纲的指导下，严格按照实训项目单中规定的考核标准进行，注重对学生参与实训项目的过程考核及其综合能力的测评，从而确保实践教学的质量。①

当然，不同的专业在具体实践教学内容的要求和规定上也会有所区别，如有的专业在学时比例上比较注重实验的综合性训练，因而对这部分的安排有一定的倾斜；有的专业则与行业技术变化保持紧密联系，对相关实验的要求较实习实训要低一些。因此，在实践教学内容的标准规定上，不同的专业要根据自身人才培养的需求和特点，在数量和结构上进行适当的调整，以实现教学资源的合理配置。

2. 提高应用型本科教育内容的实用性

(1) 以“够用”和“实用”为指针，构建理论教学体系

作为应用型本科教育，地方应用型本科高校在人才培养过程中要淡化专业对口意识，实施“做事与做人一体化”教育，以培养学生的知识迁移能力、实践能力和创新能力为目标，将学生应具备的知识、能力和素质作为课程整合和重组的依据，创造性地设计应用型本科人才培养的课程体系结构②。根据上述目标和原则，基础课程应该真正将那些经典的基础知识精选

---

① 朱方来．高等职业教育实践教学体系的研究与实践［J］．深圳职业技术学院学报，2002，1（2）：73－80.

② 程建芳．借鉴国外经验强化应用型本科教育实践教学［J］．中国高教研究，2007（8）：54－55.

出来，专业课程则要那些与专业直接相关的现代技术和行业知识充实进去，将最必须最核心的知识教授给学生。这样就将基础知识和最新专业动态知识都囊括在学生的教学体系中，真正让学生掌握一些具有发展潜力和再生功能，并能为学生未来职业和生活提供服务和帮助的知识与本领。

（2）以能力为本位选择课程内容、设置课程体系

具体可以采取“模块”与“平台”相结合的方式，即“两大模块 + 四个平台”。其中，“两大模块”为“学科基础模块”“专业方向模块”。在“学科基础模块”上设置“公共课程”和“学科课程”两个平台，主要对学生进行基础知识教育、基本技能的训练、基本应用能力和素质的培养；在“专业方向模块”上设置“专业理论课程”与“实践课程”两个平台，强调学生的二次创新和实践能力的培养。由其应用性特点所决定，“专业方向模块”的课程整合显得尤为重要，应特别注重培养学生的专业能力，在保证最基本专业知识储备的同时，还要具有进一步拓展和延伸专业知识的能力，这样的课程设置，可较好地解决厚基础教育与强专业能力培养的矛盾。

下面从公共基础课、专业基础课、专业必修课和专业选修课这些不同课程类型来分析一下实践教学环节的开展及其作用。

（1）公共基础课

我国应用型本科教育的公共基础课主要包括思想品德、外语、计算机、体育等课程，大众对这类课程改革的意识还比较薄弱，却也是进行课程改革的突破口和方向。以思想品德课程为例，可以将专题演讲、文化扶贫、社区服务和义务家教等实践活动引入到课程体系中，以此来强化形成对道德规范的理解，树立社会责任意识、明确道德的价值判断标准。同时还可以根据不同的专业特点，将职业素养纳入进来，甚至一些强调专业服务性的专业还可将企业文化教育加入其中。而学校开展的各项课外活动和综合性竞赛，如普通话、演讲比赛、大学生辩论赛等，都对学生相关技能、素质的提高有很大的促进作用。

（2）专业基础课

专业基础课的学习是学生与专业的初步接触，其中涉及的一些专业术语、基本原理和方法等内容是学生进行专业学习的根基。但这些内容因其多为描述性和理论性的呈现方式，对初次接触的学生来说相对比较陌生和抽象，不利于学生的理解和识记。为了更好地培养学生的专业能力，可以根据各专业基础课内容的特点和教学实际，利用现场参观和实习学习等演示性、可操作性的实践教学形式来组织教学，这些形式的运用，可有效增强学生对专业知识的理解和认识，不断提高学生的基本操作能力，为专业的进一步学习奠定基础。

（3）专业必修课

随着学生专业学习的深入，其知识体系日益丰富。为了让学生更好地理解专业理论和原理，掌握基本的方法和技能，增强其分析问题和解决问题的能力，对一些实务性较强的专业课程可以加大课堂演示和案例教学的比例，并通过开发综合性、设计性的实践项目来培养学生的创新意识和实践能力。而对于课程体系中安排的集中实践应充分利用校内外的实验室、实训基地开展实验、实习或课程设计等实践教学活动。特别是在校外进行的实践教学活动，教师可以联合企业专业技术人员共同开展科研和教学，并以此为平台让学生参与到课题研究中，由浅入深做一些力所能及的研究工作。

（4）专业选修课

专业选修课一般是根据学生自己的专业兴趣，应用前期学到的基础知识来解决本专业某学科领域的管理技术问题的课程。这一阶段的实践教学活动形式更为丰富，学生的自主选择性更强，主要包括科技竞赛、学术讲座、社会调查、课外科技活动和社团主题活动等，多以启发学生的创新思维和探索精神为导向，引导学生进行科研开发，达到学习专业选修课程的目的，学生既能训练科研和创新能力，又能锻炼今后在实际工作中解决新问题的能力。

（5）学生就业和创业能力培养的实践教学活动

我国高等教育从精英教育向大众化教育转变的趋势还在加强，新的时代背景和教育现状对应用型本科教育所培养人才的创新创业能力提出了更高的要求，学生需从个体知识结构、个人能力、社会经验和综合素质等方面展开竞争。从当前地方应用型本科高校对学生创新创业能力的培养现状来看，多以校外实习、暑期社会实践、毕业实习和毕业论文（设计）等仿真性或低级实战形式来组织和培养。这些实践活动多以学校安排实习单位的集中实习和学生自己联系实习单位的分散实习两种形式进行，学生会根据个人的特点和就业意向来选择实践领域，也就是初步的尝试就业和创业的实践。通过这一系列的实践活动，学生可直接接触社会，通过在真实环境中初步接触实际工作，在巩固所学专业知识和熟练专业操作技能的同时，培养了学生实际工作的能力和认真严谨的工作作风，并在与同事的相处和沟通过程中学会了做事和做人，为学生毕业后进行就业和创业奠定了思想和业务基础。

虽然应用型本科教育的课程内容选择很大程度上受到环境因素的影响，但只要始终坚持课程内容选择的实用性和目标性，就不至于使课程的内容脱离课程目标。实用性原则要求我们在进行课程内容选择时要适应学生发展的需要，以便最大限度地发掘学生的潜能。潘懋元和王伟廉两位教授提出："在教学目标指导下选择的课程内容，应使学生在学习的过程中具有满足感。"① 只有当学生对他自己所学的课程内容产生认同感后，才会真正将其应用到今后的社会生产和生活中，课程内容的作用才能得以发挥。此外，应用型本科教育的课程内容选择要与培养应用型人才的教育理念保持一致，突出应用性的特点。课程内容的选择要紧紧围绕培养学生的专业学科知识、职业技术技能和改革创新精神等方面来选择，从而保证培养目标的实现。

6.6 改革实践教学方法和手段

1. 对传统实践教学方法的检视

传统的教学方法主要以讲授为主，具体到实践教学的发展又衍生出诸如学徒制的"帮代法"和"讲练法"等，这些方法又可进一步细分，这里不再赘述。传统的实践教学方法主要基于"做中学"和"理论指导实践"两大思想进行。"做中学"是一种较为经典和原始的教与学的方式，通常以最直接的师徒传习的形式组织实践活动，以达到教与学的目的。需要说明的是，这里说的"做中学"与教育家杜威提倡的"做中学"的思想内涵有所不同，杜威的"做中学"思想不仅仅是一种教学的方法，它更重要的是通过对传统学校教育中"以教师、课堂和教材为中心"的传统教学的局限和不足的批判，来反映现代教育的一种诉求，主张应将学校教育知识的获取与生活中的各种活动联系起来。后一种人们对"理论指导实践"的认知，源于"理论产生于实践"的前提假设。在一般的意义上来说，根据马克思主义哲学实践论的观点，"理论产生于实践"是具有一定合理性的，但要用它来解释个人实践能力形成的理论指导实践的教学机制则显得过于笼统，无法充分证明或推导出"个人有了理论就会实践"的结论。

事实上，在传统的实践教学活动中，无论是单纯的"做中学"，还是理论与实践相结合的讲练法在面对复杂的现代教育实践时都各有一定的弊端，主要表现为：首先，传统的实践教学方法强调对知识的学习和吸收，轻视知识的应用，这在很大程度上造成了知识和技能的脱节，不能有效培养吸收实际的技术应用能力；其次，传统的实践教学方法多重视对吸收单方面能力的训练，缺少对其科技创新能力等综合素质的培养，极易造成学生发展的畸形；最后，传统的实践教学活动完全由教师主宰，学生学习的积极性、主动性和创造性受到了极大的抑制，最终导致了学生主体性的缺失。

综上可知，随着应用型本科教育内外部发展环境的变化，传统的实践教学方法已经不能完全适应应用型本科教育实践教学人才培养的需要，必须不

① 潘懋元. 高等教育学［M］. 福州：福建教育出版社，2013.

断探索和拓展各种行之有效的实践教学方法。特别是新的教学技术的应用和国内外技术教育改革为实践教学方法的创新提供了外部条件，应用型本科教育人才培养目标的确立则为实践教学方法的变革与发展提出了内在要求。为此，在这种目标驱动、教育变革的引领下，实践教学方法的设计要不断聚焦在如何提高学生的技术应用能力方面来开展，实践教学方法的发展也应逐渐由单一化向多元化，由彼此之间的孤立向综合运用的趋势转变。

2. 应用型本科教育实践教学方法的内涵及特征

应用型本科教育人才培养的目标以社会和专业双重职业意识为出发点，主要强调个体对实际工作的适应性和知识学习的实用性，注重实际工作经验和技能、技术与知识的协调统一，依据“做中学”的教学理念，构建应用型本科教育的实践教学模式，探索适切于应用型本科教育的实践教学方法。

实践教学体系与理论教学体系是应用型本科教育发展的一体两翼，二者是相辅相成的关系。在应用型本科教育共同的人才培养目标下，实践教学方法和理论教学方法应该互相补充，协同并进。尽管应用型本科教育的实践教学方法与理论教学方法存在很大的差异，甚至也有别于传统的实践教学方法，但是它始终都是围绕“应用技术能力的培养”这一主题来开展的，在与理论教学的结合中，把产学研的宗旨渗透到实践教学的内涵中。因此，应用型本科教育实践教学方法应具备以下三点特征。

（1）突出应用性

“应用性”是应用型本科教育最突出的特点，它强调对应用技术的吸收、转化、推广和运用，强调将科学技术知识转化为生产力，以提高产品和服务的竞争力。因此，对于应用型本科教育的实践教学方法而言，除了教学环节更应加强对培养环节的重视。在实践教学方法的运用上要突出方法的灵活性和关联性，如场景训练、角色扮演、模拟训练和案例研讨等方法的运用，培养学生的应用技术能力和适应社会工作的综合素质。

（2）综合性

应用型本科教育的实践教学除了要加强对学生单项技术技能的训练和培养外，还要注意培养学生面对复杂工作任务的综合解决问题的能力。因此，地方应用型本科高校在进行实践教学时应在原有的验证性、设计性实验和毕业设计等环节的基础上增设综合性、任务性训练以及综合项目的实习。而相应的，实践教学的方法也应采用更具综合性的内涵。这里的综合性不仅指横向的实践教学方法种类的多样化，还包括对纵向实践教学方法设计结构的整合。

（3）产学研结合性

产学研因其自身的优势和对时代要求与教育发展需求的满足，已成为应用型本科教育实践教学发展的重要趋势。通过对发达国家和地区应用技术教育发展的研究可以发现，产学研结合的发展模式对应用型本科教育变革发展的作用是不言而喻的。因此，应用型本科教育的实践教学方法需要在注重实用性和可操作性的同时，还要加强对企业行业发展变化的关注，增强自身对环境的适应性。通过对真实工作情境中技术问题的探究和对技术管理和服务的市场化模拟，实现产品制作和工艺设计的创新与突破。

3. 应用型本科教育实践教学方法改革

近年来，随着人们对实践教学研究的不断深入，使得应用型本科教育实践教学的方法呈现多样化的趋势，其中行动导向教学思想的引进和创新给该领域的研究和发展带来了重大的影响。行动导向教学法是一种发源于德国的教学策略，其基本思想是由教师和学生共同确定行动产品来引导教学的组织过程，通过这一方法，学生能在主动学习和探索的过程中实现脑力劳动和体力劳动的统一。[①] 培养目标立足于学生思维方式与关键能力的培养。在这里，关键能力是指从事任何职业都需要的，能够适应飞速发展的科学技术和不断变化的社会需求的一种综合职业能力。[②] 行动导向的教学过程包括信息收集、计划制定、方案选择、目标实施、信息反馈、成果评价等环节。这种教学方法改变了传统的“教师讲授为主、学生被动接受”的教学模式，让学生能够在运用已有知识和技能的过程中参与到整个教学活动中，并从中学会分析问题和解决问题的思维和方法，从而达到培养关键能力和综合职业能力的目的。行动导向教学法在不断的实践和演绎过程中得到了持续的发展，其中最具代表性的主要有以下五种方法。

（1）案例教学法

案例教学法主要是通过创造或模拟职业活动环境，使学生在观察和分析中学习，从而领悟其中的职业经验，是一种十分有效的教学方式。案例教学法对教师课前、课中和课后的工作提出了更高的要求，需要教师提前做好教学准备、主持案例讨论和总结工作。首先，教学准备主要是做好案例的选择和设计。我们知道选择和设计适当的案例是保证案例教学成功的前提和基础。为此，需做到以下5点：①案例应具有针对性，案例的所有信息不必全部呈现，只需精简和提炼出与案例教学直接相关的内容即可；②案例应具有典型性，案例所反映的内容具有一定代表性和普适性，而且通过该案例能够使学生从中得到启发，进行拓展性思考；③案例应具有真实性，只有真实的案例才能给学生营造具体、生动、逼真的氛围，从而增强学生的信任感和认可度；④案例应具有一定疑难性，案例的选择要符合学生认知的规律，由简

---

① 刘邦祥，吴全全．德国职业教育行动导向的教学组织研究［J］．中国职业技术教育，2007（5）：51－53，55．

② 陈丽霞，黄国清，邱波．行为导向教学法在程序设计课程中的互补应用［J］．职业圈，2007（13）：175－176．

单到复杂层层递进，循序渐进的方式设计。因为太容易的案例无法引起学生的兴趣，而难度太大的案例则会打击学生的学习热情；⑤案例应具有差异性，针对不同年级的学生选择不同的案例。其次，案例讨论。通过案例设疑、比较等进行开放式讨论。最后，案例的讲解与总结。案例的讲解是案例实施的指导，案例总结是案例实施的归纳，这是整个案例教学的重点部分，通过案例中关键点和案例讨论中存在的问题和不足进行说明，才能促使学生能力的不断提升。[①]

(2) 项目教学法

项目教学法（project-based learning，PBL）。它是通过引导学生在完成一个生产“项目”的过程中实现教学目标而进行的教学活动的一种方法。[②]该教学方法以“项目”的形式呈现，以“成果”为目标，由学生在教师的指导下以小组的形式来完成包括知识准备、工艺（方案）设计、项目实施到最终评价的所有环节。学生通过完成这一系列的项目任务，从而实现对相关理论知识的理解和对实践技能的掌握。

与其他单主体主导的实践教学方法不同，项目教学法是由师生共同实施完整教学项目而进行教学互动的教学方法。该方法对系统知识的重视相对较低，重点强调的是案例探索和学生的自我管理学习，教师在其中的作用主要是提供咨询和帮助，并对所有环节的学习过程和结果进行评估。项目是指生产一件具有实际应用价值的产品或完成一项具有实际意义的工作为目的的任务。[③] 在项目教学法中，教师的主要工作是设计和策划学习过程，组织和动员学习者投入到学习过程中并提供必要的学习资源。

①项目教学法的基本特征。

a. 教学必须围绕项目展开，项目是整个教学环节的中心。

b. 预设要达到的目标，使学生在真实、复杂的项目中建构有意义的知识。

c. 项目应具有现实性。因其最终导向的是真实的专业产品，因而应该直接或接近取材于真实工作。

d. 通过设置适当难度的主题或任务让学生主动探索，从而实现学生学习方式的转变。

e. 师生间的讨论和同伴间的意见和观点以及作品展示可以给学生提供有价值的反馈，帮助学生迅速成长。

f. 项目教学不仅能提高学生与项目相关的知识、技能，还能培养学生在未来学习和工作中所需的各种能力，如时间和资源分配、独立承担任务、

---

① 王玉芬．案例教学探析［J］．教育与职业，2007（15）：118－119.

② 周跃平．项目教学法在电子专业课教学中的实践［J］．考试周刊，2008（35）：122，199.

③ 施大发．基于行为导向教学法的现代职教新模式及其应用［J］．机械职业教育，2007（11）：5－6.

在实践中学习、团队合作精神和人际交往能力等。①

②项目教学法开展的基本程序。

a. 项目设计策划。

项目设计策划主要包括对项目进度安排以及人员、资源组织规划等工作内容，通过对每项项目的策划，从而实现对项目的整体有效控制。

b. 确定项目目的。

项目目的为整个项目教学指明方向。应用型本科高校实施项目教学最主要的目的在于培养学生的学习能力和解决问题的技能，同时通过项目经验的积累来满足未来职业岗位的要求。

c. 确定项目内容。

项目内容的选择要遵循科学性、探索性和趣味性的原则。项目内容的安排要难易适度，不仅要充分体现现实背景的复杂性，又要保证学生现有能力水平的完成度，以方便教师的教学和管理。在项目内容中要明确项目描述的问题，划分驱动任务或主题，通过分析项目内容，将项目分为若干相对独立的任务或主题，并对完成每个任务或主题所需的知识、技术、方法和资源给出明确定义。

d. 确定项目产出。

项目产出是项目目标实现情况的具体表现，需分别就预期项目目标和阶段性项目成果进行详细说明。

e. 项目实施计划。

采用分组形式，由学生自由组合形成小组单位，各小组根据自己的兴趣和特长选择各自的实施项目，分别制定切实可行的项目计划并提交初步项目计划书。这里需要注意的是，教师要对项目小组成员之间的相容性和互补性进行控制，使各小组间在“势均力敌”的前提下，充分发挥各自的优势所长，形成集体合力。每个小组要选派本组的负责人，承担小组的协调分工，并就项目实施过程中遇到的疑难问题与教师联系沟通。此外，项目的实施还要注意分阶段来落实，对项目的时间进度和所需各项条件进行适切安排。

f. 阶段总结与交流。

在整个项目开发的各个实施阶段，要组织定期的阶段总结，各小组对自己的项目进展情况进行汇报，并提交初步的阶段性成果。同时，还可就项目实施过程中遇到的困难和问题进行交流和研讨，提出解决方案，协助各组顺利完成项目任务。

g. 项目设计评价。

进行项目设计评价首先要确定项目设计的评价标准，并选择适当的项目

① 栾玖华．项目教学法在技能训练中的实践与思考［J］. 职业技术，2008（2）：42.

成果展示和交流方式，这一环节一般包括三个部分：第一是成果展示和学生自评。先在小组内选出最能代表小组项目成果水平的作品进行展示，由项目负责人或全体组员对项目计划和具体的实施情况进行说明并做出自我评价；第二是小组互评。通过参观各小组的作品展示及其自评，各小组之间进行相互的评价；第三是教师点评。教师在全程跟踪和了解各组项目后，就各组项目展示中的关键性和共性的理论与技术问题予以点评，加深学生的认识水平，从而起到事半功倍的教学效果。

（3）情景模拟法

情景模拟法是指结合专业背景与行业特色，给学生创设直观的、模拟仿真的工作场景，按实际的工作内容设计好课题案例，让学生模拟职业岗位角色，根据实际工作的操作程序实施的一种教学方法。① 情景模拟法是基于“学以致用，以用促学，以用带学”的教学理念，让学生在仿真的工作环境中实现“在做中学，在学中做”，它强调实践应用性。模拟操作的过程是学生对实际工作的体验过程，通过模拟操作使学生提前领略到职业岗位的内涵，了解、熟悉职业岗位所需的各种知识、技能，并使学生在模拟操作过程中逐步适应职业岗位的要求，不断调整自己的知识结构，提高自己的专业实践能力，培养未来工作需要的职业素养。有效的模拟教学是一门综合性的艺术。在情景模拟教学中，教师的角色也发生了相应的变化，教师不再是理论的讲授者和知识的提供者，而是变成了学习兴趣的激发者和学习过程的辅助者，引导学生开展有效和富有创新性的模拟教学活动。

情景模拟教学法的具体展开过程包括以下四点内容。

①准备阶段。

精心充足的前期准备是情景模拟教学法成功实施的关键，教师要针对所要教学的内容，选择符合教学要求，贴近实际并对实际有指导作用的案例进行情景模拟教学。首先，模拟案例的背景材料要全面，内容要有一定的趣味性，以吸引学生的注意力和兴趣，最主要的是要与教学内容密切相关；其次，精心设计模拟过程，对情景模拟所要遵循的原则，实现目标和实施的程序进行详细说明，确保教学目标的实现；最后，根据学生的兴趣、特长和年龄等因素进行角色分配。

②实施阶段。

在这一阶段，教师要注意维护好课堂秩序。教师要先详细说明情景模拟的规则、目标和程序，使学生明确整个模拟活动的实施框架，然后是分配角色，并告知每个学生承担的角色所需完成的任务，使学生对自己模拟的角色有个全面的了解，方便后续学生对相应角色的演绎。这个阶段对教师和学生

① 徐静．模拟教学法的内涵阐释［J］．苏州市职业大学学报，2005，16（1）：35－36.

的要求都较高，教师要做到适时引导，适当启发并保证模拟现场的有序进行，而学生则须根据任务要求做充分的发挥。

③总结归纳阶段。

在这个阶段主要包括学生互评和教师评价两个部分。学生通过彼此的观摩和交流，引起对自身不足和整个学习的思考，从而提高学生解决问题的能力。教师通过整个过程对学生表现的密切关注，对学生做出评价和反馈，并对整个情景模拟过程做出总结和评价。

④反思阶段。

反思阶段具体分为两个部分，即学生反思和教师反思。在整个情景模拟活动结束后，学生需根据同伴和教师对自己的评价，结合所学知识对自己在情景模拟中的表现进行反思，以便在实际的学习生活中加以改进和完善。教师的反思主要是针对整个情景模拟活动计划和组织过程中的得失经验，以便在以后的情景模拟教学中更好地进行案例设计和程序安排，不断提高情景模拟教学的效果。

（4）角色扮演法

角色扮演就是让学生通过不同的角色扮演，体验角色的内涵和心理，这种方法以“事件”或与人有关的“事实”为纽带为学生提供锻炼解决实际问题能力的机会。在角色扮演法中，教师和其他同学会根据表演者的表现给出意见反馈，使表演者能了解到自己的行为及对他人的影响。

（5）基于行业的学习

基于行业的学习（industry-based learning，IBL），是澳大利亚思维伯尔尼科技大学在 1963 年开始施行的一种教学形式和课程类型，其主要目的是给学生提供在企业工作的机会，使学生熟悉职场环境，并能用信息技术解决实际问题，增强其对职业的理解，有利于学生规划个人的职业生涯设计和个人发展计划。IBL 采取行业、大学和学生三方合作基础上的教学形式，以学生在工作中的亲身学习和体验为主，期望通过在真实企业环境中完成相应组织和设计工作任务来实现知识体系的掌握。在教学过程中，行业参与大学课程的设计和教学的开展，大学积极配合开展基于行业的实践教学，学生交替完成大学的课程学习和企业的工作实践。这样，在大学、行业和学生三方的积极配合下，就形成了具有实践特色的基于行业的学习。①

① 陶秋燕．高等技术与职业教育的专业和课程：以澳大利亚为个案的研究［M］．北京：科学出版社，2004.

6.7 改革实践教学考核方式，实行多样化考核方式，重视过程性考核

实践教学考核是对学生及其指导老师在实践活动中的实际表现给予整体的评价和总结（对教师和学生的考核方式和考核点具体如表6－1所示），并将评价结果作为对师生实施奖惩的重要依据。因而实践教学的评价考核具有一定的激励作用，可以营造严肃认真、真抓实干的教学氛围，并且考核中对先进的表彰和对落后的警示还能起到反思、鞭策的功效，为更多的教师和学生的实践活动树立典范，从中吸取成功经验，借鉴失败教训。

表6－1　实践教学的考核

考核对象	考核方式	考核点
学生	实践单位对学生的考核	遵守实践单位纪律；对待实践任务的积极性、责任心；沟通、协调能力；实操技能和实战能力
	指导教师对学生的考核	实践活动的参与率；遵守实践纪律；专业实践技能；操作规范；沟通协调能力；创新能力；课程设计；毕业论文（设计）；实习日志、报告等书面材料；实践成果转化；重大研究成果被政府部门采纳；参与各类实践活动所获得的荣誉
指导教师	学生评教	对学生的实践指导；责任心；实践教学手段与方法创新；专业实践技能
	教学管理者对指导教师的考核	实践材料与仪器的准备；参与教学能力提升培训；对学生的实践指导；教学手段、方法、模式创新；实践成果转化；重大研究成果被政府部门采纳；教学能力竞赛中获得荣誉

高校中传统的注重对知识理解和掌握程度考核的评价方式和标准已经不能适应当前高校的发展，在应用型本科教育中应突出对知识应用的考评。不同的人才培养目标需对应不同的评价标准，对于从事学科理论研究的学术型人才的培养，其评价内容应偏重对理论知识的理解和掌握以及研究能力和反思能力等方面的考核。应用型人才的主要任务是从事劳动生产，因此在对这部分人才进行评价时，除了基本的理论知识考核，应将评价的重点更多地放在对知识分析、理解和应用的能力上以及动手能力和创新能力的考核上。

为了更客观公正地对应用型本科教育的实践教学水平进行考核，要改变以往单一的评价标准，应将过程性考核和结果性考核等多种考核方式纳入对学生应用能力的考核中，采取一种评价标准为主，多种评价方式为辅的多元化考核方式。任何一种考核方式都有自己的优势和缺陷，不可能做到面面俱

到，因此要想对教学质量和学习质量进行全面的评价，就要采取多种评价方式进行综合考核，实现优势互补。[①] 如增加能力评价标准，在知识水平的基础上，对学生解决问题的能力、理论知识实践应用的能力、现有生产水平改进创新等能力的考核，从而全面客观的对学生学习成果做出评价（见表 6-1）。

高校的转型发展和社会的转型发展一样，必须采取有效的措施破解转型发展中存在的顶层设计不合理、体制束缚太多和改革动力不足等现实问题。特别从“一带一路”思想、创新驱动发展、“互联网+”“中国制造 2025”“大众创业、万众创新”等国家重大发展计划来看，地方应用型本科高校在转型发展过程中应以这些国家重大计划为着力点，不断增强自身为区域经济发展服务的能力，从适应经济发展新常态的大局出发，深刻认识到人才培养工作转型的重要性和紧迫性，以改革创新的精神，为社会的转型发展提供更强的人才保障。

实践教学把知识传授、能力培养、素质提高紧密地结合在一起。同理论教学相比，实践教学具有实践性、开放性、自主性、生成性等特点，是一个多角度和多层次的教学体系，有着较大的群体区别和个体差异。

1. 实践教学的评价应遵循的评价原则

（1）发展性原则

鉴于实践教学的特殊性，实践教学在评价功能上要突出甄别和选拔的功能倾向，其根本目的不是为了检查或评比，而是为了促进学生达到目标。实践教学评价的发展性不是为了通过给学生一个分数与他人进行比较，从而给学生下一个定论，而是为了根据学生自身实际情况，对其优势和不足做出判断。

此外，评价发展性关注的是每个学生的优点和闪光点。只要学生积极参与实践活动，无论结果好坏，都要对学生的新想法、新思考给予鼓励，以激发学生参与实践教学的热情，促进学生积极实践、勇于创新。

（2）整体性原则

实践教学本身具有传授知识、培养能力、提高素质的目的。这几个部分的目标又包含各自的认知、情感、技能和能力等要求。因此，实践教学评价的内容、要求、过程和结论都应是综合和全面的。在对学生知识、技能、能力、情感、态度、价值观等方面进行全面评价的基础上，还应加强对学生的社会实践能力、社会参与意识、责任感等方面的评价，关注学生是否善于交流与合作，关注学生动手实践所获得的经验，而不是记住了多少知识，掌握了多少技能。

---

① 翟晶．论大众化教育背景下学生的学习质量观［J］．中国电力教育，2009（6）：12-13.

(3) 多元性原则

首先，评价主体多元化。评价主体应由教师、学生以及与实践教学开展内容相关的企业、社区或有关部门及专家等共同组成，以多渠道的反馈信息促进学生发展。其次，实践教学评价内容和标准要多元化。多元化的评价内容要包括学生参与实践教学的态度、学生创新精神和实践能力的发展情况和学生对学习方法和研究方法的具体掌握情况。

(4) 过程性原则

实践教学的评价应贯穿于实践教学的整个过程。在注重结果评价的同时，注重结果形成的过程性评价。在实践教学开展的重要阶段，包括问题提出、立题、实施研究过程、研究结果总结、表达和交流等都可以对学生进行评价。评价要求学生注意收集和积累反映过程动态的、真实的和完整的记录，包括探究计划、活动记载、小型设计、实验观察记录、参观感想等。这些记录是实践教学评价不可或缺的重要素材，也是学生自我评价和反思的重要依据。①

2. 改革考核方式

实践教学的考核方法可以采取口试、答辩、闭卷考试、开卷考试、撰写论文和心得、实验操作考核和专业技能操作考核等多种形式。而在实践成绩评定方法这方面，可以分为平时、测试、操作三部分，并赋予各个部分适当的成绩比例，如前两部分各占 30%，操作占 40% 等。第一部分的成绩可以从学生的实际操作作品中获得；第二部分则可以通过闭卷的方式考核实践教学中的基本原则、故障诊断等问题来获得；第三部分可以通过现场的实际操作情况来得到。②

对学生进行评价是一个教育的过程，同时也是学生与教师等人协商共建、互助关怀、充满民主、平等交流的过程，是最终落实到“一切为了学生发展”的过程。因此在构建实践教学评价模式时，应以多指标综合性、系统动态性、分层次整体性来进行评价，使评价渗透到每个项目、每个环节，同时还要考虑到每个学生的个性发展和个体差异。

(1) 改革考核标准

坚持能力考核是我国应用型本科教育课程评价所要改革的方向，为此，我们要做的是：

坚持能力考核是我国应用型本科教育课程评价所要改革的方向，为此，我们要做的是改革考核知识取向，强化与应用型人才培养贴切的考核体系和标准，以知识应用测评为核心，采取一种方式为主多种方式为辅的考核方

---

① 王建民，谢芳．实践教学指导［M］．兰州：兰州大学出版社，2009.

② 高伯华，殷秀莉．新建高职院校实践教学现状及对策［J］．牡丹江教育学院学报，2006(2)：107－108.

式，坚持能力考核终极目标，重点考核过程而非结果。

（2）改革考核知识取向

强化与应用型人才培养贴切的考核体系和标准，比如以知识应用测评为核心，一种方式为主多种方式为辅的考核方式，坚持能力考核终极目标，重点考核过程而非结果，等等。

（3）增加能力评价标准

鉴于传统的学习特点，学生在学习方法上过多依赖于教师的细致指导，要实现依赖性学习向自主性学习的过渡，必须在考核标准设置上，增加侧重学生探究、解决问题的程序以及对解决问题过程的考评要求。采取定性与定量相结合的方法，综合结果性考核与过程性考核，相对全面、客观、准确地评价学生的学习效果。

（4）采取多种考核方式

任何一种考评形式都会有它的局限性，因此全面评价学生的学习质量不能依赖于某一种考核方式，而是要多种方式配合，扬长避短①。另外对于应用型人才的培养，要改革传统的考试模式，创造仿真的、真实的情景来考核学生知识应用与问题解决能力。

通过考核标准、考核方式的改革带动教学内容、教学方法和手段的改革，从而实现应用型本科教育评价方式的整体转型。因为作为“指挥棒”，考核内容的综合化、考核标准的能力化对学生自主学习精神、创新精神和实践能力的培养都有较大的指引作用。另外在考核改革的同时，要尝试运用现代大数据科技手段和大数据思维，结合大数据的收集与运用，研究考核评价问题，对教学评价来说，新的科技手段的运用也可能预示一场新的“革命”。

① 翟晶. 论大众化教育背景下学生的学习质量观［J］. 中国电力教育，2009（6）：12－13.

第 7 章

完善实践教学体系的保障措施

7.1 应用型实践教学教师队伍建设

7.1.1 地方应用型本科高校教师发展面临的挑战

地方应用型本科高校作为一种新生事物，其发展尚不完善和成熟，因而其教师队伍的建设不可避免地存在一些问题。本书在对 21 个省份 37 所新建本科院校教师队伍现状数据分析的基础上，将地方应用型本科高校在教师队伍建设上面临的问题进行分析。

7.1.1.1 教师数量不充足

1. 教师数量不能满足学生的需求

整体而言，根据教育部下发的《普通高等学校基本办学条件（试行）》文件，普通综合类院校师生比要控制在 18∶1 到 16∶1 之间，地方应用型本科高校生师比偏高（19.61），尚未达到普通高校基本办学条件的合格标准，说明教师数量整体短缺。就被调查的所有院校而言，大部分院校的生师比均未达到基本的合格标准，仅有少数院校达标。甚至有个别院校的生师比严重超出了限制招生的标准。

随着高等教育大众化的深入，高校扩招持续跟进，高等教育办学规模不断扩大。全国教育事业发展统计公报数据显示，2011～2014 年，高等教育总规模已经由 3167 万人扩张到 3500 万人，高等教育毛入学率由 26.9% 提升至 37.5%。① 但在招生规模快速扩张的同时，高校教师队伍的数量却没有明

① 全国教育事业发展统计公报［EB/OL］. http：//www.moe.gov.cn/srcsite/A03/s180/moe_633/20120830_141305.html.

显的增长，也就意味着同样数量的教师要承担更多学生的教育工作，必然会导致教师数量无法满足学生的需要。究其原因，主要可以从以下两个方面分析：第一，地方应用型本科高校未能及时引进教师。地方应用型本科高校在物力、财力等方面存在较大欠缺，在有限的资源条件下将更多的经费和资源投入到院校规模扩张和设备的优化上，本就紧张的经费规划在教师引进方面就显得有些捉襟见肘，这就导致了生师比过高的现象出现。这在民办院校和新升本院校中尤为明显。第二，高校教师的培养速度无法满足高校扩张对教师的需求。高校数量的增加和规模的扩张使其对教师数量和质量的要求也水涨船高，除少数专业外，现在本科院校对引进教师的学位要求都提升到了博士层次。而博士学位教师的培养规模有限，且在老牌本科院校的竞争下，绝大部分博士人才会将地方应用型本科高校作为替补选择，从而导致新建本科院校高层次人才引进的困难，因此普遍存在教师短缺的问题。

2. 外聘教师比例过高

部分地方应用型本科高校外聘教师比例不合理主要表现在两个方面：一是民办院校外聘教师比例整体偏高。根据《中国民办本科教育质量报告(2016)》显示，民办院校外聘教师的比例能达到地方应用型本科高校的两倍，甚至个别民办院校外聘教师的比例达到了 60% 以上的过高水平，这显然不利于保障高校正常的教学运行；二是西部院校外聘教师的比例整体偏低。西部院校外聘教师的平均比例只占到了中部地区和东部地区的 1/2 甚至以下，同时也低于全国的平均水平，这种现状不利于西部院校的“借脑融智”和学术交流。

就民办院校外聘教师比例过高的原因来说，其最大的阻碍来自教育经费来源的限制，学生的学费是民办院校最主要的经费来源，因而扩大招生规模是民办院校增加学校收入的最直接选择。但民办院校本就薄弱的师资力量在不断扩张的学生规模下变得更加力不从心，因而民办院校不得不选择增加外聘教师的数量来缓解师资的不足问题；而西部院校外聘教师整体比例偏低的现象，其原因主要是受制于西部有限的经济文化条件，加之西部院校在知名度、院校发展平台和信息畅通等方面的劣势，导致很多科研人员和高水平人才不愿意选择西部地区的院校进行就职，从而导致了西部地区院校外聘教师占比较低的情况。

7.1.1.2　师资队伍结构欠合理

1. 职称结构不合理，高级职称比例偏低

教师队伍职称结构不合理主要表现为具有教授等高级职称的教师比例偏低，教师队伍整体水平有待提高（在民办院校中的表现尤为明显）。在被调查的地方应用型本科高校中，具有教授职称的教师占整体教师数量的 8% 左右，具有初级及以下职称的教师比例为20%左右。其中，民办院校中具有高级职称的教师比例约占28%，具有初级职称或无职称的教师比例占32%，尚未达到国家要求的高等学校的基本办学条件。

出现教授比例整体偏低和初级及以下职称比例相对偏高等师资队伍结构失调现象的原因主要有三个方面：一是职称评审制度依然没有打破“重科研，轻教学”的传统模式。相较于传统的研究型大学，地方应用型本科高校的主要任务是为地方经济发展服务，因而其教师队伍在教学过程中应偏重于实践指导和社会服务。但现有的以期刊论文发表和专著出版等科学研究作为晋升标准的制度，不仅不适合地方应用型本科高校的办学实际，同时对新建本科院校的教师来说也是不公平的；二是评审标准的单一化，限制了新建本科院校教师的晋升与发展。鉴于社会和历史原因，不同类型的院校之间存在较大的发展差异，各自的发展路径也是千差万别。采用单一的职称评定标准，无法适应不同类型院校的实际发展，不同类型院校晋升标准的趋同化，不利于新建本科院校中优秀教师的长远发展；三是地方应用型本科高校师资队伍的整体水平不高。地方应用型本科高校多由高职高专院校升格而来，其有限的师资水平与老牌本科院校之间存在较大的差距，教师晋升的机会也相对较少。并且对于民办院校的教师来说，其待遇有很大的不确定性，加之受传统观念的影响，民办院校的经营者对教师队伍建设的重视程度不够，民办院校教师队伍的水平很难有较大的提升，相应的，其中具有高级职称的教师更是少之又少。

2. 高学历教师比例偏低，学历层次有待提高

我国的地方应用型本科高校大多是由原来的师范院校、高职高专、成人教育和民办高校转型升级而来，鉴于社会历史因素和办学条件的限制，这些学校原有教师中具有硕士和博士学历的并不多，教师队伍的整体学历水平不高。这部分院校经过转型升级后，其办学规模上不断扩大，在教师数量得不到及时补充的情况下，必然会导致地方应用型本科高校教师授课数量的增加、教学任务的加重，同时也会减少教师外出进修学习的时间和机会。所以地方应用型本科高校教师学历层次的改善变得缓慢和困难重重，这些情况的存在又进一步限制了“双师型”教师的培养和转型，制约了教师综合素质的提升。

地方应用型本科高校教师学历层次有待提高的现状是与地方应用型本科高校的发展背景和特点分不开的，同时还受到高校教师资格认定和职称评定标准的影响。首先，地方应用型本科高校承接了升本前院校的师资队伍。地方应用型本科高校是高等教育大众化趋势下的产物，其教师队伍绝大部分来源于升格前院校的师范院校、高职高专和民办院校的教师队伍，而受历史原因的限制，升格前院校的师资队伍的学历水平普遍较低，这也就不可避免地导致地方应用型本科高校中有一大批学历层次较低的教师存在。其次，地方应用型本科高校对高学历层次人才的吸引力不够。地方应用型本科高校多处于地级市，主要为当地经济社会发展服务，其社会地位和声望与传统本科高校存在一定差距。随着高校扩招的进一步深入，各级各类高校对高学历教师的需求都在提升，而与传统本科院校相比，地方应用型本科高校在地理位置、学校性质和待遇等方面都存在劣势，因而很难争取到足够的高学历人才。

3. 年龄结构不尽完善，青年教师比例过大

从当前地方应用型本科高校教师队伍的年龄结构来看，其教师队伍的年龄呈现“正三角”的态势，年龄结构整体偏年轻化。具体体现为中老年教师比例偏小，而青年教师的比例过大，且呈现出年龄越大比例越小的趋势。地方应用型本科高校教师年龄结构的不合理，不利于教师队伍的协调和配合，不利于教师队伍整体水平的提升。

导致地方应用型本科高校教师队伍年龄结构整体偏年轻化的原因主要有两个：一是高校招聘教师的来源单一。地方应用型本科高校建校时间较短，对教师的需求量较大，在高水平教师数量有限和条件较高的情况下，高校将教师招聘的方向转向了高校的应届毕业生，并在年龄上做出了一定的限制，长此以往，致使大量的年轻教师涌入高校，也就引起了教师队伍整体呈年轻化态势的发展现状；二是现有教师退休制度的不合理。我国对高校教师的退休年龄做了规定，男性一般是60岁，女性则一般为55岁，这一方面保护了教师的休息权，同时也在一定程度上限制了高校整体教育水平的提高。从教师的发展轨迹来看，其科研工作通常需要经过长期的学术积累和积淀才能厚积薄发，其学术研究水平和专业造诣往往是在中老年阶段才能达到较高的水平。并且在国民生命周期普遍增长的情况下，让高校教师过早的退休，无疑会限制其学术科研的贡献，是对其学识和能力的浪费。而且新建本科院校的教师在退休之后较少被返聘回学校继续从事科学研究和教学，这也是导致新建本科院校中老年教师比例偏少的原因之一。

7.1.1.3 “双师型”教师比例偏低

“双师型”教师应该兼具教师和专业技术人员的双重资格标准，不仅要精通专业理论、熟练专业实践，还要把握教育规律和行业规律，是集理论教学和实践操作“两位一体”的教师。对于地方应用型本科高校而言，其“双师型”教师队伍的建设主要存在两个问题：第一是地方应用型本科高校“双师型”教师的比例总体较低。这对于承担培养高级应用型人才的地方应用型本科高校来说还远远不够。并且这一现象在不同升格院校之间、东中西部院校之间和2004年前后升本的院校之间还存在较大的差异。总体而言，

地方应用型本科高校“双师型”教师的数量还不能适应高级应用型人才培养的需求；第二是关于“双师型”教师的认定标准，目前很多高校都是按照各自的标准来进行认定，因此难免出现个别院校为了使学校“双师型”教师数量达标而降低认定标准的情况。为了实现高级应用型人才的培养目标，地方应用型本科高校在“双师型”教师的数量和质量方面都还有较大的提升空间。

地方应用型本科高校“双师型”教师比例较低且院校之间差异悬殊的原因主要有三个：第一，学校自身认识不足。传统的“重理论，轻实践”的教育理念根深蒂固，这使得地方应用型本科高校在转型发展和人才培养过程中并未形成较为成熟和长远的“双师型”教师队伍的建设规划。这在2004年之前升格而来的新建本科院校中尤为突出，其发展规划更倾向于学习和模仿老牌的本科院校，因而在高级应用型人才的培养上缺乏活力和竞争力；第二，“双师型”教师的引进较为困难。一方面，鉴于高校招聘过程中主要强调的是对教师的学历、职称和科研能力的考察，对相关专业从业资格证和任职经历等背景的要求较少。另一方面，许多企业、行业专业人员自身就无法达到高校的硬性招聘标准。因而就导致了高校招不到高学历专业人才和专业人才不满足招聘条件的尴尬局面；第三，“双师型”教师的培养机制不健全。对教师自身而言，其关注的是个人学历的提升和职称的晋升，对企业锻炼和行业从业经验的重视不够，对提高自身实践动手能力的兴趣不高；而对于企业来说，其出于自身利益的考虑，对内部关键技术和生产环节的保护意识较强，不愿对外开放，这也限制了教师从业任职经历的深化和实现。

7.1.1.4 教育教学水平有待提高

1. 课堂教学质量参差不齐

新建本科院校教学质量参差不齐整体有待提高，主要表现为两个方面：一方面，在国家的要求和高等教育整体水平的不断提升下，地方应用型本科高校主讲教师的岗位资格合格率总体上超过了教育部所规定的合格评估标准，同时也存在个别院校主讲教师岗位资格符合率不达标的情况，这说明并不是所有地方应用型本科高校的教师硬件条件都能达到规定的要求，这无疑会限制高校教学质量的提高；另一方面，从地方应用型本科高校的学生评教情况来看，虽然整体情况还不错，但不同院校之间的优良率差距较大，这种现象特别突显在公办院校和民办院校之间。通过新建本科院校的主讲教师岗位资格率和学生评教的优良率，从内外两方面反映了地方应用型本科高校的教学质量参差不齐，虽然其发展方向整体向好，但是个别院校的教学质量不得不让人担忧。

地方应用型本科高校的教学质量问题，归根结底是由其发展历史和发展路径所致。首先，从其发展历史来看，地方应用型本科高校的迅速崛起不仅是高等教育发展规律的作用，更是在高等教育管理体制改革背景下的必然选择，在揠苗助长式的快速发展模式下，很有可能导致地方应用型本科高校发展的后劲不足和本科教育教学经验的缺失。虽然经过十多年的发展，其在教学管理和发展模式等方面都有了较大的提升，但鉴于其前期发展基础较为薄弱，社会对应用型人才的要求不断提高，因此就整体而言，地方应用型本科高校的教学质量还有待改善。其次，从地方应用型本科高校的发展路径来看，由于其升格前的院校基础和办学历史等方面就存在不同程度的差距，加之十多年的发展过程中，地方教育部门的支持力度和院校领导管理的影响，致使不同院校的发展水平日益分化。而正是因为院校之间的办学理念、历史积淀、政策引导和服务方向的差异，也随之造成了院校间在教学管理和师资引进方面的区别，进而引起了院校间不同的教学质量水平。

2. 教师“育人”责任不到位

频繁的教学事故的发生，不仅干扰了正常的学校秩序，影响了教学活动的正常运行，同时也是教师“育人”责任不到位的表现。从现有调查可知，地方应用型本科高校间在教学事故的发生频率上存在较大悬殊。从整体来看，每年教学事故的发生频次在 5 次左右，就个体而言，院校间年教学事故发生频次在 0 次到 20 多次之间不等，差距悬殊。其中频次较多的主要集中在民办院校、中部地区院校和 2004 年以后升本的院校。

教学事故的发生从侧面反映出学校在教学管理组织上的不足，教学保障工作做得不到位，而这一般都是由人为因素造成的。首先，最重要也是最根本的原因就是师资队伍责任感的缺失。教育教学作为一个庞杂的系统，其在运行过程中，任何一个小的失误和漏洞的出现都会给其他相关流程和后续工作的推进带来阻碍。地方应用型本科高校中，教师队伍的素质和职业水平参差不齐，很多师资人员都没有接受过系统的、专业的培训，对教育教学缺乏深刻的认识，加之很大一部分工作人员抱有侥幸心理，认为轻微的失误和过错不会影响大局，在职业要求的遵守上不能严于律己，使得很多教职员工不能真正做到以生为本，无法尽职尽责完成自己的工作；其次，对教学事故的排查力度不够，对师资队伍责任意识的培训不到位。地方应用型本科高校由于自身发展的需要，亟须在社会上建立良好的学校形象，在教学事故发生时往往会采取低调处理的方式，对相关工作人员的查处力度不够，并且在教职工责任感提升和预防措施教育等方面做得不到位，无法从根源上消除教学事故的隐患。

7.1.1.5　师资培养培训相对薄弱

地方应用型本科高校以市场为导向、以就业为目标，培养的是适应社会经济发展需要的应用型人才，这就要求新建本科院校的教师既要具有较高的教学水平、全面的理论知识结构，还要有较强的实践能力和创新能力。这样才能切实保证学生知识技能的发展，提高地方应用型本科高校的教学质量。因此，地方应用型本科高校必须加强对教师的培训，这不仅是适应时代发展和知识经济的需要，更是更新教师知识结构、增强师资力量，培养适应市场经济发展要求的需要。从当前地方应用型本科高校的教师培训现状来看，总体的培训力度和培训水平都有较大的欠缺。根据调查，接受培训的教师只占教师总数的40%左右，培训的总体普及力度不够。其中，民办院校和中西部地区院校在教师培训方面更是存在较大的差距。而已有的培训中主要以本地区的进修为主，进行境外进修和培训的院校是少之又少。这不利于先进教育教学思想的引入和教师思想的更新与转变。

教师的培养培训是一个双向的互动过程，既需要教师自身的配合，又需要学校的重视和支持。地方应用型本科高校之所以在教师培训方面比较薄弱，一方面，是因为院校的资源条件有限，体制建设不完善以及重视不足。对教师进行培训需要学校进行大量的人力、物力、财力的投入，而地方应用型本科高校建校时间较短，其前期的底子比较薄弱，各类型院校（如民办院校、东中西部院校和2004年以后升本的院校）之间的发展水平各异，很难进行比较集中和大规模的培养培训活动。虽然随着地方应用型本科高校的发展，很多院校也逐渐意识到对教师进行培训的重要性，但是多数院校在培训培养机制的建立和完善上还是无法及时跟进，教师培训的渠道受限，教师的培训需求得不到满足，也就抑制了教师接受培养培训的积极性和主动性；另一方面，是出于教师自身条件的缺乏。在高校迅速发展和招生规模持续扩张的背景下，当教师数量增长与学生数量增长无法同步时，很多教师就不得不承担更多的教学任务，这必然会挤占教师进行自我反思和提升的时间，繁重的工作任务也使学历提升或培训进修等活动变得力不从心。

7.1.1.6 高层次人才欠缺

高层次人才的欠缺已经成为限制地方应用型本科高校健康发展的瓶颈，主要体现在以下三个方面：一是缺少高水平的专业带头人。通过分析问卷调查，当前地方应用型本科高校的专业带头人中，有教授职称的人员占到了一半左右，年龄在45岁以下的约占35%，而具有博士学位的人员只占总人数的1/4左右。现有的专业带头人虽然年富力强，但是存在整体职称水平和学位比例较低的问题，可能会出现教学工作经验、学术积累和科研能力不足以支撑其所在专业长远发展的情况；二是具有一定影响力的教学名师和教学团队的数量较少。在调查的地方应用型本科高校中，很多院校还没有实现国家级教学名师和教学团队零的突破，各院校在省部级教学名师的平均拥有数量上也是极为有限；三是教学成果有限。在所调查的地方应用型本科高校中，约80%以上的院校没有获得过国家级的教学成果奖项，拥有最多的院校也仅为2项。省部级的教学成果所有院校平均有4项左右，其中最少的是0项，最多的则有17项，院校间的差距较大。从这三个维度来看，地方应用型本科高校不仅缺少高层次创新人才，且在教学梯队的建设上也缺乏合理性，这对师资的引进和学校的发展都会造成不利的影响。

造成地方应用型本科高校高层次人才不足的原因主要有两个：首要原因是地方应用型本科高校对高层次人才缺乏足够的吸引力。地方应用型本科高校由于发展起步较晚，在科研基础和整体实力上有较大的欠缺，造成了科研平台不高和专业建设积淀不够的现象，加之学校经费有限，难以为高层次人才提供具有吸引力的福利待遇，从而限制了对高层次人才的引进；此外，教师培养体制不健全和人才激励制度的不完善是导致高层次人才引进困难的另一个原因。由于多种原因的共同影响，地方应用型本科高校对先进教育理念和教学方法的引进力度不够，缺少对教师个人专业发展规划的指导。加之教师教育工作的奖励制度不够健全，在一定程度上影响了教师高层次发展的积极性。出于以上两个主要原因，地方应用型本科高校既没有能力吸引来自外界的高层次人才，又在自身教师队伍发展方面存在不足，从而使得地方应用型本科高校高水平人才持续处于短缺的状态。

7.1.1.7　考评体系不够健全

从地方应用型本科高校教师队伍的建设出发，要想建立一支符合新建本科院校发展要求的“双师型”教师队伍，其中较为有效的途径就是建立科学的考评体系。地方应用型本科高校的考评体系主要是指对地方应用型本科高校师资职称的考评，综合所调查院校教师对该校日常考评体系的满意情况的调查，只有1/4的教师对院校现有的考评体系表示满意，表示不满意或非常不满意的教师则占到了3/4。在我国，普通高校普遍表现出注重理论学术型和系统性的特征，而新建本科教育则强调学术能力和实践能力的并重。因此，地方应用型本科高校需建立符合自身人才培养要求的评价制度。但调查结果显示，绝大部分地方应用型本科高校仍是沿袭着普通本科院校的标准，尚未形成较为独立和适切的新建本科院校的考评标准。我国地方应用型本科高校的发展还处于初级阶段，在师资队伍的建设和考评体系的建立上仍然需要一个漫长的过程。

7.1.2 地方应用型本科高校师资现状分析

7.1.2.1 教师队伍数量

1. 生师比

从37所地方应用型本科高校的整体情况来看，其中共计教师26542人，在校生共计520554人，生师比为19.61。这一生师比水平与普通本科院校相比，高出了全国平均水平的1.9。也就是说，地方应用型本科高校的每名教师要比全国平均水平多关注约2个学生。根据《普通高等学校基本办学条件指标（试行）》的合格标准规定的生师比为18，地方应用型本科院校高出合格规定1.61。由此可判断，新建本科院校在一定程度上面临师资短缺问题。

从不同维度上对37所新建本科院校进行比较，其结果具体有以下四方面内容。

①院校性质比较。公办院校的平均生师比为19.38，民办院校的平均生师比为20.43。经过显著性检验，两者不存在显著性差异（$p>0.05$）。具体情况如表7-1所示。

表7-1 不同性质院校分类生师比构成及其显著性检验

分类	组别	数量（个）	生师比			检验
			折合教师数（人）	折合学生数（人）	生师比（%）	
性质	公办	31	20763.5	402474.7	19.38	$p>0.05$
	民办	6	5778.5	118079.7	20.43	
总计		37	26542	520554.4	19.61	

②升本时间比较。2004年及之前升本院校的生师比为19.17，2004年以后升本院校的生师比为20.73。经过显著性检验，两者不存在显著性差异（$p>0.05$）。具体情况如表7-2所示。

③地区比较。东部和西部院校的生师比均为19.21，中部地区院校的生师比为20.53。经过显著性检验，三者之间不存在显著差异（$p>0.05$）。具体情况如表7-3所示。

表 7-2　　不同升本时间院校分类生师比构成及其显著性检验

分类	组别	数量（个）	生师比			检验
			折合教师数（人）	折合学生数（人）	生师比（%）	
时间	2004 年前	27	19037	364948.9	19.17	$p>0.05$
	2004 年后	10	7505	155605.5	20.73	
总计		37	26542	520554.4	19.61	

表 7-3　　不同地区院校分类生师比构成及其显著性检验

分类	组别	数量（个）	生师比			检验
			折合教师数（人）	折合学生数（人）	生师比（%）	
地区	东部	17	11558	222075.8	19.21	$p>0.05$
	中部	10	8071.5	165688.1	20.53	
	西部	10	6912.5	132790.5	19.21	
总计		37	26542	520554.4	19.61	

④学校类型比较。综合类和文科类院校的生师比均为 19.67，理工类院校的生师比为 19.48。经过显著性检验，三者不存在显著性差异（$p>0.05$）。具体情况如表 7-4 所示。

表 7-4　　不同类型院校分类生师比构成及其显著性检验

分类	组别	数量（个）	生师比			检验
			折合教师数（人）	折合学生数（人）	生师比（%）	
类型	综合类	19	14465	284468.6	19.67	$p>0.05$
	理工类	9	7731.5	150617.8	19.48	
	文科类	9	4345.5	85468	19.67	
总计		37	26542	520554.4	19.61	

从各院校的具体情况来看，生师比达到普通高等学校基本办学条件合格标准的院校只有 9 所，约占总院校数的 24.32%，达到限制招生标准的院校仅有 2 所，占所有院校数的 5.41%。其中，生师比最高的院校达到了 25.78，最低的则有 14.99，这说明不同地方应用型本科高校之间的教师数

量存在较大的差距。

2. 教师队伍数量构成情况

地方应用型本科高校的教师队伍主要有专职教师和外聘教师两部分组成。外聘教师在缓解地方应用型本科高校教师数量不足，提供智力支持以保障教学工作正常运转，以及优化教师结构提高教师质量等方面发挥着巨大作用。外聘教师占总体教师的比例可在一定程度上反映出院校师资队伍的充足性和学术交流的活跃性，而这一比例必须控制在合理的范围内，即过大或过小均不可。外聘教师的比例过大则从侧面反映出了高校专职教师储备的不足，而外聘教师比例过小则不利于院校与外界的学术交流和合作。因此，外聘教师占比也是衡量高校教师队伍合理性的一个重要指标。

从所调查院校的整体情况来看，37 所地方应用型本科高校的教师队伍中，专职教师与外聘教师的比例大致为 4∶1，外聘教师的比例与全国普通本科院校外聘教师的比例基本持平。由此可认为，地方应用型本科高校专任教师和外聘教师的构成比例与全国高校的总体情况基本相当。从不同维度对 37 所地方应用型本科高校进行比较，其结果包括以下四点内容。

①院校性质比较。公办院校的外聘教师占到了 14.53%，民办院校外聘教师占 40.06%，两者有 25.53% 的差距。与地方应用型本科高校外聘教师总体平均比例相比，公办院校低于平均水平 6.2 个百分点，民办院校高于全国 19.33 个百分点。经显著性检验，两者存在显著性差异（$p<0.01$）。由此可认为，相对于公办院校，民办院校更有可能存在师资队伍短缺的状况，需要聘请更多的外聘教师。具体情况如表 7－5 所示。

表 7－5　不同性质院校教师队伍数量构成及其显著性检验

分类	组别	数量（个）	教师总数（人）	专职教师		外聘教师		检验
				人数（人）	比例（%）	人数（人）	比例（%）	
性质	公办	31	22390	19137	85.47	3253	14.53	$p<0.01$
	民办	6	7226	4331	59.94	2895	40.06	
总计		37	29616	23468	79.24	6148	20.76	

②升本时间比较。2004 年以前升本院校的外聘教师占 18.11%，2004 年以后升本院校的外聘教师占到 27.15%，两者相差 9.04 个百分点。经显著性检验，两者存在显著差异（$p<0.01$）。由此可认为，与 2004 年以前升本的院校相比，2004 年以后升本的院校在师资队伍数量上可能面临更多的问题。具体情况如表 7－6 所示。

表 7－6　　不同升本时间院校教师队伍数量构成及其显著性检验

分类	组别	数量（个）	教师总数（人）	专职教师		外聘教师		检验
				人数（人）	比例（%）	人数（人）	比例（%）	
时间	2004 年前	27	20932	17142	81.89	3790	18.11	$p < 0.01$
	2004 年后	10	8684	6326	72.85	2358	27.15	
总计		37	29616	23468	79.24	6148	20.76	

③地区比较。东部、中部、西部院校外聘教师占比分别为 22.08%、26.06% 和 11.73%。西部院校的外聘教师比例明显低于全国水平，且低于东、中部院校 10.35% ~14.33%。经显著性检验，三者之间存在显著性差异（$p < 0.01$）。具体情况如表 7－7 所示。

表 7－7　　不同地区院校教师队伍数量构成及其显著性检验

分类	组别	数量（个）	教师总数（人）	专职教师		外聘教师		检验
				人数（人）	比例（%）	人数（人）	比例（%）	
地区	东部	17	12992	10124	77.92	2868	22.08	$p < 0.01$
	中部	10	9281	6862	73.94	2419	26.06	
	西部	10	7343	6482	88.27	861	11.73	
总计		37	29616	23468	79.24	6148	20.76	

在此基础上对三个地区进行两两比较，每组之间都存在显著差异（$p < 0.01$）。由此可认为，在外聘教师的引进方面，西部地区院校要比东、中部院校面临更多的困难；中部地区院校在师资队伍的数量上要比东部地区更为短缺。具体情况如表 7－8 所示。

表 7－8　　不同地区院校外聘教师占比的两两比较

比较组	卡方值	p 值	矫正 a 值	统计学意义
东部和中部	47.583	0.00	0.017	有
东部和西部	335.575	0.00		有
中部和西部	353.175	0.00		有

④学校类型比较。综合类、理工类和文科类院校的外聘教师占比分别为

24.12%、18.18%和15.63%。经显著性检验，三者之间存在显著性差异（$p<0.01$）。具体情况如表7-9所示。

表7-9　　不同类型院校教师队伍数量构成及其显著性检验

分类	组别	数量（个）	教师总数（人）	专职教师		外聘教师		检验
				人数（人）	比例（%）	人数（人）	比例（%）	
类型	综合类	19	16449	12481	75.88	3968	24.12	$p<0.01$
	理工类	9	8387	7076	84.37	1311	15.63	
	文科类	9	4780	3911	81.82	869	18.18	
总计		37	29616	23468	79.24	6148	20.76	

在此基础上对三种类型院校进行两两比较，结果显示两两之间均存在显著性差异（$p<0.01$）。由此可认为，三种类型院校外聘教师占比从高到低依次为综合类、文科类和理工类。具体情况如表7-10所示。

表7-10　　不同类型院校外聘教师占比的两两比较

比较组	卡方值	p值	矫正a值	统计学意义
综合类和理工类	239.312	0.00	0.017	有
综合类和文科类	74.357	0.00		有
理工类和文科类	14.315	0.00		有

从各个调查院校的具体情况来看，在37所地方应用型本科高校中，外聘教师比例超过50%的院校有2所，外聘教师比例在10%以下的院校则有13所，并且院校间外聘教师的比例有较大的差距。

7.1.2.2　教师队伍结构

1. 职称结构

从被调查院校的整体情况来看，37所地方应用型本科高校中共有在编教师23299人，其中具有教授职称的有1910人，约占教师总数的8.2%；具有副教授职称的有6171人，约占教师总数的26.49%；而共有14462人具有讲师职称和助教职称，合计约占教师总数的62.08%；无职称的教师人数有756人，约占3.24%。具体情况如表7-11所示。

表7-11　　师资队伍职称构成及其占比分布

分类	组别	数量（个）	师资总人数（人）	教授		副教授		讲师		助教		无职称	
				人数（人）	比例（%）	人数（人）	比例（%）	人数（人）	比例（%）	人数（人）	比例（%）	人数（人）	比例（%）
性质	公办	31	19132	1586	8.29	5328	27.85	8978	46.93	2751	14.38	489	2.56
	民办	6	4167	324	7.78	843	20.23	1664	39.93	1069	25.65	267	6.41
时间	2004年前	27	16976	1400	8.25	4729	27.86	7881	46.42	2587	15.24	379	2.23
	2004年后	10	6323	510	8.07	1442	22.81	2761	43.67	1233	19.50	377	5.96
地区	东部	17	9804	845	8.62	2713	27.67	4584	46.76	1419	14.47	243	2.48
	中部	10	6973	627	8.99	1747	25.05	3021	43.32	1270	18.21	308	4.42
	西部	10	6522	438	6.72	1711	26.23	3037	46.57	1131	17.34	205	3.14
类型	综合类	19	12526	926	7.39	3300	26.35	5596	44.68	2298	18.35	406	3.24
	理工类	9	6947	551	7.93	1871	26.93	3129	45.04	1144	16.47	252	3.63
	文科类	9	3826	433	11.32	1000	26.14	1917	50.10	378	9.88	98	2.56
总计		37	23299	1910	8.20	6171	26.49	10642	45.68	3820	16.40	756	3.24

从不同维度对37所新建本科院校进行分类比较，其结果有以下四点内容。

①院校性质比较。公办院校中具有高级职称的教师占36.14%，民办院校中具有高级职称的教师的比例为28.01%，两者相差约8个百分点。经过显著性检验，两者存在显著性差异（$p<0.01$）。值得注意的是，民办院校助教职称的教师比例高至25.65%。由此可认为，公办院校的教师职称层次要优于民办院校。具体情况如表7-12所示。

表7-12　　不同性质院校具有高级职称教师占比及其显著性检验

分类	组别	数量（个）	在编师资总人数（人）	具有高级职称教师		检验
				人数（人）	比例（%）	
性质	公办	31	19132	6914	36.14	$p<0.01$
	民办	6	4167	1167	28.01	
总计		37	23299	8081	34.68	

②升本时间比较。2004年及以前升本的院校中具有高级职称的教师占教师总数的36.1%，2004年以后升本的院校中具有高级职称的教师占30.87%。经过显著性检验，两者存在显著性差异（$p<0.01$）。且2004年

及以前升本的院校在讲师及以上各个职称层次上均高于 2004 年以后升本的院校。由此可认为，2004 年以前升本院校的教师职称层次结构要优于 2004 年以后升本的院校。具体情况如表 7－13 所示。

表 7－13　不同升本时间院校具有高级职称教师占比及其显著性检验

分类	组别	数量（个）	在编师资总人数（人）	具有高级职称教师		检验
				人数（人）	比例（%）	
时间	2004 年前	27	16976	6129	36.10	$p<0.01$
	2004 年后	10	6323	1952	30.87	
总计		37	23299	8081	34.68	

③地区比较。东、中、西部地区院校中具有高级职称的教师比例分别为 36.29%、34.05% 和 32.95%。经过显著性检验，三者存在显著性差异（$p<0.01$）。具体情况如表 7－14 所示。

表 7－14　不同地区院校具有高级职称教师占比及其显著性检验

分类	组别	数量（个）	在编师资总人数（人）	具有高级职称教师		检验
				人数（人）	比例（%）	
地区	东部	17	9804	3558	36.29	$p<0.01$
	中部	10	6973	2374	34.05	
	西部	10	6522	2149	32.95	
总计		37	23299	8081	34.68	

经过对三个地区院校两两对比后发现，东部地区院校与中部、西部地区院校之间存在显著性差异（$p<0.01$），但是中部和西部地区院校之间不存在显著性差异（$p>0.05$）。由此可认为，三个地区院校教师职称层级结构的优先顺序为东部地区、中部地区和西部地区。具体情况如表 7－15 所示。

表 7－15　不同地区院校高级职称教师占比的两两比较

比较组	卡方值	p 值	矫正 a 值	统计学意义
东部和中部	8.991	0.003	0.017	有
东部和西部	19.231	0.000		有
中部和西部	1.815	0.178		有

④学校类型比较。综合类、理工类和文科类院校中具有高级职称的教师分别占到教师总数的 33.74%、34.86%和 37.45%。经过显著性检验，三者存在显著性差异（p<0.01）。具体情况如表 7-16 所示。

表 7-16　　不同类型院校具有高级职称教师占比及其显著性检验

分类	组别	数量（个）	在编师资总人数（人）	具有高级职称教师		检验
				人数（人）	比例（%）	
类型	综合类	19	12526	4226	33.74	p<0.01
	理工类	9	6947	2422	34.86	
	文科类	9	3826	1433	37.45	
总计		37	23299	8081	34.68	

经过对三种类型院校的两两比较可知，文科院校与综合类院校和理工类院校之间存在显著性差异（p<0.01），而综合类院校和理工类院校之间不存在显著性差异（p>0.05）。并且文科类院校中具有教授职称的教师比例明显高于综合类院校和理工类院校。由此可认为，文科类院校教师职称层级要优于理工类院校和综合类院校。具体情况如表 7-17 所示。

表 7-17　　不同类型院校高级职称教师占比的两两比较

比较组	卡方值	p 值	矫正 a 值	统计学意义
综合类和理工类	2.520	0.112	0.017	有
综合类和文科类	17.887	0.000		有
理工类和文科类	7.204	0.007		有

从被调查院校的具体情况来看，具有教授职称的教师比例超过 40%的院校共有 8 所，不足 30%的院校有 6 所。并且高级职称占比的高低百分点差距能达到近 41%。

2. 学历结构

从被调查的 37 所地方应用型本科高校的整体情况来看，在 23299 人的在编教师中，具有博士学位的有 1959 人，约占教师总数的 8.41%；具有硕士学位的有 13029 人，约占教师总数的 55.92%；有 6511 人具有学士学位，还有 1800 人没有学位，合计约占教师总数的 35.68%。具体情况如表 7-18 所示。

表 7－18　　师资队伍学位构成及其占比分布

分类	组别	数量（个）	在编师资总人数（人）	博士		硕士		学士		无学位	
				人数（人）	比例（%）	人数（人）	比例（%）	人数（人）	比例（%）	人数（人）	比例（%）
性质	公办	31	19132	1717	8.97	10780	56.35	5341	27.92	1294	6.76
	民办	6	4167	247	5.81	2249	53.97	1170	28.08	506	12.14
时间	2004 年前	27	16976	1519	8.95	9390	55.31	4849	28.56	1218	7.17
	2004 年后	10	6323	440	6.96	3639	57.55	1662	26.28	582	9.20
地区	东部	17	9804	1055	10.76	5657	57.70	2489	25.39	603	6.15
	中部	10	6973	567	8.13	3985	57.15	1948	27.94	473	6.78
	西部	10	6522	337	5.17	3387	51.93	2074	31.80	724	11.10
类型	综合类	19	12526	675	5.39	6918	55.23	3688	29.44	1245	9.94
	理工类	9	6947	664	9.56	4134	59.51	1819	26.18	330	4.75
	文科类	9	3826	620	16.20	1977	51.67	1004	26.24	225	5.88
总计		37	23299	1959	8.41	13029	55.92	6511	27.95	1800	7.73

从不同维度对 37 所新建本科院校进行分类比较，其结果包括以下四点内容。

①院校性质比较。公办院校中具有研究生学位的教师占到了教师总数的 65.32%，而民办院校这一比例则为 59.78%。经过显著性检验，两者存在显著差异（$p<0.01$）。由此可认为，公办院校教师的学位层级优于民办院校。具体情况如表 7－19 所示。

表 7－19　　不同性质院校具有研究生学位教师占比及其显著性检验

分类	组别	数量（个）	在编师资总人数（人）	具有研究生学位的教师		检验
				人数（人）	比例（%）	
性质	公办	31	19132	12497	65.32	$p<0.01$
	民办	6	4167	2491	59.78	
总计		37	23299	14988	64.33	

②升本时间比较。2004 年前后升本的院校在拥有的研究生学位教师比例上基本持平。经过显著性检验，两者不存在显著差异（$p>0.05$）。但是，2004 年以前升本的院校中的博士学位教师的比例要略高于 2004 年以后升本院校，无学位的教师占比则略低于 2004 年后升本的院校。具体

情况如表 7－20 所示。

表 7－20　　不同升本时间具有研究生学位教师占比及其显著性检验

分类	组别	数量（个）	在编师资总人数（人）	具有研究生学位的教师		检验
				人数（人）	比例（%）	
时间	2004 年前	27	16976	109009	64.26	$p>0.05$
	2004 年后	10	6323	4079	64.51	
总计		37	23299	14988	64.33	

③地区比较。东部地区院校中具有研究生学历的教师占比为68.46%，中部地区院校的该比例为65.28%，西部地区院校则为57.1%。经过显著性检验，三者存在显著性差异（$p<0.01$）。具体情况如表 7－21 所示。

表 7－21　　不同地区院校具有研究生学位教师占比及其显著性检验

分类	组别	数量（个）	在编师资总人数（人）	具有研究生学位的教师		检验
				人数（人）	比例（%）	
地区	东部	17	9804	6712	68.46	$p<0.01$
	中部	10	6973	4552	65.28	
	西部	10	6522	3724	57.10	
总计		37	23299	14988	64.33	

经过进一步的两两比较，三个地区之间存在显著性差异（$p<0.01$）。且东部地区院校中的博士学历和硕士学历的教师占比在三个地区中最高，西部地区处于最低位置。由此可认为，院校所处的地区对教师的学历结构有一定的影响。其中，东部地区院校教师的学位层级优于中部，中部地区院校教师的学位层级优于西部。具体情况如表 7－22 所示。

表 7－22　　　不同地区院校研究生学位教师占比的两两比较

比较组	卡方值	p 值	矫正 a 值	统计学意义
东部和中部	18.695	0.000	0.017	有
东部和西部	219.273	0.000		有
中部和西部	95.107	0.000		有

④学校类型比较。三种类型院校中具有研究生学历的教师占比最高的是

理工类院校，为69.07%，其次为文科类院校，比例为67.88%，而综合类院校该类教师的比例最低，为60.62%。经过显著性检验，三者存在显著性差异（$p<0.01$）。具体情况如表7－23所示。

表7－23　不同类型院校具有研究生学位教师占比及其显著性检验

分类	组别	数量（个）	在编师资总人数（人）	具有研究生学位的教师		检验
				人数（人）	比例（%）	
类型	综合类	19	12526	7593	60.62	$p<0.01$
	理工类	9	6947	4798	69.07	
	文科类	9	3826	2597	67.88	
总计		37	23299	14988	64.33	

经过对综合类院校、文科类院校和理工类院校的两两比较可知，三种类型院校之间存在显著性差异（$p<0.01$），而理工类院校与文科类院校之间不存在显著性差异（$p>0.05$）。并且文科类院校和理工类院校中具有研究生学位的教师比例均高于综合类院校，而综合类院校中无学位教师的比例则较文科类院校和理工类院校要更高。由此可认为，文科类和理工类院校的学位层级优于综合类院校。具体情况如表7－24所示。

表7－24　不同类型院校具有研究生学位教师占比的两两比较

比较组	卡方值	p值	矫正a值	统计学意义
综合类和理工类	137.808	0.000	0.017	有
综合类和文科类	66.778	0.000		有
理工类和文科类	1.618	0.203		无

从各院校的具体情况来看，具有研究生及以上学历教师的比例在80%以上的院校有6所，而在50%以下的院校有5所，且最高比例与最低比例之间能达到49%的差值。

3. 年龄结构

从整体情况来看，在37所新建本科院校23299人的在编教师中，35岁以下的青年教师占比最大，约占教师总数的48.61%，年龄在36～45岁中青年教师的比例紧随其后，约占30.64%，比例最小的是56岁以上老年教师，约占教师总数的4.25%。具体情况如表7－25所示。

表7－25　　师资队伍年龄构成及其占比分布

分类	组别	数量（个）	在编师资总人数（人）	56岁以上		46～55岁		36～45岁		35岁以下	
				人数（人）	比例（%）	人数（人）	比例（%）	人数（人）	比例（%）	人数（人）	比例（%）
性质	公办	31	19132	511	2.67	3382	17.68	6250	32.67	8989	46.98
	民办	6	4167	480	11.52	462	11.09	889	21.33	2336	56.06
时间	2004年前	27	16976	527	3.10	2951	17.38	6473	32.24	8025	47.27
	2004年后	10	6323	464	7.34	893	14.12	1666	26.35	3300	52.19
地区	东部	17	9804	353	3.60	1740	17.75	3076	31.37	4635	47.28
	中部	10	6973	354	5.08	1083	15.53	2050	29.40	3486	49.99
	西部	10	6522	284	4.35	1021	15.65	2013	30.86	3204	49.13
类型	综合类	19	12526	582	4.65	2027	16.18	3785	30.22	6132	48.95
	理工类	9	6947	238	3.43	1183	17.03	2126	30.60	3400	48.94
	文科类	9	3826	171	4.47	634	16.57	1228	32.10	1793	46.86
总计		37	23299	991	4.25	3844	16.50	7139	30.64	11325	48.61

从不同维度对37所新建本科院校进行分类比较，其结果包括以下四点内容。

①院校性质比较。公办院校和民办院校中，中年教师占教师总数的比例分别为50.34%和32.42%，两者相差约18个百分点。经过显著性检验，两者存在显著性差异（$p<0.01$）。由此可认为，民办院校内老年教师和青年教师的比例偏大，作为中坚力量的中年教师偏少，其年龄结构更待进一步的优化。具体情况如表7－26所示。

表7－26　　不同性质院校中年教师占比及其显著性检验

分类	组别	数量（个）	在编师资总人数（人）	中年教师		检验
				人数（人）	比例（%）	
性质	公办	31	19132	9632	50.34	$p<0.01$
	民办	6	4167	1351	32.42	
总计		37	23299	10983	47.14	

②升本时间比较。2004年前后院校中，中年教师的占比分别为49.62%和40.47%，两者相差约9个百分点。经过显著性检验，两者存在显著性差异（$p<0.01$）。由此可认为，与2004年及以前升本的院校相比，2004年以

后升本的院校中中年教师占比偏少。具体情况如表7-27所示。

表7-27　　不同升本时间中年教师占比及其显著性检验

分类	组别	数量（个）	在编师资总人数（人）	中年教师		检验
				人数（人）	比例（%）	
时间	2004年前	27	16976	8424	49.62	p<0.01
	2004年后	10	6323	2559	40.47	
总计		37	23299	10983	47.14	

③地区比较。东、中、西部地区院校的中年教师占比分别为49.12%、44.93%和46.52%。经过检验，三者存在显著性差异（$p<0.01$）。具体情况如表7-28所示。

表7-28　　不同地区院校中年教师占比及其显著性检验

分类	组别	数量（个）	在编师资总人数（人）	中年教师		检验
				人数（人）	比例（%）	
地区	东部	17	9804	4816	49.12	p<0.01
	中部	10	6973	3133	44.93	
	西部	10	6522	3034	46.52	
总计		37	23299	10983	47.14	

经过两两比较可知，东部地区和中部地区、西部地区院校中年教师的占比情况存在显著性差异（$p<0.01$），但是中部和西部地区之间不存在显著性差异（$p>0.05$）。具体情况如表7-29所示。

表7-29　　不同地区院校中年教师占比的两两比较

比较组	卡方值	p值	矫正a值	统计学意义
东部和中部	28.726	0.000	0.017	有
东部和西部	10.633	0.001		有
中部和西部	3.429	0.064		无

④学校类型比较。综合类、理工类和文科类院校中年教师占教师总数的比例分别为46.4%、47.63%和48.67%。经过显著性检验，三者存在一定差异（$0.01<p<0.05$）。具体情况如表7-30所示。

表 7－30　　不同类型院校中年教师的占比及其显著性检验

分类	组别	数量（个）	在编师资总人数（人）	中年教师		检验
				人数（人）	比例（%）	
类型	综合类	19	12526	5812	46.40	0.01 < p < 0.05
	理工类	9	6947	3309	47.63	
	文科类	9	3826	1862	48.67	
总计		37	23299	10983	47.14	

经过进一步的两两比较可知，综合类院校与文科类院校和理工类院校之间存在一定的差异（$0.01 < p < 0.05$），但是理工类院校与文科类院校之间不存在显著性差异（$p > 0.05$）。具体情况如表 7－31 所示。

表 7－31　　不同类型院校中年教师占比的两两比较

比较组	卡方值	p 值	矫正 a 值	统计学意义
综合类和理工类	2.727	0.099	0.017	有
综合类和文科类	6.051	0.014		有
理工类和文科类	1.059	0.303		无

从各院校的具体情况来看，中年教师占到总体教师总数的60%以上的院校有 6 所，占比在 30% 以下的院校有 3 所。其中，中年教师占比最大的院校为 73.81%，占比最小的学院为 20.38%，两者相差 50 多个百分点。

7.1.2.3　专职教师情况

1. “双师型”教师

从整体情况来看，在 37 所新建本科院校中，专职教师队伍中的“双师型”教师约占教师总数的 21.47%。

从不同维度对 37 所新建本科院校进行分类比较，其结果包括以下四点内容。

①院校性质比较。公办院校中“双师型”教师的比例为 20.7%，而民办院校中“双师型”教师的比例为 24.84%，两者相差约 4 个百分点。经过显著性检验，两者存在显著性差异（$p < 0.01$），由此可认为，民办院校的“双师型”教师数量整体优于公办院校。具体情况如表 7－32 所示。

表 7－32　不同性质院校“双师型”教师及其显著性检验

分类	组别	数量（个）	专职教师人数（人）	“双师型”教师		检验
				人数（人）	比例（%）	
性质	公办	31	19137	3962	20. 70	$p<0.01$
	民办	6	4331	1076	24. 84	
总计		37	23468	5038	21. 47	

②升本时间比较。2004 年前后升本院校中“双师型”教师的比例分别为 20. 24% 和 24. 79%，且两者之间存在显著性差异（$p<0.01$）。由此可认为，2004 年以后升本院校的“双师型”教师数量整体优于 2004 年以前升本的院校。具体情况如表 7－33 所示。

表 7－33　不同升本时间院校“双师型”教师占比及其显著性检验

分类	组别	数量（个）	专职教师人数（人）	“双师型”教师		检验
				人数（人）	比例（%）	
时间	2004 年前	27	17142	3470	20. 24	$p<0.01$
	2004 年后	10	6326	1568	24. 79	
总计		37	23468	5038	21. 47	

③地区比较。在“双师型”教师的占比上，东、中、西部地区院校的比例分别为 24. 31%、18. 46 和 20. 21%。经过显著性检验，三者存在显著性差异（$p<0.01$）。具体情况如表 7－34 所示。

表 7－34　不同地区院校“双师型”教师占比及其显著性检验

分类	组别	数量（个）	专职教师人数（人）	“双师型”教师		检验
				人数（人）	比例（%）	
地区	东部	17	10124	2461	24. 31	$p<0.01$
	中部	10	6862	1267	18. 46	
	西部	10	6482	1310	20. 21	
总计		37	23468	5038	21. 47	

在此基础上进行两两比较，其两两之间也存在差异（$p<0.01$）。由此可认为，院校所在区域对“双师型”教师具有一定影响，其中东部地区院校“双师型”教师数量整体高于中部地区和西部地区院校，西部地区院校

"双师型"教师数量整体高于中部地区院校。具体情况如表7－35所示。

表7－35　　不同地区"双师型"教师占比的两两比较

比较组	卡方值	p值	矫正a值	统计学意义
东部和中部	81.554	0.000	0.017	有
东部和西部	37.825	0.000		有
中部和西部	6.520	0.011		有

④学校类型比较。在"双师型"教师的占比上，综合类院校该比例为21.72%，理工类院校为21.71%，文科类院校的比例则为20.23%。经过显著性检验，三者不存在显著性差异（$p>0.05$）。具体情况如表7－36所示。

表7－36　　不同类型院校"双师型"教师占比及其显著性检验

分类	组别	数量（个）	专职人数（人）	"双师型"教师		检验
				人数（人）	比例（%）	
类型	综合类	19	12481	2711	21.72	$p>0.05$
	理工类	9	7076	1536	21.71	
	文科类	9	3911	791	20.23	
总计		37	23468	5038	21.47	

从所调查院校的具体情况来看，专职教师中"双师型"教师的比例在15%以下的院校有9所，在35%以上的院校有5所。且最高和最低比例之间能达到50个百分点。

2. 具有硕士学位的专职教师

从整体情况来看，37所新建本科院校中具有研究生学位的专职教师约占64.1%，高出合格评估的合格标准（专职教师中硕士、博士比例达到50%及以上）约14个百分点。由此可认为，地方应用型本科高校专职教师的学历水平整体上达到了合格要求。

从不同维度对37所新建本科院校进行分类比较，其结果包括以下四点内容。

①院校性质比较。公办院校中具有研究生学位的专职教师比例为64.34%，民办院校中具有研究生学位的专职教师占63.03%。经过显著性检验，两者不存在显著性差异（$p>0.05$）。具体情况如表7－37所示。

表 7-37　不同性质院校具有研究生学位的专职教师占比及其显著性检验

分类	组别	数量（个）	专职教师人数（人）	硕博		硕博比例（%）	检验
				博士（人）	硕士（人）		
性质	公办	31	19137	1683	10630	64.34	$p > 0.05$
	民办	6	4331	261	2469	63.03	
总计		37	23468	1944	13099	64.10	

②升本时间比较。2004 年前后升本的院校中具有研究生学位的专职教师占到教师总数的 63.32% 和 66.2%。经过显著性检验，两者存在显著性差异（$p < 0.01$）。由此可认为，不同升本时间对专职教师的学位结构可能存在一定的影响。具体情况如表 7-38 所示。

表 7-38　不同升本时间院校具有研究生学位的专职教师占比及其显著性检验

分类	组别	数量（个）	专职教师人数（人）	硕博		硕博比例（%）	检验
				博士（人）	硕士（人）		
时间	2004 年前	27	17142	1502	9353	63.32	$p < 0.01$
	2004 年后	10	6326	442	3746	66.20	
总计		37	23468	1944	13099	64.10	

③地区比较。三个地区的院校中具有研究生学位的专职教师比例最高的是中部地区，占到 68.67%，其次为东部地区和西部地区，占比分别为 66.34% 和 55.77%。经过显著性检验，三者存在显著性差异（$p < 0.01$）。具体情况如表 7-39 所示。

表 7-39　不同地区院校具有研究生学位的专职教师占比及其显著性检验

分类	组别	数量（个）	专职教师人数（人）	硕博		硕博比例（%）	检验
				博士（人）	硕士（人）		
地区	东部	17	10124	1032	5684	66.34	$p < 0.01$
	中部	10	6862	564	4148	68.67	
	西部	10	6482	348	3267	55.77	
总计		37	23468	1944	13099	64.10	

进一步两两比较之后可知，其两两之间也存在显著性差异（$p < 0.01$）。由此可认为，不同地区对专职教师的学历结构可能存在一定影响，其中三个

地区院校中教师学历层级的优先次序依次为东部地区、中部地区和西部地区。具体情况如表7－40所示。

表7－40　不同地区院校具有研究生学位的专职教师占比的两两比较

比较组	卡方值	p值	矫正a值	统计学意义
东部和中部	10.091	0.001	0.017	有
东部和西部	187.725	0.000		有
中部和西部	236.359	0.000		有

④学校类型比较。综合类、理工类和文科类院校具有研究生学位的专职教师分别占到了教师总数的67.14%、68.12%和61.12%。经过显著性检验，三者存在显著性差异（$p<0.01$）。具体情况如表7－41所示。

表7－41　不同类型院校具有研究生学位的专职教师占比及其显著性检验

分类	组别	数量（个）	专职教师人数（人）	硕博		硕博比例（%）	检验
				博士（人）	硕士（人）		
类型	综合类	19	12481	685	6943	61.12	$p<0.01$
	理工类	9	7076	636	4115	67.14	
	文科类	9	3911	623	2041	68.12	
总计		37	23468	1944	13099	64.10	

在此基础上通过进一步两两比较的结果可知，综合类院校与理工类院校、文科类院校之间存在显著性差异（$p<0.01$），但是文科类院校与理工类院校不存在显著性差异（$p>0.05$）。由此可认为，院校类型对专职教师的学位结构有一定的影响，其中文科类和理工类院校中专职教师的学位层级整体上优于综合类院校。具体情况如表7－42所示。

表7－42　不同类型院校具有研究生学位专职教师占比的两两比较

比较组	卡方值	p值	矫正a值	统计学意义
综合类和理工类	70.574	0.000	0.017	有
综合类和文科类	62.427	0.000		有
理工类和文科类	1.087	0.297		无

具体到被调查的院校个体情况，其中具有硕士学位专职教师的比例占到

80%以上的院校有4所，占50%以下的院校有4所。并且最高比例与最低比例之间相差40个百分点。

7.1.2.4 教育教学水平

1. 主讲教师岗位资格

从整体情况来看，37所新建地方本科院校的主讲教师岗位资格符合率达94.34%，总体上达到了教育部合格评估的合格标准（在编的主讲教师岗位资格符合率应达90%及以上）。

从不同维度对37所新建本科院校进行分类比较，其结果包括以下四点内容。

①院校性质比较。公办院校主讲教师符合岗位资格符合率达94.57%，民办院校的主讲教师符合岗位资格符合率达93.13%。经过显著性检验，两者存在显著性差异（$p<0.01$）。由此可认为，公办院校主讲教师岗位资格符合率优于民办院校。具体情况如表7－43所示。

表7－43　不同性质院校主讲教师岗位资格符合率及其显著性检验

分类	组别	数量（个）	主讲教师人数（人）	符合岗位资格		检验
				人数（人）	比例（%）	
性质	公办	31	15889	15027	94.57	p<0.01
	民办	6	3661	3416	93.31	
总计		37	19550	18443	94.34	

②升本时间比较。2004年前后升本的院校的主讲教师符合岗位资格符合率分别为94.8%和92.92%。经过显著性检验，两者存在显著性差异（$p<0.01$）。由此可认为，2004年以前升本院校主讲教师岗位资格符合率优于2004年以后升本的院校。具体情况如表7－44所示。

表7－44　不同升本时间院校主讲教师岗位资格符合率及其显著性检验

分类	组别	数量（个）	主讲教师人数（人）	符合岗位资格		检验
				人数（人）	比例（%）	
时间	2004年前	27	14731	13965	94.80	p<0.01
	2004年后	10	4819	4478	92.92	
总计		37	19550	18443	94.34	

③地区比较。东部、中部、西部地区院校的主讲教师岗位资格符合率分别为94.48%、94.93%和93.32%。经过显著性检验，三者存在显著性差异（$p<0.01$）。具体情况如表7-45所示。

表7-45　不同地区院校主讲教师岗位资格符合率及其显著性检验

分类	组别	数量（个）	主讲教师人数（人）	符合岗位资格		检验
				人数（人）	比例（%）	
地区	东部	17	8851	8362	94.48	p<0.01
	中部	10	6015	5710	94.93	
	西部	10	4684	4371	93.32	
总计		37	19550	18443	94.34	

经过进一步的两两比较可知，西部地区和东部地区、中部地区之间院校在主讲教师岗位资格符合率上均存在显著性差异（$p<0.01$），而中部地区和东部地区院校在这一指标上不存在显著性差异（$p>0.05$）。由此可认为，东部和中部院校主讲教师岗位资格符合率优于西部院校。具体情况如表7-46所示。

表7-46　不同地区院校主讲教师岗位资格符合率的两两比较

比较组	卡方值	p值	矫正a值	统计学意义
东部和中部	1.461	0.227	0.017	无
东部和西部	7.362	0.007		有
中部和西部	12.568	0.000		有

④学校类型比较。综合类、理工类和文科类院校主讲教师岗位资格符合率分别达94.27%、94.38%和93.48%。经过显著性检验，三者不存在显著性差异（$p>0.05$）。由此可认为，院校类型可能对主讲教师的岗位符合率没有影响。具体情况如表7-47所示。

从被调查院校的具体情况来看，主讲教师岗位资格符合率在90%以下的院校有2所，全部符合岗位资格要求的院校有4所。其中，主讲教师岗位资格符合率最高的为100%，最低的为83%，两者相差17个百分点。

表 7－47　不同类型院校主讲教师岗位资格符合率及其显著性检验

分类	组别	数量（个）	主讲教师人数（人）	符合岗位资格		检验
				人数（人）	比例（%）	
类型	综合类	19	10364	9770	94.27	$p > 0.05$
	理工类	9	5800	5474	94.38	
	文科类	9	3386	31199	93.48	
总计		37	19550	18443	94.34	

2. 教学事故

从被调查的37所地方应用型本科高校的整体情况来看，所有院校每年发生教学事故平均在4.62次，进一步从不同维度上对37所院校进行比较分析，则在各维度上不同类型院校在教学事故发生次数上有所差异。院校性质比较结果显示，公办院校教学事故的年发生次数为4次，而民办院校平均每年发生7.83次，几乎为公办院校的两倍；对升本时间的比较可知，2004年前升本的院校平均每年发生教学事故4.3次，2004年后升本院校平均每年发生5.5次，整体上来说，2004年以后升本院校的教学事故发生频率要比2004年前升本院校多；在不同地区的比较上，三个地区年发生教学事故最多的是中部地区，为6.6次，其次为西部地区，为4.8次，最少的是东部地区，为3.35次；对学校类型进行比较后可知，综合类院系、理工类院校和文科类院校平均年教学事故发生次数分别为4.26次、7.44次和2.56次，文科类院校的教学事故发生频次明显低于综合类院校和理工类院校，综合类院校又低于理工类院校。具体情况如表7－48所示。

表 7－48　院校分类教学事故情况

分类	组别	数量（个）	教学事故（次）			
			平均次数	最多次数	最少次数	两级差
性质	公办	31	4.00	24	0	24
	民办	6	7.83	14	0	14
时间	2004年前	27	4.30	24	0	24
	2004年后	10	5.50	14	0	14
地区	东部	17	3.35	13	0	13
	中部	10	6.60	24	0	24
	西部	10	4.80	11	0	11

续表

分类	组别	数量（个）	教学事故（次）			
			平均次数	最多次数	最少次数	两级差
类型	综合类	19	4.26	14	0	14
	理工类	9	7.44	24	0	24
	文科类	9	2.56	7	0	7
总计		37	4.62	24	0	24

从37所被调查院校的具体情况来看，其中共有10所院校未发生教学事故，年发生频次在1～5次的院校有13所，发生频次在5～10次的院校有9所，并有5所院校的教学事故年发生次数在10次以上。在37所地方应用型本科高校中教学事故发生次数最多的是24次，最少的为0次，两者之间相差24次，差距较大。

3. 学生评教

从37所地方应用型本科高校的整体情况看，所有院校中学生评教的总体优良率达到了95.82%，其中优秀率为64.33%，良好率为31.49%。

从不同维度对37所新建本科院校进行分类化较，其结果包括以下四点内容。

①院校性质比较。学生评教结果显示，公办院校的优秀率为97.58%，民办院校的平均优秀率为89.90%，两者相差近8个百分点。经过显著性检验，两者存在显著性差异（$0.01 < p < 0.05$），并且公办院校学生评教的优秀率高于民办院校约29个百分点。由此可以认为，公办院校学生对教师的满意度优于民办院校。具体情况如表7－49所示。

表7－49　不同性质院校学生评教优良率构成及其显著性检验

分类	组别	数量（个）	优良率		优良率（%）	检验
			优秀率（%）	良好率（%）		
性质	公办	31	70.87	26.71	97.58	$0.01 < p < 0.05$
	民办	6	42.02	47.88	89.90	
总计		37	64.33	31.49	95.82	

②升本时间比较。2004年前后升本院校的学生评教优秀率分别为97.03%和94.44%。经过显著性检验，两者不存在显著性差异（$p > 0.05$）。具体情况如表7－50所示。

表 7－50　　不同升本时间院校学生评教优良率构成及其显著性检验

分类	组别	数量（个）	优良率		优良率（%）	检验
			优秀率（%）	良好率（%）		
时间	2004 年前	27	67.50	29.53	97.03	p >0.05
	2004 年后	10	62.65	31.79	94.44	
总计		37	64.33	31.49	95.82	

③地区比较。东、中、西部地区院校学生评教的优秀率分别为 96.62%、99.08% 和 94.09%。经过显著性检验表明，三者不存在显著性差异（$p>0.05$）。具体情况如表 7－51 所示。

表 7－51　　不同地区院校学生评教优良率构成及其显著性检验

分类	组别	数量（个）	优良率		优良率（%）	检验
			优秀率（%）	良好率（%）		
地区	东部	17	65.89	30.13	96.02	p >0.05
	中部	10	72.84	26.24	99.08	
	西部	10	60.04	34.05	94.09	
总计		37	64.33	31.49	95.82	

④学校类型比较。根据调查结果，三类院校学生评教的优秀率从高到低依次为文科类院校 99.37%，综合类院校 95.38% 和理工类院校 95.29%。经过显著性检验，三者不存在显著性差异（$p>0.05$）。具体情况如表 7－52 所示。

表 7－52　　不同类型院校学生评教优良率构成及其显著性检验

分类	组别	数量（个）	优良率		优良率（%）	检验
			优秀率（%）	良好率（%）		
类型	综合类	19	63.57	31.81	95.38	p >0.05
	理工类	9	64.03	31.26	95.29	
	文科类	9	73.87	25.50	99.37	
总计		37	64.33	31.49	95.82	

从院校的具体情况来看，其中学生评教的优良率在 90% 以下的院校有 4 所，学生评教的优良率为 100% 的院校有 9 所，在所有院校中，学生评教优

良率最高的为100%，最低的为64.94%。

4. 国家级与省部级教学荣誉

从37所地方应用型本科高校的整体情况来看，每所院校平均拥有省部级教学名师1.81人、省部级教学团队1.78个、国家级教学成果奖项0.19个、省部级教学成果奖项4.14个、无国家级教学名师和教学团队。

对37所地方应用型本科高校从不同的维度进行比较，具体结果如下：院校性质的比较可知，公办院校拥有的省部级教学名师和教学团队要略高于民办院校，但国家级和省部级教学成果奖项的获取上，公办院校却要低于民办院校；经过对院校升本时间的比较，2004年前后升本的院校在教学名师和教学团队的数量上基本持平，但是2004年后升本的院校无国家级教学成果奖项；经过对各院校所在地区的比较可知，东部地区院校和西部地区院校的教学名师数量要高于中部地区院校，中部地区和西部地区院校的教学团队数量略高于东部地区，三个地区在国家级教学成果奖项的持有上基本持平，但是中部地区院校的省部级教学成果奖项的数量要高于东部地区和西部地区院校；在学校类型的比较上，三类院校在教学名师的人数上基本相当，但是理工类院校省部级教学团队的数量和省部级教学成果奖项要略高于文科类院校和综合类院校，文科类院校的国家级教学成果奖项要略高于综合类院校和理工类院校。具体情况如表7-53所示。

表7-53　国家级与省部级教学荣誉情况　单位：个

分类	组别	数量	教学名师		教学团队		教学成果奖	
			国家级	省部级	国家级	省部级	国家级	省部级
性质	公办	31	0	1.87	0	1.90	0.17	4.00
	民办	6	0	1.50	0	1.17	0.33	4.83
时间	2004年前	27	0	1.73	0	1.89	0.27	4.30
	2004年后	10	0	2.00	0	1.50	0.00	3.7
地区	东部	17	0	2.06	0	1.65	0.19	2.35
	中部	10	0	1.20	0	1.90	0.20	7.40
	西部	10	0	2.00	0	1.90	0.20	3.90
类型	综合类	19	0	1.74	0	1.68	0.06	4.21
	理工类	9	0	1.88	0	2.22	0.22	5.00
	文科类	9	0	1.89	0	1.56	0.44	3.11
总计		37	0	1.81	0	1.78	0.19	4.14

从所调查院校的具体情况来看，拥有省部级教学名师最多的有 5 人，最少的为 0 人，其中为 0 人的院校有 5 所；拥有省部级教学团队的最少为 0 个的院校有 3 所，拥有省部级教学团队最多的院校为 4 个；拥有国家级教学成果将最多的为 2 项，最少的为 0 项，其中为 0 项的院校有 30 所；拥有省部级教学成果奖最多的有 17 项，最少的为 0 项，其中为 0 项的院校有 4 所。

7.1.2.5　培养培训现状

1. 接受培养培训的教师比例

从整体情况来看，37 所地方应用型本科高校中，接受培养培训的教师占 38.73%。教师培训比例在 10% ~20% 的有 5 所院校，比例在 50% 以上的有 9 所院校。其中，教师培训比例最高的为 86.9%，比例最低的为 12.79%，两者差距巨大。

从不同维度对 37 所新建本科院校进行分类比较，其结果包括以下四点内容。

①院校性质比较。公办院校接受培养培训的教师占教师总数的 41.04%，民办院校接受培养培训的教师占 28.1%，两者相差近 13 个百分点。经过显著性检验，两者存在显著性差异（$p<0.01$）。由此可以认为，公办院校对教师进修培训的支持力度大于民办院校。具体情况如表 7 – 54 所示。

表 7 – 54　　不同性质院校接受培训接受占比情况及其显著性检验

分类	组别	数量（个）	师资人数（人）	培养培训		检验
				人数（人）	比例（%）	
性质	公办	31	19132	7852	41.04	p<0.01
	民办	6	4167	1171	28.10	
总计		37	23299	9023	38.73	

②升本时间比较。2004 年及以前升本院校接受培养培训的教师占到了 40.4%，2004 年以后升本院校接受培养培训的教师占 34.24%，两者相差约 6 个百分点。经过显著性检验，两者存在显著性差异（$p<0.01$）。由此可以认为，升本时间较长的院校对教师的进修培训支持力度更大。具体情况如表 7 – 55 所示。

表7-55 不同升本时间院校接受培训接受占比情况及其显著性检验

分类	组别	数量（个）	师资人数（人）	培养培训		检验
				人数（人）	比例（%）	
时间	2004年前	27	16976	6858	40.40	p<0.01
	2004年后	10	6323	2165	34.24	
总计		37	23299	9023	38.73	

③地区比较。在教师进修培训上，东、中、西部地区院校的教师比例分别为42.98%、35.41%和35.88%。经过显著性检验，三者存在显著性差异（$p<0.01$）。具体情况如表7-56所示。

表7-56 不同地区院校接受培养培训接受占比情况及其显著性检验

分类	组别	数量（个）	师资人数（人）	培养培训		检验
				人数（人）	比例（%）	
地区	东部	17	9804	4214	42.98	p<0.01
	中部	10	6973	2469	35.41	
	西部	10	6522	2340	35.88	
总计		37	23299	9023	38.73	

对三个地区院校接受培训教师的情况进行两两对比可知，东部地区院校与中部地区和西部地区院校存在显著性差异（$p<0.01$），但中部地区和西部地区院校间不存在显著性差异（$p>0.05$）。由此可以认为，东部院校对教师培养培训的力度要高于中部和西部院校。具体情况如表7-57所示。

表7-57 不同地区院校接受培养培训接受占比的两两比较

比较组	卡方值	p值	矫正a值	统计学意义
东部和中部	97.545	0.000	0.017	有
东部和西部	82.256	0.000		有
中部和西部	0.325	0.568		无

④学校类型比较。综合类、理工类和文科类院校接受培养培训的教师分别占比37.59%、39.47%和41.09%。经过显著性检验，三者存在显著性差异（$p<0.01$）。具体情况如表7-58所示。

表 7-58　不同类型院校接受培训接受占比情况及其显著性检验

分类	组别	数量（个）	师资人数（人）	培养培训		检验
				人数（人）	比例（%）	
类型	综合类	19	12526	4709	37.59	p<0.01
	理工类	9	6947	2742	39.47	
	文科类	9	3826	1572	41.09	
总计		37	23299	9023	38.73	

进一步两两对比后可知，综合类院校与理工类院校、文科类院校之间存在显著性差异（$p<0.01$），但理工类与文科类院校不存在显著性差异（$p>0.05$）。由此可以认为，理工类和文科类院校对教师培养培训的力度要高于综合类院校。具体情况如表 7-59 所示。

表 7-59　不同类型院校接受培养培训接受占比的两两比较

比较组	卡方值	p 值	矫正 a 值	统计学意义
综合类和理工类	6.661	0.010	0.017	有
综合类和文科类	15.120	0.000		有
理工类和文科类	2.687	0.101		无

2. 培养培训的形式

对教师进行培养培训的形式主要有进修培训和学历提升两种，进修培训即通过学术研讨、会议交流和外出学习等形式来提高教师的综合素养；学历提升则是指教师通过在职攻读硕士或博士学位的方式来深化自身的专业知识和科研素养。

在 37 所地方应用型本科高校中，教师参与培养培训中以进修培训为主的占到了参加总人数的 71.75%，另外还有 28.25% 的教师以学历提升的方式参与院校培训进修。从不同的维度对 37 所被调查地方应用型本科高校进行比较，结果显示，不同性质和类型的院校培训培养形式基本一致；2004 年以前升本院校进行进修培养的比例要低于 2004 年以后升本的院校，但具体到学历提升的比例情况，2004 年以前升本的院校要高于 2004 年以后升本的院校；在地区差异上，东部地区院校和西部地区院校接受进修培训的比例要高于中部地区院校，而中部地区院校的学历提升比例要高于东部地区和西部地区院校。具体情况如表 7-60 所示。

表 7-60　　师资队伍培养培训形式构成及其占比分布

分类	组别	数量（个）	培训人数（人）	进行培训		学历提升	
				人数（人）	比例（%）	人数（人）	比例（%）
性质	公办	31	7852	5602	71.34	2250	28.66
	民办	6	1171	872	74.47	299	25.53
时间	2004 年前	27	6858	4741	69.13	2117	30.87
	2004 年后	10	2165	1733	80.05	432	19.95
地区	东部	17	4214	3050	72.38	1164	27.62
	中部	10	2469	1653	66.95	816	33.05
	西部	10	2340	1771	75.68	569	24.32
类型	综合类	19	4709	3317	70.44	1392	29.56
	理工类	9	2742	1979	72.17	763	27.83
	文科类	9	1572	1178	74.94	394	25.06
总计		37	9023	6474	71.75	2549	28.25

具体到学历提升的类型，主要包括攻读博士和硕士两个层面。在所调查的 37 所地方应用型本科高校中，攻读博士学位的比例占到了 40.33%，而攻读硕士学位的比例则为 59.67%，两者相差了近 19 个百分点。其中公办院校攻读博士学位的比例要远大于民办院校，在一定程度上说明公办院校学历层次的提升要更高级；在地区层面上，东部地区和中部地区博士学位的攻读比例明显高于西部地区，则可表明东部地区和中部地区院校的学历提升层级要更高；在三类院校中，攻读博士比例最高的为文科类院校，其次为理工类院校，最低的为综合类院校，三类院校学历层次的提升存在一定的差距如表 7-61 所示。

表 7-61　　师资队伍学历提升类型及其占比分布

分类	组别	数量（个）	学历提升人数（人）	攻读博士		攻读硕士	
				人数（人）	比例（%）	人数（人）	比例（%）
性质	公办	31	2250	936	41.60	1314	58.40
	民办	6	299	92	30.77	207	69.23
时间	2004 年前	27	2117	854	40.34	1263	59.66
	2004 年后	10	432	174	40.28	258	59.72

续表

分类	组别	数量（个）	学历提升人数（人）	攻读博士		攻读硕士	
				人数（人）	比例（%）	人数（人）	比例（%）
地区	东部	17	1164	516	44.33	648	55.67
	中部	10	816	330	40.44	486	59.56
	西部	10	569	182	31.99	387	68.01
类型	综合类	19	1392	445	31.97	947	68.03
	理工类	9	763	361	47.31	402	52.69
	文科类	9	394	222	56.35	172	43.65
总计		37	2549	1028	40.33	1521	59.67

从培训进修的地域来看，主要包括境内进修和境外进修两种方式。在37所地方应用型本科高校中，绝大部分院校的进修方式还是境内进修，占到了97.17%，进行境外进修的比例仅为2.83%。而具体到境外进修的选择上，民办院校、2004年以后升本的院校、中部地区院校和文科类院校的占比要相对更高一些。具体情况如表7－62所示。

表7－62　师资队伍进修培训地域及其占比分布

分类	组别	数量（个）	进修培训人数（人）	境内进修		境外进修	
				人数（人）	比例（%）	人数（人）	比例（%）
性质	公办	31	5602	5451	97.30	151	2.70
	民办	6	872	840	96.33	32	3.67
时间	2004年前	27	4741	4626	97.57	115	2.43
	2004年后	10	1733	1665	96.08	68	3.92
地区	东部	17	3050	2973	97.48	77	2.52
	中部	10	1653	1589	96.13	64	3.87
	西部	10	1771	1729	97.63	42	2.37
类型	综合类	19	3317	3239	97.65	78	2.35
	理工类	9	1979	1922	97.12	57	2.88
	文科类	9	1178	1130	95.93	48	4.07
总计		37	6474	6291	97.17	183	2.83

7.1.2.6　专业带头人结构

1. 职称结构

在被调查的 37 所地方应用型本科高校中，共有专业带头人 13 人，其中具有教授职称的占到了 55%，具有副教授职称的有 38.93%，还有 3.8% 和 2.27% 的讲师和的其他人员。从不同维度的具体比较来看，不同性质、时间院校的学科带头人的职称结构基本一致，具体差异主要体现在不同地区和类型院校的学科带头人在教授和副教授的占比方面，其中东部地区院校的学科带头人具有教授职称的比例要比中部地区和西部地区院校高出近 12 个百分点，文科类院校中具有教授职称的学科带头人比例比理科类院校高出近 10 个百分点，理工类院校又比综合类院校高出近 9 个百分点。具体情况如表 7－63 所示。

表 7－63　专业带头人职称构成及其占比分布

分类	组别	数量（个）	人数（人）	教授		副教授		讲师		其他	
				人数（人）	比例（%）	人数（人）	比例（%）	人数（人）	比例（%）	人数（人）	比例（%）
性质	公办	31	1186	656	55.31	466	39.29	44	3.71	20	1.69
	民办	6	183	97	53.01	67	36.61	8	4.37	11	6.01
时间	2004 年前	27	1084	593	54.70	431	39.76	39	3.60	21	1.94
	2004 年后	10	285	160	56.14	102	35.79	13	4.56	10	3.51
地区	东部	17	574	359	62.54	191	33.28	12	2.09	12	2.09
	中部	10	434	216	49.77	181	41.71	22	5.07	15	3.46
	西部	10	361	178	49.31	161	44.60	18	4.99	4	1.11
类型	综合类	19	815	406	49.82	344	42.21	46	5.64	19	2.33
	理工类	9	349	206	59.03	129	36.96	6	1.72	8	2.29
	文科类	9	205	141	68.78	60	29.27	0	0.00	4	1.95
总计		37	1369	753	55.00	533	38.93	52	3.80	31	2.26

2. 学历结构

在所有 37 所地方应用型本科高校的 13 名专业带头人中，具有博士学位的人数占到了 24.62%，具有硕士学位的占 38.35%，学士学位和无学位的分别占 28.85% 和 8.18%。从不同维度进行具体分析，不同时间院校的学科带头人的职称结构基本一致；公办院校与民办院校中具有研究生学历的学科带头人基本一致，但民办院校中无学位的学科带头人比例要高出公办院校近

16个百分点；不同地区的院校学科带头人在博士学位的比例上，东部地区高于中部地区约10个百分点，高于西部地区约15个百分点，西部地区无学位的专业带头人比例高于中部约3个百分点，高于东部地区约6个百分点；对于不同类型的院校，文科类院校和理工类院校中具有博士学位的学科带头人要高于综合类院校近10个百分点，综合类和文科类院校的专业带头人中无学位的比例要高于理工类院校约7~8个百分点。具体情况如表7-64所示。

表7-64　专业带头人学历构成及分布

分类	组别	数量（个）	人数（人）	博士		硕士		学士		无学位	
				人数（人）	比例（%）	人数（人）	比例（%）	人数（人）	比例（%）	人数（人）	比例（%）
性质	公办	31	1186	290	24.45	458	38.62	366	30.86	72	6.07
	民办	6	183	47	25.68	67	36.61	29	15.85	40	21.86
时间	2004年前	27	1084	270	24.91	412	38.01	323	29.80	79	7.29
	2004年后	10	285	67	23.51	113	39.65	72	25.26	33	11.58
地区	东部	17	574	181	31.53	202	35.19	160	27.87	31	5.40
	中部	10	434	07	22.35	188	43.32	108	24.88	41	9.45
	西部	10	361	59	16.34	135	37.40	127	35.18	40	11.08
类型	综合类	19	815	166	20.37	316	38.77	254	31.17	79	9.69
	理工类	9	349	105	30.09	146	41.83	88	25.21	10	2.87
	文科类	9	205	66	32.20	63	30.73	53	25.85	23	11.22
总计		37	1369	337	24.62	525	38.35	395	28.85	112	8.18

3. 年龄结构

在调查的37所地方应用型本科高校中共计有1369名专业带头人，其中老年教师占15.34%，中老年教师占49.74%，中青年教师占31.26%，青年教师占3.65%，其中中年教师的总比重为81%。具体到各个不同的维度，公办院校的老年教师和青年教师的比例要明显低于民办院校，中年教师比例明显高于民办院校；2004年以前升本院校的专业带头人中青年和老年比例明显低于2004年以后升本的院校，中年教师的比例则要高于2004年以后升本的院校；东部和西部地区院校老年和青年专业带头人的比例略高于中部地区院校，中老年专业带头人比例略高于中部地区院校；文科类院校老年专业带头人比例明显高于理工类和综合类院校约11~12个百分点，中年专业带头人比例低于综合类和理工类院校，三者的青年专业带头人比例基本持平。

具体情况如表 7－65 所示。

表 7－65　　　　专业带头人年龄构成及占比分布

分类	组别	数量（个）	人数（人）	老年		中老年		中青年		青年	
				人数（人）	比例（%）	人数（人）	比例（%）	人数（人）	比例（%）	人数（人）	比例（%）
性质	公办	31	1186	143	12.06	630	53.12	379	31.96	34	2.87
	民办	6	183	67	36.61	51	27.87	49	26.78	16	8.74
时间	2004 年前	27	1084	146	13.47	549	50.65	359	33.12	30	2.77
	2004 年后	10	285	64	22.46	132	46.32	69	24.21	20	7.02
地区	东部	17	574	93	16.20	302	52.61	163	28.40	16	2.79
	中部	10	434	60	13.82	205	47.24	145	33.41	24	5.53
	西部	10	361	57	15.79	174	48.20	120	33.24	10	2.77
类型	综合类	19	815	108	13.25	416	51.04	255	31.29	36	4.42
	理工类	9	349	50	14.33	173	49.57	116	33.24	10	2.87
	文科类	9	205	52	25.37	92	44.88	57	27.80	4	1.95
总计		37	1369	210	15.34	681	49.74	428	31.26	50	3.65

7.1.3　确立正确的政策导向，调整高校人才结构，加大高层次技术人才的引进力度

1. 确立正确的政策导向

培养学生的综合素质和创新能力是当前高等教育改革的趋势，在这一形式下，各高校对实验实践教师队伍的建设和完善也越来越重视，逐渐认识到实践教学对培养学生综合素质和创新能力的重要性，其作用是理论教学所不可替代的。教辅队伍作为教师队伍中不可或缺的一部分，在理论教学和实践教学相互渗透、相辅相成的关系中，共同担负着培养应用型、创造型人才的责任。并且必须将这种观念体现到高校的各项政策中，在教师考核、职称评定和津贴待遇提升等方面予以落实。

高校在优惠政策的制定上要注意关心实验、实践教学教师的思想状况和生活情况，在住房、薪资报酬、职位晋升和职业发展等政策上要与教师编制享受同等待遇，创造条件帮助这部分老师解决实际生活中的困难。在这种政策支持下，实验、实践教师队伍才能得以稳定，让教师安心于本职工作，形成一种努力进取、爱岗敬业的良好风气。此外要建立有效的激励机制，制定科学合理的对实验、实践教学教师的工作进行检查、考核与评价的标准和制

度，真正做到奖优罚劣、奖勤罚懒，开创实验工作者积极向上、开拓进取和努力拼搏的新局面。

2. 调整人才结构

多年来，高等院校中普遍存在着将从事理论教学、科研活动和实验教学的教师区分开来，不能一视同仁的情况。形成这种现象的原因包括观念和管理等多个方面，但在社会发展和行业市场对应用型人才需求日益增长的背景下，必须建立教师、管理和教辅三支人才队伍科学、合理的人才结构，已形成互补、互进的合力。

（1）重视师资的引进和培训，优化职称结构

虽然目前单一的职称评定制度在短时间内难以得到根本性的改变，但地方应用型本科高校可以从提高自身师资队伍整体素质方面入手。首先，可以通过“以老带新”等方式加强对教师业务和技能的培训。职称评定制度不论怎么改革，教师的能力和素质都是主要考察的内容，只有从根本上提升教师的教育教学水平和科研能力才是适应教育事业发展的正确选择。在不同形式业务和技能培训的基础上辅以“以老带新”的配合，促使新教师在老教师丰富经验的指导和带动下，不断提升自我实力和素质，能使年轻教师少走一些弯路，迅速成长起来。只有教师队伍的整体素质水平提高了，符合高级职称评定要求的人数才会不断提升；其次，采取“非升则转”的岗位制度，即要求担任教学岗的专职教师，如果长时间内都无法提升自身的职称，则可根据实际情况考虑将其调转至其他工作岗位。这种岗位制度一方面可以给教师施加一定的压力，激发教师对素质提升和职称评定的重视，同时教师队伍职称水平的提升也能够促进师资队伍职称结构的不断优化；最后，适当引进高级职称教师。当前地方应用型本科高校的职称结构不尽合理，而高级职称教师的培养是一个长期积累的过程，单靠学院自身教师培养，短时期内很难解决高职称比例偏低的现状。因此，可以根据学院发展需要和专业实际适当引进高级职称的教师，通过外援来优化本学院的职称结构，同时也有利于原有教师队伍整体素质的提升。

（2）强化学历要求，优化学历结构

优化学历结构最根本的是从整体上提高地方应用型本科高校的学历水平，增加具有博士学位教师的比例，减少具有学士学位或无学位教师的比例。可通过两种途径来实现：第一是提高教师引进的学历标准。教师的学历水平在一定程度上体现着教师的科研潜质，引进高学历的教师队伍是地方应用型本科高校保持持久发展动力，获取发展后劲的有力保障。地方应用型本科高校虽然在办学历史和学术基底上无法与老牌本科院校相比，但可以通过提供优惠的政策和广阔的发展前景来吸引高学历人才，从而促进院校学历结构的优化。第二要加大在职教师学历提升的力度。地方应用型本科高校多由

高职高专或独立学院等院校合并升格而来，其原有教师队伍整体的学历水平较低，存在大量本科学历甚至专科学历的教师。要解决这一问题，除了外部引进还要考虑内部的优化，地方应用型本科高校要鼓励和支持在职教师继续进行硕博学位的获取。通过经费支持和时间的灵活处理等方式，鼓励教师主动提升自身的学历层次，以此改变当前教师低学位比例偏高的现状。

（3）改变招聘模式，优化年龄结构

优化年龄结构的目的是为了改善当前地方应用型本科高校中年教师和老年教师比例偏低，青年教师比例过大的现状，需适度提高中年和老年教师的比例。为此，可从以下几个方面进行：首先，需改变招聘模式。当前地方应用型本科高校的招聘形式大多为高校直招，这导致了新招聘的教师大多为刚毕业的年轻教师，此外还有很多学校对应聘者的年龄进行了限制，也就不可避免地使青年教师队伍的比例不断增大。为此，需要扩宽教师招聘的形式，取消或适度放宽对应聘者的年龄限制。将招聘的渠道转向行业、研究所或其他教育教学单位，重点对应聘者的工作经验进行考察，这不仅可以在一定程度上优化教师的年龄结构，还能促进不同行业之间的交流和合作。这对承担培养应用型人才目标的地方应用型本科高校来说尤为重要，需要其在与社会保持密切联系的同时不断拓宽招聘渠道。其次，加大退休教师返聘力度。现有的退休制度规定男性 60 岁退休，女性一般 55 岁退休，但是高校教师作为科研工作者，往往要经历很长一段时间的学术积累和沉淀才能厚积薄发，特别是文科专业的教师，其学术造诣往往在中老年阶段才达到最高水平。诸如 50 岁才评上高级职称的教师比比皆是。因此，对于精力比较充沛、学术沉淀深厚的老教师来说，其退休在家是一种人力资源的浪费。因此，地方应用型本科高校可以适度增加对精力充沛、学术沉淀深厚的退休教师的返聘力度，这既可以改变目前老年教师比例偏低的现状，也可在一定程度上发挥老年教师对青年教师的带领作用。

3. 加大高层次人才引进力度

（1）学历职称上的高层次人才引进计划

通过内部培养的渠道不可能完全满足地方应用型本科高校转型发展的需要，另一个主要途径则需要依靠外部引进的方式来吸引高层次人才，使其担负起学科带头人和教学骨干的重任。当然，对于高层次人才的引进不能一味追求“高层次”，而应在立足地方应用型本科高校自身教学重心的基础上，考察职称学历的基本需求的基础上，加强对教学能力和科研成果的考量以及与教育教学活动的相关程度。譬如，加大对教学大赛获奖的高层次青年骨干教师和拥有高级别课题立项的教学名师和教学团队负责人的引进。当然，外部引进人才的过程中也会产生一些人事制度的冲突和矛盾，因此，制定相关的客座教授或兼职教授等高层次人才引进的灵活政策是非常必要的。还可通过聘请国内外知名专家、学者来校开展学术讲座或沙龙等方式，既可以活跃学院的学术氛围，又能提升教学的层次和影响力。

（2）技术经验上的高层次人才引进计划

外部引进高学历层次的人才偏向于满足学院在理论教学上的需求，而要兼顾实践教学对人才需求的话，则需要引进一批从事生产一线，具有丰富经验和娴熟技巧的技术、技能专家。地方应用型本科高校的定位兼具“教学型”和“应用型”，而“教学型”对“应用型”最有力的支撑在于：与“教学型”大学应用性较强的学科专业相对应，来自政府、公司、企业以及事业单位各级各类一线技术经验丰富、娴熟的专家和能手亲临大学课堂、实验室、实训中心等，共同致力于地方应用型本科高校转型教学改革发展事业和高素质应用型人才的培养工作。这些技术经验上的高层次人才可以是政府机关的负责人，也可以是企业的老总或高管，还可以是中小学的校长或骨干教师，他们将会为“教学型”大学的管理学、经济学、教育学、农学、艺术学、法学、理学、工学、医学等学科的教学工作出谋划策，提供技术支持和经验指引。

（3）学徒制度上的高层次人才引进计划

职业教育发达的国家对人才的培养多采用双元制模式，比如最典型的就是德国应用技术大学的人才培养模式。地方应用型本科高校在转型发展过程中进行高层次人才引进时同样可以借鉴国外应用技术性大学的办学经验，通过学徒制将在校大学生输送至工厂、企业或其他单位，让学生跟随技能娴熟和经验丰富的专业人员学习。学校会为这些专业人员颁发学徒制专门的人才聘任证书，使学生不仅拥有在校进行理论教学的学术型老师，还能拥有从事一线实践经验和技术指导的“师傅”，使学生在双重身份中不断得到理论知识和实践能力的锻炼和成长，为未来的职业生涯奠定坚实的基础和条件，真正做到学习与实习、就业的一体化发展。

7.1.4 实施“双师型”教师塑造工程

师资队伍的质量是决定一所高校教学质量的关键。应用型人才的培养对教师的资质和素质又提出了特殊的要求，教师不仅需要具备扎实的理论知识、能做好科学研究，更需要其具有丰富的实践经验和实际操作的技能，即所谓的“双师型”教师。

我国普通本科院校的传统是重视理论而轻视实践，在这种人才模式下培养出来的人才也是更偏重于理论，实际动手能力不强。而学院出身的专业教师也是接受的传统教育，在实践方面比较欠缺。近年来，我国正逐渐加强“双师型”教师队伍的建设，虽取得了一定的成绩，但总的来说，地方应用型本科高校“双师型”教师队伍还处于初级阶段，亟待进一步的完善。本部分将结合地方应用型本科高校“双师型”教师应具备的素养以及国外发达国家职业教育教师队伍建设方面的一些做法和经验，对地方应用型本科高校“双师型”教师队伍的建设进行总体规划和论述。

1. 以社会合力促“双师”发展

加强地方应用型本科高校“双师型”教师队伍的建设势在必行，这不仅是地方应用型本科高校的事，并且需要得到国家政府部门、教育主管部门和企业的重视和支持，通过社会的合力共同推动地方应用型本科高校“双师型”教师队伍的建设。

首先，国家政府部门要充分利用政策的导向作用，出台一些促进“双师型”教师发展的政策、法规，引导全社会加强对“双师型”教师队伍建设的必要性和重要性的认识，认清“双师型”教师队伍建设与地方应用型本科高校持续发展的关系及其与学生综合素质发展的联系，使全社会共同努力为“双师型”教师的发展创造良好的发展环境。鼓励社会各行各业中愿意服务于新建地方本科教育的优秀人才到校任教，优化充实地方应用型本科高校的教师队伍。

其次，教育主管部门要加强对“双师型”教师队伍的重视，加大建设“双师型”教师队伍的宣传力度，转变对地方应用型本科高校的固有观念，积极落实有关政策指示。通过采取各种有效措施，促进相关部门、高职院校、企业、媒体都来关注地方应用型本科高校教师队伍的发展，为“双师型”教师队伍的发展提供多方面的保障和支持。

最后，企业在地方应用型本科高校“双师型”教师队伍的建设中同样起着至关重要的作用。市场经济体制背景下，人们具有终身学习的需求，需要建立与市场需要和劳动就业紧密结合的现代新建本科教育。为此，要依靠行业企业发展新建本科教育，推动职业院校与企业的密切结合。[①] 可见，企业在地方应用型本科高校“双师型”教师队伍的建设中起着至关重要的作用，企业不仅能为高校师生提供更多的实践机会，同时在参与企业实践的同时可以使教师和学生掌握更多的行业发展态势，使他们及时了解行业生产的新情况、新现象和新技术，使地方应用型本科高校的发展紧跟社会前进的步伐。因此，在地方应用型本科高校“双师型”教师队伍的建设过程中，企业应积极配合，欢迎高校的合作，使教师提升实践能力、掌握知识，促进“双师型”教师队伍建设进程。

---

① 刘克勤．转型期高职院校校企合作办学实践探索与思考［J］．教育与职业，2007（17）：34－36.

2. 制定学校“双师型”教师队伍发展规划

（1）目标规划

从目前地方应用型本科高校“双师型”教师队伍建设存在的问题现状与发展目标来看，各地方应用型本科高校要加强对“双师型”教师队伍建设的重视，把教师队伍建设摆在首要位置，根据各院校的具体情况，在科学发展观的指导下，实施人才强校策略。充分利用各方资源，结合多种方法培养“双师型”教师，完善并落实地方应用型本科高校教师到企业实践的制度，从企业中选调兼具高学历和高级专业技术的优秀技能型人才到高校担任教师。加快“双师型”教师培养步伐，保证“双师型”教师队伍建设目标的实现，打造一支与目前学校发展目标相适应的人才队伍，使“双师型”教师真正具有“双师素质”。

（2）学历提升规划

目前地方应用型本科高校教师的整体学历层次不高，这不仅无法满足院校实际教学的需要，同时也不符合教育部对地方应用型本科高校教师学历提出的要求，这在一定程度上限制了新建本科教育的质量提升和地方应用型本科高校教师队伍的建设。地方应用型本科高校应加快制定教师学历提升计划，鼓励青年教师积极攻读硕士、博士学位，并在资金和时间调整等方面给予支持。不能因为教师数量有限，教学任务繁重或是专业热门程度等因素使原本应该参与进修学习的教师失去了进步的机会，学院应该制定周详的学历提升计划，有计划、有步骤地安排教师逐步提升学历层次，不断提高教师的整体素质。当然，强化教师学历层次的提升并不是提倡学历至上的理念，也不能因此将学历作为提升薪资待遇的砝码，而是强调通过提高地方应用型本科高校教师的学历，不断提高教师队伍的质量，从而提高教师的教育教学水平。

（3）教师聘任规划

对于地方应用型本科高校的教师来讲，要严把“入口关”，对学院的专职教师的聘任不能仅仅局限在学历的要求上，更应注重职业的实践经验。加大从企业引进人才的力度，将具有教学能力的专业技术人员纳入高等教育教师队伍中，以改善专职教师“双师型”教师队伍的结构，为后续建设打下坚实基础。此外，具有“双师素质”的兼职教师在地方应用型本科高校“双师型”教师队伍的建设过程中也起到了非常明显的作用。1996 年 6 月《中共中央国务院关于深化教育改革全面推进素质教育的决定》指出：“要注意吸收企业优秀工程技术和管理人员到职业学校任教，加快建设兼有教师资格和其他专业技术职务的‘双师型’教师队伍。”① 地方应用型本科高校

① 许华春．民办高职院校管理创新论［M］．杭州：浙江大学出版社，2007.

从企事业单位引进优秀人才担任兼职教师是对这一精神的实际贯彻和落实。通过优秀人才的引进建立起兼职教师资源库，不仅提高了“双师型”教师的比例，也是对教师队伍结构的优化。此外，兼职教师作为高校和企业之间沟通的桥梁，对学院专职教师起到了一种“传、帮、带”的作用，加快了地方应用型本科高校“双师型”教师队伍建设的步伐。

（4）教师到企业实践规划

大多数地方应用型本科高校每年都会选派一定比例的教师到企业进行实践，但存在选派比例较小、实践周期较短的问题，因而对教师实践经验和技能的提升也很有限。有鉴于此，院校应根据教师的不同情况，具体安排到企业参与实践锻炼的次数和时间。对于有职业生产经验的教师，可安排其每年利用1~2个月的时间到企业生产一线了解该行业的新行情和新技术，使其原有的实践经验和技能得到及时的更新和跟进。而对于没有企业实践工作经验的教师及刚从学校毕业的新教师，应通过筛选，选派其中优秀的教师到企业进行1~2年的实践锻炼，在掌握了实际生产技术，获取了丰富实践经验后再将其调回原有岗位。同时要注意，在教师参加企业实践期间，其工资待遇不应低于平时在校任课时的工资水平，这样才能在免除其后顾之忧的前提下使其安心参加实践锻炼。

3. 完善“双师型”教师队伍建设组织机构

从地方应用型本科高校教师队伍的长远发展来看，需要有专门的组织机构和人员负责“双师型”教师的建设工作。这个机构具体应包括负责“双师型”教师的引进、新进教师的培养、教师的进修和培训以及兼职教师的管理。各个部门各司其职，各尽其责，充分发挥自身的作用，共同为“双师型”教师队伍的建立而努力。

4. 加强学术研究与交流

地方应用型本科高校教师队伍质量的提高不能“单打独斗”“固步自封”，应发挥群体优势，集思广益，利用集体力量攻关克难。对此，黄炎培就曾指出：“办教育，决不允许关起门来干，也不能在书本里讨生活。”① 所以，在地方应用型本科高校转型发展的过程中要尽可能联结更多的力量，加强院校间及与社会各组织之间的交流、合作，开拓院校办学的思路和路径，扩大教师的视野，不断总结自身教育教学中的不足，在不断掌握新建本科教育规律的情况下，提高教师理论教学和实践教学的双重能力。

5. 对新教师实行职前培训

对刚毕业的新教师和首次承担教学任务的教师要进行教育理论和教学手段等方面的岗前培训，使其在掌握基本教育理论和现代教学手段以及掌握行

① 陈思危．黄炎培职业教育思想文萃［M］．北京：红旗出版社，2006.

业发展规律的基础上，更好地适应后续的教育教学工作。此外，对于该部分教师中缺乏实践经验的，还需安排他们到企业中进行 1 ~ 2 年的实践锻炼，在其实践经验和生产技能得到充分积累和提升后再重新回到教师岗位。对其中具有实践经验但缺乏教学经验的教师，应对其进行基本教育理论培训的基础上，着重加强对这部分教师教学技能的锻炼和培训。除此之外，还需对每一位新教师配备一名老教师进行教学指导，通过手把手的传、帮、带使青年教师迅速成长起来，争取更多的教师都尽快具有“双师素质”。

6. **增加政策约束和激励措施**

地方应用型本科高校在促进“双师型”教师队伍建设中，应该结合院校的实际情况，增加政策约束和激励措施，建立一套能够吸引人才的激励政策与奖励制度，激发教师进步的热情与潜力，在工作中实现成就感，促使教师向“双师型”方向发展。各个院校应在国家政策的导向下，对“双师型”教师给予以下优厚待遇：①对具备“双师素质”的教师，给予一定的奖励，并在评职晋级、评先评优方面予以优先考虑。②对“双师型”教师给予更多的学习、培训、出国考察的机会，并给予适当的补贴。③在工资待遇上，拉开和一般教师的收入差距，提高“双师型”教师的课时费。“双师型”教师是提高应用型人才教育质量、保障学生教育水平的重要桥梁，所以应该调动“双师型”教师的积极性和工作热情，使他们在教学中发挥带头作用和骨干作用。

7. **完善考评机制**

地方应用型本科教育有别于传统的普通本科教育，应具有符合自身发展特色的考评机制，既要避免生搬硬套的“拿来主义”，又要防止标准制定时的“不切实际”，即地方应用型本科高校教师评价制度的确定既不能直接套用普通高等教育的考评标准，又要从地方应用型本科高校的办学实际出发，制定真正适合于自身的考评机制。要让学校的领导者和教师一起参与到考评方案制定的过程中，积极听取各方意见，突出地方应用型本科高校学术型和实践性相结合的特色。经过对考评方案的不断修正和完善，选择适合自身院校教师队伍评价的方法，避免“削足适履”或“千篇一律”。科学合理的考评制度不仅可以提高教师的自觉性，起到一定的约束作用，还能在教师对评价结果认可的情况下，激发教师的工作热情，以此促进“双师型”教师队伍的建设。

7.1.5 建立基于校企合作框架下的企业、行业人员双向互动机制

地方应用型本科高校在人才培养上还存在着与社会需求相脱节的问题，

如何解决这一问题，走出一条适合地方应用型本科高校自身发展特点的产学研合作的新路子，在很大程度上关乎院校人才培养的成败。从发达国家高等教育的实践中我们也可以看到，产学研合作教育是地方院校培养应用型人才最直接最有效的手段。因此，学院当前最要紧的任务就是建立一套适合自身发展的产学研运行机制。

从应用型人才培养的角度看，产学研合作的关键是建立双赢机制，缩短人才培养与社会需求的差距，而技术开发和人才需求是保证其顺利进行的纽带。学院应牢固树立应用为本的办学理念，在主动服务社会中加快自身发展。一方面，通过产学研合作，学校得到企业的实践环境、实训、实习基地。另一方面，学校还可以从合作单位聘请一些技术人员到校定期任教，以扩充“双师型”教师队伍。另外，学校还可以以承接课题的方式来给企业提供技术服务，让学生也参与到合作课题中来，用教学和科研两种方式提高学生的实践能力。

1. 树立校企关系新理念

（1）树立新的教育系统观，变革新建地方本科教育校企合作制度

教育观念是教育制度变革的前提。从教育制度构成上看，教育制度观念是构成教育制度或教育制度体系产生与实施的合理性根据，它不仅是教育制度的基本概念与主要理念，还是教育制度的价值基础，是教育制度不可或缺的重要部分。当前，社会对新建地方本科教育的理解还比较狭隘，认为新建地方本科教育培养应用型人才只是教育系统的责任，企业承担的是本单位员工的教育与培训。这种观念在企业中尤为盛行，因而才会出现企业参与高等教育人才培养的不积极、不主动现象，从而致使新建地方本科教育与产业发展、行业规划等出现脱节，产业系统和教育协调之间无法协调配合，即地方应用型本科高校的专业设置和人才培养与经济发展需求的不匹配。

新型教育系统观是地方应用型本科教育校企合作制度的思想基础和制度基础。新型教育系统观强调始终把新建地方本科教育放在社会大系统的发展变化中，将其与社会经济发展紧密结合起来，将高等教育系统和行业系统、学校和企业作为有机整体，是一种注重校企合作整体性和开放性的观念。这是一种新的职业教育视野、新的思维方式，它要求无论是决策者还是实施者，需重新认识地方应用型本科教育，重新认识地方应用型本科教育与产业、学校与企业的关系，树立“政府主导，校企一体化”的新理念。从新型教育系统观出发，在校企合作的实践中，围绕多方利益主体重新审视现行的校企合作制度，找出当前校企合作存在问题的制度根源，从而推动地方应用型本科教育校企合作制度的变革和发展。

（2）尊重技能型人力资本形成规律，构建校企一体化的合作体制

教育是人类再生产实践的活动，其基本职能是培养人。地方应用型本科教育既是一种教育活动，还是一种经济活动。作为一种教育活动的新建本科教育，其主要任务是培养技能技术型人才；而作为一种经济活动，地方应用型本科教育是形成技能型人力资本的重要途径。长期以来，人们对新建本科教育的认识多是从教育活动的角度进行，然而，在教育与经济联系日益密切的今天，单一的教育角度的认识难免显得单薄和不全面。因此，从教育和经济两个方面来认识地方应用型本科教育，更能反映新建本科教育的本质。

技术技能型人才的培养是一个复杂的过程，需要经历从普通员工到技能专家、从通用型技能人力资本到专用型技能人力资本的过程。在这期间，校企双方是一个系统中相互依存的主体，在人才培养和人力资本形成的不同阶段发挥着不同的作用。缺少了其中的任何一方，整个过程就无法顺利完成。所以，需要在尊重技能型人力资本形成规律的前提下，构建校企一体化的合作体制。

2. 构建校企合作宏观组织结构、决策机制和运行机制

（1）整合地方应用型本科教育校企合作的主体，实现合作主体一体化

在校企一体化关系的理念和理论下，把校企合作的主体分为管理主体、实施主体和协作主体。管理主体主要是指政府，包括与地方应用型本科教育校企合作相关的各级行政部门，如高等教育部门、劳动部门、财政部门等；实施主体是指企业和新建地方本科学校；协作主体是指参与地方应用型本科教育校企合作决策参谋、监督、评估工作的组织或个人，如行业协会、学术团体、科研机构、信息机构等。在管理主体中教育部门、产业部门为双核心主体，实施主体中学校与企业为双主体以及管理主体、实施主体和协作主体的一体化。

（2）构建地方应用型本科教育校企合作的宏观网络组织结构

新建地方本科教育进行校企合作已经经历了一个较长的探索期，现在需要将其进一步制度化，这就需要国家层面进行顶层设计，完善组织结构。对应校企合作的三个主体，可将校企合作分为管理系统、实施系统和协作系统三个子系统，建立从中央、省级、市级到县级的四级校企合作行政管理机构，成立包括高等教育部门、产业部门、人力资源保障部门和财政部门等在内的协调配合的校企合作指导委员会，明确各管理主体的职责。国家可借助校企合作指导委员会的平台，从制度层面制定新建本科教育校企合作整体战略，全面设计和规划新建本科教育的校企合作。

（3）建立地方应用型本科教育校企合作的宏观决策体系

从地方应用型本科教育校企合作多元利益主体出发，需建立校企合作决策体系。该决策体系主要包括决策信息、决策中枢、决策参谋、决策监督和

决策执行五个部分，这五个部分在不同的阶段相互配合、相辅相成。并根据德洛尔的最优化模式，将职业教育校企合作决策体系的运行分为决策准备、决策制定、决策实施和决策评价与反馈四个阶段。

（4）勾勒地方应用型本科教育校企合作的宏观运行机制模式

在技能型人力资本专用化的基础上，提出四个部分、三个层面和一个目标的校企合作运行机制模式，详见图 7－1。四个部分即运行的决策规划和保障系统、实施系统、监控反馈系统和支持系统；三个层面包括部级校企合作委员会的宏观层面、省级或地市县级校企合作委员会的中观层面、学校和企业组成的微观层面；一个目标即培养合格的技能型和技术型人才，具体内容如下。

四个部分：第一部分是运行的决策规划和保障系统，主要是由部级、省级校企合作指导委员会等组织机构履行职责，发挥保障作用；第二部分是运行实施系统，主要涉及高校和企业层面的实际操作过程，是整个运行机制的主体部分；第三部分是运行监控、反馈系统，主要是对信息和过程控制的评估反馈，对运行过程和实施效果进行评价反馈；第四部分是运行支持系统，主要是通过协作主体进行理论和实践研究的结果为政策、法规、制度和措施的制定提供依据和支持。

三个层面：一是宏观层面，主要是部级校企合作委员会等一级机构对新建本科院校校企合作进行宏观的领导和规划，根据社会经济发展的需要，监控和反馈相关理论和实践研究的成果，并据此制定相应的政策、法规。通过组合政府、社会、行业和企业等各方的资金，建立转向基金制度，以合理进行资金管理和使用。加强内外部宣传，营造良好的社会氛围。通过以上各方的努力，为地方应用型本科高校的校企合作提供政策、资金和社会环境的支持；二是中观层面，主要是省级或市、县一级校企合作委员会对地方应用型本科高校的校企合作进行主导和调控，依据校企双方各自的发展需求，充分发挥行业、部门和院校的优势，制定相应的制度和措施，提供合作的平台，促进企业和高校的交流，以便为后期的合作提供规范、便捷的制度、信息和交流环境；三是微观层面，主要是企业和高校的第三级组织机构，其任务是完成校企一体化的技术技能型人才的培养。具体包括培养目标、培养规格和计划、培养方式、课程设置、评价考核和就业安排等内容的制定和实施，操作过程要体现出学校和企业、企业专业人员和学校教师、课堂和现场等方面的结合。

一个目标：地方应用型本科高校进行校企合作的目标就是培养合格的技术技能型人才。

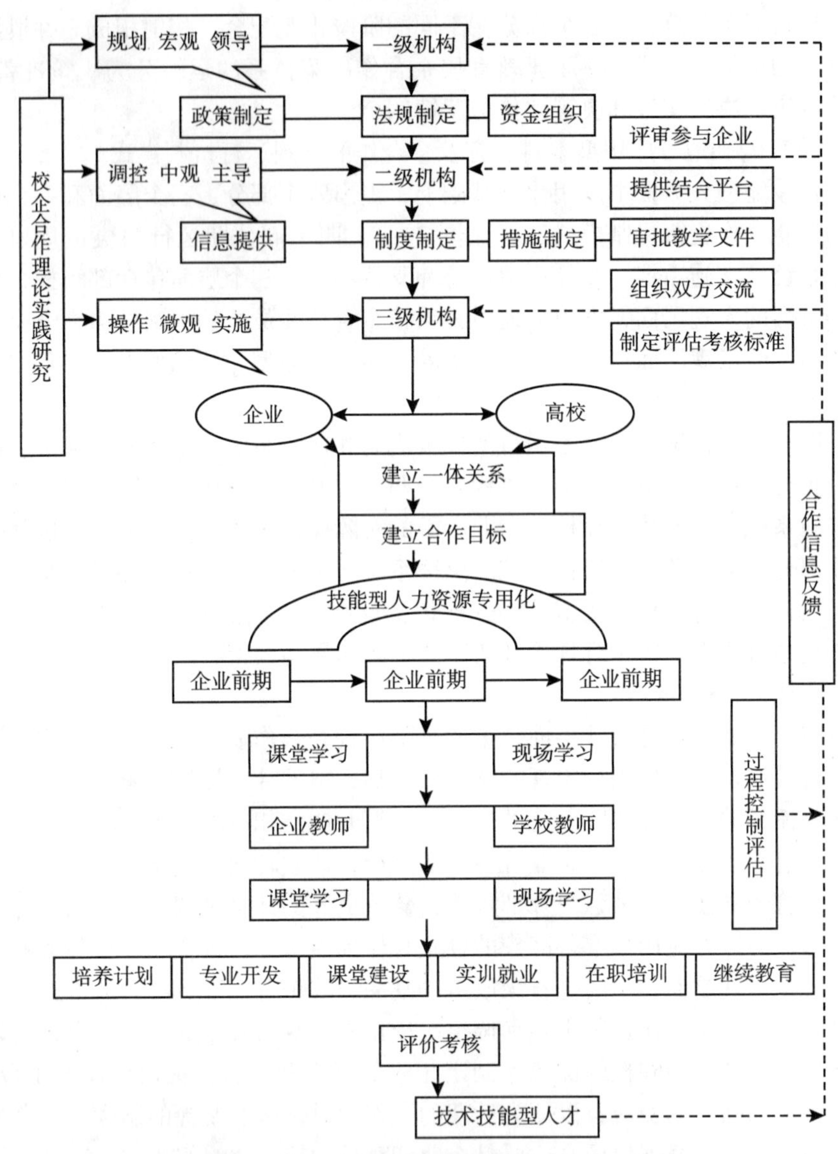

图 7－1　地方应用型本科教育校企合作运行格局

7.1.6　完善教师业绩评价激励机制

要建设一支具有较高学术水平和较强实践能力的“双师型”教师队伍，营造一个科学的制度环境是十分必要的。为此，需建立一套能够稳定教师队伍，吸引高层次人才的激励政策和奖励制度以及一个稳定的职务晋升制度。“双师型”教师的培养和转变是一个漫长的过程，需要投入大量的时间和精力，因而需要将这一过程转变为教师的自觉行为。为此，学校必须采取相应的措施来激发教师的积极性和主动性，从学校自身实际需要出发，结合国家相关政策指导，从培养目标的实现着手，制定适合院校教师队伍建设和发展的政策。

1. 进一步建立和完善绩效考核评价体系

聘任制的有效实施需要完善的考核评价制度的配合和保障。当然，在对教师进行考核评价的过程中，一是必须要做到以人为本、注重差异、尊重个性；二是要坚持原则、实事求是、重点突出、公平公正；三是要用人所长、注意激励、挖掘潜力；四是要科学考核、善用结果。通过对教师的考核，可以明确教师取得的成绩和所做的贡献，同时也是对教师进行续聘、解聘、薪酬发放和职位晋升的重要依据，可在一定程度上提升学校的整体效率。当前，大多数地方应用型本科高校在进行绩效考评时，对教师岗位特征的体现都较弱，因此需要在进行考核指标完善时充分考虑教师的岗位性质和任务特点等因素，实行分级分类动态考核、激励和管理。

本书运用关键绩效指标法，以高校科研型教师考核为例，从道德、能力、成绩、态度四个维度建立的高校教师职务绩效考核方案如表 7 – 66 所示。

表 7 – 66　高校教师年度考核指标

考核内容	考核对象	考核明细
道德	所有教师	自觉遵守宪法、法律和职业道德、忠诚党的教育事业，遵守学校的规章制度，为人师表、教书育人、爱护学生、团结合作、自觉维护学校声誉、身体健康
能力	高级职务	①掌握本学科的基本知识及国内外发展的动态；②主持重点科研项目的情况；③主持教研项目及精品课程情况；④学术创新意识及组织协调和科研工作的能力；⑤制定研究开发工作并组织实施的能力；⑥指导中青年教师进行学术研究、科研的能力；⑦带领团队工作的能力
	中级职务	①具有本学科所需理论知识，了解本专业国内外研究发展动态；②对学院和学科建设有一定贡献，能参与稳定的学科团队；③积极参加科研、开发和试验的实际操作能力；④学术创新意识及组织协调科研工作的能力；⑤综合运用理论知识分析、解决问题的能力
	初级职务	①熟悉和了解本专业、本职工作的情况，对国内本学科的教学、科研发展情况有一定了解；②独立工作的能力；③团队参与情况和研究开发工作任务完成情况；④分析和解决问题的能力；⑤参与教学和科研能力
成绩	高级职务	①按照合同书完成工作任务，经过验收及工作成果的情况；②当年获得科研成果情况；③论文发表质量、数量等情况；④成果推广应用的经济效益和社会效益情况；⑤培养研究生和对初、中级教师工作的指导情况；⑥团队建设情况；⑦指导学科建设情况

续表

考核内容	考核对象	考核明细
成绩	中级职务	①按照职务聘任合同完成工作任务，组织验收或成果鉴定情况；②论文发表的质量和数量情况；③参加学科建设情况；④参加学术活动；⑤参加优质课程情况和教育创新工程项目情况；⑥课时完成和讲课效果情况
	初级职务	①按照学校安排完成工作任务情况；②发表论文情况；③参加优质课和教育创新活动情况；④课时完成和讲课效果情况；⑤参加理论学习和培训情况；⑥参加团队情况
态度	所有教师	①工作主动、责任心强；②治学严谨、积极参加团队建设；③顾全大局、团结同事；④敬业奉献、开拓进取；⑤作风民主、廉洁奉公

建立高校教师关键绩效指标模型，关键绩效指标考核标准，要具体、适度，要让被考核者感觉经过努力是可以达到的。

2. 改革和完善薪酬分配体系

高校承担着社会服务、教书育人和科学研究等多种职能，教师的工作具有一定的复杂性，这就要求我们在制定教师薪酬改革方案时，要充分考虑教师作为专业人员的职业特性，根据不同学校的职能侧重点和目标，建立各院校更有针对性、合理性和有效性的薪酬体系。在设计过程中要体现外部和内部公平、员工个人公平和教师群体公平，并要遵循薪酬体系的竞争性、激励性和合法性等基本原则。总的来说可以从以下三个方面进行改革和完善。

①优化设计薪酬结构。职务工资在传统的“等级工资制”中占据很大的比重，在向“宽带薪酬”转变的过程中逐渐形成了三元结构薪酬制。宽带薪酬指的是由多个薪酬等级和薪酬变动范围进行组合，变成只有少数薪酬等级和较宽薪酬变动范围。在高校教师中实施这种薪酬制度，把教师工作业绩纳入薪酬体系中，使工作能力差不多的教师聘任的岗位基本一致，通过对工作业绩的考核来实现“多劳多得”。这种方式将高校教师的注意力从职位晋升或薪酬等级的评定转移到个人能力的提升上，也为教师薪酬的上升提供了较大的空间。

②确立具有社会竞争力的薪酬水平。当前高校的薪酬水平是在国家事业单位工资制度的规定基础上，结合地区薪酬水平和高校自身实际财力等因素确立的。国家近年来也出台了一系列的相关政策规定以提高教师的工资水平，这是十分必要和迫切的。教师薪酬水平的提高可以减轻教师群体的生活压力，提高其工作的积极性，将更多的时间和精力投入到教学和科研工作中，同时还可以充分发挥内部岗位的调节机制，使各职位有充足的人力资源补充。

③薪酬体系必须与绩效考核评价有机结合。每个岗位的要求和标准都是

相对固定的，因此可将其作为受聘教师相应的薪酬标准。这就要求院校的人事部门和相关学院针对教师具体工作岗位做出公正的绩效考评，并充分、合理的运用绩效考评的结果，真正实现多劳多得、优劳优得，做到奖优罚劣、优胜劣汰。

3. 处理好激励与约束的关系

激励与约束是人事管理的两个重要方面，二者相辅相成、不可分割。激励和约束任何一方的缺失，都无法进行有效的人事管理。教师职务聘任制度必须正确处理好约束和激励的关系，实现由制度约束向制度激励的转变，同时加强合同、岗位等对教师的约束性，从而形成约束与激励互助、互补、互动的局面，促使教师在充分发挥工作积极性的同时，在顺应学校发展目标和方向下实现自身的发展与提升，所以激励和约束是实施高校教师聘任制的两个重要环节。奖优的目的在于认可优秀人才的地位和价值，使其积极性能得到进一步的加强，同时也为所有人员树立职业的典范，这对高校教师聘任制的改革非常重要。约束不仅要使教师与学校发展方向保持一致，同时实施规范化的聘任考核制度，也是对教师的警示和鞭策，实现对不能适应岗位要求或无法完成工作任务教师的淘汰，从其目的来说也是一种侧面的激励方式。所以建立科学有效的激励和约束机制是高校教师聘任制度改革顺利实施的保障。

4. 完善高校教师职称和职务晋升机制

第一，建立量化评审的高校教师职称晋升体系。高校教师肩负着教学、科研和人才培养的多重任务，在职称评定时有必要将教师的岗位职责差异考虑进来，以便对教师的教学水平和综合素质进行客观、系统的评价。通过建立高校教师量化评审体系，对教师在教学、科研、师德、人才培养、团队建设和学科建设等方面的表现进行打分，当然各部分的分值还没有统一的标准，还需进一步的研究探索。现行的评审模式主要依靠评委的主观判断，带有较强的主观性和随意性，甚至也存在很多的人情评审，往往存在一定的误差。而量化评审可以更好地体现评审的公平公正，能够更好激励优秀人才全方面发展。第二，提高高校教师的学术权威和自主性。西方大学通常是通过国家权利、市场力量和学术权威的相互作用和协调来实现对学校的管理。①我国高等教育，主要是由国家的行政权力主导，学术权威的力量相对薄弱。从高校和国家的长远来看，国家行政机关有必要逐步下放权力，高校学术的发展必然会给国家发展做出巨大贡献，实现国家的发展需要，其所带来的收效是国家之力所不及的。② 第三，改变高校中的“官本位”思想、做派和风

① 顾建民．自由与责任：西方大学终身教职制度研究［M］．杭州：浙江教育出版社，2007.
② 刘琅，桂苓．大学的精神［M］．北京：中国友谊出版公司，2004.

气。现在高校中很多领导都是教学或科研的带头人，在教学、科研和行政事务的双重压力和繁杂任务中，必然会影响其专业才能以及行政职能的更好发挥。高校中还存在习惯将教学或科研做得好的教师提拔成“官”的现象，这无疑误导了一部分优秀教师。第四，贯彻落实教师职务分级聘用制度，使不同层次的教师都有各自的奋斗目标，同时配备相应的考核、分配和奖励机制，最大限度地调动教师的积极性，挖掘教师的潜力，为高校快速、持续和健康发展提供强大的人才支持。

7.1.7 打破教师终身制，建立灵活的用人机制

人是管理中最核心的要素，同时人也是生产力诸要素中起决定作用的因素。现代人力资源管理强调管理是建立在完整、丰富的人性假设的前提下，将人归结为社会人，在这种假设下，金钱并不是影响人的行为活动的决定性因素，而情感、需要和工作环境等方面的因素会影响个人的行为和决策。所以，地方应用型本科高校进行人力资源制度的构建时应以激发全体教职工的活力和积极性，达到优秀人才脱颖而出为目标。教师聘任制是教育体制改革的产物，其目的是形成公平、公正感。在这一制度下，所有教职员工都处于同一起跑线上，通过竞争上岗和岗位聘任的机制，实现高校岗位的择优竞争，使教职员工在任期、职务和待遇等方面都有所区别，使教师职务由终身制向任期制转变。

1. 建立高效的教师用人机制

（1）组建高校教师联盟，鼓励校际互聘教师

在一定的区域范围内（如以省份为单位）组建高校教师联盟，区域内各高校自愿申请加入。联盟内的高校，其教师不仅属于本院校，又同属高校教师联盟，这部分教师可在联盟中的任何一个高校授课或从事科研活动。通过鼓励联盟内教师的互聘和联聘，来加强高校间教师的流动性，既可弥补科研教学相对薄弱院校师资不足的问题，同时还能加强校际的交流与合作，提高区域内高校的整体实力，从而实现“人尽其用”。

高校教师联盟的具体运行应建立在省级教育人事部门搭建的服务平台基础上，汇总各高校的教师资源，各高校可根据本校教学和科研工作的需要进行选择，按照用人双方自愿、协商的原则，签订相应的聘用合同。

（2）搭建教师服务社会平台

在允许高校“体制外”用人的同时，打破高校体系教师使用封闭的状态，搭建教师服务社会和协调创新的平台。各高校要制定灵活的政策，通过科研项目合作创新、短期交流等形式，鼓励教师到大型企业研发机构、科研院所、政府有关部门等单位带薪短期工作或定期工作，建立教师“走出校

园”的机制，让教师沉淀在基础单位，及时和细致地了解市场人才需求状况、科研发展新动向。打开教师走向社会的窗口，不仅是高校服务社会的要求，更是协调创新、更新教师知识结构、把人用活的需要。

（3）启动高级职称教师学期休假或年休假制度

尽管高校有寒假和暑假两个长假期，但根据调查，有很大一部分教师无法利用假期休息，而是要用这段时间搞科研和备课。这种现象在高级职称中尤为明显，因为平时教师主要忙于教学工作，假期中教师难得有较为整块的时间，方便集中、安心做一些科研课题和研究工作，因而就会出现假期比平时工作期间更忙的现象。有鉴于此，为了激活高校教师用人机制，在两个假期基础上，高校可根据自身实际情况考虑建立高级职称教师的学期或年休假期制度，如教授或副教授等高级职称教师，在一定的工作年限和科研标准要求下，可以享受一个带薪的学期休假，在“张弛有度”的氛围中，不仅体现了学校对高级知识分子的关怀，而且还可有效发挥假期的“辐射”作用，“以养促用”，更好地用人。

2. 建立规范的干部用人机制

（1）以合同聘用制废除干部终身制

以合同的形式聘用高校各级干部，改变“一次任命定终身”的做法。各级干部每届任期一般为 3 ~ 4 年，在同一岗位的任期原则上不超过两届。任期届满时要考核评价，并做出续聘、转岗、解聘的决定。如果没有续聘，干部的身份、级别、待遇等自动终止，革除干部“能上不能下”“能升不能降”的弊端，废除高校干部终身制。

（2）完善干部定期轮岗制

调动高校各级干部的工作积极性和主动性，是办好一所高校的关键。高校干部既不能频繁调动，在一个岗位刚刚工作了一两年，刚刚了解了实际情况，椅子还没有坐“热”坐“稳”，就“走人”调到其他单位或岗位；也不能在一个“位子”一坐就是十几年，因为高校干部职位较少，晋升机会更少，一个干部在某个“位子”坐的太久了，十几年如一日，没有任何流动，就会成为“一潭死水”。因此，要建立干部定期轮岗机制，各级干部原则上只能在一个岗位工作 1 ~ 2 个合同聘期，形成干部在工作岗位能做事、能做成事的制度框架，为高校发展提供组织保障。

（3）科学界定不同层级干部职能

高校二级院系是教学科研的主体，其干部应从院系教师中选拔。要提高院系干部的专业化水平，增加院系干部“双肩挑”人员，以促进院系教学科研工作。而对于校级干部，鉴于各高校行政事务繁多，发展任务艰巨，因此，要将校级干部聘任与学术研究适度分离，晋升校级干部与学科带头人等学术头衔要“二选一”，聘用校级干部就要辞掉学科带头人等学术头衔，以便其在位期间当好“公仆”“一心一用”，避免一人占用高校过多宝贵资源，防止高校高层干部学术腐败。

3. **建立灵活的行政工勤人员用人机制**

行政工作和后勤服务工作是高校正常运转的保障，行政后勤人员虽然不是高校的主体，但作为高校的有机组成部分，灵活的行政工勤人员用人机制也是深化高校用人机制改革的不可或缺的组成部分。

（1）以劳动合同制规范工勤人员聘用

后勤服务岗位，如学生公寓的服务人员、学校食堂的工作人员等，这些岗位和工作人员是高校生存和发展的后备力量。但就目前的高校运行来看，这部分人员的聘用还不够规范，属于高校的“编外人员”，并且其中有很大一部分是临时工，具有较大的不稳定性和流动性。因此，有必要通过劳动合同制进一步规范后勤人员的聘用，这不仅是高校服务保障的需要，更是《中华人民共和国劳动合同法》的要求。当然，也需要根据岗位的不同采用不同的劳动合同聘用形式，并在聘期和报酬等方面区别开来，而非“一刀切”。

（2）避免“高聘低用”的现象

目前高校招聘的用人门槛基本都要具有博士学位，即使是普通管理岗也需要研究生以上学历，“高聘”现象普遍。这似乎成了高校提升整体管理水平的出路，但实际效果却并非如此。比如一个本科生甚至大专生就能胜任的普通行政管理岗或后勤服务岗，因抬高“门槛”，引进了一批硕士研究生甚至博士研究生，短期内可以使聘用者上岗工作，但鉴于岗位需要和学历水平，聘用者很难长时间地从事该普通岗位的工作，因而难免会出现“心不在焉”的工作状态和“离职高就”的现象。因此，地方应用型本科高校在进行人员招聘时，可以根据本校实际岗位性质和需求，适度放低相应工作岗位的准入“门槛”，避免“高聘低用”，真正让合适的人去干合适的事，提高工作效率和质量，为高校教学质量的提高提供坚强的后勤服务保障。

（3）适时调整岗位设置和工作任务

我国经济飞速发展，科技进步日新月异，全面改革逐步深化，在此大背景下，高校应适应新形势和新变化，适时调整一些行政工勤人员的岗位设置或功能。2014 年 7 月 1 日起施行的《事业单位人事管理条例》规定，事业单位工作人员实行分级分类管理，事业单位可根据职责任务和工作需要，按照国家有关规定设置岗位。因此，适时调整岗位设置或任务是必要的，也是符合有关规定的。

7.1.8　为教师的成长创造良好的制度与发展环境

地方应用型本科高校教师的环境激励主要包括教师工作环境中的物质条件、福利措施、精神氛围等方面，学校发展前途是环境激励因素中比较重要的方面，学校的发展目标、学科建设和课程建设以及科研水平等目标规划，能够使得教师对学校的未来有种感召力，而且学校的教学科研骨干和资深教授可以参加学校改革目标的民主讨论和决策，为学校的发展定位使得全员团结，共同努力，能够激发奋斗献身精神。并且，学校需要创造教师民主参与制度的良好环境，对于学校未来的发展和规划以及关系到教师切身利益的各项重大事务，都可以和教师进行协商，以最大化的满足教师的需求，减少教师的不满情绪，使得他们能够安心工作，同时还可以建立更好的人际关系和学术氛围，加强教师的敬业精神，增加学校对教师的吸引力，使他们更加热爱教学，能够积极参加学校政策和制度的设计。

（1）创设“双师型”教师成长的外部环境

我国经济健康快速的发展，需要大量高素质的技术技能型人才，高素质技术技能型人才的培养离不开高素质的“双师型”教师队伍，他们应该得到政府的关怀和社会的尊重。因此，全社会必须转变观念，充分认识到“双师型”教师在地方应用型本科高校中起到的重要作用，以及在促进我国社会经济快速健康发展过程中的重要位置。① 政府可以通过各种措施，使地方应用型本科高校教师获得更多的社会认同，把“双师型”教师的重大作用提高到“技能兴国”的高度，提高地方应用型本科高校教师的社会地位。要在社会中营造崇尚和争当“双师型”教师的良好氛围，通过树立“双师”先进典范，宣传地方应用型本科高校及高素质技能型人才在经济发展过程中起到的重要作用，形成重视专业技能、尊重技能型人才的良好氛围，激发专业教师仰慕“双师型”教师，进而形成争当“双师型”教师的风尚。

（2）完善地方应用型本科高校教师准入制度

出于地方应用型本科高校发展和应用型人才培养的需要，对专业教师提出了双素质的要求，即“双师型”教师要同时兼备教师系列职称和专业相关的资格证书或职业工作经验。“双师型”教师队伍的建设是一个长期而艰巨的任务，仅仅依靠学校对教师的培养培训难以有效改善“双师型”教师紧缺的现状。政府部门对地方应用型本科高校的扶持不应只停留在口头宣传上，更重要的是要建立一套能促进其专业教师向“双师型”素质转变的政

---

① 蒋卫国．高职院校“双师型”师资队伍建设存在的问题及对策［J］．中国科技信息，2009（19）：244－245.

策和制度，这个制度首先要从地方应用型本科高校教师的准入制度开始。

（3）建立独立的“双师型”制度

在当前人力资源配置受限的情况下，“双师型”教师队伍的建设还受到地方编制的限制。各院校大多是按自己的方法在进行评聘，而教师的职称只能评审教师系列的职称，相对而言，“双师型”也就仅仅是一个名称。只有建立独立的职称评审标准，才能增强“双师”进修对教师的吸引力，给予“双师型”教师相应的福利待遇，让“双师”队伍建设走上正轨。可根据地方应用型本科高校“双师型”教师的标准，制定独立的考核方法，把技能考核作为教师职称评审的主要指标之一，真正体现职业制定“双师型”教师的奖励政策。在“双师型”教师的认定上，不仅要有与本专业相对应的职业资格证书和教师资格证书，还应要求有相应的企业工作实践经验，或者有相关的企业科研项目成果；并且还要具备一定的教育经历，熟悉教育规律、掌握教学技能，方可认定为“双师型”人才。

要大力推进教师向“双师型”发展，无论其现状如何、成因如何、结果如何以及如何发展，都离不开制度的保障。道格拉斯·C. 诺思认为“制度是一系列被制定出来的规则、服从程序和道德、伦理的行为规范。”① 制度具有强制性、规范性和激励性的特点。制度的强制性一方面促使教师的专业发展必须遵行教育的法规，达到教师的从业标准，保证教师专业发展的方向。另一方面保障教师双向发展的权利。标准化的系统以确保教师培训计划标准化和专业化的训练过程，制度的激励性特点为教师“双师”发展提供动力，健全和完善激励机制，不仅能够增加教师双向水平提升的积极性，增强职业的认可度和信心，此外，根据教师劳动成效大小实施奖惩，也可以激发教师提高自身素质水平的积极性。因此，政府、社会和学校应建立和完善教师“双师型”培训制度、双师资格证书制度和人事聘任制度等，发挥制度促进教师双向发展的引领功能，使“双师型”教师发展规范化和制度化。

7.1.9 加强师资培训力度，全面提升实践教学师资队伍整体素质及执教能力

地方应用型本科高校师资队伍建设和管理是学校发展的永恒主题，也是高校人事管理工作的重点，只有有了一流的师资队伍才有可能产生一流的学科；只有有了一流的学科才能建设成一流的大学。

---

① 李立匣．建国初期教育制度变迁与私立高等教育消亡过程［J］．清华大学教育研究，2005（s1）：91－97.

1. 对在职教师的培训

（1）合理安排培训时间

地方应用型本科高校教师要根据社会动态发展进行知识的更新、结构的完善，所以地方应用型本科高校教师每隔一段时间都需进行职后培训。对此，学校应该出台相关政策，比如：三年轮换制、学术假期制度等。“三年轮换制”是指所有教师在工作中每隔三年都要进行培训，以便及时掌握最前沿的理论知识和实践技术。“学术假期制”是在地方应用型本科高校教师完成本单位规定的工作量的情况下，对具有高职称、骨干教师给予的学术假期。学术假期能使他们摆脱繁重的教学压力，集中精力到实训基地或重点高校进行培训。此外，对地方应用型本科高校的教师还可实行弹性培训制度，专业教师可根据学校和自己的实际和需求，自由选择学习时间，负责培训的单位根据其学习情况给予相应学分，但规定教师在一年中必须修够一定的学分。

（2）优化培训内容

地方应用型本科高校的教师应该是高素质的，真正的“双师型”教师，应该具备教育教学理论知识以及专业理论知识和专业职业技能，此外还应具备教育科研能力、职业指导和创业教育能力。因此，在培训中，应该根据“双师型”教师的素养特点安排培训内容，具体应该包括：①教育教学理论知识。我国的一些地方应用型本科高校往往只注重专业知识、技能的培养，而忽视了对教师教育教学理论知识的培养。这不仅关系到教师能否顺利地进行教学科研工作，而且也将影响新建本科教育的质量。作为地方应用型本科高校教师，应该加强对教育教学理论知识的学习。②专业理论知识。在以往的培训中，很多培训往往只重视对教师技能的培养，忽视了对教师理论知识的培训。但是在实际的教育教学中，需要地方应用型本科高校教师有丰富的专业理论知识，及时掌握该专业领域的新理论、把握该专业理论知识发展趋势，才能在具体教学中向学生传递新信息、新知识，与时代发展同步。③专业实践技能。在目前的地方应用型本科高校中，很多教师专业技能水平不高，只掌握本专业入门的专业技能，缺乏真正的实际经验。近年来，行业新技术、新方法大量运用于生产一线，因此，培训内容应该更加注重新技术和新方法的培训，不断更新、提高教师的专业技能水平。

（3）整合培养方式

①自学。

当今社会知识更新周期加快，科学技术日新月异，而新建本科教育的性质是培养适应社会发展，能够服务生产一线的高素质应用型人才。在这样的背景下，要求其教师要不断更新知识，积累教学经验，保证自己的知识始终处于该行业领域的前沿位置。所以，要求地方应用型本科高校教师要具有自学能力，能够做到常教常新、不断进步，在学习中工作、在工作中学习，不断地更新知识结构，不断地完善教学方法，不断地充实教学案例，使学生在轻松愉快的状态下掌握知识、技能。总之，地方应用型本科高校教师必须不断完善自身的素质，才能完成历史使命，使自己成为新世纪的“双师型”教师队伍中的一员。

②校本培训。

所谓校本，有三层含义：一是为了学校，二是在学校中，三是基于学校。校本培训是一种由学校自行策划、自行组织、自行实施、自行考核的教师培训模式，其核心是培训的自主化和培训的个性化，即培训完全服务于本校的实际需要，培训内容和形式符合本校教师的特点来编制设定，培训者基本由本校的教师来担任。① 学院可以充分利用校本培训的优势，对新建本科院校教师做以下几个方面的工作：①岗前培训。这种校本培训主要是针对刚刚进入学校的新教师。通过院校自身的资源优势，使他们尽快适应教师角色，更好地进行教学。②专项培训。专项培训是通过利用本院实践能力较强的教师对实践能力差的教师进行实际操作的培训，也可以利用理论课较强的教师对其他理论方面较弱的教师进行理论培训，提升地方应用型本科高校教师的综合素质，使更多的教师都能成为“双师素质”教师。校本培训教师不需要脱产学习，既有效地解决了产学矛盾，又能根据学校的实际需要有针对性地进行培训，可以使培训贯穿于教育教学活动始终，与教学活动相伴而行，使教师处于一种终身教育的氛围之中，活到老、学到老。

③与其他教师进行经验交流。

地方应用型本科高校教师在做好自身的教育教学工作的过程中，还应该经常与其他教师之间进行相互交流、启发和补充，用来丰富和提升个体与整个教师群体的教学经验，实现共同发展，更好地促进地方应用型本科高校“双师型”教师队伍建设。经验交流的模式有：组织教学经验交流会、举办专题会或教学座谈会、邀请名师作经验报告、与同校教师之间的交流、与其他学校教师之间的交流、与国外教师之间的交流、观摩性听课等。

④产、学、研相结合。

产、学、研相结合是指学校和企业双方开展市场开发项目的合作，学校提供人力和智力资源，企业提供资金和管理并为教学实践提供平台，最终使合作双方都能从中受益，产、学、研相结合就是利用企业的这样一种教育资源，使教师达到理论与实践相结合，提高实践能力，并且还可以从生产实践中及时学习新技术，掌握行业发展动向，通过解决问题、学习提高自身素质，成为真正具有“双师素质”的“双师型”教师。

---

① 吴志宏，冯大鸣，魏志春．新编教育管理学［M］．上海：华东师范大学出版社，2008.

⑤远程教育。

远程教育（Distance Education）是指处于不同地点的知识提供者和学习者之间通过适当的手段进行交互的教育行为。现代远程教育是采用先进的技术手段（如计算机、网络等）来连接处于不同地理位置的教师和学生，以多媒体方式进行信息交流，传授与获取知识。[①] 远程教育是地方应用型本科高校教师进行学习提高的重要手段之一，也是其进行“双师型”教师队伍建设的重要方式。远程教育模式不受时空限制，教师可以根据自己的需要和时间在网上自学，或者是通过网络实现与名师之间面对面的交流和培训。远程教育模式既节省时间、经费，还可以按需学习，使教师都能得到进一步的提高，有利于加快“双师型”师资队伍的建设。

⑥出国进修。

在促进地方应用型本科高校“双师型”教师队伍建设的过程中，汲取发达国家的成功经验是必不可少的。所以学院每年都要选拔优秀的具有“双师素质”的教师到发达国家同类院校或者是该专业相关企业、教育机构进行学习进修，学习国外的先进技术、成功经验，培养具有国际意识的新型“双师型”教师。

2. “双师型”兼职教师的培养策略

在地方应用型本科高校“双师型”教师队伍建设的进程中，应积极引进企业里实践能力和教学能力较强的工程技术人员，事业单位里有丰富教学经验和实践能力的人员来校做兼职教师。在科学技术迅猛发展的今天，地方应用型本科高校拥有一支具有特色、相对稳定的兼职教师，既可以改善院校“双师型”教师队伍结构，还可以弥补专职教师在教学上的不足，提高教育质量。

（1）制定明确的选拔标准，多渠道引进兼职教师

在聘任兼职教师时，地方应用型本科高校应制定明确的选拔标准，多渠道引进兼职教师，充分利用社会资源，与同类院校、企事业单位、科研机构、人才市场建立密切联系，从中选择德才兼备的人员担任本校的兼职教师。当然，并不是每一所地方应用型本科高校都具有这么广泛的资源，从现状分析的状况可以看出，对位于小城市中的地方应用型本科高校来说，由于地区内没有其他同类院校，所以兼职教师的引进只能局限于一些不知名的企业，来自同类院校和事业单位兼职教师的比例屈指可数。对于此类情况，应该从邻近城市的同类院校和企事业单位中聘请一些相关领域的专家作为兼职教师。对于不存在地域局限的新建本科院校，应充分利用各种社会资源，首选企业里具有教学能力的高级工程师或是同类院校具有副高以上职称的

① 张虹，等. 计算机网络多媒体技术与应用［M］. 北京：机械工业出版社，2003.

“双师型”教师。聘请兼职教师时，要严格按照程序进行，各院系根据教学需要，从合适的单位选定各方面都达标的教师。拟聘人员选定后，还应该就教师的思想政治状况、实践技能水平、专业理论水平和表达能力等多方面进行多途径、长时间的跟踪了解，经过教务处、人事部门考核合格后，再由主管院长审核，决定聘用，签订协议。只有经过严格的程序，才能保证兼职教师的质量，同时为日后管理打下良好的基础。

（2）对新引进的兼职教师要进行岗前培训

虽然被选定的兼职教师大都是从企事业单位引进的知名技术人员和专家，他们一般都具有本专业领域的专业理论知识和熟练的实践操作水平，但是却缺乏一定的教学经验。因此，在上岗前，应该对兼职教师进行教育教学理论、教育心理学、教学方法等方面的培训。通过培训，使他们了解地方应用型本科教育发展的规律和地方应用型本科高校学生的特点，为培养应用型人才作充分的准备，使他们成为集理论教学与实践操作于一身的“双师型”教师。

（3）加强对兼职教师的管理与考核

为了保证兼职教师队伍的质量，地方应用型本科高校要加强对兼职教师的管理与考核，要定期或不定期地到教学现场检查兼职教师的教学情况，或者是采取调查问卷的形式对教师的教学方法、教学态度、教学效果等方面进行检查，再结合学生反映的意见，对兼职教师进行综合考核，最后根据考核结果作为奖惩、续聘、解聘的根据。此外，还要加强对兼职教师的管理工作。要求兼职教师每学期应该开设2～3次本专业的学术讲座或实践知识讲座；要求兼职教师要参加学院的专业建设指导工作，提出宝贵的咨询意见；要求兼职教师要多与学生交流，了解学生的需求，根据学生的特点进行教育教学。

（4）引入有效的激励机制

就目前地方应用型本科高校兼职教师队伍的情况来看，还存在着极大的不稳定性，兼职教师多半与学校的关系比较松散，很多兼职教师因为平时工作任务比较重，大多上完课就离开学校，与学生缺乏交流沟通，对教学工作缺乏热情，并没有充分发挥他们的潜力。因此，地方应用型本科高校为调动兼职教师的积极性与对教学工作的热情，必须采取有效的激励措施。地方应用型本科高校应制订兼职教师奖励办法，对在教学中表现突出、教学效果好的，受广大学生好评的兼职教师给予一定的物质或精神奖励。同时，学院也应全面提高兼职教师的待遇水平，制定相关奖励政策鼓励更多具备兼职教师条件的优秀人才到学院兼职。还要注重对兼职教师的感情投入，对于学校的一些决策问题，多采纳兼职教师提出的有效建议，使他们感觉到自身对学院的价值。与兼职教师建立良好的感情，使地方应用型本科高校的兼职教师愿为院校的发展尽自己最大的努力。

7.2　改革与完善实践教学管理运行机制

在改进实践教学队伍的管理工作方面，各高校应结合自己的实际情况，将实践教学队伍的管理纳入学校教师队伍管理的整体中去，统一规划、统一管理，不断更新观念，用科学的管理思想指导管理实践，并贯穿到管理决策、管理目标、管理过程、管理制度和管理方法中去，建立竞争、激励和自我约束机制，激励实验人员合理竞争、奋发进取，使实验人员有竞争意识、自我约束和自我完善意识，完善实验人员的聘任制，真正做到优胜劣汰，使可聘的人员留得住，使可调的人员调得动，使优秀人才进得来，使骨干实验教师能充分发挥作用。

在提高实验队伍素质方面，一是人员的选拔和任用，坚持专职人员和兼职人员相结合、固定编制和流动编制相结合。专职实验人员是实验队伍的主体，兼职人员是实验队伍的重要补充，严格把好实验人员的入口关，通过聘任、招聘等方式补充思想政治素质和业务素质优秀的教师和其他技术人员，不能再把实验队伍作为师资队伍的“收容所”或看作是学校解决各种矛盾，照顾各种关系的“蓄水池”[①]。同时，注重提高实验队伍的学历层次和高学位教师的比重，提倡实验人员交流，减少实验队伍中的近亲繁殖现象。二是提高实验队伍的思想素质，把实验队伍的政治理论培训和师德、师风、爱岗敬业教育纳入实验队伍的建设和培养计划。三是各高等学校应根据自己的具体情况，建立一整套健全的组织管理系统。可与理论教师一同规划培训的方法和系统，根据发展需要采取多种形式培养和提高青年实验教师的知识水平和业务能力，发挥中、老年实验教师的帮带作用，有计划性地安排青年实验教师参加岗前培训、在职培训、专门技术培训、短期培训班、研讨班等社会实践和培训。

7.2.1　加强制度建设，全过程管理和监控实践教学

完善的实践教学体系，必须有一系列规章制度作为保障。管理就是建立切实可行的制度，并严格按照制度运行，使教学得到全过程的管理和监控。为了保证实践教学体系建立之后能够正常开展并保障教学质量，还必须建立

① 姜煜林．应用型本科院校实验教师队伍存在的问题及对策［J］．教育与职业，2008（32）：53－55.

完善、严格的教学管理体系，建立操作性强的运行机制，扎扎实实地把每一个环节的工作落实到位。

1. 制定程序文件

程序文件是教学管理的重要组成部分，包括各种有关教学的规章制度，教学过程记载等。建立齐全的教学文件，可以有依据地规范各种教学行为，指导各种教学活动，对违规的以及未达到要求的教学行为起到约束作用，同时记录教学过程供查阅总结。因此教学文件具有规范性、指导性、约束性和记录性的作用。从抓教学文件管理入手，可以掌握实践教学的活动进展，便于监控和指导。

教学文件包括实践教学计划、实践教学质量考核体系、实践基地的管理模式改革等方面；教学纲领性文件包括实习项目表、教学大纲、实践教学指导书、教学进度表等，这些文件要求学校指导教师和企业兼职教师共同制定；教学实施过程文件包括实践记录、实习报告、实习单位鉴定表、实习成绩、实习总结等；教研活动文件包括教学研讨记录、教学报告会记录、双方师资培训记录等。所有文件应按书写要求认真完成，建立独立档案，统一管理各类文件。每次实践结束后，将相应文件备齐归档，从文件形式上保证实践教学的完整性。

2. 实施全过程管理

教学过程是指师生在共同实现教学任务中的活动状态变换及其时间流程。实践教学过程管理是为了完成实践教学大纲中提出的教学目标和实现教学大纲所要求的各项内容而设计和维持的一种组织结构，它包括各级管理者、各自职责和相互关系。

实施全过程管理重在检查。学校建立不同层次的领导、督导随机听课检查制度，对实践教学进行随时检查和监控，专业教研室详细了解、检查和掌握实践教学运行进展情况。各级领导检查的重点是教学质量，包括教学方法、教学内容及教学纪律等。避免以“到岗劳动”代替实践教学，避免走形式、教学组织不严谨等现象发生。同时，建立信息反馈制度，以征求意见、问卷和调研等形式，收集实习企业、学生、检查负责人和指导教师对实践教学的评价及意见，认真分析并对后续实践教学提出改进建议。

实践教学过程管理是一个动态的过程，它的每一阶段都是相互关联、相互影响的。指导教师是实践教学过程管理的最基层管理者，实践教学过程也就是教师的指导和引导、学生按计划执行的过程。所以，指导教师是规范实践教学过程管理的重要因素，发挥着决定性的作用。

3. 建立激励机制

过去长期以来因为思想观念等方面的原因，教师和学生对实践教学重视不够。为了让广大师生对实践教学有足够重视，适应实践教学体系的要求，必须建立一套有利于实践教学体系正常运行的激励制度。

为了鼓励和督促教师向“双师型”素质发展，可以在制定职称评聘条件和工作量核算等方面的政策时有所体现或是作出倾斜。如担任职业资格认证课程的教师，必须取得认证机构要求的培训讲师资格、考评员资格。安排其参加职业资格认证课程的学习、培训，对考取本专业高水平职业资格证书所需费用由学院承担，并在专业技术职务聘任条件等文件中，将教师取得高水平职业资格证书作为职称聘任的重要条件。支持教师到企业锻炼，在企业工作期间，视其完成额定教学工作量，并按满工作量标准发放教学津贴。

为鼓励学生考取职业资格证书，对教学计划内规定的证书可以采取费用补贴或奖励的方式对学生进行资助，以减轻学生的负担；支持、鼓励学生参与科技创新活动，对不同类型的创新活动折算成学分，记入成绩档案，对在各类创新大赛中取得名次、受到奖励的，可以作为优秀毕业生和奖学金评定的重要条件。

7.2.2　理顺管理运行机制

根据前述的分析研究，本书对实践教学管理的运行流程进行了简单设计，以便更清晰的阐述管理各要素之间相互联系、相互制约的关系，从而发挥实践教学管理功能，如图 7－2 所示。

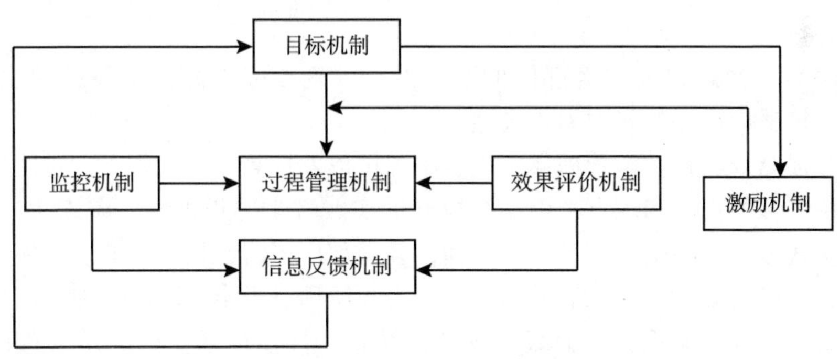

图 7－2　实践教学管理运行流程

目标机制：地方应用型本科高校培养的是地方应用型人才，具体地说就是以培养学生的操作能力、知识应用能力和技术创新能力为目标。实践教学管理的目标机制就是为了确保地方应用型本科高校人才培养目标的实现而设置的实践教学管理指标。

过程管理机制：在学校实践教学管理委员会领导下，由学校教务处牵头，各学院实验室、学校实验实训中心、校外实践教学基地等部门共同参与并对实践教学的全过程进行全方位管理。

监控机制：监控的目的是为了确保实践教学质量目标的实现。实践教学管理监控的对象主要包括实践教学信息资源、实践教学过程、实践教学条件、实践教学对象、实践教学师资队伍和实践教学管理队伍六个方面。

效果评价机制：需建立一套评价指标，对实践教学管理效果随时进行评价。

信息反馈机制：信息反馈机制主要是对实践教学管理工作中的有关信息的收集、存储、整理和处置，对实践教学及管理工作进行调控和反馈。信息反馈机制不仅可以检查实践教学管理的目标机制的设计是否科学，实践教学的过程管理是否到位，实践教学质量是否得到保障，还可以增强实践教学管理工作中的自我纠错能力，使实践教学管理不断优化和完善。

激励机制：实践教学管理及实施工作由四个部门分工协作完成，只有将实践教学管理与其利益联系起来，才能形成一种动力效应进而发挥作用。正面的奖励和负面的惩罚二者相辅相成、相得益彰，共同形成激励机制。

7.2.3 加强校地联动

地方应用型本科高校在向应用型本科转型的过程中，要与地方政府主管部门、区域经济社会发展中的行业和企业进行多方合作，以实现应用型本科院校实践教学的最优化，这是我国应用型本科教育互动发展的重要模式选择。

（1）与当地政府主管部门的互动发展，逐步完善高校实践教学模式，增强高校适应市场的能力和积极性

增强高校实践教学管理自主权，不仅可以发挥高校的优势，而且能够赋予高校更多的责任和压力，调动高校开展实践教学的积极性。应该认识到，实施实践教学管理是高校自己的权利，教育部应当将此权力下放。在实践操作中，可以借鉴学习国外的成功经验，为我所用、少走弯路。对地方应用型本科高校而言，应积极与上级主管部门协调，逐步增强实践教学管理的能力，与此同时，设置的专业要能够适应市场的变化与需求。

（2）与行业互动发展，适应行业需要，调整专业设置

经济和社会发展中行业、岗位是动态变化的，一些原有岗位的应用能力会随着新技术、新的服务理念的产生而发生变化，职业岗位消失的老专业会被淘汰，与新兴职业岗位相适应的新专业会迅速建立。即新建地方本科教育专业设置的稳定是相对的，整个办学过程就是学校不断调整自己和社会经济的适应程度，不断调整专业设置的过程。因此，应用型本科教育必须根据自身条件和实践教学的需要，不断调整专业设置，主动灵活地适应动态变化的

社会需求。而了解社会，向社会做广泛深入的调查，是学校调整专业设置的前提和保证。学校必须更多地关注经济和社会发展，关注社会的价值取向。

首先，专业调整要与经济与社会及行业的发展相适应。对于那些社会覆盖面较广的职业，即为全社会服务的通用专业，口径宜宽些，可作为学校的常设专业。而对那些社会覆盖面不广的职业，即行业性、岗位针对性强的专业，口径宜窄些。这样，宽窄结合、灵活多样，便于调整。

其次，在调整专业时，应与产业结构保持动态平衡。在调整专业结构时，应根据产业分类发展的实际，合理进行专业布点，保证冷热专业均衡发展。对于热门专业要“防热”，要适当地加以控制，否则会出现人才过剩，造成资源浪费。对于冷门专业，要想办法使之“升温”，通过降低专业门槛、进行专业补贴和提供就业优惠政策等措施干预学校冷门专业人才的培养，使其能满足社会的需要。通过热门专业的“防热”与冷门专业的“升温”并举，使地方应用型本科高校的专业结构保持相对均衡。

（3）与企业互动发展，注重校企合作，强化实践教学

在校企合作方面，我们应借鉴国外的经验，美国、加拿大社区学院的最主要经验就是进行校企合作、资源共享。实验设备、实习基地多由行业企业提供，教师多数聘任企业有经验的技术人员，专兼职结合。[①] 校企合作在我国已提出多年，但企业参与力度还不够大。我们应尽可能让企业参与到应用型人才培养过程中来，让企业的人力需求预测成为应用型本科教育专业设置的可靠依据，让企业成为学生了解科技前沿的窗口和练习技能的阵地，成为吸纳应用型本科高校学生实习和就业的好场所。而要做到这些，前提条件是，应用型本科高校必须要培养出企业所需要的、能直接顶岗的一线应用型人才，为企业创造出效益，这样，企业参与的积极性才能真正调动起来，校企合作才能走上双赢的良性轨道。

（4）地方应用型本科高校要进行优化专业设置的研究

新建地方本科教育具有多样性，因此，不同类别院校专业的设置方向也应不同。一般而言，应用型本科高校的学科专业设置要注意有所为，有所不为。一是每个学校都要根据自身的办学条件和传统优势，打造若干个“拳头”专业，并以此逐步形成自己的重点学科。二是瞄准新兴专业。专业设置以经济社会发展需要的新兴专业和新的专业培养方向为主体，既是坚持应用型的办学定位，也是力争能与其他高等院校处在“同一的起跑线上”。三是善于“拾遗补缺”。重视在一些交叉学科，边缘学科找“亮点”。

---

① Dr David Johnson. The knowledge economy and new vocationalism：international and national challenges for mass higher education［J］. UNEVOC Forum Supplsment 8. Oxford University，2005，11（11）.

第8章

构建多元参与共同实施的实践教学质量评价体系和监控体系

实践教学质量评价体系和监控体系是实现实践教学目标的关键和保障。无论是实践教学的基地建设与运行，还是实践教学的内容体系建设和组织管理，都需要实践教学质量评价体系和监控体系的保障，才能保证实践教学的协调、高效运行。

地方应用型本科院校在制定和实施实践教学质量评价和监控的过程中，应切实考虑院校自身的定位和人才培养目标，将行业、企事业单位纳入高校实践教学的过程中，构建地方应用型本科高校实践教学全方位、全员性和全过程性的质量评价体系和监控体系。

8.1 学校与企业、行业共建实践教学质量评价标准和指标体系

8.1.1 教学评价指标体系框架的构建

1. 教学评价指标体系框架

教学评价是一个复杂的系统工程，高校实践教学质量的综合性评价更是如此。对高校的实践教学工作进行系统评价，其评价指标较为复杂，一般采用三级指标体系框架（见表8-1）。

表8-1的“一级指标”既可以看作说明“评价对象”的指标，也可以看作“二级指标”的评价对象；若将“二级指标”再行分解，则“二级指标”又成为下一级（即三级指标）指标的评价对象；若将表8-1看作一个更大指标体系中的子体系，那么表8-1的“评价对象”则转变为更大的指标体系中的一项指标。所以说，用来反映、说明或测量上一级项目的下一级

项目为“指标”：被反映、说明或测量的上一级项目为“评价对象”。在指标体系中，指标的级数越往上，指标越抽象，指标的级数越往下，指标则越具体。

表 8 – 1　　教学评价等级指标体系

评价对象															
一级指标				一级指标				一级指标				……			
二级指标		二级指标		二级指标		二级指标		二级指标		二级指标		二级指标		二级指标	
三级指标	三级指标	三级指标	三级指标	三级指标	三级指标	三级指标	三级指标	三级指标	三级指标	三级指标	三级指标	三级指标	三级指标	三级指标	三级指标

2. 教学评价指标体系模型与指标

教学评价指标体系大体包括一般模型和分类模型两种类型。一般模型是针对一定范围内的一般现象的指标体系进行的评估，它适用于该范围内的所有被评估者的评价与比较。分类模型则是对某一范围内特殊现象的指标体系进行的评估，它适用于某一特定类型被评估者的评价和比较。在同一评估范围内，两种模式可以同时使用。

两种模型是由不同类别的指标、评估标准和量化符号所组成。这些指标分为不同的类型，从达标水平来看，又分为必达指标和期望指标，这两种指标的设置具体分为两种情况：一是对同一项指标的评估同时存在必达指标和期望指标。这时，必达指标成为项目达标的下限，而期望指标则成为项目达标的上限，即达标的最低数值和最高数值分别为必达指标和期望指标。如在教学质量评估的过程中，就可以对教师的学历和教学设备等评估对象分别设置必达指标和期望指标。二是某些评估项目本身就是必达指标或期望指标。如高校教学质量评估中的就业率项目，其最低限度就是必达指标，在评估中就可依据指标达成情况进行得分或扣分。而评估过程中对高校的各种获奖、表彰和贡献项目进行加分，则属于期望指标。当然在教学质量评估过程中不能随意设定评估指标的必达指标和期望指标，必达指标的设置要在满足政策要求的基础上保证实现的可能性，期望指标的设置则需具备一定的超前意识，充分体现对评估对象的激励和导向作用。

从指标内涵的性质来看，可以分为稳定性指标和变动性指标。稳定性指标是指在较长的时期内保持其内涵不变或仍然保留在指标体系中的指标。它是教育规律对教育教学工作的客观要求，不轻易因时间和地点等因素的变化而更换或取消。如“课堂教学”这一项指标是以教学规律为评估依据的，在相当长一段时期内是不变的、一致的。变动性指标是指在不同时期，可改变其内涵或更替、取消的指标，这一指标主要是由一定时期的社会政治、经济状况、生产力条件和科技文化水平等因素所决定的。如“实验条件”这一评估指标，其内涵和评估标准是随着科技水平的发展而不断变化的。变动性指标的这种不确定性也赋予了教学评估指标体系一定的可塑性，即变动性指标越多，教学评估指标体系的可塑性就越强。对变动性指标的研究，可以让我们用发展的眼光看待评估指标体系，面向世界，面向未来，从高校和教育教学工作实际出发，构建出适合高校的创造性教学评估指标体系。

从指标的精确度来看，分为硬指标和软指标。硬指标是指固定的、精确的达标要求，强调评估过程中的“硬件”，包括统计数据、实物和证件资料等。如高校中的教学设施设备、教学场地、师生获奖情况、教师学历、学生考试成绩和教师队伍结构等都属于硬指标，对这部分指标的评估较为客观。软指标是指达标要求不精确、具有一定伸缩性的指标，强调评估中的“软件”，常采用定性分析或模糊评估的方式进行，通常包括对事物特点的分析，变化和因果关系等的分析评估。如高效的办学特色、办学定位等均属于软指标，软指标的评估具有较强的主观性。但在现实的教育教学活动中，包含各种复杂的确定或模糊的教学现象，因而不可能只使用单一的指标进行评估。硬指标和软指标结合使用是进行教学质量评估的普遍现象。

3. 评估标准

评估标准是评价实际教学达到指标程度的具体要求。将达标程度分为不同的等级，对应不同的评估标准，在教学评价指标体系中，每组指标的评估标准都要进行明确和说明。

关于评估标准的分类也有很多不同的方法。按照评估内容来分，可将其分为素质标准、职责标准和效能标准；按参照标准可分为社会标准和科学标准。社会标准是指以社会对教学的规范要求来确定教学评估的标准，它强调价值判断标准的社会统一性和规范性。如对教学设备、场所、学生素质、教师队伍结构和师生比等指标的评估，就多采用社会标准。相应的，科学标准就是以科学的客观规定和原则来确定评估标准，它要求达标过程要符合教育工作的客观规律，以教学工作过程、方法、措施和结果等的科学水平来衡量其价值。将事物发展的结果与初期进行比较来做出评定，强调实际情况，常以实践为标准来检验教学工作过程的科学性。如对“实验”这一项指标的评估，就适宜于采用科学标准，用科学标准来评估实验的设计和过程的达标情况。

4. 量化符号

量化符号是教学评估指标体系结构中不可忽略的部分，一般包括权数和分数两类。这两类数值的作用是用来反映某一个体在整体中的相对地位。权数通常以小数的形式呈现，将同一级的指标视为一个整体，其整体权数总值为 1。分数又分为指标赋分和等级赋分两种：同一级指标进行赋分，满分为 100 分；等级赋分即直接使用等级，如分为 A、B、C、D 四个等级。在实际的教学评估指标体系中，既可以单独使用两类数值中的一种，也可以将二者结合起来使用。

对评价指标、评价标准和量化符号等元素的分析，可以帮助我们理清教学评价指标体系的横向关系，有利于加深对教学评价指标体系内部结构的认识，有利于从微观上，从个别特质上对教学评价指标体系进行构建。

8.1.2　地方应用型本科高校实践教学评价指标体系的构建

科学合理的评价指标体系不仅可以增强学生对实践课程的重视，激发学习兴趣，还可以强化教师的实践教学，提高教学质量。根据地方应用型本科院校的特点，可以从校内、校外两个大方面进行实践教学指标体系的构建。

1. 校内师生实践教学成绩考核指标的构建

为了培养学生的知识应用能力，高校可从实验、实践实习和毕业论文（设计）等方面构建学生的实践考核指标体系。

（1）实验课程考核

以培养学生的动手能力和思考能力为出发点，注重对学生能力的全方位考核，如表 8 - 2 所示。

表 8 - 2　　实验课成绩考核指标

一级指标	二级指标	权重（%）	指标说明
实验预习 10%	课前准备情况	5	预习实验相关的内容情况
	实验问题回答	5	能否正确回答实验课堂提问
实验过程操作 40%	职业意识、团队合作能力	10	小组实验时与其他组员配合情况
	动手操作能力	10	实验室操作动手能力情况
	创新能力	10	在实验过程能否具有创新
	实验操作的规范性	10	操作过程的规范情况
实验结果与报告 30%	实验报告	10	实验报告书写步骤完整情况
	实验结果	10	实验结果是否正确
	实验总结和见解	10	能否对实验过程遇到的问题作出总结
其他 20%	课堂考勤	20	平时上课有无迟到、早退现象

(2) 实践教学考核

围绕地方应用型本科高校人才的培养目标，以学生就业为中心，针对其专业技能、职业技能和综合技能等各方面进行考核，着重考核学生的实践过程和应用能力，如表 8－3 所示。

表 8－3　　实践教学成绩考核指标

一级指标	二级指标	权重（%）	指标说明
专业技能 30%	专业基础知识	10	专业理论知识掌握和应用情况
	理论知识领悟能力	10	前沿知识的领悟程度和综合运用能力
	写作能力	10	学生实践报告、调查报告、日常工作文书等写作能力
职业技能 40%	职业道德	10	敬业精神、诚信情况等
	日常业务操作能力	20	对各项日常基本业务的处理能力和解决实际问题的能力
	职业判断能力	10	在实际案例分析中的职业敏感性和判断能力
综合技能 30%	沟通交流能力	15	与老师、组员，与实习单位员工及领导的沟通协调能力
	团队写作能力	15	考查学生团队协作意识、创业意识和创业精神

(3) 实习成绩评定

由实习指导教师、用人单位共同根据学生的实习表现、实习日记和实习报告等综合评定其实习成绩，如表 8－4 所示。

表 8－4　　实习成绩评定指标

一级指标	二级指标	权重（%）	指标说明
考勤 20%	日常考勤记录	20	是否遵守单位规章制度，有无迟到、早退现象
工作态度 25%	服从用人单位工作安排	10	敬业精神、诚信情况等
	主动求解实际工作经验	15	工作和学习的主动性
工作能力 30%	日常工作完成情况	10	日常工作的处理和完成情况
	工作质量	10	由实习单位根据工作质量评定
	沟通交流能力	10	与企业工作人员沟通交流情况

续表

一级指标	二级指标	权重（%）	指标说明
实习效果25%	日常业务处理能力	5	独立思考和解决问题情况
	业务熟悉情况	10	完成实习后对工作流程熟悉情况
	业务能力提升状况	10	完成实习后工作能力提高情况

（4）教师实验实践教学质量评价指标构建

对教师进行实践教学质量的评价，其根本目的在于提高学校的教学质量。通过评价，督促教师规范实验实践教学，加深实践教学对人才培养重要性的认识，在责任意识中积极主动探索实践教学的新模式、新手段和新方法，不断革新实践教学的内容。其中教师的教学状态由学生评价产生，其他各项由教学督导检查小组作出，如表8-5所示。

表8-5　　教师教学质量评价指标

一级指标	二级指标	权重（%）	指标说明
准备工作15%	实验实践环境	5	上课前实验实践仪器设备的准备情况
	安全教育	5	对实验实践相关安全教育情况
	教学资料的准备	5	大纲、计划、任务书、指导书、手册等教学资料准备情况
教学状态30%	教学态度	10	对学生指导的耐心、要求情况
	教学内容	10	课堂教学内容的安排情况
	教学水平	10	教学方式、表达能力
教学质量40%	任务完成	15	所指导学生完成实验实践教学情况
	实验实践作业的批改	15	批改实验实践报告情况
	教学的效果	10	学生的学习兴趣、动力能力提高情况
教学改革15%	教学观念与内容	5	实验实践教学内容更新完善情况
	教学模式与机制	5	探索实验实践教学的模式情况
	教学方法与手段	5	改进教学方法和手段情况

2. 校外实践教学质量评价机制与体系的构建

校外实践教学是地方应用型本科院校进行实践能力培养的重要环节，是校内实践教学环节的延伸与深化，其人才培养方案和设计的研制应由校企双方共同完成。为组织实施校外实践教学管理与质量评价，必须加强组织领导，建立健全质量体系，对校外实践教学进行有效监控。

建立高效的校企合作决策机制，要求合作双方签订相关协议，就双方职责和义务进行明确说明，组建合作工作领导小组和“产、学、研、用”工作组，负责合作项目的指导、组织、计划、协调和监督。同时还要建立沟通联络机制和平台，加强双方人才的互聘与交流，组织产学研工作计划的研制和实施，定期召开合作工作会议，加强重大事项的共同决策和指导，进行实践教学评价与监控，促进校企合作的良性发展。①②

随着地方应用型本科高校的不断发展，以培养学生应用能力和创新能力为特点的实践教学活动逐步推进，对校外实践教学的重视也在不断加强，因此，校外实践教学的评价体系也需进一步深化和完善。加强校外实践教学质量评估的研究，建立科学、合理并具有可操作性的校外实践教学质量评价体系，是提高校外实践教学质量的根本保证。

（1）校外实践教学质量评价体系建立的基本原则

校外实践教学质量评价体系建立的基本原则是要体现学校办学定位和人才培养目标，体现知识应用和学生创新能力的培养，体现实际性和可操作性，体现多元性和开放性，体现定性与定量相结合，体现考核与激励相结合。③

（2）校外实践教学质量评价体系的构建应建立以专业校外实践教学为评价对象的综合评价体系

从实践教学质量效果方面来进行评价（见图8-1），要体现出对学生实践过程中的知识应用能力、创新能力和综合素质养成等方面的评价，即通过对校外实践教学质量的评价，要反映出学生专业知识运用与开发和实际操作能力的发展情况，要反映出学生创新开拓能力的发展情况，要反映出学生语言和文字表达能力、沟通能力和团队协作能力的发展情况。此外，还要评价校外实践教学计划的制定、实施与考核、过程监控等方面，需体现校外实践教学工作的组织与管理、过程与监控、考核与运用等方面的情况。

在评价方略方面（见图8-2），要包括学生、教师、校内专家、实习单位、社会等多方位的评价，从不同层次、不同类型和不同角度对实践教学工作及其效益进行评价。

---

① 房海．高校本科教学全面质量管理体系的构建与实践［J］．黑龙江科技信息，2008（20）：21-22.

② 蔡伟清．引入全面质量管理理念，完善教学质量监控体系［J］．辽宁教育行政学院学报，2006，23（9）：58-59.

③ 吴晓，姚汤伟，施俊庆．应用型本科专业实践教学质量评价体系的构建［J］．中国电力教育，2011（23）：117-118.

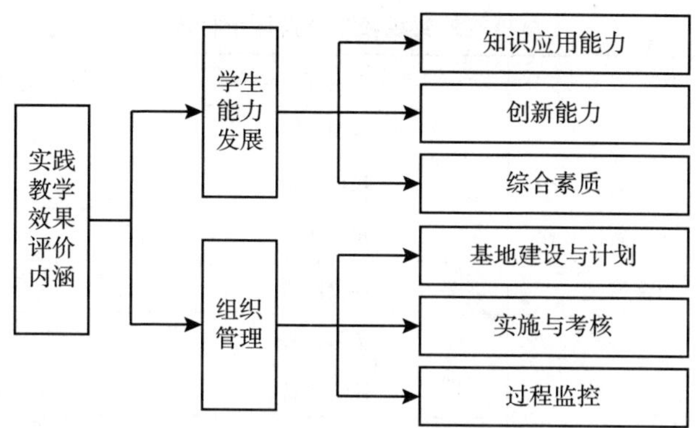

图 8－1　实践教学效果评价体系

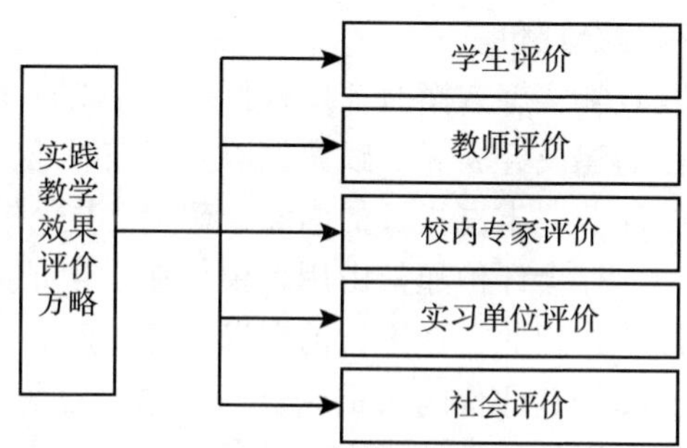

图 8－2　实践教学效果评价方略

（3）校外实践教学质量评价的实施，包括以下两点内容

①实践教学质量评价标准的设计。

为了保证校外实践教学质量评价的客观性和公正性，必须根据上述评价指标体系建立的基本原则和构建内涵要求，针对不同的评价主体设计出对应的评价指标内涵与标准。例如，校内专家对实践教学质量的评价要从基地建设与管理、实习条件与保障和实习效果等方面进行（见表 8－6），实现对校外实践教学工作的全方位综合性评价。每项内容都包涵若干个对应的观测点和评价标准。例如，实习过程包括实习工作计划、教学文件、实习日志及过程材料、过程监控与考核、工作总结与改进措施等。同时，建立各类评价内涵与标准，既要注意兼顾所有实践环节，又要体现出同一环节不同评价主体的观测点和标准，要涵盖不同的侧重点。①

① 陈立万，向春荣．转变教学质量评价机制的探索与研究［J］．中国大学教学，2014（7）：9.

表 8 – 6　　高校校外实践教学质量评价标准

项目	内容	分值
基地建设与管理	组织管理	15
	基地建设	10
实习条件与保障	实习环境	8
	师资队伍	7
	实习过程	25
实习效果	社会效益	20
	实习效果	15

②实践教学效果综合评价。

在制定校外实践教学实施方案时，要根据新建地方本科院校向应用型转型发展的需要、以往的建设经验和实践案例以及经济社会对应用型人才的需求，不断健全评价的环节、丰富指标的内涵，确定不同评价主体在整个评价中的合理权重。例如，社会评价通常由用人单位在学生结束一定时期的工作后才能做出客观的评价，因此，在进行前期综合评价时，鉴于这部分评价的社会变动性，需适当降低其评价的权重或暂不考虑，后期得到实际评价结果后再进行全方位的综合评价。学校对实践教学工作的评价要及时进行，一般来说，时间最好控制在 1 个月的时间内。各教学单位需要根据不同的方略评价情况及各方的评价意见和建议，召开相关的总结会议或座谈会，认真总结和梳理评价结果，不断修正和完善评价指标体系和标准，以便于更加科学、公正、准确地评价校外实践教学质量。

应该说，不同的校外实践教学环节的评价体系和标准的建立以及实施过程应该有所不同。

8.2　构建实践教学质量监控体系

高效的教学质量监控体系是一项建立在有效激励和约束机制基础上的多种因素相互作用的系统工程，其作用一方面体现在对教师和教学单位重视人才培养质量的激励，另一方面则体现在对学生学习风气和良好校风建设的约束性上。地方应用型本科高校的教学质量监督机制主要包括内适应性监督机制和外适应性监督机制。当前地方应用型本科院校最常用的两种教学质量监督机制，一种是院系二级或院校系级教学质量管理体系和规章制度，另一种是教学质量督导体系和校院两级教学质量监控机制。地方应用型本科院校要建立行之有效的教学质量监督机制就需要针对以上两种教学质量监督机制做好工作。

8.2.1　实践教学质量监控体系构建原则

对地方应用型本科高校来说，其开展实践教学质量监控的最终目的是为了培养出符合地方经济社会发展需求的高素质应用型人才，提高人才培养的质量。因此，地方应用型本科高校构建实践教学质量监控体系时应遵循以下五方面原则。

1. 塑造应用能力，培养综合素质

地方应用型本科院校培养的人才要兼具扎实的理论基础和实用的专业技能、丰富的创新思维和高层次的综合素质。这一人才培养定位必须体现在实践教学质量监控体系的构建过程中，突出专业知识的传承和运用，切实解决地方经济社会发展中的具体问题。

2. 操作的简便性和实效性

实践教学质量监控体系是一个复杂系统的工程，在制定制度和规范时，不仅要注意指标的全面性，更重要的是要强调过程监控的可操作性以及教学质量反馈的实效性。

3. 评价的合理性和公平性

实践教学质量监控体系的实施应体现质量评价的合理性和公平性，合理性和公平性能更好地提高教学质量。

4. 多层次、多元化

建立多层次、多元化的质量监控评价系统，[①] 有利于全面、客观的评价实践教学质量。另外，用人单位等第三方评价机构参与到地方应用型本科院校实践教学质量的评估过程，有利于高校人才培养策略和实践教学方法的调整，更是提高教学质量的重要保障。

5. 导向性和反哺性

应充分发挥实践教学质量监控相关制度和政策的导向作用，鼓励更多主体参与实践教学的改革和创新，并根据实践教学的实际情况及时调整质量监控政策，不断完善实践教学质量监控体系。

8.2.2　实践教学质量监控体系的构建

我们应根据对地方应用型本科高校实践教学质量监控体系的内涵、影响

---

① 张烈平，冯兵，李德明．地方本科高校实践教学质量监控体系的构建与实践［J］．实验技术与管理，2013（7）：193－197.

因素和构建原则的分析，结合应用型本科高校的办学定位和人才培养目标，构建实践教学质量监控体系，如图 8－3 所示。

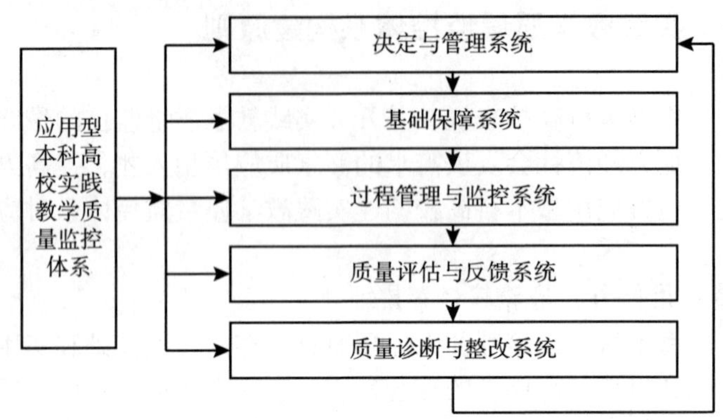

图 8－3　地方应用型本科高校实践教学质量监控体系

1. 决策与管理系统

在学校层面，应由高校牵线组建包括校外合作单位的实践教学质量管理工作委员会，定期针对实践教学的质量监控进行讨论，制定相关规章制度和文件。在具体的实践教学过程中，以二级学院为单位，成立实践教学过程质量监控小组，负责本单位实践教学的设计、过程实施和管理，并参与校级层面实践教学质量监控标准和目标的制定。

2. 基础保障系统

优化资源配置，规划和建立满足高校实践教学需要的实验室、实训中心和校内外实习基地是地方应用型高校发展和人才培养的必然要求。要充分发挥高校与地方企事业单位之间紧密的地缘优势，加强校企合作，深化人才共同培养机制，不断探索新型实践教学合作办法，以保障实践教学基础设施的完备性和高效能。健全的基础保障系统，能够使实践教学管理制度有章可循。

3. 过程管理与监控系统

二级学院的实践教学质量监控小组负责实践教学的计划制定、组织和管理，并接受校级质量监控委员会的领导和监督。二级学院通过建立严格的教师教学自我评价机制和学生评价机制，明确各项教学质量的目标和要求，对实践教学过程的各环节进行监控。通过这种渗透到日常管理的监控制度，不仅能规范实践教学的各个环节，同时在动态监控下，也强化了各个主体的自主管理和检查意识。

4. 质量评估与反馈系统

实践教学涵盖的范围较广，各个部分的质量标准也不尽相同，对质量评估的要求也应有所差别。针对地方应用型本科院校设置的专业和实践教学的难易程度，需建立多元化、多层次的实践教学质量评估标准，这样才能保证质量评价的真实性和公平性，有利于收集符合实际教学要求的意见，实践教学质量评价体系才能得以不断完善。

5. 质量诊断与整改系统

通过对实践教学评估结果和反馈意见的总结分析，核实实践教学实施过程中存在的问题，建立校级、二级学院质量监控小组和用人单位、学生共同参与的质量诊断小组，对诊断结果进行及时反馈。学院和二级学院需根据反馈结果，调整实践教学管理策略和实践教学方案，为以后实践教学的质量监控提供保障。

8.2.3　地方应用型本科高校教学质量监控的新模式

1. 明确人才培养要求，革新人才培养模式

人才培养方案制定的科学与否，关系到高校整体的教学质量建设。地方应用型本科高校的人才培养目标是培养适应地方经济社会发展、面向各行业一线工作岗位的，具有扎实理论基础、良好素养和职业道德，具有较强创新意识和实践能力的高级应用技术型人才。为了实现这一目标，必须对传统的人才培养机制进行改革。

首先，要强化学科间的交叉性、渗透性和综合化，注重专业基础和综合素质的全面培养。其次，落实好实践教学和训练环节，强化能力培养。通过课程改革，优化学科基础课程和通识性课程，加大专业主干课程的建设力度。还可依照专业的需要，进行分层教学，增设学生自主学习学分，增加选修课学分的比例，灵活设置专业选修课，拓展学生学习的自主空间，加大学生的选择权。最后，优化、精简理论课授课体系，依照课程的基本要求，以学生素质提高和能力培养为出发点，详细规定学生需要掌握的知识和技能等实质性内容。

2. 强化课堂教学改革，创新课堂教学质量监控体系

学生的创新意识和实践操作能力是地方应用型本科院校人才培养的首要任务，这是由应用型人才的特点决定的。因此，必须以市场和社会对人才的需求为导向，深化应用型本科院校教学质量评价与监控体系改革。

①应加强对专业导论课的监控。应用型本科院校培养的是能够将高新技术转化为生产力的人才。然而，学生进校时对相关专业没有足够的了解，多是在父母和老师的建议下选择的，具有较大的盲目性。因此，应充分发挥专业导论课对增强学生专业认同感方面的重要作用，通过设置高质量的专业导论课，一方面提升学生对专业学习的兴趣，另一方面正确引导学生制定科

学、合理的职业生涯规划。

②应加强对认知实习课的监控。认知实习课的主要目的是帮助学生增强对所学专业的感性认识，可通过改革现有学期制进行。通过在本科二年级和三年级之间增设一个认知实践学期，让学生通过3～4个月的认知实习，帮助学生端正学习态度，清晰地认识自己在知识和能力方面的优势和缺陷，以便在后期的学习中更有效的平衡理论和实践的关系。当然，认知实习的组织、教学和管理存在一定的难度，只有从实习计划、实习内容和实习过程等多个方面对其进行质量监控，才能保证认知实习课程效果的实现。

③应加强对学生自主学习的监控。地方应用型本科高校教学质量监控体系不仅是要对教师的"教"进行监控，更重要的还要对学生的"学"进行监督。学生作为教学活动的主体，其学习质量被看作是评价教学质量的首要指标。在与国外同类院校比较时发现，我国应用型本科院校在理论课程的学时数上与国外高校相差无几，但相较于国外大量的自主学习时间，我国高校在这方面还有较大的欠缺。自主学习对培养学生的能力至关重要，对学生学习质量的监控不仅要包括基本素质（思想道德、身心素质、文化和业务等）、学风（听课、作业、课外活动、参与学术讲座、自习等）和能力（创新精神、团队合作精神、分析和解决问题的能力等）等方面，还应包括对学生自主学习过程的监督和控制。①

④应加强对教师深入行业、企业一线实践的监控。鉴于实践教学对应用知识的依赖性，加之当前科技发展迅速，不断有新技术涌现和旧技术被淘汰。因此，实践课程教师必须经常深入到行业和企业中，通过参与其生产活动和技术研究，获取实际工作经验，更新技术知识，这样才能保证所授知识不与社会脱节。国外在这方面常采用的模式是让教师在固定时间去企业工作1～2年，或采取兼职的模式。而我国高校的现状是大多数教师多是"从高校走进高校"，缺乏实际接触生产一线的机会。因此，有必要变革传统的质量监控模式，将教师参与行业实践纳入教师的教学质量评价指标体系中，以此引导教师主动寻求深入行业和企业一线的机会，不断拓宽专业技能提升的途径，从而保证学生能够获取行业和企业需要的技术应用能力。

⑤应根据应用型人才培养要求改革教学内容、教学方法和教学效果等评价指标。对教育教学活动常规项目的监控是教学工作顺利进行的基本保障，除此之外，应增加生成性监控的内容和权重，支持教师在教学内容、教学方法和教学改革等方面进行研究，支持教师开展问题研究教学、模块化教学。在教学目标的设计方面，在注重基础知识传授的同时，还应将知识和技能的

---

① 赵良庆，蔡敬民，魏朱宝．应用型本科院校实践教学的思考和探索［J］．中国大学教学，2007（11）：79－80.

应用放在首位。此外，对学生情感态度、价值观和学习方法等方面能力的培养也不容忽视。

3. 改革课程考核评价方式，加强学习过程的考核和监控力度

传统的课程考核方式主要以期末的终结性考核为主，其弊端是在一定程度上让学生变为了记忆知识的考试机器，更是导致了“高分低能”的不良现象。课程考核评价方式一定程度上引导着教学内容的设置和教学方式的选择，因此，要改变教育教学过程中的这些不良状况，就必须转变观念，通过创新课程考核评价方式来引导学习过程的良性发展。

课程考核应树立以能力和素质考核为中心的理念，以就业为导向，以能力为本位，不断改革教学内容和教学方法，提高学生的实践能力和创新精神。考核评价应与课程考核目标相适应，将过程性评价和终结性评价摆在同等重要的是位置。① 要改变以知识测试为主的传统型考核方式，将过程考核和末端考核有机结合起来，强化基础实践素质和能力的考核方式。此外，还要注意对学生自我表现的评价，关注学习过程中学生的参与，鼓励和引导学生进行创新活动。引入多元化的考核方式，除闭卷笔试外，还可增设调研、设计方案和实践报告等多种考核方式，也可将多种方式有机结合起来使用。

4. 以全面的教学质量观为引导，强化实践教学监控体系建设

地方应用型本科高校只有树立全面的教学质量观，才能在众多高校中抢占一定的位置，获得社会的认可。鉴于应用型本科院校的“应用性”特点，除理论教学环节监控外，更应该强调的是实践教学环节的质量监控。

首先，应加强实践教学改革，为实践教学环节的质量监控奠定基础。第一，要在尊重学生认知规律的基础上，结合学科和专业特点，构建结构合理、层次分明的实践教学体系。要重视实践教学学分制的建设，加强综合性、技能性和开放性实践教学的力度。第二，学生进行实习的目的是训练专业技能，因此在其进行毕业论文（设计）时，应尽量结合具体的生产实践来选题。应结合专业技能规范的要求，通过毕业论文（设计）促使其各项技能都能达到专业培养计划的规定。第三，学生的创新活动是实践教学环节的重要组成部分，必须将对它的考核和评价纳入实践教学质量评价体系。创新活动的质量是高校实习和实训等实践教学水平的反映，其在培养学生的创新意识、提高学生的实践技能和锻炼学生的科研能力等方面发挥着至关重要的作用。高校必须创设各种条件，通过平台建设和优惠政策等方式，鼓励学生积极参与创新活动，支持学习投入到第二课堂。

其次，应制订科学合理的实践教学质量监控制度，通过制度建设规范实

---

① 吴高安，夏先平，欧阳琼．“1 +3”模式教学质量监控体系的研究和实践［J］．化工高等教育，2005（4）：76 –79.

践教学秩序，提高实践教学质量。实践教学质量监控包括实践教学管理和实践教学质量评价两个方面。实践教学管理包括实践教学管理制度设计、管理制度监控与评价、实验教学管理规定、实验室建设与管理办法等方面；实践教学质量评价则由“一轴四翼”互为补充的五个方面构成。其中，“一轴”是指实践教学计划评价指标，这是实践教学质量评价的核心要素，而“四翼”则是指实习实训评价指标、实验评价指标、实践教学大纲评价指标和毕业设计（论文）评价等指标。① 要加强实践教学质量评价体系建设，除人才培养方案、教学大纲、课堂教学、毕业论文（设计）等常规监控评价点之外，还应加大其他监控评价点的考核比重，主要包括实践教学体系与内容改革、实习实训基地建设和管理效果、实验室管理体制及其管理制度、条件和环境、工作队伍和开放度、综合性和设计性实验的开出率和教学效果、教师指导学生课余实践活动的情况、学生实践技能的掌握程度等诸多方面。总之，地方应用型本科高校应形成教师引导、学生参与、课堂与课后实践相结合的全方位、全过程的实践教学质量监控模式。

5. 明晰监控实施主体，完善教学质量监控责任体制

在教学质量监控责任体制的建设方面，应完善逐级负责的学校和教学单位二级质量责任制，并强化学生在评教过程中的主体地位。校级监控可由教育质量监控中心和教务处等相关职能部门以及督导团队行使职能，负责全校宏观层面的教学质量监控工作，从整体上把握教学活动各环节的运行情况，及时收集、整理和反馈各方、各类的教学信息，为学校层面的教学工作改进建言献策。各教学单位则应充分发挥具体教学过程的组织和实施职能，及时了解和把握本院系单位各教学环节的运行状态，对教师的教学活动全过程实施监控。

学生参与评教是其作为教学活动的目的和归宿的主体地位的体现，学生的评教结果是衡量教师教学水平的关键要素。② 学生评教不是学生自发、无目的进行的，必须依托于学生组织，借助现代化的教学管理系统进行。高校教学质量监控部门应做好对课堂教学质量学生评教工作的计划、安排和保障措施，加强前期宣传动员。各教学单位也应明确职责，加强对学生评教工作的宣传教育和组织力度，在全校形成良好氛围，帮助学生进一步树立关注教学质量、参与教学建设的意识，从而使学生评教工作真正做到有的放矢，减少随意性和主观性，保证质量。

总之，探索地方应用型本科高校教学质量监控的新模式，不仅是提升高

---

① 徐鹏，王丽娟，文星跃．高校实践教学质量监控的探索与实践［J］．绵阳师范学院学报，2007，26（10）：31－34.

② 孙崇正，张德忠，肖念．学生评教活动的理论研究与实践［J］．高校教育管理，2008，2（5）：9－14.

等教育人才培养质量，培养符合地方经济社会发展应用型人才的需要，更是实现高等教育可持续发展的需要。当然，教学质量监控是一个长期的系统工程，不是一朝一夕就能完成的任务，因此，地方应用型本科高校无论是基于“迎评促建”的显示背景，还是着眼长远的规划要求，都应不断完善实践教学质量的监控体系，努力打造新建本科院校的应用型特色，构建适应人才培养要求的科学、合理、可持续发展的教学质量监控体系和运行机制。

8.2.4　实践教学质量监控体系建设的实施

1. 强化组织保障和制度保障

一是设立教学评价机构，强化组织保障。地方应用型本科高校应成立教学质量评价工作领导机构，对教学质量实施监督、评价和指导，以“学校、教学院系和教研室”三级组织机构为框架建构自评体系。高校教学指导委员会、教学质量监控中心、教务处、教学督导组属一级教学评价组织，二级院系属二级评价组织。在职能划分上，教学质量监控中心、教务处作为执行教学质量监控与评价的核心机构，具体负责安排督导常规听课与专项教学评价，收集、反馈评价结果；教学院系作为教学管理及教学组织的直接实施机构，应成立以教学分管领导为首的教学质量评价委员会，负责组织教学评价的具体实施；教研室作为教学运行的基层单位，负责组织对本教研室课程及教师的评价。

二是建立健全教学评价机制，完善制度保障。地方应用型本科高校应完善各类教学评价制度以构建全方位评价机制，为质量评价提供良性互动环境。制定完善课程质量考核、教师课堂教学考核、学生评教、学生学习质量评价等各类考核实施办法，完善本科合格课程建设、专业建设管理等各类教学管理规章制度，以制度为依据保障评价工作科学有序开展。

2. 制定教学质量评价标准

一是构建并完善各类教学质量评价指标体系。地方应用型本科高校应依照教育部及地方文件规定，根据学校办学基础和文化传统，制定适应于自身专业结构、学科特征和教学环节质量要求的评价标准，并形成规范的、可操作的各环节质量评价文件。评价指标体系应涵盖课堂教学质量评价、课程评价、专业建设评价、二级单位教学工作评价，以及毕业论文（设计）等实践教学评价的各个方面。

二是设计科学的学生学习质量评价指标体系。地方应用型本科高校要把对学生学习质量的评价作为教学评价的一项核心内容，树立“以学生为本”的教育理念，实现“评教”与“评学”的有机统一。高校应围绕应用型人才能力培养的目标，正视学科专业和人才培养规格的差异，根据其学生主体的学习动机、学习目标、态度、知识和能力等方面的特点和差异进行学习质量评价指标的综合设计，实现学生学习质量评价的科学化和规范化。

3. 开展内部自我评价

地方应用型本科高校开展内部自我评价，应紧紧围绕“评教、评学、评管”三项核心工作进行。

一是专业建设质量评价。专业建设质量评价是强化专业内涵，打造专业特色，提高办学水平，保证人才培养质量的重要抓手。专业建设质量评价以学士学位的授予标准作为参照，地方应用型本科高校应从自身实际出发，制定专业建设管理办法，构建专业建设质量评价指标体系，从人才培养方案、专业建设规划、办学特色、教学设施设备配备、师资力量、实践实训效果、教学管理和人才培养质量等方面综合评价和检验应用型本科院校专业建设的成效。专业质量评价应标准明确、过程严格，采取二级教学单位自评与学校专家组考察相结合的方式，以质量评价结果作为判定专业建设成效及发展方向的重要手段。

二是课程建设质量评价。课程建设是专业建设的基础和核心环节，对其进行评价可采用教研室主任负责制，分批次对各类课程达标情况进行验收评价。地方应用型本科高校应将专业课程分为合格课程和精品课程，分类开展建设、验收与评价。同时，要做好精品课程的开放建设、管理、验收与推广工作，不断扩大学生的受益面，发挥优质教学资源的辐射作用。

三是二级教学单位本科教学工作评价。该项评价是学校对承担教学实施及教学管理基础工作的院系教学质量进行评价的重点内容，主要目的是考察院系的教学目标实现的质量、教学管理的质量以及人才培养的质量。应覆盖教师教学、学生学习、教学管理和教学资源等各个方面的评价，通过制定二级教学单位本科教学工作检验评价的制度性文件，来规范和督促教学单位定期开展内部自评，以规范应用型本科院校的教学和管理。

四是教师课堂教学质量评价。教师课堂教学质量评价是以课堂教学为评价范围，将教学工作量和教研成果相结合，实现质和量的有机统一的综合性评价办法。地方应用型本科高校要以教育部和地方教育部门的指导性意见和政策为基础，以学年为单位持续开展课堂教学质量考核，不断完善教师课堂教学质量的考核办法，强化教学管理与教学改革。还应结合课程的性质，按照分类评价的原则设置围绕教师课堂教学质量为核心的评价标准及指标体系，组织开展专业理论课、实践技能课和通识类课程的教学评价。评价应兼顾教师的教学行为和教学环节等多方面因素，引导教师投入课堂教学，重视教学研究，从而充分发挥评价的激励和约束作用。

五是学生学习质量评价。从高等教育实践的角度出发，“教”与“学”是实现教学目标的两个主导因素，任何一方效果的削弱都会极大地影响到最终的教学质量。因此，要实现优质的教学效果，必须同时实现教师教学质量和学生学习质量的提升。教学质量评价也应兼顾“评教”与“评学”。以学生为中心的教学理念要求地方应用型本科高校在进行教学质量监控时，除了对教学质量进行评价外，还要着重对学生学习质量评价内容的设计，通过学习质量评价，检测实际的教学效果。地方应用型本科高校还应确立以教学管理人员、指导教师、实习实训单位等为评价主体的评价体系，对学生学习态度、学习动机、学习方法、学习目标和效果达成以及学生实习实践、技术技能训练、综合素质培养等环节进行评价，促进教与学的双向沟通，全面了解学生的学习质量，促进学风建设，推动教学改革。

六是用人单位对毕业生满意度评价。教学质量评价应体现出高校的社会服务功能，并自觉接受社会、用人单位和学生家长的监督，促使学校不断改进人才培养的途径。地方应用型本科高校应建立包括第三方参与的教学质量评价与监控体系，构建涵盖学生、教师、教学管理部门和企事业单位等不同评价主体在内的多元评价机制。高校招生就业处等部门要与院系共同建立毕业生追踪联系制度，通过定期深入企事业单位走访调查、组织毕业生问卷调查和开展校友座谈会等途径，准确掌握用人单位对毕业生的满意度评价，以及社会对人才的需求和专业建设的要求，帮助高校及时调整办学思路，推动专业建设和教学改革。

七是教学状态数据库监控与年度教学质量自评。地方应用型本科高校在发展过程中要不断加快学校的信息化建设，应完善本科教学基本状态数据库建设，通过采集、分析教学状态数据，发挥常态化、信息化的教学质量监控的信息分析、自我诊断和决策的参考作用。在此基础上，还要开展年度教学自评，形成年度教学质量自评报告，为总结和完善年度工作提供依据。

4. 调控改进机制建设

地方应用型本科高校在教学质量监控体系常态化的运行过程中，通过完善全程跟踪调控与改进长效机制，及时解决并持续跟踪教学中出现的问题，从而促进教学质量的持续改进。

一是深入挖掘教学质量影响因素，强化教学质量分析。在质量评价、调控和反馈的过程中，地方应用型本科高校分别对各类教学质量信息进行定期的研究和分析，要注意协调好样本“质”和“量”两方面的要求。研究重点包括专业及课程建设质量、理论及实验、实习实训教学质量、学生学习和考试质量、毕业论文（设计）质量、毕业生就业情况和社会满意度等，以作为对教学质量各影响因素的相关性研究的依据，使整改措施的制定有据可依。

二是充分发挥本科教学的各利益相关方的作用，完善教学自我评价机制。地方应用型本科高校教学外部联系因素的多样性决定了教学质量评价主体的多元性，因此，地方应用型本科高校首先应建立教师、学生、家长、用人单位、媒体、校友等多元评价主体参与的教学质量评价机制，形成对教学质量的多层次、全方位的评价与监控。其次，应推动校内教学自我评价机制建设，如专业建设、课程建设和实践教学质量评价等，促进教学自评的规范化、制度化。再次，将提高学生及社会用人单位满意度作为改进教学的第一要务。完善用人单位参与评价专业建设、课程及教学内容改革等教学核心要素的评价制度；并成立由用人单位指导教师、院系教师等多主体参与评学的质量监控小组，深入用人单位了解人才需求、学生能力培养、教学改革和专业建设等意见，促进高校服务区域经济社会发展的能力。

三是完善教学反馈整改环节，实现评价结果的有效运用。科学的评价反馈与调控机制有利于保障教学质量监控的实效性。信息反馈暴露出了教学运行中的大量问题，如果不能及时分析找出问题产生的原因，并制定解决措施验证效果，势必会阻碍教学质量的持续优化改进。因此，地方应用型本科高校必须高度重视教学质量监控信息的分析与反馈环节，构建由各级教学工作联系会、教务处、教育质量评价处、教学督导、学生信息员等构成的信息反馈网络，梳理教学质量问题并准确查明原因，及时反馈到相关职能部门或二级教学单位，重大教学问题则要直接反馈至校教学委员会；各职能部门或二级教学单位应针对性地制定整改及预防措施；教学管理部门应严格审核职能部门及二级单位的质量信息整改处理报告，做好跟踪调查和验收工作，并及时汇总整改信息，通过校教学管理委员会、质量监控信息平台发布等途径接受广大师生监督。对于整改欠佳的问题应督促指导、持续跟踪直至达标，形成以持续反馈推动教学质量持续提升的闭环效应。

四是加强高等教育教学质量建设及改革研究，以研究成果助推质量监控体系建设。地方应用型本科高校教学管理与质量评价部门应在广泛搜集反馈信息，健全调控机制、科学监控教学运行过程并及时处理质量问题的基础上，立足于教学实践过程，深入人才培养的中心环节，积极开展教育质量建设及改革研究，准确查找并科学分析影响教学质量的各项因素，以优秀研究成果为依据，通过持续改革促进教学质量监控体系的不断优化。

8.3　完善实践教学激励机制

完善和推行实践教学的激励机制要从学校、教师、学生、社会多个层面同时进行。可以包括以下七点内容。一是不断完善人事制度改革，切实调动教师从事实践教学的积极性；二是以实践教学质量考评为基础，加大优秀实践课教师的奖励力度；三是鼓励教师将科技开发、社会服务与实践课题引入教学活动；四是建立实践教学指导教师培养、培训基地，建立师资培养、培训基地网络，实现资源共享、优势互补，使先进的教学内容和教学方法得到迅速的传播和推广；五是设立大学生科研训练专项奖学金；六是鼓励和支持学生通过多种形式与国内外知名大学本科生同步开展科研课题研究等；七是建立与实践教学基地的共同培养机制，使企业在利益驱动下愿意接受实践生。

8.3.1　实践教学质量激励机制的构建原则

应用型本科高校要从自身办学实际出发，在遵循教育教学规律的基础上，制定科学的、能体现自身学校特色的，以学生为本的教学质量激励机制，不断完善激励制度和实施策略。构建应用型本科高校的教学质量激励机制需遵循以下四个基本原则。

①导向性原则。从学生的角度来说，有效的教学质量激励机制不仅能够强化教师树立以学生为本的教育理念，不断提高教学质量，同时还有利于增强教师提高自身教学质量的意愿，逐步引导他们改变自己的固有思维方式，不断完善自己的知识结构，逐渐削弱和消除不利于提高教学质量的行为，从而起到引导发展，提升教学技能的作用。因此，构建地方应用型本科高校的教学质量激励机制必须坚持导向型原则，站在较高的层次，从促进学生全面发展和教师专业能力的提升出发，不断引导教师在提高教学质量的目标中实现自我的发展。

②学生中心原则。以学生为本的教育理念促使教学质量激励机制需要以促进学生的发展为旨归。① 在教育教学过程中，强调以学生为本，尤其要进行创造性教学，强调学生学习的主体性。要求教师将学生的中心地位体现在教学结构的设计中，在教学活动中要充分发挥学生的主体地位和主观能动性，在教学质量保障体系中对学生的课堂学习状态、学习行为和学习效果进行动态监控，将教学活动的过程作为学生的发展过程。同时，在教育教学过程中，要注意学生的个体差异性，理解并重视这种差异对学生学习活动和效果的影响，强调学生在教学质量评估中的话语权。

③多样化原则。教师是高校教学活动的主导力量，而学生则是教学活动中的主体，应用型本科高校在建立教学质量激励机制时，应以教师和学生为出发点，不断满足他们的需要，这样才能调动教师和学生参与的积极性。依据马斯洛需要层次理论，人的需要是多层次、多样化的。因此，地方应用型

① 张韵君．“以学生为本”的课堂教学质量评估体系初探［J］．高教发展与评估，2006，22（3）：51－55.

本科高校在构建教学质量激励工作机制时应充分考虑激励客体存在的需求的多样性特点，掌握各激励要素的组合结构，选择合适的激励时机，灵活运用物质、精神、个体和团体等多种激励方式，进行多样化、多层次的激励，保证激励的效用，以此调动教师工作的积极性和学生学习的主动性，从而达到提高教学质量激励的目的。

④反馈性原则。斯金纳在对动机研究的实验中发现，在操作性活动受到强化后，其明显结果是这一操作性的活动频率增加了，而在反应之后若不给予强化，则反应就会减弱。[①] 有鉴于此，应用型本科高校在建立教学质量激励机制时可把握和运用这一原理，充分发挥激励的强化作用，具体来说，就是对教师和学生能够提高教学质量的积极行为给予及时的激励和反馈，使其积极行为得到及时的强化，从而提高对教学质量的激励效能。

8.3.2 面向学生的实践教学激励机制

目标激励模式：目标激励就是将学生的某些特定需求转化为学习的目标，在学生达成学习目标的前提下满足他们的需求，从而起到激励的作用。在学生的学习过程中，教师应将学生取得的阶段性成绩反馈给学生，使其在完成阶段性学习目标的激励下进一步提高自身的学习目标，层层递进，逐步实现最终的学习目标。

典型激励模式：典型激励模式就是通过在系部或班级内将已经取得一定学习成就的学生树立为榜样，在榜样的带动作用下，促使学生模仿榜样的学习行为不断进步，同时对被树立为榜样的学生也是一种督促，让其找到自己的长处，更加努力学习，以此形成良好的学习氛围。

奖惩激励模式：奖惩激励模式是利用奖励和惩罚的双向方式对学生形成激励，要注意二者的协调配合，缺一不可。在这种模式下，“对奖错罚”，学生能够明确正确的方向和错误的观念，能够很好地引导学生。从心理学角度来说，奖励激励要比惩罚激励的效果好，因此，教师在与学生的交往过程中，要善于发现学生的优点，对有进步的学生多给予奖励激励，对学生的优点多进行正面的物质和精神奖励会产生较好的教学效果。荣誉感能够满足学生的自尊需要，从而激发学生的学习积极性和斗志，因此，对于取得成就的学生，应给予荣誉证书进行奖励，使学生产生自豪感，使其在今后的学习过程中更加努力的学习。

差别激励模式：根据马斯洛的需要层次理论，人的需要分为生理需求、

① 张爱卿. 动机论：迈向 21 世纪的动机心理学研究 [M]. 武汉：华中师范大学出版社，1999.

安全需求、社会需求、尊重需求和自我实现需求五个层次。当一种需求得到满足后，学生就会转向其他更高层次的需求。学生个体的差异性导致其自身的需求也各不相同，对某个人行之有效的奖励措施可能对其他人就起不到相同的效果。教师应当针对学生的差异性对其进行个别化、针对性的激励。为此教师需要深入了解学生，掌握学生的思想动态，这样才能及时准确地对学生实施激励。

地方应用型本科高校进行实践教学改革，应遵循“实践—认识—再实践—再认识”的认识规律，通过探寻适合本校的激励模式，创造一个健全的激励机制，充分挖掘实践教学对拓宽学生视野和思维、锻炼学生职业意识和精神的作用，使其在培养训练学生专业核心技能的同时，也为学生的未来职业发展奠定基础，使学生的理论素质、技能培养和综合素养和谐地融为一体，获得可持续发展的能力，真正经得起社会与职场的选择和检验。

8.3.3　面向教师的实践教学指导教师的激励机制

为社会培养人才是高校的根本任务，以此，应用型本科高校在建立各种激励机制的过程中，要体现出对教学的倾斜，尤其是对实践教学方面的倾斜。在职务晋升时，应将实践教学经历作为重要的考核指标；在薪酬分配时，要体现对实践教学的投入和倾斜；通过制定全方位的激励政策，激励教师的实践教学热情，逐渐形成教师主动参与实践教学，积极进行教学实践基地建设的良好氛围。

1. 改革定编思路，激励院系和教师教学投入

以往高校教师主要是指从事课程教学工作的专业人员，高校编制则特指“专职教师”的编制。随着高校职能的转变，当前，我国大部分地方本科院校正由以传授知识为主的教学型大学向教学应用型大学转变。应用型大学的教师不仅要承担传统的教学工作，还要担负起课外实践教学和科研的任务。根据教学应用型大学对教师的要求，可以将教学编制看作是为完成高等教育人才培养任务所投入的，兼具从事课堂教学任务和实践教学工作的人力资源数量。

2. 设立实践教学关键岗位，鼓励名师从事实践教学

为了改变高校中存在的“重科研、轻教学”，尤其是轻视实践教学的现象，为了让具有副教授和教授等高级职称的教师将时间和精力投入到教学中，目前高校大多设置了主讲教师和骨干教师教学关键岗位，高校还应设置实践教学关键岗位和津贴制度，吸引一批具有较高学术水平和教学经验，尤其是具有丰富实践教学经验的名师走上讲台，以保证高校人才培养和教学改革的健康发展，进一步提高教学质量和办学效益。

3. 建立附加津贴制度，促进实践教学良性循环

必要的经费投入是教学质量的必要保障。为了提高实践教学质量必须适当增加对实践教学的经费投入，一方面，可以通过学校收入分配政策的调整，对实践教学活动进行倾斜，另一方面，还可设立院系的附加津贴，明确对实践教学的分配倾斜，在加大院系收入分配的自主调控权的同时，达到激励开展实践教学的目的。

4. 完善实践教学奖励制度，提高人才培养水平

为建设一支实践教学水平和学术水平兼备，具有良好师德的青年教师队伍，高校可设立“青年教师实践教学优秀奖”，每年评选一次，以表彰在实践教学工作中做出突出成绩的青年教师。奖励办法一是授予获奖者专项奖励金；二是该项奖励可作为校级教学的重大奖励；三是获奖者在晋升职务、职称时可由有关部门以教学骨干的名义予以重点推荐。

加强实践教学，关键在于校领导和教师。如何切实建设并用好一支实践教学的师资队伍，是我们面临的最大问题，也是实践教学得以正常开展的关键。实践教师数量不足、质量不高、结构不合理等问题，是制约实践教学质量提高的关键。要解决这一问题，学校就要持续不断的制定并完善相关政策，鼓励优秀教师参加实验室建设、实习基地建设，指导实践教学工作，强化在职实践教学教师的培训，打造一支稳定、精干、高素质、强能力的实践教师队伍。

8.3.4 优化实践教学监控机制

实践教学监控就是对实践教学的效果进行检查、考评、督促和指导的过程，从而保证实践教学目标的实现。对实践教学的监控机制进行优化，旨在建立实践教学的信息反馈机制，以便对实践教学环节中出现的问题能够进行及时的解决和调整，以保证学生通过实践教学切实掌握和理解知识，增强实践动手能力和创新能力。

1. 加强实践教学的过程控制

在实际教学活动中，部分教师和学生存在轻视实践教学的思想，导致部分实践教学流于形式，得不到预期的效果。这种现象的出现，一部分原因是参与者的思想认识不到位，同时也与缺乏有效的质量控制有关。因此，除了必要的思想观念转变教育外，应用型本科院校必须加强对实践教学的过程控制。加强实践教学的过程控制就是通过采取教学检查、监督和调整等教学管理活动和措施来保证实践教学计划的实施和实践教学质量的提高。对实践教学活动进行过程控制，一方面可以使正在进行的实践教学活动按既定教学计划和目标进行，减少盲目性，避免走不必要的弯路；另一方面也可以及时了

解教师和学生执行实践教学计划的能力和效率，同时利用良好的反馈机制，对实践教学活动中所反映出来的新情况、新问题及时进行研究，并通过补充和修订实践教学计划，适时推陈出新，使实践教学活动内容充满生机和活力，从而提高学生参与实践教学的积极性，保证实践教学的效果和质量。

在实践教学中，首先要保证实践教学计划和教学大纲的严密性，根据教学计划和大纲的要求，制定相应的实践性教学环节和实施细则，对教学内容、要求、资源、时间、场所和进程等方面进行明确说明、责任落实到人、统一布置，使教学计划的各环节真正落到实处。要严抓实践教学的过程管理，如对课程实验，每学期末（或学期初）要根据教学计划和教学大纲制定各专业的实验课表，各实验室按照课表安排各项实验，并对实验情况翔实记录在实验登记表中，指导教师和学生要按照实验大纲的要求进行教学和学习；教务处等有关职能部门应加强检查，及时发现问题并解决；学期末，指导教师要提交实验记录和实验报告的批阅记录；学生完成实验后，需提交相关实验报告并经指导教师批阅合格后方可通过，未完成实验或实验成绩不合格者，不能取得该实验课程对应的学分。总之，通过过程管理能有效保证实践教学的完成度和质量。

2. 加强形成性考核工作

形成性考核是常规实践教学环节的一个重要组成部分。形成性考核的落实和完成，是实施实践教学计划，保证实践教学质量的关键。对于形成性考核和终结性考核的管理也是实践教学监督体系的一种重要观测点。教师要认真组织实施形成性考核，将形成性考核的各个环节落实到位，使其真正起到促进教学改革、保证教学质量的作用。学生要按时按要求完成学习任务，教师要及时认真进行批阅和记录，记录的内容包括课程开始到结束期间每个学生每次作业的完成情况，如作业的时间、内容、次数、收缴情况和批改情况等。对未完成作业的学生，要根据其情节的轻重给予相应的批评，严重者直接取消其考试资格。对批改作业不认真或对形成性考核不负责的教师，也要根据其情节的轻重给予批评教育，同时还要扣除相应的工作量。学校教务处和各院系要加强对形成性考核工作的检查、指导和管理。实践教学质量监督机制的建立，通过对学生整个实践环节的考评、控制和反馈，能有效地提高实践教学的改革成效，提高实践教学质量，从而促进人才培养质量的提高。

3. 建立注重过程和业绩的考核制度①

学校应建立校外实践考核制度，制定实训过程考核标准，设定若干量化考评指标，如纪律考勤、企业意见、实习实训报告总结等，由以上几个方面进行综合考评，定量和定性相结合。根据实习日志、企业意见、实习实训报

① 骆金维．高职院校教育教学中的激励机制［J］．时代教育，2009（6）：50－51.

告等对实习与实训的结果做出与事实相符的评价，得出比较真实的成绩。

4. 进行严格的纪律教育，有效管理学生

地方应用型本科高校学生的实践教学多是在校外开展，大多时间在一个学期左右，因而学校对学生的管理存在一定的难度，必须对其进行严格的纪律教育，要求学生在实习期间除了要遵守本校的纪律之外，还要严格遵守用人单位的纪律（如出勤制度、请假制度和作息制度等）。这样才能确保学生在实习实训期间的学习、工作和生活顺利进行，才能有效保证学生校外实习期间的思想教育到位，组织纪律和日常生活的有序管理。

8.4 创新实践教学质量反馈体系

为及时掌握实践教学质量的情况，学校应建立全面的校内外实践教学信息采集与反馈体系。校内以教师、学生和学校教学督导委员会成员为主体，校外以实习单位实习指导教师及管理人员为主。在校内的实践教学信息采集与反馈体系中，应设计“实验教学工作记录表”“实习（课程设计）教学日志”“实习情况调查表（学生填写）”“毕业实习、设计（论文）调查表（学生填写）”“毕业设计（论文）质量评价表（专家使用）”等实践教学信息采集与反馈渠道，教师以学院、教研室及实验室为单位，学生以校院学生会组织在各年级、各班级设立信息员，通过多形式多层次的座谈会、学生评教、发放问卷调查以及学校教学督导委员会成员的集中检查和随机检查等方式，定期和不定期地采集与反馈对实践教学的教学质量、教学建设、教学管理的意见和建议。在校外的实践教学信息采集与反馈体系中，设计“校外单位进行毕业实习和毕业设计（论文）工作鉴定表”等采集反馈渠道，通过毕业生跟踪调查以及与实习单位指导教师及管理人员召开座谈会等方式听取学生实习单位和用人单位对实践教学质量的评价。校内外采集与反馈的相关信息经过教务处收集并分类整理、分析等预处理后，提出对实践教学环节的整改意见和建议，及时反馈给相应的管理部门和管理人员，同时也对整改的过程和效果进行监控。

教学质量反馈是以教学目标为依据，运用可操作的科学手段，通过系统地收集有关的教学信息，充分依靠教学活动的参与元素，对教学活动的过程和结果做出价值上的判断，并为授课者的自我完善和有关部门的科学决策提供依据的过程。

1. 实践教学质量反馈系统构建的基本原则

（1）导向性原则

如何让学生将实践教学的原理内化为自己的思想行动并指导实践，是实践教学课程的最终目标。所以在制定质量反馈体系的指标时，要将对学生世界观、人生观和价值观的引导考虑在内，培养学生独立思考、勇于创新的精神，不断提高学生的实践能力。一堂课的讲授包含着众多的元素，教师和学生是人的元素，设备和教材是物的元素，只有将各种参与元素都调动起来才能发挥出积极的作用教学质量才能提高，学生才能形成正确的价值导向。

（2）整体性原则

教学质量反馈是一个系统，对其进行构建时应从整体的角度出发，坚持整体最佳原则。系统中的每一个指标，不仅要能体现课堂教学的质量，同时还要兼顾教学中的每个环节。各项指标之间应该是相对独立的，即同一级别的指标之间，不能有相互包含或相互交叉的部分。首先，系统体系要全面。体系应包括多个子系统：教学全程监督系统（主要由教学督导制度、听课和评课制度、教学检查制度、教学事故认定和处理制度等构成）、教学效果评价系统（主要由课程建设评价、课堂教学质量评价、社会实践评价和学生信息反馈等构成）等。同时，参与主体要全面。教学质量反馈系统应包括学院领导、学生、同行、社会（家庭、用人单位）等。只有社会全员的参与，才能保证实践教学质量反馈的全面性和结果的准确性。

（3）发展性原则

教学是一个动态的过程，实践教学也不例外，新的教学理念要求我们的质量反馈体系必须在新的教育教学观念下不断发展和完善，反映出当前社会的发展变化。需要不断提高课堂教学、实践教学的手段和方法，改革考试测评的方法，使评价结果能真实反映出实际的教学情况。

（4）实践性原则

坚持实践性原则就是要使教学质量反馈体系的各项指标具有可操作性，指标体系的指标尽可能地简便，这样才能减轻参与评价人员在实施过程中的负担。各项指标的语言定义要具有可操作性，各指标要求提供的信息必须可以实地获得，并具有实际的意义。因此，指标的制定要依据教师和学生的实际“教”与“学”的情况，指标尽量做到可量化，体系标准要做到客观、实用，能准确地反映出课程教学质量的真实水平，减少主观的人文因素的干扰。此外，还要求我们对教学质量的反馈应走出单纯的课堂评价与书面评价的局限，通过丰富多彩的社会实践活动和灵活多样的教学活动，让学生充分投入和积极参与，尊重学生的学习主体性，通过这种主体的感悟来全面评价教学活动的质量反馈效果。

2. 实践课教学质量反馈系统的构建

实践教学课程最主要的目的就是让学生真正将所学应用到实践中，用实践来检验和优化理论，将知识牢固化和应用化，不断提高学生的独立思考能力和实际动手能力。

（1）行政评价

行政评价的对象主要是教师。实践教学是一个科学的体系，参与教学质量评价的领导和专家，不仅要具备相应的教育教学理念，也应具有一定的实践学科功底和实践修养。他们既是实践教学评价指标的制定者，也是评价的主体之一，其评价应体现出综合性和全面性的特点。对教师的评价内容主要包括教师的教学指导思想、教学方法及其效果、教师的基本素质和教师的业务能力等。行政评价具有一定的随机性，因其听课对象、时间和内容等都是由评价组自主决定的，目的是为了了解教师平常的教学状态及其真实的教学水平。

（2）专家评价

可在收集日常检查、听课情况、学生信息员提供情况以及召开学生代表座谈会的基础上，进行量化打分，主要由学院主管教学的副院长牵头，由学术委员会（或质量评审委员会）的有关专家学者在日常听课、教学检查、召开学生代表座谈会的基础上，独立地负责实施。

（3）同行评价

教师同行了解行业的特性和职业的情况，彼此之间也较为熟悉和了解，能够较为准确地评价他人的课堂教学。同行之间进行评价的重点主要是教师教学的准备情况、教材和教学大纲的处理能力，教学进度的把握、教学内容的准确性、有无明显的错误观点、对学科前沿的跟进、治学态度、对学生参与学习的调动以及对课堂的把控能力等。其中最需要同行注意的是教学内容的正确与否。

（4）学生评价

学生是实践课程最直接的接触者，他们既是实践教学的受益者，又是实践教学效果的见证者，因此，学生对实践教学课程中教师的表现评价具有重要的参考价值。让学生参与评价充分体现了对学生作为受教育者和服务对象主体地位的尊重，反映了以学生为本的教育思想。不仅可以更全面地了解教师的教学行为，还可以促使我们思考如何更好地满足学生对教学的期望和要求，从而采取针对性的措施，更好地改进教学，提高教学质量。但是，学生本身由于年龄和心智的限制，其知识水平和判断能力都还不够成熟，难免会制约其做出公正合理的评价。如教学活动中一些教学水平较高、认真负责的教师，因其对学生的管教较为严格而得不到学生评价的高分；相反，一些教学水平不高但对学生放宽要求的教师却能得到学生评价的高分。针对这一情况，在设计评价指标时，学生评价部分应侧重于教学的形式，如教师上课的守时、守纪情况，仪表、仪态、师德、亲和力、知识面和沟通交流能力等，尽量减少学生个人感情的主观偏见性评价。

(5) 自我评价

长期以来，教师都是作为被评价对象，很少或没有参与评价的权利和机会，这种现象不仅不利于评价的客观性和公平性，还会在教师群体中形成抵触情绪，使评价结果缺乏认同感，不利于评价的顺利推进。教师进行自评，既可以使任课教师明确自己的优势和不足，确定改进的方向和目标，还可以让教师为自己发声，有利于实现评价者与被评价者之间的平等沟通，能有效减少双方的矛盾，改善被评价者和评价者之间的关系，增强被评价者对评价结果的认同感，做到扬长避短，不断提高自身的教学水平，从而更好地实现实践教学的目标。教师自评的内容是学生评教、同行评教和领导、专家评教的综合评价，但要求自评教师不仅要打出分数，而且应写出科学评语并详细分析、说明原因，使教师能够自知、自重、自励。

通过行政、专家、同行、学生、教师自我“五位一体”的综合评价反馈，可以比较客观、准确地反映出实践教学的基本情况。每次实践教学质量反馈的结果应该在本部门内予以公开，以增强透明度接受全面监督，从而调动教师改进教学方法、提高教学水平的积极性。

3. 实践教学质量反馈系统的运行保障

应用型本科高校实践教学质量反馈系统的运行，应该在尊重教师主导的同时，充分发挥学生的主体作用，充分激发学生学习的积极性和主动性。高校实践教学要努力贴近学生实际，符合教育教学规律和学生学习特点，提倡参与式、启发式、研究式教学，研究分析社会热点，多用通俗易懂的语言、生动鲜活的事例、新颖活泼的形式，活跃教学气氛、启发学生思考、增强教学效果。

(1) 精心组织教学活动

在实践教学中我们需要探索多种教学方法，推广名师专题讲授、小班案例教学等教学经验，广泛应用媒体和网络技术，实现教学手段现代化，通过教学资料数据库建立，实现资源共享。

(2) 注重加强实践教学

实践教学应该与社会调查、志愿者服务、专业课实习、公益活动等结合起来，制定大纲、规定学时，要围绕教学目标进行，引导大学生走出校门，到基层去、到生活中去。通过形式多样的实践教学活动，提高学生的整体素质和适应社会的能力，实现教育教学的真正目的。

(3) 改进完善考核方法

采取多种方式，综合考核学生对所学内容的理解和实际表现，力求全面、客观反映大学生的实践素养和能力。在考试中应坚持帮助成长的原则、益于思考的原则、融入生活的原则。让考试成为育人网络中的一个环节，而不是育人活动结束的标志。

附录

附录1 “地方应用型本科高校实践教学调查研究”问卷调查（教师问卷）

尊敬的老师：

您好！

地方应用型本科高校的实践教学肩负着培养国家应用型人才的重任，因此，为了实现应用型人才的培养目标，现就地方应用型本科高校的实践教学进行相关问题调查。衷心感谢您在百忙之中填写该问卷，您的宝贵意见会对本书的完成有重要的指导意义！

地方应用型本科高校实践教学体系研究课题组

1. 您对“实践教学体系”的了解程度（　　）

A. 非常了解　　B. 了解　　C. 一般　　D. 不太了解

E. 完全不了解

2. 您对“实践教学体系”设置环节的了解程度（　　）

A. 非常了解　　B. 了解　　C. 一般　　D. 不太了解

E. 完全不了解

3. 您对目前专业见习安排是否满意（　　）

A. 非常满意　　B. 满意　　C. 一般　　D. 不太满意

E. 非常不满意

4. 您对目前专业见习时间安排是否满意（　　）

A. 非常满意　　B. 满意　　C. 一般　　D. 不太满意

E. 非常不满意

5. 您对本院系实验仪器设备是否满意（　　）

A. 非常满意　　B. 满意　　C. 一般　　D. 不太满意

E. 非常不满意

6. 您认为“实践教学环节”应主要包含哪些内容（多选）（　　）

A. 军训　　　　B. 教育实习
C. 科研训练　　　　D. 社会实践
E. 学术活动　　　　F. 资格证书考核
G. 毕业论文　　　　H. 专业见习
I. 教学技能比赛

7. 您对目前本专业学生的“实践”能力是否满意（　　）
A. 非常满意　B. 满意　C. 一般　D. 不太满意
E. 非常不满意

8. 您对本专业学生的“科研能力”是否满意（　　）
A. 非常满意　B. 满意　C. 一般　D. 不太满意
E. 非常不满意

9. 对于本专业学生您最希望学生在哪些方面有所提高（多选，最多选三项）（　　）
A. 专项技术能力　　　　B. 体育理论知识
C. 科研能力　　　　D. 社会实践能力
E. 人际沟通能力　　　　F. 思想道德修养

10. 目前学校是否有相应的“实践教学”管理制度（　　）
A. 有　B. 没有　C. 不清楚

11. 目前学校是否有相应的“实践教学”评价体系（　　）
A. 有　B. 没有　C. 不清楚

12. 目前学院是否有相应的“实践教学”保障体系（　　）
A. 有　B. 没有　C. 不清楚

13. 您认为本校“实践教学体系”的薄弱环节在哪里（多选）（　　）
A. 缺少与实践教学相适应的教材大纲
B. 实践教学环节开设顺序不合理
C. 缺少完善的实践教学管理制度
D. 缺少完善的实践教学保障体系
E. 实践教学环节时间安排不合理
F. 理论类课程比例大，实践类课程的比例小
G. 实践教学场地缺少
H. 学校的实验设备资源较少
I. 缺少实践教学资金
J. 缺少实践教学的教师资源

附录2 “地方应用型本科高校实践教学调查研究”问卷调查（学生问卷）

亲爱的同学：

您好！

地方应用型本科高校的实践教学肩负着培养国家应用型人才的重任，因此，为了实现应用型人才的培养目标，现就地方应用型本科高校的实践教学进行相关问题调查。衷心感谢您在百忙之中填写该问卷，您的宝贵意见会对本书的完成有重要的指导意义！

地方应用型本科高校实践教学体系研究课题组

您的学校：

1. 您的性别（　　）

A. 男　　B. 女

2. 您的年级（　　）

A. 大一　　B. 大二　　C. 大三　　D. 大四

3. 您的专业名称（　　）

4. 您的职业目标为（　　）

A. 继续从事本专业工作　　B. 出国深造

C. 考研　　D. 跨专业工作

5. 您觉得通过本专业的学习能否达到您的职业目标（　　）

A. 肯定能达到　　B. 基本能达到

C. 基本达不到　　D. 达不到

6. 您对目前专业见习安排是否满意（　　）

A. 非常满意　　B. 比较满意　　C. 一般　　D. 比较不满意

E. 非常不满意

7. 您对专业见习安排不满意的原因为（可多选）（　　）

A. 专业见习时间安排较少

B. 课程时间的设置选择较少

C. 课程事件涉及的内容知识面过窄
D. 所开设的专业见习实用性不强
E. 其他

8. 您觉得本专业的专业见习的实用性如何（　　）
A. 非常强　　B. 比较强　　C. 不太强　　D. 没有实用性

9. 您对“实践教学环节”的了解程度（　　）
A. 了解　　B. 一般　　C. 不太了解　　D. 完全不了解

10. 您对“实践教学环节”设置的了解程度（　　）
A. 了解　　B 一般　　C. 不太了解　　D. 完全不了解

11. 您认为本专业的“实践教学环节”在以后应着重增加哪些内容（多选）（　　）
A. 军训　　B. 教育实习
C. 科研训练　　D. 社会实践
E. 学术讲座　　F. 资格证书考试
G. 参加体育比赛　　H. 专业见习
I. 教学技能比赛

12. 贵校是通过怎样的形式安排学生的“教育实习”（　　）
A. 集中实习　　B. 委托实习　　C. 分散实习　　D. 顶岗实习

13. 贵校在安排学生进行多长时间的“教育实习”（　　）
A. 8 周　　B. 8～10 周　　C. 10～12 周　　D. 12 周以上
E. 16 周　　F. 不清楚

14. 贵校在“教育实习”结束后是否针对学生有“教育实习评价”（　　）
A. 有　　B. 没有　　C. 不清楚

15. 您的任课教师平时是否注重学生专业见习（　　）
A. 非常重视　　B. 重视　　C. 一般　　D. 不太重视
E. 不重视

16. 您平时是否重视本专业资格证书考试（　　）
A. 非常重视　　B. 重视　　C. 一般　　D. 不太重视
E. 不重视

17. 您目前拥有几个资格证书（　　）
A. 1 个　　B. 2 个　　C. 3～5 个　　D. 5 个以上
E. 0 个

18. 目前学校关于“科研训练”的安排哪些内容（多选）（　　）
A. 科学研究方法课　　B. 学术讲座
C. 学术研究　　D. 毕业论文

E. 其他

19. 您怎样定义自己目前的科研水平（ ）

A. 很好　　B. 较好　　C. 一般　　D. 差

E. 很差

20. 您是否满意自己目前的科研水平（ ）

A. 非常满意　　B. 满意　　C. 一般　　D. 不满意

E. 非常不满意

21. 您觉得专业见习的时间安排是否合理（ ）

A. 合理　　B. 不太合理，时间较少

C. 不合理

22. 您认为多数教师的教学是（ ）

A. 照本宣科　　B. 理论讲解透彻但与实际脱节

C. 理论联系实际教学效果良好

23. 相比较老师的讲课您更注重（ ）

A. 知识广度　　B. 课堂气氛

C. 知识传递方式及效果　　D. 其他

24. 您认为教师在教学过程中应更加注重下列哪一项（ ）

A. 知识的传授　　B. 能力的培养

C. 素质教育　　D. 其他

25. 关于学校组织社会实践活动的频率（ ）

A. 经常举办（每年 4 次以上）　　B. 有时举办（每年 2 ~ 3 次）

C. 很少举办（每年 1 次）　　D. 没有

26. 您参与过的社会实践活动（多选）（ ）

A. 专业指导　　B. 经营管理　　C. 大赛　　D. 教学

E. 其他

27. 关于学生专业技能比赛开展情况（ ）

A. 经常举办　　B. 有时举办　　C. 很少举办　　D. 没有

28. 您是否满意教师的专业技能（ ）

A. 非常满意　　B. 满意　　C. 一般　　D. 不满意

E. 非常不满意

29. 您是否满意学校实践教学场地（ ）

A. 非常满意　　B. 满意　　C. 一般　　D. 不满意

E. 非常不满意

30. 您是否满意学校实验设施（ ）

A. 非常满意　　B. 满意　　C. 一般　　D. 不满意

E. 非常不满意

参 考 文 献

[1] 李定清，母小曼，肖大成等. 应用本科实践教学体系研究 [M]. 成都：西南财经大学出版社，2012.

[2] 黄达人. 大学的转型 [M]. 北京：商务印书馆，2015.

[3] 黄启兵. 中国高校设置变迁的制度分析 [M]. 福州：福建教育出版社，2007.

[4] 宁国庆. 我国高校实践教学的回顾与思考 [D]. 喀什：喀什师范学院，2013.

[5] 欧阳泓杰. 面向创新创业能力培养的高校实践教学研究 [D]. 武汉：华中师范大学，2014.

[6] 杨燕燕. 论教育实践教学 [D]. 上海：华东师范大学，2011.

[7] 马良军. 高等职业教育专业实践教学评价研究 [D]. 天津：天津大学，2014.

[8] 卞钰. 新建应用型本科高校实践教学研究 [D]. 南京：南京师范大学，2011.

[9] 郝进仕. 新建地方本科院校发展战略与战略管理研究 [D]. 武汉：华中科技大学，2010.

[10] 吴国英. 高校人文社科专业实践教学体系的构建研究 [D]. 天津：天津大学，2010.

[11] 王鹏. 高校转型背景下应用型本科院校实践教学体系研究 [D]. 西安：西安建筑科技大学，2017.

[12] 袁兴国. 美国应用型本科教育的实践探析 [J]. 江苏高教，2009 (3)：147 - 149.

[13] 孟兆怀. 新建本科院校转型发展中存在的问题探究 [J]. 教育探索，2012 (6)：93 - 95.

[14] 朱清时. 大学同质化与中国高等教育发展趋势 [J]. 长江大学学报 (社会科学版)，2009，32 (4)：5 - 8.

[15] 中国青年报. 地方高校改革要“接地气” [N]. 中国青年报，2015.

[16] 秦琳. 德国应用科技大学——显著的应用型特色和职业导向 [J]. 世界职业技术教育，2015 (1)：8.

[17] 崔岩. 德国应用科技大学运行机制的分析研究 [J]. 机械职业教育, 2013 (2): 3-6.

[18] 易红郡. 英国近现代大学精神的创新 [J]. 清华大学教育研究, 2015, 36 (5): 31-40.

[19] 吴惠凡, 刘向兵. 苏联专家与中国人民大学学科地位的形成 [J]. 中国人民大学学报, 2013, 27 (6): 127-128.

[20] 姚荣. 应用逻辑的制度化: 国家工业化与高等教育结构调整 [J]. 清华大学教育研究, 2015 (5): 47-52.

[21] 王占军. 决策是如何做出的? ——关于英国米德尔塞斯大学关闭哲学系的案例研究 [J]. 清华大学教育研究, 2015 (1): 104-110.

[22] 陈锋. 引导部分本科高校转型发展——关于部分普通本科高校转型发展的若干问题思考 [J]. 中国高等教育, 2014 (12): 16-20.

[23] 张兄武, 许庆豫. 关于地方本科院校转型发展的思考 [J]. 中国高教研究, 2014 (10): 93-97.

[24] 庄西真. 普通本科院校转型: 为何转 转什么 怎么转 [J]. 中国职业技术教育, 2014 (21): 84-89.

[25] 袁礼. 地方本科院校转型中的几大问题及其危险 [J]. 西南交通大学学报 (社会科学版), 2014 (5): 7-12.

[26] 顾永安. 新建本科院校转型发展的核心要义、目标趋向与根本指向 [J]. 河北民族师范学院学报, 2014, 34 (4): 1-5.

[27] 蒋月定. 普通本科高校转型应用技术型高校面临的困难与挑战 [J]. 中小企业管理与科技 (上旬刊), 2014 (8): 258-259.

[28] 李婉, 邓泽民. 本科高校转型需要解决的八大问题 [J]. 中国职业技术教育, 2014 (27): 5-8.

[29] 陈小虎, 杨祥. 新型应用型本科院校发展的14个基本问题 [J]. 中国大学教学, 2013 (1): 17-22.

[30] 顾永安. 关于新建本科院校转型发展的思考 [J]. 教育发展研究, 2010 (3): 79-83.

[31] 张泳. 应用型本科院校师资队伍建设的回溯、反思与展望 [J]. 黑龙江高教研究, 2014 (2): 75-78.

[32] 胡威, 朱夏莲. 地方应用型本科高校实践教学改革分析 [J]. 教育现代化, 2020, 7 (48): 85-88.

[33] 张翔, 魏群. 转型发展中应用型高校实践教学体系构建研究 [J]. 知识经济, 2020 (6): 179-180.

[34] 张玲. 产教融合背景下应用型本科高校实践教学体系研究 [J]. 教育现代化, 2020, 7 (29): 120-123.

[35] 乔燕，吴绍兵．应用型本科高校实践教学质量评价体系的构建[J]. 教育教学坛，2019 (25)：127－128.

[36] 黄莉，宾薇薇．应用型本科高校实践教学体系构建与实践研究[J]. 教育现代化，2019，6 (55)：86－87.

[37] 薛鸿民．转型发展背景下应用型本科高校系统性实践教学体系构建研究 [J]. 当代教育实践与教学研究，2018 (12)：157－158.

[38] 孟桂元，周静，金晨钟，周丽华，谭显胜．地方本科院校农学专业应用型人才培养实践教学体系构建与探索 [J]. 教育教学论坛，2016 (40)：135－136.

[39] 劳士健．新时期应用型本科高校实践教学体系的构建与实践 [J]. 教育与职业，2017 (12)：102－105.

[40] Gumport, P. J. Academic restructuring: organizational change and institutional imperatives [J]. Higher Education, 2000, 39 (1): 67－91.

[41] Hyslopmargison, E. J. An assessment of the historical arguments in vocational education reform [J]. Career & Technical Education, 2000, 17 (1): 14.

[42] Huisman, J., Kaiser, F. Fixed and fuzzy boundaries in higher education: a comparative study of (binary) structures in nine countries [R]. Adviesraad voor het Wetenschaps-en Technologiebeleid, 2001.

[43] Bundesministerium für Bildung und Forschung. Die Fachhochschulen in Deutschland [R]. Berlin: BMBF, Referat Öffentlichkeitsarbeit, 2000.